Singapur

„Hat man sich erst einmal zum Reisen entschlossen, ist das Wichtigste auch schon geschafft.

Also, los geht's"

TONY WHEELER, GRÜNDER VON LONELY PLANET

Shawn Low, Daniel McCrohan

Inhalt

Reiseplanung 4

Willkommen in Singapur 4
Singapurs Top 10 6
Was gibt's Neues? 13
Gut zu wissen 14
Stadtspaziergänge 16
Wie wär's mit … 18
Monat für Monat 20
Reisen mit Kindern 24
Leben wie die Einheimischen 25
Essen **26**
Ausgehen & Nachtleben **29**
Unterhaltung **32**
Shoppen **34**

Singapur erkunden 36

Stadtviertel im Überblick 38
Colonial District, Marina Bay & die Quays 40
Chinatown & der CBD ... 57
Little India & Kampong Glam 69
Orchard Road 81
Der Osten von Singapur .. 91
Der Norden & das Zentrum 104
Holland Village, Dempsey Hill & Botanischer Garten 110
Der Westen & Südwesten von Singapur 117
Sentosa & andere Inseln 126
Tagesausflüge **136**
Schlafen **153**

Singapur verstehen 167

Singapur aktuell 168
Geschichte 170
Essen 178
Peranakan-Kultur 186
Singapurs Sprachen .. 190

Praktische Informationen 193

Verkehrsmittel & -wege 194
Allgemeine Informationen 200
Was steht auf der Speisekarte? 204
Register 208

City-Plan 215

Links: **Baba House (S. 59)**

Oben: **Deepavali-Festival (S. 23)**

Rechts: *Kueh pie ti*, eine Spezialität der Nonya-Küche (S. 98)

Pulau Ubin S. 126

Der Norden & das Zentrum von Singapur S. 104

Der Westen & Südwesten von Singapur S. 117

Little India & Kampong Glam S. 69

Der Osten von Singapur S. 91

Orchard Road S. 81

Holland Village, Dempsey Hill & Botanischer Garten S. 110

Colonial District, Marina Bay & die Quays S. 40

Sentosa Island S. 126

Chinatown & CBD S. 57

Willkommen in Singapur

Heute ist Singapur mehr als nur ein Zwischenstopp auf Langstreckenflügen. Die Stadt ist eifrig darum bemüht, einen Spitzenplatz unter den interessantesten Städten Asiens einzunehmen.

Helle Lichter, kleine Stadt

Singapur ist zwar nur klein, aber extrem ehrgeizig. Investitionen in die Tourismusbranche haben das internationale Renommee in den letzten Jahren ordentlich aufpoliert. Nagelneue Resorts bringen Besucher und viel Geld in die Stadt. Die Kunst- und Musikszene braucht den Vergleich mit anderen Weltstädten nicht mehr zu scheuen, und das nächtliche Formel-1-Event ist mittlerweile ein fester Bestandteil im städtischen Terminkalender. Die Skyline spiegelt die rasanten Veränderungen der letzten Jahre wider – eine atemberaubende Mischung kleiner britischer Kolonialbauten und modernster Wolkenkratzer.

Shoppen bis zum Abwinken

Unterhaltungselektronik, Mode, Videospiele, Stoffe, Gewürze, chinesische Medizin – die Liste von Waren aus Singapur ist ebenso lang wie abwechslungsreich. Das Shoppen ist hier eine geradezu religiöse Handlung; im Zentrum dieses Kults steht die Orchard Road, eine Schlucht aus Glas, Stahl und Beton. Die Singapurer sind ganz vernarrt in ihre Shopping-Malls; dort verbringen sie einen großen Teil ihrer Freizeit. Wirklich spottbillig sind die Läden zwar nicht mehr, doch die Riesenauswahl und das Ambiente garantieren ein eindrucksvolles Erlebnis.

Mehr als gebratener Reis

Singapurer sind verrückt nach gutem Essen. Diese Leidenschaft eint die Nation über ethnische Grenzen hinweg; unzählige Lokale servieren Köstlichkeiten der chinesischen, indischen, indonesischen und Nonya-Küche (Nonya verbindet chinesische und malaysische Elemente). Die Hawker Center und Food Courts sind zwar ungemein beliebt, doch wer in Singapur ausgehen will, muss sich nicht unbedingt an engen Tischen zwischen die Einheimischen zwängen. Wem der Sinn nach gehobener Gastronomie steht, der kommt hier in unzähligen Restaurants der Haute cuisine auf seine Kosten.

Die grüne Stadt

Die meisten Besucher kommen wegen der legendären Läden und Restaurants nach Singapur und sind dann verblüfft über die vielen exotischen Parks und Gärten. Stadtplanung genießt einen hohen Stellenwert, und es ist kein Zufall, dass große Grüngürtel die Stadtlandschaft durchziehen. Der Charakter dieser Grünflächen reicht vom Dachgarten oben auf dem Marina Barrage über das heitere MacRichie Reservoir mit Rundweg in Höhe der Baumkronen bis zum naturbelassenen Sungei Buloh, einem Rastplatz für Tausende von Zugvögeln.

Warum ich Singapur liebe

Von Shawn Low, Autor

Singapur ist meine zweite Heimat (ich bin hier aufgewachsen) und jedes Mal, wenn ich herkomme, gibt es irgendetwas Neues zu entdecken. Die Stadt entwickelt sich stetig weiter – und damit meine ich nicht nur die Einkaufs-Malls. Es gibt neue Parks, Museen, Kunstgalerien, coole Bars und unendlich viele Restaurants.

Das Schöne an Singapur ist, dass diese Stadt niemals schläft. Wie oft schon bin ich mit meinem Bruder nachts um drei auf der Suche nach einem preiswerten Bier in einem Coffeeshop gelandet! Und dann das Essen! In Singapur trägt man seine Stadt nicht nur im Herzen, sondern auch im Magen.

Mehr Informationen über unsere Autoren gibt's auf S. 240.

Oben: Singapurs Küche

Singapurs
Top 10

Essen im Hawker Center
(S. 183)

1 Singapurs Hawker-Promiköche wie Anthony Bourdain oder der verstorbene Redakteur der *New York Times*, Johnny Apple, schwärmten von der unglaublichen Vielfalt an preiswerten und köstlichen Gerichten. Es gibt keinen besseren Weg, die Mentalität Singapurs zu erforschen, als durch seine Küche. Die regionalen Speisen sind einfach hervorragend. KÜCHE IM CHANGI VILLAGE HAWKER CENTRE (S. 100)

Essen

Zoo von Singapur und Nachtsafari *(S. 107)*

2 Der Zoo von Singapur ist vermutlich der beste Zoo der Welt. Die Freigehege bieten den Tieren genügend Platz und die Zoobesucher können die Tiere ungehindert betrachten. Außerhalb von Borneo und Sumatra ist dieser Zoo einer der wenigen Orte, an denen die Orang-Utans direkt über den Köpfen der Besucher in den Bäumen hocken und Hirschferkel und Lemuren ihren Weg kreuzen.

Abends kann man im benachbarten Nachtzoo Tiere wie Leoparden, Hirsche und malaiiische Tiger erleben.

Der Norden und das Zentrum von Singapur

HEATH HOLDEN / LONELY PLANET IMAGES ©

Pulau Ubin (S. 131)

3 Die ländliche Ausflugsinsel vermittelt einen Eindruck vom Dorfleben, wie es bis in die 1960er-Jahre noch in Singapur stattfand. Von Changi aus geht es mit einem kleinen Bumboot durch Mangrovensümpfe. Dort können die Besucher mit dem Fahrrad an Blechhütten vorbei radeln oder einen Mountainbike-Pfad entlang düsen und den Tag mit einem Meeresfrüchteessen beschließen. Wer keine Lust auf Outdoor-Aktivitäten hat, kann stattdessen an einem Kochkurs teilnehmen. Und wer Geschmack am Inselleben gefunden hat, kann gerne ein paar Nächte im Resort am Ort verbringen.

◉ *Sentosa & andere Inseln*

Little India (S. 69)

4 Von Singapurs historischen Vierteln hat Little India wohl am meisten Atmosphäre. Am Wochenende herrscht hier hektische Betriebsamkeit. Indische Arbeiter strömen scharenweise hierher, um ein Stück Heimat zu erleben. Vor den Geschäften sind Berge von aromatischen Gewürzen und farbenfrohen Produkten aufgebaut. Trendige Besucher werden von coolen Bars angezogen. Wer unter Schlaflosigkeit leidet, geht am besten zum Shoppen ins Mustafa Centre: Um 3 Uhr nachts kann man sich dort noch ein iPad kaufen und anschließend einen *teh tarik* trinken. SRI SRINIVASA PERUMAL TEMPLE (S. 71)

◉ *Little India & Kampong Glam*

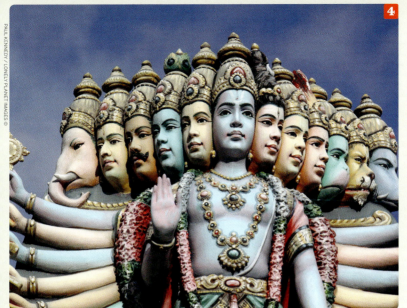

Baba House (S. 59)

5 Das kostenlose Museum gehört zu den am besten erhaltenen Peranakan-Häusern Singapurs und gewährt einen Einblick in die chinesisch-malaysische Kultur der Baba-Nonya-Minderheit. Die wunderschön restaurierte chinesische Villa, eingerichtet mit Stilmöbeln, zeugt in hervorragender Weise vom Leben einer wohlhabenden Peranakan-Familie um 1928. Zweimal wöchentlich finden informative, unterhaltsame Führungen statt (90 Minuten), die im Voraus gebucht werden müssen.

👁 *Chinatown & der CBD*

Botanischer Garten (S. 112)

6 Singapurs Botanischer Garten bietet eine willkommene Abwechslung zum geschäftigen Treiben der Stadt. Die weitläufige Oase am Ende der Orchard Road ist ein ausgezeichneter Ort, um ein Picknick zu machen und Leute zu beobachten. Im Orchideengarten wächst die Vanda Miss Joaquim, die Nationalblume Singapurs. Das Symphonieorchester von Singapur gibt jeden Monat kostenlose Konzerte im Pavillon.

◉ *Holland Village, Dempsey Hill & Botanischer Garten*

Orchard Road (S. 81)

7 Auf der 2,5 km langen Straße gibt es über 20 Einkaufszentren, die alle erdenklichen Marken führen. Hier kann man Shoppen bis zum Umfallen – das Angebot grenzt schon fast an Dekadenz. Nachdem man seine Einkäufe im Hotel abgeladen hat, geht es zur Happy Hour in die Emerald Hill Road mit ihrer sehenswerten Peranakan-Architektur. ION ORCHARD MALL (S. 88)

🛍 *Orchard Road*

Naturschutzgebiet Bukit Timah (S. 106)

8 Soll man im feucht-heißen Sinapur wandern? Warum eigentlich nicht? Schließlich waren die britischen Herren des Landes, Sir Stamford Raffles und William Farquhar, begeisterte Naturforscher. Singapur besitzt eine überraschende Anzahl von Grünflächen. Ein absolutes Muss ist eine Wanderung im Naturschutzgebiet Bukit Timah. Eine Kakophonie von Insektenstimmen, umherziehende Affen und das Grün der Baumkronen erinnern an die Zeit, als ein Großteil Singapurs noch aus Wildnis bestand. Lohnenswert sind auch die Southern Ridges (S. 120), ein Netz aus Wanderwegen an schattigen Parks und Hügeln, sowie die fantastische, wie ein Blatt geformte Hängebrücke von Alexandra Link.

👁 *Der Norden & das Zentrum von Singapur*

Sentosa Island (S. 127)

9 Von außen wirkt die Weltklasse-Ferieninsel vielleicht etwas kitschig, aber seit der Eröffnung des Resorts World bietet die Spielwiese der Bewohner von Singapur wirklich für jeden etwas. Ein Highlight für Kinder sind die Universal Studios. Abends kann man sein Glück im Casino versuchen oder einfach nur am Strand liegen und es sich bei einem Cocktail gutgehen lassen.

☆ *Sentosa & andere Inseln*

Flusskreuzfahrten (S. 52)

10 Die Kais waren einst das pulsierende Handelszentrum von Singapur. Zwischenzeitlich wurden die *godowns* (Lagerhäuser) und verschmutzten Wasserstraßen in gutgehende Restaurants und Vergnügungsviertel umgewandelt. Tipp: Einfach in ein geschmücktes Bumboot klettern und den Singapore River bis nach Marina Bay hinauftuckern. Von dort bieten sich einzigartige Ausblicke auf die Stadtsilhouette von Singapur: auf Marina Bay Sands gegenüber dem Merlion, dem Wahrzeichen der Stadt, das an der Flussmündung Wache hält.

◉ *Colonial District, Marina Bay & die Quays*

Was gibt's Neues?

Marina Bay
Die Bauarbeiten im Bereich der Marina Bay werden wohl bis Ende 2012 beendet sein. Das Gebiet umfasst das Marine Barrage, einen Damm an der Mündung eines Süßwasserreservoirs, und erstreckt sich bis zum nächstgelegenen Botanischen Garten, Gardens by the Bay. Getoppt wird das Ganze noch vom angesagten Marina Bay Sands Integrated Resort, einer Mischung aus Casino und Hotel. Genau gegenüber stehen die Wolkenkratzer des CBD, des Geschäftsbezirks von Singapur (S. 55).

Baba House
Das tadellos restaurierte Peranakan-Gebäude ist ein lebendiges Museum, das genauso aussieht wie zur Blütezeit im Jahr 1928. 90-minütige Führungen vermitteln einen Einblick in das Familienleben der Straits-Chinesen (S. 59).

Gärten & Grünflächen
Wie eine grüne Kette verknüpfen Korridore verschiedene Parks und Wohngebiete miteinander. Die Southern Ridges und Kranji sind ganz neu und absolute Spitze.

Kunst in Tanjong Pagar
Ein Teil des Tanjong Pagar Distripark in der Hafennähe wurde zu exquisiten Kunstgalerien mit einheimischem und internationalem Programm umgebaut (S. 67).

Boutique-Schick
Fantastische neue Boutiquehotels wie z. B. Wanderlust haben auf das langweilige „Hotelbraun" verzichtet und bevorzugen lebhafte Farben und eine schicke Möblierung (S. 160).

Sentosa Island
Nachdem Sentosa in den letzten 15 Jahren einige Veränderungen erlebt hat, scheint die Insel mit neuen Resorthotels, erstklassigen Angeboten und Strandbars jetzt in der Top-Liga angekommen zu sein (S. 127).

Noch mehr Einkaufszentren?
Die ohnehin schon von Einkaufszentren überquellende Orchard Road hat noch weitere hinzubekommen: ION Orchard, Somerset Central und 313 Somerset setzen dem Shopping- und Essvergnügen noch eins drauf (S. 88).

Restaurants mit Spitzenköchen
Nicht nur Michelin-Sterneköche haben Restaurants hier eröffnet, auch berühmte einheimische Köche konnten ihre Standards (und Preise) erhöhen.

Duxton Hill
In dem ehemals heruntergekommenen Bezirk Duxton Hill befanden sich viele Karaoke-Kneipen. Heute gibt es hier coole Buchläden sowie hippe Bars und Restaurants. Einige Kneipen haben überlebt, aber es ist wohl nur eine Frage der Zeit, bis sie endgültig verschwinden ... (S. 57)

Indian Heritage Centre
Das bei Redaktionsschluss noch im Bau befindliche teure, supermoderne Centre soll in Zukunft indische Kultur präsentieren. Errichtet wird das ultramoderne, schillernde Gebäude im Stil von Bejings Water Cube. Fertig wird es voraussichtlich 2013 (S. 71).

Weitere Empfehlungen und Details siehe **lonelyplanet.com/singapore**

Gut zu wissen

Währung
Singapur-Dollar ($). 1 $ entspricht ca. 0,60 Euro.

Sprachen
Englisch, Mandarin, Malaiisch, Tamil

Visum
Bei einem Aufenthalt von bis zu 90 Tagen besteht keine Visumspflicht. Das Visum wird bei der Einreise erteilt.

Geld
Bankautomaten und Wechselstuben gibt es in der ganzen Stadt. Kreditkarten werden von den meisten Geschäften und Restaurants akzeptiert.

Mobiltelefone
Örtliche SIM-Karten können in nicht gesperrten Mobiltelefonen mit GSM-Standard benutzt werden. Sie sind in vielen Läden erhältlich.

Zeit
MEZ plus sieben Stunden

Touristeninformation
Singapore Visitors@Orchard Information Centre (Karte S. 228; ☎1800 736 2000; Ecke Orchard & Cairnhill Rds.; ⊗9.30–22.30 Uhr; Ⓜ Somerset) Broschüren, Karten, Informationen über Singapur, freundliches Personal.

Tagesbudget
Günstig – unter 150 $
- Bett im Schlafsaal: 16–40 $
- Essen in Hawker-Centern und Food Courts
- Supermärkte für Picknicks

Mittelteuer – 100–350 $
- Doppelzimmer in einem durchschnittlichen Hotel 100–250 $
- Zweigängiges Abendessen mit Wein 50 $
- Getränke in einer schönen Bar 15–20 $ pro Getränk

Teuer – über 350 $
- Doppelzimmer in einem 4- oder 5-Sterne-Hotel 250–500 $
- *Degustation in einem Spitzenrestaurant 250 $ oder darüber*
- Theaterkarte 150 $

Reiseplanung

Zwei Monate im Voraus: Buchung für zeitlich befristete West-End-Shows oder große Veranstaltungen wie z. B. Formel 1. In angesagten Spitzenrestaurants unbedingt vorher einen Tisch reservieren.

Einen Monat im Voraus: Wer am Wochenende im Schlafsaal übernachten will, sollte sein Bett im Voraus buchen.

Eine Woche im Voraus: nach Last-Minute-Übernachtungsangeboten in Singapur suchen und Termine von Events oder Festen in Erfahrung bringen.

Infos im Internet

- **Lonely Planet** (www.lonelyplanet.com/singapore) Landeskundliche Informationen, Hotelbuchungen, Reiseforum etc.
- **Visit Singapore** (www.visitsingapore.com) Offizielle Website des Tourismusverbands.
- **Singapore.SG** (www.sg.com) Weitere offizielle Websites mit allgemeinen Informationen.
- **Sistic** (www.sistic.com.sg) Einzige Verkaufsstelle für Tickets (Konzerte, Shows) in Singapur. Bei Sistic gibt es auch einen nützlichen Veranstaltungskalender.

REISEZEIT

In Singapur herrscht das ganze Jahr über ein feucht-tropisches Klima. Die Schulferien sind im Juni und Juli, der heißesten Zeit des Jahres, die man meiden sollte.

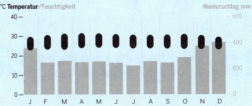

Singapur

REISEPLANUNG GUT ZU WISSEN

Ankunft in Singapur

Changi Airport Vom Flughafen fährt man mit der Metro oder dem öffentlichen Bus oder Shuttle-Bus in die Stadt. 6–24 Uhr, 1,80–9 $. Eine Taxifahrt kostet zwischen 18 und 35 $, 50 % mehr zwischen 24 und 6 Uhr, plus Flughafenzuschlag.

Weitere Informationen zur **Anreise** auf S. 194.

Unterwegs vor Ort

Am besten fährt man mit der EZ-Link-Karte, einer elektronischen Travel Card im Format einer Kreditkarte, die man in der Metro und in den örtlichen Bussen benutzen kann. Einfach die Karte kurz an das Lesegerät halten. Die Karte kann immer wieder aufgeladen werden und ist bei allen Metrostationen erhältlich.

AUFENTHALTSDAUER

Singapur ist ein Zwischenstopp auf Langstreckenflügen. Die meisten Besucher bleiben dann nur ein oder zwei Tage. Das mag für einen oberflächlichen Eindruck von der Stadt ausreichen, aber eigentlich sollte man mindestens vier Tage bleiben. Das reicht aus, um die Hauptattraktionen zu besichtigen, in den besten Hawker-Centern zu essen, die Natur zu genießen und Zeit zum Einkaufen zu haben.

➡ **MRT** Singapurs Metro (U-Bahn), das bequemste Fortbewegungsmittel; 6–24 Uhr.

➡ **Busse** fahren überall dorthin, wo auch die Züge hinfahren, und noch darüber hinaus. Sie sind ideal, um die Umgebung zu betrachten, und verkehren von 6 bis 24 Uhr. Vom Zentrum aus starten auch einige Nachtbusse.

➡ **Taxis** sind verglichen mit New York oder London relativ preiswert. Man kann sie entweder auf der Straße anhalten oder zum Taxistand gehen. An regnerischen Tagen ist es allerdings nicht einfach, eines zu erwischen. In der Hauptverkehrszeit und von 24 bis 6 Uhr muss man mit happigen Zuschlägen rechnen.

Weitere Informationen zu diesem Thema auf S. 196.

Schlafen

In Singapur gibt es die teuersten Hotels in ganz Südostasien. Am Wochenende oder während internationaler Events wie dem Formel-1-Rennen muss man im Voraus buchen. Wer online bucht oder an Wochentagen bzw. in der Nebensaison (Februar bis Mai und August bis Oktober) kommt, spart viel Geld.

Hostels sind preiswert, der Standard ist aber oft bescheiden, und Einzelzimmer mit Bad sind die Ausnahme. Singapur bietet jede Menge **Boutiquehotels** sind eine gute Alternative. Sie rangieren im mittleren Preissegment, die Zimmer sind jedoch oft sehr klein. Singapur bietet jede Menge **Hotels**, vom mittleren Preisniveau bis hin zur Spitzenklasse.

Infos im Internet

➡ **Lonely Planet** (http://hotels.lonelyplanet.com) für Hotelzimmerbuchungen.

➡ **Hotels Online** (www.hotels.online.com.sg) Etablierte Website für Hotelbuchungen.

➡ **Wego** (www.wego.com/Singapore_Hotels) Website mit beliebten Sonderangeboten

Weitere Informationen zu **Unterkünften** auf S. 153.

Stadtspaziergänge

1. Tag

Colonial District, Marina Bay & die Quays (S. 40)

☼ Ein Bummel durch diese Gegend vermittelt Besuchern einen Eindruck von den Hinterlassenschaften der Kolonialzeit. Wen es ins Museum zieht, hat die Wahl zwischen **Singapore Art Museum**, **National Museum**, **Asian Civilisations Museum** und dem **Peranakan Museum**. Sie alle sind einen Besuch wert.

 Mittagessen Maxwell Road Hawker Centre (S. 62).

Chinatown & der CBD (S. 57)

☼ Zwar erweckt die ganze Gegend den Anschein von Touristennepp, aber der **Sri-Mariamman-Tempel**, **Buddha-Tooth-Relic-Tempel** und der **Thian-Hock-Keng-Tempel** sind durchaus sehenswert. Ebenso lohnt sich ein Spaziergang durch die Viertel **Ann Siang Hill** und **Duxton Hill** – haufenweise coole Bars, Restaurants und Coffeeshops lassen die zwielichtigen Karaoke-Bars weit hinter sich.

 Abendessen Einmal verwöhnen bitte im populären Peranakan-Restaurant Blue Ginger (S. 60).

Der Norden & das Zentrum von Singapur (S. 104)

☾ Hier empfiehlt sich ein Besuch am späten Abend und eine Begegnung mit nachtaktiven Tieren bei der **Nachtsafari**. Kinder und Erwachsene haben ihren Spaß daran, den Tieren im Nachtzoo bei einer Fahrt mit der kleinen Bahn ganz nahe zu kommen.

2. Tag

Der Westen & Südwesten von Singapur (S. 117)

☼ Der **Southern-Ridges**-Pfad ist eine der schönsten Routen in Singapur. Wie wär's mit dem (überwiegend) schattigen, 4 km langen Abschnitt vom **Kent Ridge Park** durch den **HortPark** und hinüber zum **Telok Blangah Park**, über die faszinierende **Henderson-Waves**-Fußgängerbrücke und bis zum **Mount Faber**? Von dort geht es mit der Seilbahn ins Tal. Für diese Tour sollte man reichlich Wasser mitnehmen und wegen der Hitze möglichst früh aufbrechen.

 Mittagessen Lunch-Pause in einem der *nasi-padang*-Lokale in Kampong Glam (S. 76).

Little India & Kampong Glam (S. 69)

☼ Die **Mohammad-Sultan**-Moschee in Kampong Glam mit ihrer goldenen Kuppel ist das Herzstück des Malaien-Viertels von Singapur. Drumherum warten eine Mischung von Restaurants, *shophouses* und Bars sowie der ehemalige **Sultanspalast**.

 Abendessen Tapas und Drinks bei Zsofi (S. 78), vorher ein *biryani* im Bismillah Biryani (S. 73).

Little India & Kampong Glam (S. 69)

☾ Ein Bummel durch Little India räumt mit dem Vorurteil, Singapur sei eine blitzsaubere Metropole, gründlich auf. Am Wochenende und abends wird es hier proppenvoll. Das **Mustafa Shopping Centre** ist rund um die Uhr geöffnet.

3. Tag

Holland Village, Dempsey Hill & Botanischer Garten (S. 110)

 Ein morgendlicher Spaziergang durch die idyllischen Anlagen des **Botanischen Gartens** am Ende der Orchard Road beruhigt die Nerven vor dem nachmittäglichen Shopping-Rummel. Der **Orchideengarten** weist eine eindrucksvolle Artenvielfalt auf, und das Singapore Symphony Orchestra spielt hier an manchen Wochenenden ohne Eintritt.

> **Mittagessen** Pizza aus dem Holzofen von Casa Verde für eine ungezwungene Mahlzeit unter freiem Himmel (S. 114).

Orchard Road (S. 81)

Wer die Orchard Road betritt, hat eine Mission: Shoppen bis zum Umfallen, lautet die Devise. Bei mehr als 20 Einkaufspassagen versagt die Kreditkarte vielleicht sogar eher als die Füße. Die Fülle an Geschäften ist wirklich einmalig. Pause gefällig? Dann geht's nach **Emerald Hill** zu einem Happy-Hour-Bier.

> **Abendessen** Crab Bee Hoon im Sin Huat Eating House (S. 96) bestellen.

Der Osten von Singapur (S. 91)

 Um beim Thema Maßlosigkeit zu bleiben: **Geylang** ist ein zwielichtiger Rotlichtbezirk direkt neben Tempeln, Moscheen und einigen der besten Esslokale von Singapur. Einfach einen örtlichen Coffeeshop betreten, ein billiges Tiger-Bier bestellen und zusehen, wie die Welt vorbeizieht.

4. Tag

Sentosa & andere Inseln (S. 126)

 Per Bumboot geht es von Changi nach **Pulau Ubin**. Das hier ist Singapur im Stil der 1960er-Jahre. Am besten mietet man sich ein Fahrrad und fährt um die Insel, um den Mangrovenpfad entlangzuschlendern. Es gibt sogar einen Mountainbike-Park mit Routen in unterschiedlichen Schwierigkeitsgraden.

> **Mittagessen** Eins der Fischrestaurants rund um den Pulau-Ubin-Pier (S. 128) aussuchen.

Sentosa & andere Inseln (S. 126)

Nach der Mittagspause setzt man die Erkundung von **Pulau Ubin** mit einem Besuch im **Wei-Tuo-Fa-Gong-Tempel** fort. Per Bumboot geht es zurück nach Singapur, wo sich ein Bummel durch die Geschäfte in **Changi Village** anbietet, im wahrscheinlich verschlafensten Viertel der Stadt!

> **Abendessen** Verköstigung bei den örtlichen Straßenhändlern im Changi Village Hawker Centre (S. 100).

Colonial District, Marina Bay & die Quays (S. 40)

 Ein schöner Abschluss ist ein Spaziergang am Singapore River. Startpunkt ist der Boat Quay: Im grandiosen **Fullerton Hotel** gibt es erst einmal ein Bier oder zwei, dann geht es weiter Richtung **Clarke Quay**. Hier liegt die zentrale Feiermeile mit Unmengen von Clubs und Bars. Wer lieber am Flussufer sitzen und etwas trinken möchte, geht weiter zum **Robertson Quay**.

Wie wär's mit ...

Museen & Galerien

Peranakan Museum Die Kultur der Straits-Chinesen wird hier ausführlich und auf hohem Niveau durch Video-Displays und hochwertige Artefakte dokumentiert. (S. 43)

National Museum of Singapore Singapurs Nationalmuseum ist in einem schön restaurierten Kolonialbau untergebracht und würdigt die Geschichte des Stadtstaats ... und sein Essen. (S. 45)

Asian Civilisations Museum Das Museum ist bis unters Dach mit einer erstaunlichen Fülle von Ausstellungsobjekten aus ganz Asien bestückt; es ist eines der besten und vielfältigsten in Singapur. (S. 45)

Singapore Art Museum & 8Q SAM Eine tolle Schau moderner asiatischer Kunst. Der 8Q-Flügel auf der anderen Straßenseite ist experimenteller. (S. 43)

NUS Museums Die drei Galerien liegen versteckt in der örtlichen Universität und sind der Beweis dafür, dass Qualität nicht unbedingt überdimensioniert sein muss. (S. 119)

Essen vom Straßenhändler

Lau Pa Sat Noch unentschlossen, was es geben soll? In diesem riesigen Stahlbau gibt es einfach alles. Am Abend können die Gäste an Holztischen sitzen und ihr Satay verputzen. (S. 62)

Maxwell Road Hawker Centre Wohl Singapurs bekanntestes Straßenhändlerzentrum und eines der zentralsten. Fischgrütze und Hähnchenreis sind die Favoriten. (S. 62)

Clarke Quay (S. 49)

Marine Parade Food Centre
Die Einheimischen lieben diese traditionelle Einrichtung. Hier kann man die größten Hits der Singapurer Straßenhändler probieren. Einfach nach der längsten Schlange Ausschau halten und sich hinten anstellen. (S. 99)

Golden Mile Food Centre Das Zentrum macht vielleicht nicht viel her, aber *tulang* (Knochenmark-Suppe), *char kway teow* (gebratene breite Reisnudeln) und *ah balling* (Klebreiskugeln als Dessert) sind berühmt. (S. 77)

East Coast Lagoon Food Village Das Hawker Center unter freiem Himmel am Meer ist immer gesteckt voll. Toll für Bier und Satay. (S. 100)

Clubbing

Zouk 20 Jahre alt und immer noch gut in Form: Das Zouk ist Singapurs ältester und bekanntester Club. Tatsächlich handelt es sich sogar um drei miteinander verbundene Clubs mit jeweils einem anderen Motto. (S. 49)

St. James Power Station St. James besitzt zwar nicht die Ahnentafel des Zouk, macht das aber durch schiere Größe und Vielfalt wett. (S. 123)

Butter Factory Wer lieber mit einem jüngeren Publikum feiert, ist im Butter Factory am richtigen Ort. (S. 52)

Clarke Quay Das Clarke Quay bietet reichlich Gelegenheit, um mal richtig abzuhotten. Am besten Attica, Pump Room, Zirca oder eigentlich jeden der Räume ansteuern, bei dem die Schlange schon bis nach draußen reicht. (S. 49)

Parks & Gärten

Southern Ridges Egal, wo man startet, ob von Kent Ridge, Mount Faber oder durch den HortPark, Hauptsache, man verpasst nicht die Southern Ridges. (S. 120)

MacRitchie Reservoir Fertigmachen zum Dampfbad auf dem Weg in Richtung Wanderweg durch die Baumwipfel, eine 250 m lange Hängebrücke. (S. 107)

Sungei Buloh Wetland Reserve Vogelliebhaber aufgepasst: Das 87 ha große Feuchtgebiet ist die Heimat von mehr als 140 Zugvogelarten, außerdem gibt es Holzstege durch die Mangrovenwälder ... und Mücken. (S. 121)

Singapore Botanic Gardens Allen, die nicht so wild darauf sind, beim Wandern richtig ins Schwitzen zu kommen, bietet der Botanische Garten Gelegenheit für einen gemächlichen Bummel durch gepflegtes Grün. (S. 112)

Farmen in Kranji Raus aus der Stadt! Wer Singapur mal von einer ganz ungewohnten Seite erleben möchte, sollte nach Kranji fahren. Bauernhöfe im urbanen Singapur sind schwer vorstellbar, aber genau die gibt es in Kranji – und sie lohnen einen Besuch. Es gibt hier sogar ein Wellness-Resort für alle, die mal richtig abschalten möchten. (S. 122)

East Coast Park An diesem Streifen Strand und Parkgelände entlang der Küste schlagen Familien Zelte auf, grillen, fahren Rad und Rollerblades und treiben Wassersport. (S. 94)

Weitere Highlights unter:
➡ Essen (S. 26)
➡ Ausgehen & Nachtleben (S. 29)
➡ Unterhaltung (S. 32)
➡ Shoppen (S. 34)

Tempel, Moscheen & Kirchen

Sultan-Moschee Die Sultan-Moschee mit ihrer Kuppel ist das Herzstück des Kampong-Glam-Viertels. (S. 72)

St. Andrew's Cathedral Eine der ältesten und eindrucksvollsten Kirchen in Singapur; erbaut wurde sie 1862. (S. 43)

Sri-Mariamman-Tempel Der *gopuram* (Turm) gibt ein prächtiges Fotomotiv ab, und auf der Rückseite hat man eine tolle Aussicht. (S. 59)

Thian-Hock-Keng-Tempel Der berühmteste chinesische Tempel der Stadt ist mit steinernen Löwen und beschnitzten Holzbalken geschmückt. (S. 59)

Reif für die Insel

Pulau Ubin Los geht's mit einem Bumboot von Changi. Dann am besten ein Fahrrad mieten und rund um die bezaubernd schläfrige Insel fahren. (S. 131)

Sentosa Manch einer findet es hier grell und geschmacklos, aber Sentosa ist nun mal Singapurs Vegas/Badestrand/Disneyland und toll für Familien. (S. 127)

St. John's & Kusu Islands Den Gläubigen auf ihrer Pilgerreise nach Kusu Island folgen und für den Trip nach St. John's die Badesachen nicht vergessen. (S. 134)

Monat für Monat

TOP-EVENTS

Chinesisches Neujahr
Februar

Chingay Festival Februar

Singapore Food Festival
April

**Nachtrennen der
Formel 1** September

Januar

Silvester ist gleichbedeutend mit Partys und übertreuerten Getränken. Doch Thaipusam ist ein einzigartiges Fest, das anzusehen sich lohnt.

 Thaipusam
Bei diesem hochdramatischen Hindu-Fest ehren die Gläubigen den Gott Subramaniam mit Riten von bemerkenswertem Masochismus. In Singapur marschieren Hindus in einer Prozession vom Tempel Sri Srinivasa Perumal (S. 71) an der Serangoon Road zum Hindu-Tempel Chettiar an der Tank Road und tragen dabei *kavadis* (schwere Metallrahmen, die mit Pfauenfedern, Früchten und Blumen geschmückt sind). Die *kavadis* werden an den Körpern der Pilger befestigt, und zwar mit Metallhaken und Stacheln, die in deren Fleisch getrieben sind. Andere durchstechen Wange und Zunge mit *vel* (Metallspießen) oder laufen in Nagelsandalen. Autsch.

Februar

Das chinesische Neujahrsfest wird in einem Land mit überwiegend chinesischer Bevölkerung natürlich groß gefeiert. Es gibt zwei freie Tage und farbenfrohe Festivitäten.

 Chinesisches Neujahrsfest
Drachentänze und Paraden markieren den Beginn des Neujahrsfestes. Familien öffnen ihre Häuser, unverheiratete Verwandte (besonders Kinder) bekommen *ang pow* (Geldgeschenke in roten Umschlägen), Unternehmen begleichen ihre Schulden und jeder sagt: „Gung hei faat choi" (Ich hoffe, du gewinnst viel Geld). Chinatown ist hell erleuchtet, insbesondere Eu Tong Sen Street und New Bridge Road, und der „Hongbao Special" entlang Singapore River und Marina Bay präsentiert sich mit *pasar malam*- (Nachtmarkt-)Ständen, Varieté-Vorstellungen und Feuerwerk.

 Chingay
Singapurs größte Straßenparade Chingay (www.chingay.org.sg) steigt am 22. Tag nach dem chinesischen Neujahr. Der grelle multikulturelle Event rund um das Kolonialviertel präsentiert sich mit Fahnenträgern, Löwentänzern, Festwagen und anderen kulturellen Darbietungen. Karten für einen Sitzplatz auf den Zuschauertribünen gibt es im Vorverkauf, oder man kämpft sich durch die Menge bis an die Absperrungen vor.

März

Der Nordostmonsun lässt nach, und das Quecksilber beginnt zu steigen.

Mosaic Music Festival
Ärmel hoch, es geht los! Mosaic, ein alljährliches zehntägiges Festival für Weltmusik, Jazz und Indie-Musik in der Esplanade (www.mosaicmusicfestival.com) präsentiert lokale und internationale, bekannte und unbekannte Acts. In den kleinen Veranstal-

tungsorten in der Esplanade gibt es auch kostenlose Konzerte.

✨ Singapore Fashion Festival

Nicht gerade Paris, aber doch so nahe dran, wie das in Südostasien möglich ist: Das Modefestival von Singapur (www.singapore fashionfestival.com) zeigt 14 Tage lang Schauen von lokalen Designern, aber auch bekannten internationalen Namen.

April

In diesem Monat ist richtig was los – von Religion über Essen bis zu Musik.

✨ Qing-Ming-Fest

An Allerseelen besuchen die Chinesen traditionell die Gräber ihrer Vorfahren, um sie zu säubern und herzurichten und Gaben darzubringen. Singapurs größte Tempelanlage, das Kloster Kong Meng San Phor Kark See (www.kmspks.org), ist an den Wochenenden im April der angesagte Ort; dann steigen die Verwandten in Massen in die Kolumbarien hinab.

✨ Timbre Rock and Roots Festival

Bob Dylan gab 2011 den Startschuss zu dem zweitägigen Festival (www.rockandroots.sg), am nächsten Tag war John Legend an der Reihe. Da kann man doch erwarten, dass künftige Festivals ebenfalls rocken.

✨ Singapore International Film Festival

Independent- und Arthouse-Filme sind im Hollywood-besessenen Singapur äußerst rar. Deshalb ist dieser Schaukasten des Weltkinos eine seltene Gelegenheit, filmisches Talent aus einigen anderen Ländern dieses Planeten zu sehen.

Mai

Der ruhige Monat leitet zum Höhepunkt der Sommerhitze und der turbulenten Schulferienzeit über – eine gute Gelegenheit für einen Besuch in Singapur.

✨ Vesak Day

An Buddhas Geburt, Erleuchtung und Tod wird durch verschiedene Riten erinnert. Dazu zählt die Freilassung von Käfigvögeln als Symbol für die Freisetzung der gefangenen Seelen. In Tempeln wie dem Sakaya Muni Buddha Gaya Temple (S. 71) in Little India drängen sich die Gläubigen, doch im Zentrum aller Aktivitäten steht der Buddha Tooth Relic Temple (S. 59) an der South Bridge Road.

Juni

Schulferien in Kombination mit Ausverkauf ohne Ende bedeuten, dass so gut wie jeder unterwegs ist. Außerdem ist es einer der heißesten Monate im Jahr, reichlich Schweiß ist also garantiert.

🛍 Great Singapore Sale

Der große Ausverkauf in Singapur (www.greatsingaporesale.com) dauert von Ende Mai bis Anfang Juli. Orchard Road und alle großen Einkaufspassagen sind mit Bannern geschmückt, und die Geschäfte auf der ganzen Insel reduzieren die Preise (und rollen die Sachen nach draußen, die sie seit Jahresbeginn noch nicht verkaufen konnten). Wer das Gedränge verkraftet, stößt auf nette Schnäppchen. Früh losgehen!

✨ Drachenboot-Festival

Dieses Fest mit Bootsrennen im Bedok Reservoir wird zur Erinnerung an einen chinesischen Heiligen, der sich aus Protest gegen die korrupte Regierung ertränkte, begangen. Auf der Website (www.sdba.org.sg) finden sich Infos zu weiteren Rennen und Trainigsläufen im jeweiligen Jahr.

✨ Singapore Arts Festival

Das National Arts Council organisiert Singapurs führendes Kulturfestival (www.singaporeartsfest.com) mit einem Weltklasse-Programm aus Kunst, Tanz, Theater und Musik.

Juli

Die trockenen Monate dauern an – genauso wie die Schulferien.

🍴 Singapore Food Festival

Einen Monat lang wird alles gefeiert, was essbar ist und aus Singapur stammt (www.singaporefoodfestival.com). Bekannte Restaurants bieten Veranstaltungen, und es gibt Kochkurse, Führungen zum Thema Essen für Touristen und reichlich Gelegenheit, klassische malaiische, chinesische und indische Gerichte zu probieren. Auch am Clarke Quay ist etwas los.

Oben: Straßenoper, Hungry Ghost Festival
Unten: Deepavali-Fest im Sri-Mariamman-Tempel (S. 59)

August

Singapurs bekanntestes Fest (zumindest für die Einheimischen), der Nationalfeiertag, wird im August begangen. Auch die weniger patriotisch Gesinnten lieben ihn, denn es ist ein staatlicher Feiertag.

Singapore National Day

Gefeiert wird am 9. August (obwohl die Kostümproben an den beiden Wochenenden davor fast genauso populär sind), die Vorbereitungen auf den geballten Wahnsinn des Nationalfeiertags in Singapur (www.ndp.org.sg) laufen aber das ganze Jahr über. Zu sehen gibt es Militärparaden, außergewöhnliche zivile Prozessionen, Vorbeiflüge der Luftwaffe, rasendes Flaggenschwingen und ein abschließendes Feuerwerk. Tickets sind nur weit im Voraus zu ergattern.

Hungry Ghost Festival

Dies ist der Tag, an dem die Seelen der Verstorbenen Ausgang haben, um auf der Erde herumzuspazieren und Feiern und Unterhaltung zu genießen. Die Chinesen legen Essensgaben auf die Straße und zünden Feuer an. Chinesische Opern und andere Events sollen die ruhelosen Geister bei Laune halten.

September

Das Nachtrennen der Formel 1 ist der heißeste Termin im Jahreskalender, deshalb heben die örtlichen Hotels kräftig die Preise an. Trotzdem ist in dieser Zeit nur schwer ein Bett zu finden, besonders im Colonial District, wo die Action angesiedelt ist.

☆ Formula One Grand Prix

Das allererste Nachtrennen in der Geschichte der Formel 1 (www.f1singapore.com) wurde 2008 auf dem Stadtkurs rund um die Marina Bay ausgetragen. Die Rennstrecke ist so populär, dass sie wohl erhalten bleibt.

Mooncake Festival

Bei Vollmond im achten Mondmonat begeht man ein Fest, das auch unter dem Namen Laternenfest bekannt ist. Ganz Chinatown ist dann nämlich mit Laternen geschmückt. Mondkuchen bestehen aus Bohnenpaste, Lotussamen und manchmal auch Enteneiern. Inzwischen gibt es eine schier endlose Vielfalt an Geschmacksrichtungen.

Navarathri

Das Hindu-Fest der „Neun Nächte" ist den Frauen von Shiva, Vishnu und Brahma gewidmet. Junge Mädchen verkleiden sich als die Göttin Kali; dies ist eine gute Gelegenheit, um traditionellen indischen Tanz und Gesang kennenzulernen. Chettiar Hindu Temple, Sri Mariamman Temple (S. 59) und Sri Srinivasa Perumal Temple (S. 71) sind die wichtigsten Schauplätze.

Oktober

Der eher trockene Monat wird vom Südwestmonsun und dem Nordostmonsun eingerahmt; der Schirm kann zu Hause bleiben.

Deepavali

Ramas Sieg über den Dämonenkönig Ravana wird beim „Lichtfest" mit kleinen Öllampen an den Häusern der Hindus und vielen Lichtern in den Hindu-Tempeln begangen. Little India ist einen Monat lang hell erleuchtet, am Vorabend des Feiertags gibt es eine riesige Straßenparty.

Wallfahrt zur Kusu-Insel

Tua Pek Kong, der Gott des Wohlstands, wird von den Taoisten in Singapur geradezu verehrt. Sie unternehmen im neunten Monat des chinesischen Mondkalenders, irgendwann zwischen Ende September und November, eine Pilgerfahrt zum Schrein auf Kusu Island. An Wochenenden versinkt die Insel fast unter dem Gewicht der Pilger.

Hari Raya Puasa

Das Fest, auch Hari Raya Aidilfitri genannt, markiert das Ende des Fastenmonats Ramadan (es kann auch im September liegen). Während des Ramadan gibt es in Kampong Glam abendliche Festivitäten.

November

Singapurs Kulturkalender verzeichnet viele religiöse Feste, zwei davon liegen im November.

Hari Raya Haji

Mit diesem Ereignis wird der Abschluss der Pilgerfahrt nach Mekka zelebriert. In den Moscheen werden Tiere rituell geschlachtet, wie der Koran es vorschreibt, und die Armen bekommen einen Teil des Fleisches. In den Jahren 2012 bis 2014 liegt das Fest im November.

Thimithi

Bei dieser Zeremonie stellen fromme Hindus ihren Glauben unter Beweis, indem sie im Sri-Mariamman-Tempel über glühende Kohlen schreiten.

Dezember

Ein Hauch von Festlichkeit (und Monsunregen) liegt in der Luft, wenn das Jahr zu Ende geht. Die Regenzeit bringt es mit sich, dass man einen Schirm benötigt, um nicht völlig durchnässt zu werden; dafür ist es zum Glück kühl.

☆ Zoukout

Zoukout (www.zoukout.com) ist wahrscheinlich Singapurs größte und beste Tanzparty unter freiem Himmel. Die Crème de la Crème der internationalen DJs legt vor 25 000 Leute am Siloso Beach, Sentosa, auf. Die Party beginnt um 20 Uhr und dauert bis 8 Uhr morgens.

Weihnachten

Singapur hat sich begeistert der kommerziellen Aspekte von Weihnachten angenommen. Selbst Zynikern bleibt beim Anblick der Lichterketten, die ab Ende November rund einen Kilometer der Orchard Road schmücken, die Luft weg.

Reisen mit Kindern

Das Reisen in Singapur ist äußerst angenehm. Die Stadt ist sehr sauber und sicher, das öffentliche Verkehrssystem funktioniert einwandfrei. Kinder sind überall willkommen, und es gibt jede Menge Einrichtungen und Vergnügungen für Kinder aller Altersgruppen.

Scharenweise Tiere
Zoo von Singapur & Nachtzoo
Pinguine, Eisbären, Orang-Utans und freche Nasenaffen sowie der Nachtzoo zaubern ein Lächeln auf die Gesichter selbst der verwöhntesten Kinder. Für diejenigen, die lieber sitzen, gibt es auch Tiershows.

Inselvergnügen
Sentosa Island
Auf Sentosa kann man sich den ganzen Tag lang amüsieren. Ältere Kinder haben ihre helle Freude an den Universal Studios. Die jüngeren können am Strand spielen oder sich die Meerestiere der Underwater World anschauen.

Pulau Ubin
Schon die Busfahrt zur östlichen Spitze von Singapur ist abenteuerlich. Danach steigt man in ein wackeliges Bumboot und legt kurz darauf in Pulau Ubin an. Die idyllische Insel lässt sich am besten mit dem Fahrrad erkunden.

Kinderfreundliche Museen
Nationalmuseum von Singapur
Mit seinen audiovisuellen Anlagen, Artefakten und der kindgerechten Beschilderung ist das Museum für Kinder ab sechs Jahren gut geeignet. Ein Teil des Museums ist asiatischen Früchten, Kräutern und Gewürzen vorbehalten, die die Kinder an Ort und Stelle sehen und riechen können.

Kunstmuseum Singapur
Das Museum hat eine Galerie nur für Kinder und organisiert regelmäßig Aktivitäten für junge Besucher.

Wissenschaftszentrum Singapur
Das Zentrum präsentiert auf Kinder zugeschnittene Ausstellungen aus dem Bereich der Naturwissenschaften. Besonders beliebt ist die Tesla-Spule, die die Haare zu Berge stehen lässt. Das Omnimax-Theater rundet das Erlebnis ab.

Spaß an Regentagen
Orchard Road
Wohin, wenn es in Strömen regnet (was in Singapur oft der Fall ist)? Natürlich in die Orchard Road mit ihren zahllosen Einkaufszentren. Auf den Wegen im Untergeschoss erreicht man trockenen Fußes die Geschäfte. Es gibt Kinos, IMAX-Vorführungen, Spielbereiche für Kinder und natürlich Toys 'R' Us.

Ausflüge
Auf der Duck Tour (S. 52) geht es in einem gelben Amphibienfahrzeug in Entenform durch Singapur. Die Fahrt fällt etwas aus dem Rahmen, besonders wenn das Vehikel von der Straße abkommt und in die Marina Bay eintaucht. Vom Ufer aus verkehren Schiffe bis nach Marina Bay und zurück.

Fahrradrikschas waren einst ein beliebtes Transportmittel. Heutzutage sammeln sie sich an einem Punkt (S. 199). Einfach in den Beiwagen springen!

Leben wie die Einheimischen

Überall wartet das authentische Singapur darauf, entdeckt zu werden: die Fahrten mit dem Zug in die Wohnviertel der Einheimischen ebenso wie das preiswerte Bier in einem kleinen Pub.

Preiswertes Bier

Coffeeshops

Ein „Coffeeshop" ist kein Café, das Cappuccino serviert, sondern eher so etwas wie ein „Food Court". Überall auf der Insel sind diese Ansammlungen von Essensständen unter einem zentralen Dach zu finden. Viele haben bis spät in die Nacht geöffnet. Sie sind nicht gerade berauschend, dafür aber preiswert. Ein großes Tiger-Bier kostet 6 $ und das Essen ist okay. Außerdem sitzt man im Freien. Coffeeshops gibt es in der Nähe jeder U-Bahn-Station. Herzvorzuheben ist Geylang.

Happy Hour

Besucher beklagen sich oft über die teuren Getränke. Das ist schon berechtigt, aber man findet auch preiswerte Drinks. In den meisten Bars ist irgendwann zwischen 12 und 21 Uhr „Happy Hour". Die Angebote reichen von „One-for-one"-Drinks (zwei Getränke zum Preis von einem) bis hin zu Cocktails und Bier für 10 $.

Vorlieben der Einheimischen

Fußreflexzonenmassage

Bei dieser chinesischen Entspannungsmethode liegt man in einem Stuhl und wird an den Druckpunkten am Fuß massiert. People's Park Complex (S. 66) ist ein beliebter Behandlungsort. In den meisten Einkaufszentren wird Fußreflexzonenmassage angeboten, ebenso wie im Cuppage Centre: Von der Metrostation Somerset die Orchard Road in Richtung Centrepoint überqueren und in östliche Richtung weitergehen. Einige Fußmassage-Zentren sind bis in die Nacht hinein geöffnet.

Bubble Tea

Gesüßte Milch wird mit kleinen gekochten Tapioca-Perlen vermischt. Das Gebräu ist im schwül-heißen Singapur ein wahrer Genuss. Die taiwanesische Köstlichkeit gibt es bei Gong Cha im Scape (S. 89). Eismilch mit Perlen – das schmeckt einfach nur himmlisch!

Die Viertel der Einheimischen

Die Orchard Road und das CBD (Central Business District) sind für Touristen wunderbare Orte. Einheimische aber verkehren in ihrem eigenen Umfeld. Fast alle U-Bahnen halten an einem Einkaufszentrum. Streifzüge in deren Umgebung sind lohnend, denn dort spielt sich das wirkliche Leben ab: in den vielen Märkten, Coffeeshops, bei Schneidern, Friseuren, an Ständen mit chinesischer Medizin usw. Pulsierende Bezirke sind Tampines, Jurong, Bishan, Toa Payoh und Ang Mo Kio.

Shoppen rund um die Uhr

Wer um 2 Uhr nachts Langeweile verspürt, fährt am besten mit dem Taxi zum Mustafa Centre (S. 79) in Little India. In diesem Shopping Center gibt es alles zu kaufen: Kameras, Diamanten, Bollywood-DVDs, Unterwäsche, Spielzeug, Gewürze, Lebensmittel und noch vieles mehr.

Challenger Superstore im Funan DigitaLife (S. 56), dem IT-Einkaufszentrum, ist ebenfalls rund um die Uhr geöffnet.

Kueh pie ti, eine Nonya-Spezialität (S. 98)

 Essen

Singapur ist berühmt für seine Küche. Die vielfältigen Gerichte haben so manchen berühmten Koch inspiriert. Am besten, man vergisst die Kalorien und lässt sich ein 10-gängiges Degustationsmenü schmecken oder vertilgt gemeinsam mit Einheimischen einen dampfenden Teller Chilikrabben. Bei der riesigen Auswahl folgt jeder am besten den eigenen Vorlieben.

Hawker Center & Kopitiams

In einem Hawker Center (großer Komplex mit Imbissständen) oder Coffeeshop, auch *kopitiam* genannt (*tiam* heißt auf Hokkien „Laden") erlebt der Besucher die reiche kulinarische Geschichte Singapurs. Es gibt Gerichte aus China, Malaysia, Indonesien und Indien. Essen vereint die Menschen in dieser Stadt. Egal, wer man ist, in einem Hawker Center müssen sich alle einen Tisch teilen, in der Schlange stehen und einfach warten.

Keine Ahnung, was man essen soll? Egal, einfach anstellen!

Den Bewohnern Singapurs macht es nichts aus, sich eine halbe Stunde für ein Gericht, das neu, beliebt oder vielleicht sogar berühmt ist, anzustellen. Wer das beste Essen will, reiht sich in die längste Schlange ein, sagt eine alte Lebensweisheit. In raschem Wechsel sind die Stände mal *in* und dann wieder *out*. Extrem lang ist die Schlange vor dem Eng Seng Coffeeshop (S. 98), wo es

Krabben mit schwarzem Pfeffer gibt, oder im East Coast Lagoon Food Village (S. 100) mit den leckeren *satay bee hoon* (Nudeln mit Erdnusssauce). In einem speziellen Glossar (S. 204) werden die Gerichte weiter hinten noch näher erklärt.

Haute Cuisine & Spitzenköche

Wenn man ein Spitzengericht kosten will, sollte man das Reisebudget stets genau im Blick haben. Denn die großen Resorts beschäftigen echte Spitzenköche. Michelin-Sterneköche Tetsuya Wakuda, Guy Savoy, Joël Robuchon und andere haben sich in Singapur niedergelassen. Aber wie gut sind die Restaurants wirklich? Da gehen die Meinungen auseinander. Die Restaurants in Singapur haben Mühe, wirklich qualifiziertes Personal zu bekommen. Nähere Informationen zu guten Restaurants sind in diesem Reiseführer und in den örtlichen Restaurantführern aufgeführt.

Was es sonst noch gibt

Es gibt Degustationsmenüs, die extrem preiswerte Garküche und viele Restaurants mittlerer Preisklasse. In den klimatisierten Einkaufszentren ist für jeden Geschmack etwas dabei: japanisch, thailändisch ... außerdem gibt es Hamburger, Kaffee, Teigtaschen und vieles mehr.

Weitere Informationen

K. F. Seetohs ausgezeichneter Führer *Makansutra* ist quasi die Bibel der Garküchen. Spitzenrestaurants sind im Führer *Best Restaurants* des *Singapore Tatler* oder im *Miele Guide* aufgeführt. Empfehlenswert sind außerdem die Kritiken in *Time Out* und im *I-S Magazine*.

Singapurs freiberufliche Foodblogger arbeiten bis zum Umfallen, um sich gegenseitig zu übertrumpfen.

www.ieatishootipost.com Der smarte Leslie Tay hat aus seinem Foodblog ein Business gemacht.

www.bibikgourmand.blogspot.com Evelyn Chen schreibt Rezensionen in Hülle und Fülle.

www.ladyironchef.com Psst, die Köchin ist ein Mann, aber das ist wirklich nicht wichtig.

www.makansutra.com K. F. Seetohs Blog.

www.hungrygowhere.com hat jede Menge User-Rezensionen.

GUT ZU WISSEN

Preisspanne

Die meisten Restaurants schlagen 17 % auf die Rechnung auf: einen Bedienungszuschlag von 10 % plus eine Steuer von 7 % auf Waren und Dienstleistungen. Dies ist auf der Speisekarte mit ++ markiert. Bei der hier folgenden Auflistung zeigen diese Symbole den Gesamtpreis an.

$	unter 10 $
$$	10–30 $
$$$	über 30 $

Öffnungszeiten

➡ Hawker Center, Food Courts, Coffeeshops: 7–22 Uhr, manchmal auch bis 23 Uhr, teilweise sogar rund um die Uhr geöffnet.

➡ Restaurants der mittleren Preisklasse: 11–23 Uhr

➡ Spitzenrestaurants: 12–14.30 und 18–23 Uhr.

Reservierungen

➡ Bei teuren und angesagten Restaurants unbedingt vorher reservieren.

➡ Bei Restaurants mittlerer Preisklasse sollte man von Freitag- bis Sonntagabend reservieren.

Trinkgeld

Trinkgeld ist in Singapur nicht üblich, da die meisten Restaurants einen Bedienungszuschlag von 10 % erheben – niemand gibt in den Hawker Centern ein Trinkgeld. Einige Restaurants verlangen jedoch keinen Bedienungszuschlag. In solchen Fällen ist die Höhe des jeweiligen Trinkgelds dem Gast überlassen.

Kochkurse

Cookery Magic (☏6348 9667; www.cookery magic.com; Kurse 65–130 $) In Ruqxanas Kochkursen, die bei ihr zu Hause stattfinden, lernt man alles über die asiatische Küche. Sie gibt auch Kurse auf einer Ökofarm und auf Pulau Ubin.

Shermay's Cooking School (Karte S. 232; ☏6479 8442; www.shermay.com; 03-64 Block 43, Jalan Merah Saga, Chip Bee Gardens, Holland Village; Kurse ab 90 $; ☐7, 61, 77) Spezialitäten sind Gerichte aus Singapur, Thailand, aus der Peranakan-Küche sowie Schokolade. Außerdem treten hier regelmäßig Gastköche an. Praxisbezogene Kurse sind teurer.

Coriander Leaf (✆6732 3354; www.corianderleaf.com; 02-03, 3A Merchant Court, Clarke Quay; Kurse ab 120 $) Das asiatische Restaurant gibt regelmäßig Kurse in italienischer, französischer, thailändischer und vietnamesischer Küche.

Top-Tipps

Maxwell Road Hawker Centre (S. 62) Das beliebteste Hawker Center ist auch das beste.

Iggy's (S. 84) Dieser Dauerbrenner liegt weiterhin an der Spitze der Haute Cuisine.

Sin Huat Eating House (S. 96) Hier gibt es die besten Krabben-*bee hoon* (Nudeln) der Stadt.

Gute Qualität für wenig Geld

$
Bismillah Biryani (S. 73)
Gandhi Restaurant (S. 73)
Tekka Centre (S. 79)
Gluttons Bay (S. 46)
East Coast Lagoon Food Village (S. 100)

$$
DB Bistro Moderne (S. 46)
Kilo (S. 46)
Cocotte (S. 76)
Guan Hoe Soon (S. 98)
Nan Hwa Chong Fish-Head Steamboat Corner (S. 76)
Din Tai Fung (S. 84)

$$$
L'Atelier de Joël Robuchon (S. 129)
Au Jardin (S. 114)
L'Angelus (S. 62)

Die beste Küche

Chinesisch & Peranakan
Dim Joy (S. 60)
Tonny Restaurant (S. 98)
Wah Lok (S. 48)
Blue Ginger (S. 60)
Guan Hoe Soon (S. 98)

Indisch
Gandhi Restaurant (S. 73)
Samy's Curry Restaurant (S. 113)
Bismillah Biryani (S. 73)
Sankranti (S. 73)

Malaysisch & Indonesisch
Cumi Bali (S. 60)
Tepak Sireh (S. 76)
Zam Zam (S. 77)

Europäisch
DB Bistro Moderne (S. 46)
Saveur (S. 97)
Cocotte (S. 76)

Fusion-Küche
Kilo (S. 46)
Food For Thought (S. 46)

Japanisch
Essensstände im Haupteinkaufszentrum (S. 48)
Maeda (S. 98)

Die besten Hawker Center & Food Courts

Lau Pa Sat (S. 62)
East Coast Lagoon Food Village (S. 100)
Food Republic, Wisma Atria (S. 84)
Takashimaya Food Village (S. 84)
Gluttons Bay (S. 46)

Die leckersten Krabben

Eng Seng Coffeeshop (S. 98)
No Signboard Seafood (S. 96)
Roland Restaurant (S. 99)

Bars in der Nähe der Quays (S. 49)

Ausgehen & Nachtleben

Singapur bietet Nachtschwärmern sieben Tagen pro Woche jede Menge schicke Bars und Clubs zum Abtanzen bis in die Puppen – mit anderen Worten: Fitnesstraining für die Bauchmuskeln. Wer einen Durchhänger hat, der findet zwischendurch genügend Nachschub an Koffein, denn die Cafészene ist hier einfach spitze.

Bars

Das Rezept für die Singapurer Barszene, die gerade im Begriffe ist, richtig aufzublühen: Man nehme zu gleichen Teilen Dachterrassenbars, Mikrobrauereien, Irish Pubs und schrullige Kneipen und mische sie zu einem bunten Cocktail zusammen. Im Colonial District (Kolonialviertel) wimmelt es von Dachterrassen mit unvergleichlichen Ausblicken über die Stadt. In der Nähe des Clarke Quay befindet sich der beliebte Szenetreff Brewerkz (S. 50) ... da dürfte nicht schwer zu erraten sein, was dort so aus dem Zapfhahn fließt. Außerhalb des Kolonialviertels findet man alles – angefangen bei den Mikrobrauereien bis zu den raffinierten Cocktails in den Expat-Enklaven Holland Village und Dempsey Hill.

Wer nach einem anstrengendem Einkaufstag in der Orchard Road einen coolen Drink bei Sonnenuntergang genießen will,

GUT ZU WISSEN

Preise
Bars schlagen normalerweise 17 % auf die Preise: 10 % Trinkgeld, 7 % Mehrwertsteuer, erkennbar am ++ auf den Getränkekarten.

Öffnungszeiten
➡ Bars: 15 Uhr bis spät abends
➡ Clubs: 18 Uhr bis spät abends
➡ Cafés: 10–18 Uhr

Eintrittspreise
➡ Wer den Türsteher nicht kennt bzw. von keinem Mitglied durchgewunken wird, muss bei den angesagtesten Clubs Warteschlangen in Kauf nehmen.

➡ Wer früher eintrifft, kann manchmal Eintrittsgelder für Bars oder Clubs vermeiden.

sollte durch die Emerald Hill Road gehen (S. 87) – dort findet sich eine ganze Reihe von Bars.

Für alle, die es gemütlicher und ursprünglicher haben wollen, bietet sich eine Einkehr ins Kampong Glam an, wo sich Bier und Wasserpfeife in stetem Wechsel kombinieren lassen. Bei einer so großen Auswahl ist die „Happy Hour" für jedermann ein Genuss!

Clubbing

Fast jede Nacht ist Partytime – was so viel heißt wie gute Musik nonstop. Die Dance-Clubs sprießen förmlich aus dem Boden, wie etwa am Clarke Quay (S. 49) und rund um die St. James Power Station (S. 123): In dem alten Elektrizitätswerk befinden sich der Trend-Club Canto/Mandopop sowie Movida mit Latin-Sound live oder andere Themenclubs. Der Home Club (S. 52) ist bekannt für sein großes DJ-Aufgebot. Die neuesten und größten Stars der Szene legen dort auf, was das Zeug hält, um ein hippes Yuppie-Publikum zu begeistern. Dachterrassenbars wie das Ku Dé Tah (S. 50) haben zu bestimmten Anlässen internationale DJs zu Gast.

Zoukout ist eine Tanzparty, die immer im Dezember am Strand von Sentosa stattfindet. Sie wird von Zouk (S. 49), Singapurs ältestem und bekanntestem Club, organisiert.

Singapurs bester Kaffee

In Singapur braut sich was zusammen: Was im Westen Fair-Trade-Kaffee ist, entspricht hier einem Kaffee aus nachhaltigem Anbau, wobei die Kaffeebohnen natürlich in Singapur geröstet werden. Wer mit dem arg süßen Gebräu nicht klar kommt bzw. auch die Milchmixgetränke von Starbucks ablehnt, muss sich auf Probiertour begeben. Jenseits des gewöhnlichen Espresso sollte man besser nach einem Kaffee fragen, der mit japanischen Siphons, einem französischen Coffeemaker oder in Aufgusskannen zubereitet wird. Solchen findet man in folgenden Cafés:

➡ **Plain** (S. 65) Cooles, minimalistisches Dekor.

➡ **Loysel's Toy** (S. 46) Latte in Top-Qualität im Untergeschoss einer alten Fabrik.

➡ **Soho Coffee** (S. 53) Zentrale Lage; auch die Burger schmecken im Soho.

➡ **Oriole Cafe & Bar** (S. 85) Kaffeebohnen aus eigener Rösterei – eine Kombination aus Café und Restaurant.

Wie bitte? Wie viel?!

Singapur ist wahrscheinlich das teuerste Pflaster in ganz Südostasien, was Ausgehen and Nachtleben betrifft. In den Bars der Innenstadt kostet ein Bier zwischen 10 und 18 $, Cocktails schlagen für gewöhnlich mit mindestens 20 $ zu Buche. Darüber hinaus verlangen viele Clubs ein Eintrittsgeld in Höhe von 20 $ und mehr (allerdings ist dann ein Getränk im Preis enthalten).

Wer solche „Trankopfer" nicht bringen will, sollte bereits zur Happy Hour aufkreuzen, um von den preiswerteren Drinks zu profitieren. Happy Hours dauern normalerweise von 17 bis 20 Uhr, manchmal beginnen sie früher, manchmal enden sie auch später. Dann sind die Drinks in der Regel günstiger, d. h. man zahlt bei zwei Getränken nur eines oder das Bier vom Zapfhahn ist günstiger. Mittwoch- und Donnerstagabends bieten einige Bars für Frauen günstigere Getränke an (manchmal sogar gratis). Das ist in Singapur so üblich und hat nichts Anrüchiges. Alle, die sich nicht an Plastiktischen und Neonlicht stören, können sich unter die Einheimischen in den Hawker Centern oder in den Cafés mischen und Tiger-Bier aus der Flasche für 6 $ trinken. Wer allerdings nur ein knappes Budget hat, trinkt besser ein Bier für 5 $ direkt in seiner Unterkunft.

Schwulen- & Lesbenszene in Singapur

Homosexualität ist in Singapur gesetzlich verboten und unter Frauen ein absolutes Tabu, dennoch existiert diese Szene von Schwulen, Lesben, Bisexuellen und Transvestiten. Jeden August feiert sich die Schwulenszene selbst im Rahmen des Festivals **Indignation** (www.plu.sg/indignation). Mehr Informationen im Internet zu einschlägigen Bars und Clubs unter www.pluguide.com sowie www.fridae.asia und www.utopia-asia.com.

Top-Tipps

Zouk (S. 49) Singapurs ältester Club ist immer noch der Renner schlechthin.

1 Altitude (S. 50) Bester Ausblick überhaupt aus einer Bar? Ja, keine Frage!

Emerald Hill Bars (S. 87) Die Qual der Wahl!

Brewerkz (S. 50) Süffiges Bier aus eigener Brauerei vor toller Kulisse am Fluss.

Die besten Tanzclubs

St. James Power Station (S. 123)

Butter Factory (S. 52)

Zirca Mega Club (S. 53)

Home Club (S. 52)

Drinks mit Aussicht

Lantern (S. 51)

Level 33 (S. 50)

New Asia Bar (S. 51)

Ku Dé Tah (S. 50)

Das leckerste Bier

Tiger Brewery (S. 122)

Paulaner Brauhaus (S. 51)

Brussels Sprouts Belgian Beer & Mussels (S. 50)

Red Dot Brewhouse (S. 116)

Die schönsten Chill-Out-Orte

eM by the River (S. 51)

2am: Dessert Bar (S. 115)

Tippling Club (S. 115)

Loof (S. 50)

Zsofi Tapas Bar (S. 78)

Unterhaltung

Langeweile in Singapur – das gibt es ganz sicher nicht! Ganzjährig wird auf allen Bühnen der Stadt viel geboten, ob mit internationalen Interpreten oder mit Ensembles aus den eigenen Reihen. Zu bestimmten Zeiten jagt ein Event das andere: Autorallyes, Kunstfestivals oder Konzerte mit Stars aus aller Welt. Darüber hinaus gibt es noch jede Menge Gelegenheiten, sich mit Kultur zu verwöhnen oder einfach nur den Kick zu suchen!

Theater

Das Singapore Arts Festival (www.singaporeartsfest.com) findet jedes Jahr im Juni statt. Auf dem Programm stehen anspruchsvolle Theaterstücke, Musik, Kunst und Tanz. Das parallel stattfindende Singapore Fringe Festival (www.singaporefringe.com) ruft jede Menge Straßenkünstler auf den Plan. Esplanade – Theatres on the Bay (S. 53) gehört zu den herausragendsten Bühnen in Singapurs Theater- und Tanzszene. Broadway-Musicals gastieren auf den Bühnen des Marina Bay Sands (S. 53). Einheimische Theaterensembles wie Wild Rice oder das Singapore Repertory Theatre bringen regelmäßig chinesische Stücke auf die Bühne.

Livemusik

Sicher: Durchschnittliche Cover-Bands spielen in jeder Hotelbar; eine enthusiastische Musikszene wie hier in Singapur hat jedoch einen Anspruch an sich selbst. Zu kostenlosen Vorstellungen lädt das Freilichtatrium Esplanade ein und auch die monatlichen Konzerte des Singapore Symphony Orchestra im Botanischen Garten sind für alle gratis.

Wer mit dem Musikangebot à la Singapur weniger anfangen kann, dem bleiben immer noch die Auftritte internationaler Bands sowie Pop- und Rockkonzerte mit kantonesischer Einfärbung oder auf Mandarin – geradezu fantastisch! Hinzu kommt das Rock & Roots-Festival alljährlich im Mai. Sollte das immer noch nicht genug der Unterhaltung sein, wären da auch noch die Thai-Diskos mit ohrenbetäubendem Geräuschpegel – einem Blitzbesuch steht nichts entgegen …

Filme

Man nehme eine wohlhabende Gesellschaft, stopfe sie auf einer winzigen Insel auf engstem Raum zusammen, wobei die Menschen dort zwölf Monate im Jahr unter der Hitze der Sonne schmachten … bingo! Das ist das perfekte Rezept für ein Land voller Filmfreaks. Singapurer sind begeisterte Kinogänger und bei Preisen um die 10 $ pro Kinokarte ist das auch noch ziemlich preiswert. Es gibt jede Menge Multiplexkinos und die meisten sind rund um die Innenstadt angesiedelt, d. h. direkt an der Orchard Road oder im nächsten Umkreis. In Singapurs Kinosälen ist es bekanntermaßen kühl – warme Kleidung ist ratsam.

Sport, Spiel & Spaß

Jedes Jahr im September findet in Singapur das Formel-1-Rennen bei Flutlicht statt, das sogenannte Night Race. Das Rahmenprogramm besteht aus einem verrückten Starzirkus, etwa mit Konzerten. Wer lieber selbst sportlich aktiv werden will und dem feucht-schwülen Klima gewachsen ist, kann auf jede Menge Outdoor-Angebote zurückgreifen. Etwa ein Viertel der Gesamtfläche der Insel besteht nämlich aus Parks; einige sind durch unterirdische Passagen oder Brücken miteinander verbunden. Das heißt, man kann durchaus abseits des Verkehrsgewühls durch die Stadt wandern, radeln oder skaten.

Spas & Massage

Spas, Massage und Entspannung sind in Singapur ein lukratives Geschäft. In fast allen Einkaufszentren und 5-Sterne-Hotels kann man Spas der Mittel- bzw. Spitzenklasse finden. Das **Spa Esprit** (www.spa-esprit.com) ist ein beliebtes „Reich" der Schönheit.

Eine andere besuchenswerte Wellnessanlage ist der People's Park Complex (S. 66). Er bietet auf mehreren Ebenen an offenen Ständen Behandlungen wie Fußreflexzonenmassage und Shiatsu an und sogar Plätze, an denen man seine Füße in einen Pool eintauchen kann, in dem einem Fische die abgestorbenen Hautpartikel wegknabbern. Die Preise reichen von ca. 25 $ für eine Fußmassage bis über 200 $ für einen kompletten Wellnesstag mit mehreren Anwendungen.

Top-Tipps

Universal Studios (S. 127) Megastarker Nervenkitzel bei Achterbahnfahrten für Kinder und Erwachsene.

Home Club (S. 52) Kabarett vom Feinsten: Die „Masala Nights" sind ein Fest für die Lachmuskeln.

TAB (S. 88) In jeder Hinsicht anregende Unterhaltung – das Live-Musikprogramm ändert sich im regelmäßigen Turnus.

Timbre@Substation (S. 53) Einfach Bier bestellen und zu den Rhythmen der einheimischen Bands mitwippen.

Die besten Theater

Singapore Repertory Theatre (S. 54)

Theatreworks (S. 54)

Necessary Stage (S. 101)

Die besten heimischen Live-Bands

TAB (S. 88)

Timbre@Substation (S. 53)

Crazy Elephant (S. 53)

BluJaz Café (S. 78)

Home Club (S. 52)

Die schönsten Kinos

Parco Bugis Junction (Karte S. 224)

Suntec City (S. 55)

Marina-Square-Komplex (S. 56)

Cathay (Karte S. 228)

Cathay Cineleisure Orchard (Karte S. 228)

Plaza Singapura (S. 89)

Shaw House (Karte S. 228)

Die besten Wellnessoasen

Willowstream Spa (S. 54)

Spa Botanica (S. 131)

People's-Park-Komplex (S. 66)

Die schönsten Wanderungen

Southern Ridges (S. 120)

MacRitchie Reservoir (S. 107)

Bukit Timah Nature Reserve (S. 106)

Die härtesten Adrenalinkicks

Ultimate Drive (S. 54)

SKI360° (S. 101)

Exotic Tattoo (S. 90)

GUT ZU WISSEN

Preise

➡ Für 20 bis 50 $ bekommt man schon ein Ticket für ein Bühnenstück mit lokaler Besetzung.

➡ Singapurer Bands geben oft auch Gratiskonzerte in diversen Nachtclubs; andernorts zahlt man einen niedrigen Eintrittspreis.

➡ Konzerte mit internationalen Stars und Interpreten sind teuer, die Tickets kosten zwischen 100 und 300 $.

➡ Musical-Tickets, sofern es aufwendige Produktionen sind, kosten zwischen 65 und 200 $.

➡ Beim Formel-1-Rennen jedes Jahr im September verdreifachen sich die Zimmerpreise. Anständige Rallye-Tickets für die Tribüne kosten ab 298 $ und aufwärts, wer Geld sparen muss, kann sich ein Ticket für 38 $ kaufen, jedoch ohne Sitzplatz – nur zum Herumlaufen.

Tickets

Tickets sind online unter www.sistic.com.sg erhältlich. Dort steht auch der aktuelle Terminkalender für alle Events.

G-Max Reverse Bungy (S. 55)

Achterbahnen in den Universal Studios (S. 127)

Die besten Leihfahrräder

East Coast Park (S. 94)

Pasir Ris Park (S. 96)

Shoppen

Singapur ist zwar nicht mehr das Shopping-Paradies, das es einmal war (Hongkong und Bangkok haben ihm den Rang abgelaufen), es gibt aber immer noch Shops mit cooler Singapurer Designermode sowie genügend internationale Spitzenlabels, um die Kauflust der meisten Besucher reichlich zu stillen. Auch Technik-Freaks freuen sich an den Niedrigpreisen und der riesigen Auswahl ... und das quasi rund um die Uhr!

Shoppingmeilen

Wer Elektronikgeräte oder Computer-Hardware einkaufen will, geht am besten ins Einkaufszentrum Funan DigitaLife (S. 56), zum Sim Lim Square (S. 79) und ins Mustafa Centre (S. 79). Am Sim Lim Square stehen mehrere Geschäfte zur Auswahl und es kann gefeilscht werden. Secondhand-Kameraausrüstungen ergattert man am besten auf einem „Beutezug" rund um die Peninsula Plaza (S. 56) und im Peninsula Shopping Centre (S. 56). Hier kann gelegentlich auch gefeilscht werden.

Wer auf der Suche nach Kunst oder Antiquitäten ist, hat bessere Karten, wenn er ein Original von einer Billigkopie unterscheiden

---

AUF DER SUCHE NACH MODE – MEHR ALS NUR SHOPPEN *NIKI BRUCE*

Wer nach etwas wirklich anderem sucht, lässt die Finger von den gewöhnlichen Spitzenmarken und probiert es einmal mit origineller Singapur-Mode.

RAOUL ist eine Marke mit *masstige* (eine Wortschöpfung, die „Masse" mit „Prestige" verbindet), ein Label für Männer und Frauen. Der minimalistische Stil gewinnt derzeit eine immer größere Fangemeinde und gehört zu den Trends, die sich an europäische Schnitte anlehnen, was auch heißt, dass es größere Größen gibt. Die Modeaccessoires von RAOUL fallen besonders angenehm auf.

Wer einen feminineren Look bevorzugt, greift zu alldressedup – die Modelle sind eine Kombination aus weich fallenden Stoffen und figurbetonten Schnitten. Diese Mode ist bekannt für ihren einzigartigen Umgang mit Stoffmustern und Farbe, täglich tragbar und damit gerade richtig fürs Büro. Alles wird effektvoll kombiniert mit Accessoires wie auffälligen Halsketten und Clutches (Unterarmtaschen).

Unter den aufstrebendsten Singapur-Designern machen neue Trendmarken wie max.tan viel von sich reden: ein Verschnitt aus Comme des Garçons und Givenchy's Ricardo Tisci sowie young&restless, ein junger Stil, der sich durch lässige Schnitte und großzügiges Stoffvolumen auszeichnet. Andere junge Designer, die es zu entdecken gilt, sind Depression, ein monochromer Mix aus Unisexpullis und schlichten Formen; AL&ALICIA, weiche „Boyfriend"-Jacken, Shorts und süße Kleider; Reckless Ericka, Mode für Männer und Frauen nach japanischem Vorbild; und schließlich WYKIDD, schicke, lässige Männermode mit raffinierten handgefertigten Details. Um einen guten Überblick über die neuen Labels zu erhalten, sollte man in Modeboutiquen stöbern, die mehrere Marken anbieten wie etwa Blackmarket und Front Row oder Parco Next Next am Millenia Walk (S. 56) besuchen. *Female* und *Her World* sind Lokalmagazine, die regelmäßig die besten Stücke der neuesten Designermode vorstellen – sei es aus Singapur oder aus aller Welt.

Niki Bruce ist Herausgeber von herworldPLUS.com, einer Website für Mode & Lifestyle

kann. Asiatische Antiquitäten bekommt man am besten in Chinatown (S. 66), in der Dempsey Road (S. 116) oder im Tanglin Shopping Centre (S. 88). Es gibt auch eine Reihe von Galerien mit moderner Kunst im Gebäude des Kulturministeriums (MICA; s. S. 53).

Für Stoffe und Textilien sollte man Little India (S. 79) und das Arabische Viertel (S. 80) ansteuern.

Top-Tipps

Orchard Road (S. 88) Im Einkaufsparadies von Singapur findet man wirklich alles.

Haji Lane (S. 73) Der „letzte Schrei", was Indie-Mode betrifft, schön präsentiert in restaurierten Shophouses.

Little India (S. 79) Enge Gässchen, die nach Gewürzen duften und deren Atmosphäre alle Sinne anregt.

Dempsey Road (S. 116) Eine ruhige, lässige Enklave mit hochpreisigen Delikatessen und Möbelgeschäften.

Die interessantesten Elektronik-Artikel

Funan DigitaLife Mall (S. 56)

Mustafa Centre (S. 79)

Sim Lim Square (S. 79)

Die besten Kameras

Peninsula Plaza (S. 56)

Peninsula Shopping Centre (S. 56)

Sim Lim Square (S. 79)

Die schönsten Einkaufszentren

ION Orchard (S. 88)

Ngee Ann City (S. 88)

VivoCity (S. 124)

313 Somerset (S. 88)

Raffles City (S. 55)

GUT ZU WISSEN

Öffnungszeiten

➡ Einzelhandelsgeschäfte: 11 bis 21 oder 22 Uhr.

➡ Mustafa Centre und Challenger im Einkaufszentrum Funan DigitaLife: 24 Stunden.

Feilschen & Warenumtausch

Die Preise sind in der Regel in allen Läden fix, ausgenommen auf Märkten und in einigen Geschäften in touristischen Gegenden. Es zahlt sich aus, die ortsüblichen Preise zu kennen. Wer ins Feilschen gerät, sollte dabei stets gut gelaunt bleiben und nicht zu knauserig auftreten – dabei verliert jeder sein Gesicht. Läden akzeptieren keinen Umtausch, außer wenn der Artikel originalverpackt bleibt bzw. die Preisschilder noch dran sind.

Steuern & Erstattungen

Mehrwertsteuererstattungen sind bei der Abreise unter folgenden Bedingungen möglich:

➡ Mindesteinkäufe im Wert von 100 $ in einem Einzelhandelsgeschäft an einem Tag, dabei nicht mehr als drei Artikel.

➡ Vorlage einer Kopie des Erstattungsformulars aus dem Laden.

➡ Vorlage des Erstattungsformulars und der Artikel samt Quittungen beim Flughafenzoll.

➡ Kleinere Läden beteiligen sich möglicherweise nicht am Mehrwertsteuer-Erstattungsprogramm.

Singapur erkunden

Stadtviertel im Überblick **38**

Colonial District, Marina Bay & die Quays **40**
Sehenswertes 42
Essen 46
Ausgehen & Nachtleben 49
Unterhaltung 53
Shoppen 55

Chinatown & der CBD **57**
Sehenswertes 59
Essen 60
Ausgehen & Nachtleben 64
Unterhaltung 65
Shoppen 66

Little India & Kampong Glam **69**
Sehenswertes 71
Essen 73
Ausgehen & Nachtleben 77
Unterhaltung 78
Shoppen 79

Orchard Road **81**
Sehenswertes 83
Essen 83
Ausgehen & Nachtleben 85
Shoppen 88

Der Osten von Singapur **91**
Sehenswertes 93
Essen 96
Ausgehen & Nachtleben ... 100
Unterhaltung 101
Shoppen 102

Der Norden & das Zentrum von Singapur **104**
Highlights 106
Sehenswertes 107

Holland Village, Dempsey Hill & Botanischer Garten **110**
Sehenswertes 112
Essen 112
Ausgehen & Nachtleben 114
Shoppen 116

Der Westen & Südwesten von Singapur **117**
Sehenswertes 119
Essen 124
Shoppen 124

Sentosa & andere Inseln **126**
Sentosa Island 127
Pulau Ubin 131
Südliche Inseln 133

Tagesausflüge **136**
Pulau Bintan 137
Johor Bahru 141
Pulau Tioman 144
Malakka 147

Schlafen **153**

SINGAPURS HIGHLIGHTS

Fort Canning Park 42

Bukit Timah Nature Reserve 106

Der Zoo von Singapur 107

Nachtsafari 108

Botanischer Garten von Singapur 112

Stadtviertel im Überblick

❶ Colonial District, Marina Bay & die Quays (S. 40)

Im einstigen Regierungsviertel liegen kolonialzeitliche Architektur, Museen und die Formel-1-Strecke nah beieinander. Glücksspieler riskieren hohe Einsätze in der Marina Bay. Der Singapore River verbindet die drei Quays, an denen sich Restaurants, Clubs und Bars aneinanderreihen.

❷ Chinatown & der CBD (S. 57)

Heute dominieren in Chinatown zwar billige Schmuckläden, dank mehrerer Tempel und des Heritage Centre lohnt sich der Besuch jedoch noch immer. Hinter dem CBD ragt eine vielgestaltige Skyline auf: Dachterrassenbars wechseln sich mit altertümlichen Tempeln ab, als Kontrast dient der Finanzbezirk.

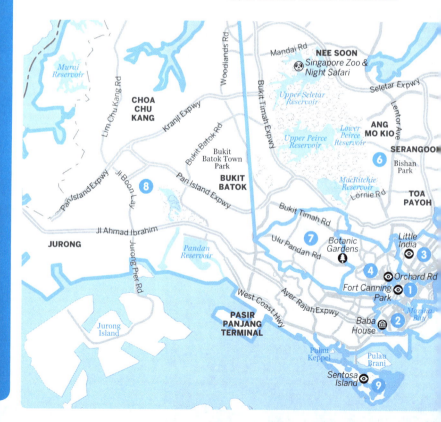

③ Little India & Kampong Glam (S. 69)

In Little India ist die Vergangenheit noch lebendig – hier geht es hektisch, schmutzig und quirlig zu. Gewürzhändler versperren die schmalen Gänge mit ihren Waren, an Wochenenden bevölkern indische Arbeiter die Gassen. Kampong Glam, die einstige Residenz des Sultans, wurde modernisiert und bietet heute schicke Modeläden und hervorragende malaiische Restaurants.

④ Orchard Road (S. 81)

Wer den Göttern des Konsums huldigen möchte, findet dazu Gelegenheit in Tausenden von Geschäften, die sich auf 22 (ihre Zahl steigt ständig!) Einkaufspassagen verteilen. Dabei sollte die stille Betrachtung nicht zu kurz kommen: In Emerald Hill findet man wunderschön restaurierte Häuser der Peranakan.

⑤ Der Osten von Singapur (S. 91)

Geylang wird nach Sonnenuntergang zu einem Rotlichtviertel, bietet aber auch Gelegenheit, die regionale Küche zu kosten. Der East Coast Park eignet sich zum Radfahren und Picknicken am Strand. Katong und Joo Chiat sind von der Peranakan-Kultur geprägt. An der Spitze der Insel liegen der Pasir Ris Park mit viel Grün, das Kriegsgefangenenlager Changi und die Anlegestelle der Ausflugsboote nach Pulau Ubin.

⑥ Der Norden & das Zentrum von Singapur (S. 104)

Baumkronenwege am MacRitchie Reservoir und das Sumpfgebiet von Sungei Buloh: Naturfreunde finden hier viele Ziele. Wer nicht gerne läuft, kann grandiose Tempel, den Zoo und den Nachtzoo besuchen.

⑦ Holland Village, Dempsey Hill & Botanischer Garten (S. 110)

Expats und Gutsituierte begegnen sich hier, um nach einer Wellness-Behandlung gepflegt auszugehen. Hier findet man auch den prachtvollen Botanischen Garten und das Naturschutzgebiet Bukit Timah.

⑧ Der Westen & Südwesten von Singapur (S. 117)

Auf dem Wanderweg Southern Ridges geht es in die westliche Hügelkette von Singapur. In der National University sind Kunstschätze zu finden, weiter westlich liegen familienfreundliche Attraktionen wie der Jurong Bird Park und das Science Centre.

⑨ Sentosa & andere Inseln (S. 126)

Eine Fahrt im Bumboot führt von Changi zur Insel Pulau Ubin, wo die Uhren in den 1960er-Jahren stehengeblieben sind. Fähren sorgen für Verbindungen zu den stillen Inseln Kusu und St. John. Mehr Anregungen bietet dagegen Sentosa.

Colonial District, Marina Bay & die Quays

Highlights

❶ Auf einem **Stadtspaziergang** (S. 44) lässt sich erahnen, wie das koloniale Singapur einmal aussah. Der Kontrast zur modernen Glitzerwelt ist nicht zu übersehen.

❷ Das **Peranakan Museum** (S. 43) gibt einen guten Einblick in die Kultur der Peranakan.

❸ Noch immer etwas Besonderes: ein Cocktail namens Singapore Sling im **Raffles Hotel** (S. 50).

❹ Ein Spaziergang am frühen Morgen oder Abend über die Double Helix Bridge nach Marina Bay Sands und weiter in die neu gestalteten **Gardens by the Bay** (S. 54).

❺ Von den Dachterrassenbars bieten sich überwältigende Ausblicke auf die Bucht, den Singapore River und das dichte Straßennetz der City. Die Bar **Ku Dé Tah** (S. 50) ist besonders beliebt und ein schönes Plätzchen zur Einstimmung auf die Nacht.

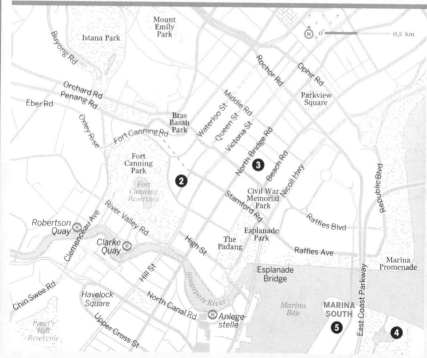

Details siehe Karten S. 224 & 226 ➡

Colonial District, Marina Bay & die Quays erkunden

Hier schlägt das Herz Singapurs: im urbanen Ensemble von Kolonialbauten, Museen, Einkaufszentren, Parks und Vergnügungsmeilen entlang der Flussufers. Die MRT-Haltestelle City Hall ist das Zentrum des Stadtviertels und ein perfekter Orientierungspunkt. Von dort führt die Stamford Road in nordwestlicher Richtung zu den Museen.

In entgegengesetzter Richtung geht es zur modernen Esplanade und zur Marina Bay. Ein Spaziergang führt durch die weitläufigen Gardens by the Bay.

Zahlreiche Zeugnisse der Kolonialzeit begrenzen den Padang. Hier findet man das berühmte Raffles Hotel, mehrere alte Kirchen, das alte und neue Parlamentsgebäude und das Mündungsgebiet des Singapore River.

Die drei Quays am Fluss entwickeln ihren Reiz erst bei Nacht. Am Clarke Quay haben sich lärmende Bars und Clubs angesiedelt, am Robertson Quay findet man gute Gelegenheiten zum Essengehen.

Tipps der Einheimischen

→ **Food Courts** Einheimische meiden die feinen Restaurants und gehen lieber in die Food Courts.

→ **Ausländische Enklaven** Peninsula Plaza und andere Passagen sind heute Treffpunkte für Wanderarbeiter.

→ **(Öffentliche) Busfahrten** Der Doppeldeckerbus der Linie 14 befährt die ost-westliche Route und streift bei der Fahrt auf dem siebenstöckigen East Coast Parkway den südlichen Rand der Downtown. Dabei bieten sich eindrucksvolle Ausblicke auf die Wolkenkratzer im Norden und den Hafen im Süden.

An- & Weiterreise

→ **MRT** Der Mittelpunkt des effizienten MRT-Bahnnetzes ist die MRT-Haltestelle City Hall. Durch unterirdische Passagen ist sie mit der Esplanade verbunden; von dort führt eine Abkürzung zur Marina Bay. Die Haltestelle Raffles City liegt den Quays am nächsten. 2012 soll die MRT-Station Bayfront am Marina Bay Sands eröffnet werden.

→ **Bus** Wichtige Bushaltestellen liegen direkt vor dem Raffles Hotel und vor der St. Andrew's Cathedral an der North Bridge Road. Buslinie 2 fährt die Victoria Street und die Hill Street entlang. Die Buslinien 51, 61, 63 und 80 befahren die North Bridge Road. Die Beach Road wird von den Buslinien 100, 107 oder 961 abgefahren, auf der Bras Basah Road fahren die Linien 12, 14, 16, 77 und 111..

Top-Tipp

Der Eintritt in das National Museum und einige Galerien ist freitags von 18 bis 21 Uhr gratis. Mit Kombi-Tickets lassen sich die Museen etwas günstiger besuchen. Die meisten Bars der Gegend haben eine Happy Hour (17–20/21 Uhr); in dieser Zeit gibt es beim Kauf eines Getränks ein zweites gratis dazu *(one-for-one)* oder stark ermäßigt. In Clubs haben Damen in den Ladies' Nights freien Eintritt und bekommen gelegentlich sogar ein kostenloses Getränk spendiert. Dennoch ist von Ausschweifungen an diesen Abenden in Singapur nichts zu spüren.

Die schönsten Attraktionen

→ Peranakan Museum (S. 43)
→ Asian Civilisatons Museum (S. 45)
→ Fort Canning Park (S. 42)

Mehr Details siehe S. 42 →

Gut essen

→ DB Bistro Moderne (S. 46)
→ Gluttons Bay (S. 46)
→ Kilo (S. 46)

Mehr Details siehe S. 46 →

Nett ausgehen

→ Loof (S. 50)
→ Brewerkz (S. 50)
→ 1 Altitude (S. 50)

Mehr Details siehe S. 49 →

SEHENSWERTES

RAFFLES HOTEL — HISTORISCHES GEBÄUDE
Karte S. 224 (www.raffleshotel.com; 1 Beach Rd.; MCity Hall) Der hoheitsvolle Anblick, den der Bau heute bietet, lässt nicht erahnen, dass das Raffles Hotel ursprünglich ein Bungalow mit zehn Zimmern an einem Strand war (der seit der Neulandegewinnung verschwunden ist). Im Dezember 1887 wurde es von den Brüdern Sarkies gegründet; die armenischen Einwanderer besaßen darüber hinaus noch zwei weitere kolonialzeitliche Grandhotels, das Strand in Yangon (Rangun) und das Eastern & Oriental in Penang.

Die Glanzzeit des Hotels brach 1899 mit der Eröffnung des Hauptgebäudes an, in dem noch heute die Gäste wohnen. Das Raffles wurde bald zum Inbegriff für orientalischen Luxus („Ein legendäres Symbol für die Fabelwelt des exotischen Ostens", wie der Werbetext verkündete) und wurde zum Schauplatz von Romanen von Joseph Conrad und Somerset Maugham. Den berühmten Singapore Sling erfand 1915 der Barkeeper Ngiam Tong Boon. Weniger glorreich war die Erschießung des letzte Tigers von Singapur, der aus einem in der Nähe lagernden Wanderzirkus entflohen war: Er starb 1902 unterhalb des Billardzimmers.

In den 1970er-Jahren war das Raffles ein schäbiges Gebäude, das dem Abriss 1987 nur durch die Ernennung zum Nationaldenkmal entging. 1991 wurde es nach einer Restaurierung (160 Mio. $) wiedereröffnet. Die Hotellobby ist öffentlich zugänglich

HIGHLIGHTS
FORT CANNING PARK

Als Sir Stamford Raffles in Singapur landete und es für das englische Mutterland in Besitz nahm, wagten die Einheimischen nicht, den Berg mit dem damaligen Namen Bukit Larangan („Verbotener Berg") zu betreten. Der alte Name verdeutlicht den Respekt vor dem heiligen Grabmahl Sultan Iskandar Shahs, des letzten Herrschers über das alte Singapura. Raffles baute 1822 auf dem Hügel eine mit Palmenblättern gedeckte Residenz, die als Regierungssitz diente, bis das Militär Fort Canning errichtete.

Der wunderbar kühle Park bietet eine herrliche Möglichkeit, der Hitze der tiefer liegenden Straßen zu entfliehen. Tore in gotischem Stil führen in den angenehmen Park, in dem Grabsteine aus dem alten christlichen Friedhof in die Ziegelsteinmauern integriert wurden. Es gibt einen Kräutergarten an der Stelle des ursprünglichen Botanischen Gartens von Raffles; dort liegen in ausgehöhlten Kokosnussschalen verschiedene Kräuter zum Probieren bereit. Ein Blick lohnt auch die archäologische Ausgrabungsstätte: Unter einem Holzdach sind javanesische Kunstgegenstände aus dem 14. Jh. zu sehen, die hier freigelegt wurden.

Einen Besuch wert ist auch das **Battle Box Museum** (Karte S. 224; 2 Cox Terrace; Erw./Kind 8/5 $; ☉Di–So 10–18 Uhr), der einstige britische Kommandoposten im Zweiten Weltkrieg. In dem gespenstischen und tödlich stillen unterirdischen Bau mit 26 Räumen ist es leicht, sich zu verirren. Lebensgroße Figuren bilden die schicksalhafte Kapitulation vor den Japanern am 15. Februar 1942 nach. An den Wänden sind noch japanische Morsezeichen erkennbar.

NICHT VERSÄUMEN

→ Battle Box Museum
→ Spice Garden

PRAKTISCH & KONKRET

→ Karte S. 224
→ www.nparks.gov.sg (auf der „Fort Canning"-Seite können Empfehlungen für Spaziergänge kostenlos heruntergeladen werden)
→ Eintritt frei
→ MDhoby Ghaut

und eine beliebte Touristenattraktion. Es gelten jedoch strenge Kleidervorschriften (d. h. keine Shorts oder Sandalen). Versteckt im 3. Stock der Raffles Hotel Arcade befindet sich das **Raffles Hotel Museum** (Eintritt frei; 10–19 Uhr), eine faszinierende Sammlung von Erinnerungsstücken, u. a. alte Fotografien und Plakate sowie ein aufschlussreicher Stadtplan. Er macht deutlich, warum der britische Schauspieler und Schriftsteller Noël Coward (1899–1973) einst tatsächlich von der Hotelveranda aus mit einem Gin Sling in der Hand aufs Meer schauen konnte.

SINGAPORE FLYER   AUSSICHTS-RIESENRAD
Karte S. 224 (www.singaporeflyer.com.sg; 30 Raffles Ave.; Erw./Kind 29,50/20,65 $; 8.30–22.30 Uhr; City Hall) Überall in den Großstädten der Welt bezahlen Menschen viel Geld, um in einem Riesenrad eine prachtvolle Weitsicht zu genießen. Zurzeit gilt der Singapore Flyer als weltgrößtes unter diesen Riesenrädern – auf einer ziemlich teuren, 30-minütigen Fahrt schaut man auf das Kolonialviertel, CBD, Marina Bay, die Hochhaussilhouette im Osten und das südchinesische Meer in der Ferne.

ST. ANDREW'S CATHEDRAL   KIRCHE
Karte S. 224 (www.livingstreams.org.sg; 11 St. Andrew's Rd.; Touristeninformation Mo-Fr 9–17, Sa 9–19, So 9–13.30 Uhr) Die friedvolle Kathedrale steht in eindrucksvollem Kontrast zum modernen Stadtbild. Vollendet wurde der Bau 1838, doch schon bald wurde er wieder abgerissen und 1862 in seiner gegenwärtigen Gestalt neu errichtet. Grund waren die Schäden durch den zweimaligen (!) Blitzeinschlag ins ursprüngliche Gebäude. Die Kathedrale hat einen 63,1 m hohen Turm, hoch aufragende Kirchenschiffe und sehenswerte Buntglasfenster über dem Westportal. Das wunderschöne Gelände eignet sich gut für ein Picknick oder eine Ruhepause im Gras.

ARMENISCHE KIRCHE   KIRCHE
Karte S. 224 (60 Hill St.) Die älteste Kirche Singapurs wurde 1836 dem hl. Gregor dem Erleuchter geweiht. Der klassizistische Stil der Kirche stammt von George Coleman, einem bedeutenden Architekten der Kolonialzeit. Die Orchideenzüchterin Agnes Joaquim ruht sich schon seit langem auf dem Friedhof von der Arbeit aus; sie entdeckte 1893 die Nationalblume Singapurs – die Orchidee *Vanda Miss Joaquim*.

PERANAKAN MUSEUM   MUSEUM
Karte S. 224 (39 Armenian St.; Erw./Kind 6/3 $; Mo 13–19 Uhr, Di–So 9.30–19, Fr 9.30–21 Uhr; City Hall) Das neueste Museum Singapurs ist ein Symbol für die Renaissance, die die Kultur der Peranakan in der Löwenstadt gerade erfährt. Es wurde 2008 eröffnet, hat zehn thematisch gegliederte Galerien und bietet außerdem eine ganze Reihe an multimedialen Exponaten, die den Besuchern eine Einführung in die Vergangenheit und Gegenwart der Peranakan-Kultur geben.

Neben traditionell gefertigten Peranakan-Trachten mit Perlenstickereien und exquisit gearbeiteten antiken Möbelstücken zeigt das Museum mehrere interaktive Ausstellungen. Besonders anschaulich ist ein Diorama, das ein traditionelles Haus der Peranakan zeigt: In Videofilmporträts machen sich darin zwei ältere Personen Gedanken darüber, ob die Lebensweise ihrer Nachkommen noch der Tradition entspricht.

SINGAPORE ART MUSEUM   MUSEUM
Karte S. 224 (www.singaporeartmuseum.sg; 71 Bras Basah Rd.; Erw./Kind 10/5 $; Sa–Do 10–19, Fr 10–21 Uhr; City Hall oder Bras Basah) Das SAM liegt zwei Straßen westlich vom Raffles Hotel. Das hervorragende Museum ist in der ehemaligen St. Joseph's Institution untergebracht; die katholische Klosterschule wurde dafür 1987 umgesiedelt.

Bei der Neugestaltung bemühte sich der einheimische Architekten Wong Hooe Wai um eine Verbindung von historischem Charme und starker moderner Ausstrahlung. Die Galerie tritt in einem von der Wirtschaft besessenen Land engagiert für die Kunst ein. Die hier gezeigten Ausstellungen befassen sich mit klassischer chinesischer Kalligraphie ebenso wie mit elektronischer Kunst. Ein Highlight ist die Galerie Wu Guangzhong, die in Wechselausstellungen Arbeiten aus der 70 Mio. $ teuren Sammlung von Wu Guangzhong (1919–2010) präsentiert. Der Begründer der modernen chinesischen Malerei schenkte sie 2008 dem Museum.

Anschließend lohnt sich eine Kaffeepause im feinen Museumscafé **Dôme**. Der Eintritt in das Museum und ins 8Q SAM ist freitags von 18 bis 21 Uhr kostenlos.

8Q SAM   MUSEUM
Karte S. 224 (8 Queen St.; Erw./Kind 3/1,50 $, frei mit SAM-Ticket; Sa–Do 10–19, Fr 10–21 Uhr; City Hall oder Bras Basah) Der nicht mehr

START **RAFFLES HOTEL**
ZIEL **MARINA BAY SANDS**
LÄNGE **4 KM**
DAUER **4–5 STD.**

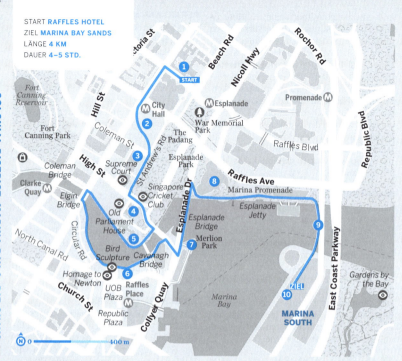

Stadtspaziergang
Koloniales & modernes Singapur

Ausgangspunkt ist das ❶ **Raffles Hotel**. Es lohnt sich, einen Blick in die riesige Lobby zu werfen und durch die Shopping Arcade zu bummeln, bevor der eigentliche Spaziergang auf der North Bridge Road beginnt. Links liegt die prachtvolle ❷ **St. Andrew's Cathedral**, gegenüber verläuft die St. Andrew's Road.

Der Weg führt weiter an der ❸ **City Hall** und dem **Supreme Court** (Oberster Gerichtshof) vorüber, beides Prachtbauten des kolonialzeitlichen Singapur. In der Nähe liegt der neue Supreme Court mit seiner Raumschiffarchitektur. Die Fahrt hinauf wird mit einer schönen Weitsicht belohnt.

Dort, wo die St. Andrew's Road eine Biegung nach links macht, liegen mehrere kolonialzeitliche Gebäude, darunter die ❹ **Victoria Theatre & Concert Hall**. Vor ihr steht das Standbild von Raffles, das einst seinen Platz auf dem Padang hatte.

Nach rechts führt der Weg am nördlichen Ufer des Singapore River entlang. Das Bauwerk mit den vielfarbigen Fensterrahmen an der Ecke der Hill Street ist die ❺ **alte Polizeistation Hill Street**, in dem derzeit das Ministry of Communication and the Arts (MICA) und mehrere gute Kunstgalerien untergebracht sind.

Auf der anderen Seite der Hill Street hat man Zugang zum Fluss. Hier am ❻ **Boat Quay** drängen sich etliche Bars und Restaurants, dazwischen findet man Skulpturen. Folgt man dem Fluss weiter in östlicher Richtung, erreicht man Marina Bay. Hier führt eine Treppe zur Bucht, an deren oberem Ende der berühmte ❼ **Merlion** steht.

In nördlicher Richtung führt die Esplanade Bridge auf die ❽ **Esplanade – Theatres on the Bay** zu. In östlicher Richtung spaziert man dann an der Marina Promenade entlang zur ❾ **Helix Bridge**. Die Brücke verbindet die Promenade mit den Bauten von Marina Bay Sands und bietet Fotografen einen Logenplatz: Schöne Motive sind der Collyer Quay, der Merlion und das Fullerton Hotel. Die letzte Station ist dann tatsächlich ❿ **Marina Bay Sands**, anschließend sind die Getränke im Ku Dé Tah wohlverdient.

ganz neue Erweiterungsflügel des SAM ist nach seiner Hausnummer benannt. Die Schwerpunkte liegen auf ungewöhnlichen Installationen, Interaktivität und moderner Kunst.

NATIONAL MUSEUM OF SINGAPORE — MUSEUM

Karte S. 224 (www.nationalmuseum.sg; 93 Stamford Rd.; Erw./Kind 10/5 $, historische Galerien 10–18 Uhr, zeitgenössische Galerien 10–21 Uhr; MDhoby Ghaut) Das bedeutendste Museum Singapurs befindet sich in einem geschichtsträchtigen klassizistischen Bau des 19. Jhs., dem ursprünglichen „Raffles Museum and Library". Vielleicht das schönste Detail des Bauwerks ist die restaurierte Rotunde mit 50 sorgfältig gearbeiteten Buntglasscheiben. Zugleich modern und klassisch, zeigt das Museum eine große Vielfalt multimedialer Ausstellungen, die sich natürlich vorrangig mit Geschichte, Kultur und der Glanzzeit Singapurs beschäftigen. Die fesselnde Ausstellung „Singapore Story" beginnt im oberen Stockwerk und setzt sich über zwei Etagen nach unten hin fort. Beim Eintreten werden die Besucher mit einer eindrucksvollen Videoinstallation empfangen, die sich über zwei Stockwerke zieht.

ASIAN CIVILISATIONS MUSEUM — MUSEUM

Karte S. 226 (www.acm.org.sg; 1 Empress Pl.; Erw./Kind 8/4 $, halber Preis Fr nach 19 Uhr; Mo 13–19, Di–Do 9–19, Sa & So, Fr 9–21 Uhr; MRaffles Place) Ein Besuch in diesem imposanten Bauwerk von 1865, das nach Queen Victoria benannt ist, bleibt absolut unverzichtbar: Hier entflieht man der hohen Luftfeuchtigkeit, vergisst Zeit und Stunde und verliert sich in faszinierenden Innenräumen.

In zehn thematisch gegliederten Galerien werden die Traditionen asiatischer Kultur, Religion und Zivilisation vorgestellt; die exquisiten, gut präsentierten Ausstellungsstücke stammen aus Südostasien, China, Indien, Sri Lanka und aus der Türkei. Die Erforschung des Islam und dessen Einfluss in der Region sind besonders spannend, obwohl sich kleine Besucher vielleicht eher für die große Sammlung südostasiatischer Dolche (*krisses*) interessieren. Im Rahmen von Gastausstellungen (dafür zahlt man eine zusätzliche Eintrittsgebühr) waren hier u. a. schon einmal die berühmten chinesischen Terrakottakrieger zu sehen.

FREE SINGAPORE TYLER PRINT INSTITUTE — GALERIE

(www.stpi.com.sg; 41 Robertson Quay; So & Mo 13–17, Di–Sa 9.30–18 Uhr; 54 ab MClarke Quay) Das Institut ist eine Gründung des amerikanischen Druckers und Kunstverlegers Kenneth Tyler und nicht nur ein Museum, sondern auch eine Bildungseinrichtung. Das Museum zeigt Ausstellungen zum Thema Grafik und eine Papiermühle. In der Vergangenheit haben bereits Meister wie der britische Grafiker David Hockney hier ihre Werke ausgestellt.

HONG SAN SEE TEMPLE — TEMPEL

(31 Mohamed Sultan Rd.; 6–19 Uhr; 32, 54, 139, 195) Der stattliche chinesische Tempel wurde 1913 auf einer Anhöhe im südchinesischen Stil mit abfallenden Ziegeldächern und verzierten Säulen errichtet. Im Rahmen einer groß angelegte Restaurierung wurde der Tempel 2010 in seiner ganzen Pracht wiederhergestellt; diese konservatorische Maßnahme wurde mit einem Preis der Unesco gewürdigt. Besonders eindrucksvoll sind die vergoldeten Holzschnitzereien an den Innentüren.

MERLION — DENKMAL

Karte S. 226 (One Fullerton, 1 Fullerton Rd.; MRaffles Place) Der Mythos von einem Mischwesen aus Fisch und Löwe entsprang in den 1980er-Jahren – in der Tourismusbehörde. Auf interessante Motive versessene japanische Touristen verhalfen dem Standbild dann zu seinem Ruf als berühmte singapurische Sehenswürdigkeit (als besonders hübsch gilt es aber nicht unbedingt). Nur wegen des Merlion lohnt sich die Anfahrt, schön ist aber der Blick auf die Marina Bay, vor der der Merlion aufragt. Und wenn man schon mal da ist: Hier starten die Bootsfahrten (S. 52), die die Wasserstraßen Singapurs abfahren.

MINT MUSEUM OF TOYS — SPIELZEUGMUSEUM

Karte S. 224 (26 Seah St.; Eintritt Erw./Kind 10/5 $; 9.30–18.30 Uhr MCity Hall) In einem schmalen, leicht zu verfehlenden Haus befindet sich eine Privatsammlung mit 50 000 (!) Spielzeugen, die eine Zeitspanne von 100 Jahren umfasst. Unter den (heutzutage verpönten) Negerpuppen oder dem Blechspielzeug aus China ist bestimmt etwas dabei, das Kindheitserinnerungen weckt. Erwachsene können in der angeschlossenen Bar Mr Punch warten, bis sich die Begeisterung der Kinder gelegt hat.

MARINA BARRAGE — PARK

(www.pub.gov.sg/marina; 8 Marina Gardens Dr.; 9–21 Uhr; MMarina Bay, dann 400) Familien lassen hier im Licht des Sonnenuntergangs Drachen steigen, Wissensdurstige informieren sich in der Ausstellung über das NEWater-Projekt der Wasserbehörde, bei dem es um die Aufbereitung von Regen- und Abwasser geht. Kurz: Die Idee, den Staudamm zur Kontrolle von Hochwasser im Marina Channel in einen öffentlichen Park zu verwandeln, war brillant. Am Abend mit einer angenehmen Brise vom Meer im Gesicht über die Bucht zu blicken, ist auf jeden Fall eine schöne Art, seine Zeit in Singapur zu verbringen.

ESSEN

KILO — FUSION $$

(6467 3939; www.kilokitchen.com; 66 Kampong Bugis; Hauptgerichte ab 28 $; So Mittagessen, Di–Sa Abendessen) Genaugenommen liegt es außerhalb der Grenzen des Kolonialviertels, sollte aber dennoch hier genannt werden. Man findet das Restaurant in der 2. Etage eines unscheinbaren Industriegebäudes, das von außen etwas abweisend wirkt. Für halbwegs kühle Luft sorgen Wandventilatoren, eine Klimaanlage gibt es nicht. Das Essen ist unbeschreiblich gut: Der Schwerpunkt liegt auf Platten, die man sich mit seinem Tischnachbarn teilt, frische Zutaten sind den Köchen wichtig. Alles ist köstlich: der Schweinebauch mit Knoblauch und Koriander ebenso wie das Steak mit Spinat in Weißwein.

Im Erdgeschoss des Gebäudes liegt **Loysel's Toy** (66 Kampong Bugis; Di–Fr 9–18, Sa & So 9–19.30 Uhr), wo gut gemachte Kaffeespezialitäten und Sandwiches serviert werden. Das Ganze ist schwer zu finden, also besser ein Taxi nehmen.

DB BISTRO MODERNE — FRANZÖSISCH $$

Karte S. 226 (6688 8525; The Shoppes im Marina Bay Sands, 2 Bayfront Ave.; Hauptgerichte ab 28 $; MPromenade, Bayfront) Die singapurische Filiale des französischen Küchenchefs Daniel Boulud ist das beste unter den Spitzenrestaurants im Marina Bay Sands: Der Service ist erstklassig, die Preise bewegen sich nicht in lächerlichen, die Reisekasse sprengenden Höhen. Das Essen selbst – französische Bistroküche mit Spezialgerichten wie DB Burger (Wagyū-Pasteten mit Gänseleber) – ist nicht übermäßig raffiniert, aber gut.

FOOD FOR THOUGHT — FUSION $$

Karte S. 224 (8 Queen St.; Hauptgerichte ab 10 $; MBras Basah, City Hall) Der gute Gedanke hinter dem Restaurant ist bewundernswert – ein Teil der Einnahmen fließt in Hilfsprojekte. Das Essen selbst ist ein Mix aus bekannten Lieblingsspeisen aus aller Welt: Pasta, Grillgerichte und Sandwiches, aber mit einer individuellen Note zubereitet. So wird z. B. das Hühnerfleisch in einem Teig mit leichter Currynote ausgebacken. Das Restaurant ist beliebt, in Stoßzeiten ist geduldiges Warten gefragt.

MARINA BAY SANDS — INTERNATIONAL $$$

Karte S. 226 (Marina Bay Sands, 2 Bayfront Ave.; www.marinabaysands.com/Singapore-Restaurants; Gerichte 10–500 $; MPromenade, Bayfront) Obwohl bei der großen Zahl der Filialen keine individuelle Besprechung angebracht ist – als Ganzes sollten die Marina-Bay-Sands-Lokale nicht unerwähnt bleiben. Der Lockruf des Ruhmes führte Starköche schneller hierher, als der für seine vulgäre Sprache bekannte Fernsehkoch Gordon Ramsay fluchen kann. Berühmte Spitzenköche eröffneten Restaurants: der Australier Tetsuya Wakuda das **Waku Ghin**, Wolfgang Puck das **Cut** und Guy Savoy und Santi Santamaria ihre gleichnamigen Restaurants. Es hat schon etwas Makabres, dass Santi Santamaria an einem Herzinfarkt starb, während das Fernsehen gerade in seinem Restaurant drehte. Moderne asiatische Küche und schöne Ausblicke findet man im Dachrestaurant von Justin Quek, dem **Sky on 57**. Es gibt viele mittelteure Angebote, u. a. im teuersten Food Court Singapurs im Untergeschoss und Pizzas mit dünnem Boden in der **Osteria Mozza**. Ein Essen in einem Restaurant mit bekanntem Namen kostet mindestens 300 $ (ohne alkoholische Getränke).

GLUTTONS BAY — HAWKER CENTER $

Karte S. 226 (01-15 Esplanade Mall; Hauptgerichte 10–20 $; 18–3 Uhr; MEsplanade) Vom *Makansutra Food Guide* wurden die Garküchenmeister, wie sie auch genannt werden, zu den Besten ihres Faches erklärt. Ein guter Einstieg in die Esskultur der Insel! Jeder Straßenkoch hat eigene Spezialitäten; mit einem Austernomelett, Satay oder Stachelrochen nach Barbecue-Art kann man nichts falsch machen. Unbedingt probieren

RUND UM DEN PADANG: DAS KOLONIALE HERZ SINGAPURS

Auf den weiten Rasenfläche des **Padang** (MCity Hall) spielen feine Herren in Flanellhosen bei tropischer Hitze Kricket, begeistert angefeuert von den Mitgliedern des Singapore Cricket Club im Pavillon. Am gegenüberliegenden Spielfeldrand liegt der Singapore Recreation Club. Kricketspiele finden hier in der Regel an den Wochenenden statt.

In der Geschichte markiert der eher unscheinbare Ort einen dunklen Punkt, denn von hier aus wurden die europäischen Einwohner der Stadt von den japanischen Invasionstruppen in das Kriegsgefangenenlager Changi transportiert. Mit Ausnahme des monströsen Neubaus des Singapore Recreation Club (er wirkt wie aus Bauklötzchen zusammengesetzt) wird der Padang von schönen kolonialzeitlichen Gebäuden und Denkmälern begrenzt, die auf einem gemütlichen Spaziergang erkundet werden können (s. S. 44).

Am südlichen Rand des Padang liegt die **Victoria Theatre & Concert Hall** (1862); das frühere Rathaus der Stadt wird heute für kulturelle Veranstaltungen genutzt. Das alte **Parliament House** (1827) ist das älteste Regierungsgebäude Singapurs. Ursprünglich als Wohnhaus gebaut, wurde es danach als Gerichtsgebäude, dann als Assembly House der Kolonialverwaltung und schließlich als Parlament des unabhängigen Singapur genutzt. Heute hat hier das Arts House, ein Kunstzentrum, seine Räumlichkeiten.

An der St. Andrew's Road entstand 1939 der relativ neue Bau des **Supreme Court**. Es sollte das letzte klassizistische Gebäude sein, das in der Stadt gebaut wurde. Man baute es am früheren Standort des Grand Hotel de L'Europe, das einst als erstes Haus am Platze sogar das Raffles in den Schatten stellte. Nebenan steht als wirklicher Neubau der 2005 eröffnete **neue Supreme Court**.

Die **City Hall** (Rathaus) grenzt mit klassizistischer Fassade und korinthischen Säulen an den Supreme Court; das Gebäude wurde 1929 errichtet. Hier verkündete Lord Louis Mountbatten 1945 die japanische Kapitulation und der damalige Ministerpräsident Lee Kuan Yew erklärte 1965 an gleicher Stelle die Unabhängigkeit Singapurs. Supreme Court und City Hall werden derzeit restauriert und sollen 2015 als National Art Gallery of Singapore wiedereröffnet werden. Zum kolonialzeitlichen Trio gehört schließlich noch die St. Andrew's Cathedral (S. 43).

sollte man das köstliche Fondue mit *kaya* (Kokosmarmelade).

SEAH STREET FOOD OUTLETS REGIONAL $
Karte S. 224 (Seah St.; MCity Hall) An der kurzen Straße beim Raffles Hotel findet man gute Gelegenheiten zum Essengehen. Erwähnenswert sind z. B. das **Hock Lam Beef Noodles**, das Reisnudeln mit Rindfleisch in würziger dicker Sauce serviert, das **Sin Swee Kee** und das **Swee Kee** (nicht miteinander verwandt), wo Huhn mit Reis sehr gut zubereitet wird. Bei Swee Kee empfiehlt sich das Schweinekotelett auf Hainan-Art: Es wird mit einer scharfen Tomatensauce serviert.

PURVIS STREET FOOD OUTLETS REGIONAL $
Karte S. 224 (Purvis St.; MCity Hall) Eine ebenbürtige Konkurrenz zur benachbarten Seah Street ist die Purvis Street, wo die Gäste von zahlreichen, oft hervorragenden Restaurants angezogen werden. Wer mehr ausgeben will, gönnt sich etwas Italienisches bei **Garibaldi** oder etwas Französisches bei **Gunther's**. Seit 50 Jahren gibt es das bewährte **Yet Con** (besonders gut: Huhn mit Reis). Thailändische Küche findet man in **Jai Thai**. Wer sich gerade zur Frühstückszeit in der Gegend aufhält, sollte bei **Killiney Kopitiam** oder **YY Kafei Dian** vorbeischauen: Zum *kaya*-Toast gibt es extrastarken Kaffee, der garantiert alle müden Geister weckt.

RAFFLES CITY INTERNATIONAL $$
Karte S. 224 (www.rafflescity.com; 252 North Bridge Rd.; MCity Hall) In dieser Einkaufspassage kann man ausgezeichnet essen, vor allem im verwirrenden Labyrinth des Untergeschosses. Im **Handburger** entstehen (etwas zu kleine) Gourmetburger, bei **Skin-**

ny Pizza werden beliebte knäckebrotartige Pizzas mit Gourmetbelägen zubereitet, lange Warteschlangen bilden sich vor **Din Tai Fung**, wo köstliche *xiao long bao* (Teigtaschen mit Schweinefleisch) serviert werden. Deutsches Bier und Würstchen gibt es bei **Brotzeit**. An den Feinkosttheken im Supermarkt **Marketplace** im Untergeschoss kann man den Picknickkorb auffüllen.

CHEF CHAN'S RESTAURANT CHINESISCH $$

Karte S. 224 (01-06 National Museum, 93 Stamford Rd.; Gerichte ab 38 $, Dim Sum ab 4,80 $; MDhoby Ghaut) Der namengebende Küchenchef hat sein großes Restaurant für 200 Gäste geschlossen und hier ein winzigkleines Restaurant mit neun Tischen und einer täglich wechselnden Speisekarte eröffnet. Die fast zu schöne Ausstattung besteht aus exquisiten antiken Möbeln, die aber neben dem Essen verblassen. Kürzlich hat er die Zügel in die Hände eines Schülers gelegt und zum Sammeln von neuen Rezepten eine Chinareise angetreten. Die Speisekarte (nicht aber die Atmosphäre) ist lässiger geworden (es gibt jetzt auch Dim Sum), und die Preise sind erfreulicherweise gesunken.

EMPIRE CAFÉ REGIONAL $$

Karte S. 224 (Raffles Hotel, 2 Stamford Rd.; Hauptgerichte 10–20 $; 11–23 Uhr) Heimische Lieblingsgerichte wie *char kway teow* (breite Nudeln, Venusmuscheln und Eier in Chilisauce mit schwarzen Bohnen) und Huhn mit Reis auf Hainan-Art werden in dem Café serviert, das den Stil der 1920er-Jahre imitiert. Die vornehmen Holzstühle und Marmortische des Empire Café verströmen ein kolonialzeitliches Flair, das es mit dem Raffles Hotel aufnehmen kann.

EQUINOX INTERNATIONAL $$$

Karte S. 224 (6837 3322; Level 70, Swissôtel, 2 Stamford Rd.; Hauptgerichte 30–55 $) Die atemberaubende Aussicht von diesem Restaurant im 70. Stock ist mit Worten kaum zu beschreiben. Hohe Decken, asiatische Wandbehänge und plüschige Polsterstoffe sind im Vergleich dazu natürlich nebensächlich. Verdient der Ausblick auch die beste Note, folgt das Essen gleich an zweiter Stelle. Wer sich einen Fensterplatz wünscht, muss ihn allerdings frühzeitig reservieren. Später ziehen sich die Gäste gern auf einen Drink in die benachbarte New Asia Bar oder ins City Space zurück.

ARTICHOKE MEDITERRAN $$

Karte S. 224 (161 Middle Rd.; Hauptgerichte 15–38 $; Di–So Abendessen, Sa & So Mittagessen; MBras Basah) Verborgen in einem gemütlichen kleinen Haus hinter einer alten Kirche liegt das Artichoke; in seinen Räumlichkeiten werden in behaglicher Atmosphäre maurische Speisen serviert. Die ausgehungerten Gäste schwelgen begeistert in Moussaka und Rinderbacke und überlegen dabei schon, was sie als Nächstes bestellen könnten.

WAH LOK CHINESISCH $$

Karte S. 224 (2. Stock, Carlton Hotel, 76 Bras Basah Rd.; Hauptgerichte ab 20 $; MCity Hall, Bras Basah). Das alteingesessene kantonesische Restaurant ist bei Familien sehr beliebt. Die fachkundige Bedienung hilft bei der schwierigen Wahl zwischen der exquisiten Peking-Ente und Dim Sum.

HAI TIEN LO CHINESISCH $$

Karte S. 224 (37. Stock, Pan Pacific Hotel, 7 Raffles Blvd.; Hauptgerichte ab 25 $; MEsplanade) Zur Einstimmung auf ein vorzügliches Essen genießen die Gäste bei einer Fahrt in einem Außenlift in den 37. Stock einen sensationellen Ausblick. Die riesige Auswahl ist wirklich fantastisch – es gibt hier rund 30 Menüs, die die unterschiedlichsten Vorlieben bedienen. Wenn einen nichts anderes anspricht: Die Dim Sum sind immer eine gute Wahl!

CENTRAL MALL INTERNATIONAL $$

Karte S. 226 (6 Eu Tong Sen St.; MClarke Quay) Die Einkaufspassage – oberhalb der MRT-Station Clarke Quay gelegen – ist die Adresse von rund 40 Restaurants und Getränkeläden. Zu den beliebtesten japanischen Restaurants zählen **Mautama Ramen, Ramen Santouka, Freshness Burger, Waraku** und **Watami**. Heimische Gerichte kochen **No Signboard Seafood** (z. B. Chili-Krabbe à la Singapur) und **Tung Lok Signatures** (Dim Sum).

KOPITIAM COFFEESHOP $

Karte S. 224 (Ecke Bencoolen St. & Bras Basah Rd.; 24 Std.; MCity Hall, Bras Basah) Eine Top-Adresse des Viertels bei nächtlichen Hungerattacken. Die Restaurants der Kopitiam-Kette sind grell beleuchtet; bei Nacht sitzt man im angenehmeren Licht schöner an einem Tisch im Freien. Das Essen (ein Gericht kostet durchschnittlich 6 $) ist überall gleichbleibend gut.

LICHTER DER GROSSSTADT

Der Flussabschnitt zwischen Colonial District und CBD ist unter dem Namen „Quays" bekannt. Der Singapore River – der einst viel befahrene Wasserweg der *bumboats*, die ihre Fracht zu den am Flussufer gelegenen Warenhäusern *(godown)* transportierten – verbindet bis heute die drei Quays. Ein Spaziergang durch die Quays macht die Veränderungen deutlich, die der Warenhandel Singapurs im Laufe der Zeit vollzogen hat: Wo einst Schmutz und Staub die alten Wasserwege verdreckten, spiegeln sich heute die schimmernden Fassaden aus Stahl und Glas des modernen Finanzdistrikts im Wasser. Ein Überblick über die Geschichte des Bezirks gibt das Asian Civilisations Museum (S. 45).

Boat Quay (Karte S. 226; M Raffles Place) Dem früheren Hafengebiet am nächsten liegt der Boat Quay: Das einstige Handelszentrum Singapurs war bis in die 1960er-Jahre ein wirtschaftlich wichtiges Areal. Mitte der 1980er-Jahre waren jedoch viele der Ladenhäuser verfallen, der Handel hatte sich in die Hightech-Containerhäfen in anderen Teilen der Insel verlagert. Von der Regierung wurde das Gebiet zur „Conservation Area" erklärt und entwickelte sich zu einem populären Vergnügungsviertel voller bunter Restaurants, Bars und Läden. Heute hat es seine beste Zeit allerdings hinter sich. Der Boat Quay ist bekannt für seine Uferrestaurants, in denen lokale Delikatessen aller Art serviert werden. Doch viele Gäste empfinden die Reklame der Restaurants als zu aggressiv und unangenehm. Hinter der Hauptgeschäftsstraße liegen Straßen, die ungleich interessanter sind: die Restaurants sind echt und die Bars etwas zwielichtig.

Clarke Quay (Karte S. 226; M Clarke Quay) Der Quay wurde nach dem zweiten Gouverneur Singapurs – Sir Andrew Clarke – benannt. Auch der Clarke Quay wurde wie der Boat Quay in den frühen 1990er-Jahren in eine Restaurant- und Ladenzeile umgewandelt und zu Anfang des 21. Jhs. modernisiert. Dank seines unverwechselbaren Erscheinungsbildes entwickelte sich der Clarke Quay schell zum populärstes Vergnügungsviertel der Stadt. Wie viel Zeit man hier verbringt, muss jeder nach seinen eigenen ästhetischen Maßstäben für sich entscheiden: An diesem Flussabschnitt Singapurs wurde den verrücktesten Designern bei der Verwirklichung ihrer Träume freie Hand gelassen. Zu den Höhe- (oder vielleicht doch eher Tief-?)punkten gehören beispielsweise Fantasiegeländer in den Farben eines Schulmalkastens, Seerosenschirme wie aus einem Skizzenbuch von Dr. Seuss (dem Vater des Grinch) und viele von grellbunten Farben verunstaltete *shophouses*. Vielen scheint das egal zu sein: Der Bezirk ist bei Nacht immer brechend voll (vielleicht weil es dann ohnehin zu dunkel ist, um viel Notiz von all den schreiend bunten Farben zu nehmen), Clubs, Bars und Restaurants buhlen um Gäste. Vor den besten bilden sich unvermeidlich die längsten Warteschlangen.

Robertson Quay (außerhalb von Karte S. 226) Am weitesten flussaufwärts gelegen, diente der Robertson Quay zur Lagerung der Waren. Jetzt sind einige der alten Warenhäuser *(godown)* zu exklusiven Partyclubs und Bars umfunktioniert worden. Insgesamt geht es hier aber immerhin ruhiger und gedämpfter zu als an den anderen beiden Quays. In der Nähe liegen einige gute Hotels und Restaurants.

AUSGEHEN & NACHTLEBEN

Ausgehend von den drei Quays (Clarke, Boat und Robertson Quay) führt der Weg nach Fullerton Bay und durch Marina Bay Sands. Auf dieser Strecke liegen die angesagtesten (und ohne Frage teuersten) Clubs und Bars der ganzen Stadt.

ZOUK CLUB
(www.zoukclub.com; 17 Jiak Kim St.; ⏱Zouk & Phuture Mi, Fr & Sa 22–4 Uhr, Velvet Underground Mi–Sa 21–3 Uhr, Weinbar Di–Sa 18–3 Uhr) Das von Ibiza inspirierte Zouk ist nach 21 Jahren immer noch der heißeste Club ganz Singapurs. Es gibt fünf Bars mit genug Platz für 2000 Gäste und eine weitläufige Tanzfläche – ein Club mit Weltklasse und regelmäßiges Ziel von international tätigen

DJs. Beliebt sind auch die **Zouk Wine Bar** unter freiem Himmel, das avantgardistische **Phuture** und das marokkanisch inspirierte **Velvet Underground**, dessen Wände mit Originalen von Keith Haring und Andy Warhol bedeckt sind. Am besten einfach ein Taxi nehmen und auf Warteschlangen gefasst sein.

BREWERKZ BAR
Karte S. 226 (01-05 Riverside Point, 30 Merchant Rd.; ☺ So–Do 12–24, Fr & Sa 12–1 Uhr; Ⓜ Clarke Quay) Die großflächige Hausbrauerei mit Restaurant ist ein Glanzstück Singapurs. Zur Auswahl stehen hervorragende Biersorten aus der eigenen Brauerei mit einem Alkoholgehalt zwischen 4,5 und 7 %. Unter den zahlreichen Sorten ist das India Pale Ale der Favorit der Gäste. Wer geschmackliche Experimente nicht scheut, kann je nach Saison aromatisierte Biere (mit Wildblumenhonig oder Drachenfrucht!) und andere Spezialitäten probieren. Kleine Fässer mit 5 oder 30 l gibt es zum Mitnehmen! Ein Hinweis: Je früher die Gäste kommen, desto preisgünstiger ist das Bier.

LOOF BAR
Karte S. 224 (03-07 Odeon Towers Building, 331 North Bridge Rd.; ☺ So–Do 17–1.30, Fr & Sa 17–3 Uhr; Ⓜ City Hall) Der Name der Dachterrassenbar ist der Dialektausdruck („Singlish") für das englische Wort *roof*. Sanfte Hintergrundmusik übertönt den Lärm der Stadt, bequeme Ledersessel stehen verteilt über die Terrasse ... vielleicht wirkt das Publikum deshalb so abgeklärt? Wer sich Privatsphäre (und eine Klimaanlage) wünscht, sollte nach einem der sieben abgeschirmten Sitzbereiche fragen. Die Happy Hour *(one-for-one)* dauert an Wochentagen von 17 bis 20 Uhr.

RAFFLES HOTEL BAR
Karte S. 224 (1 Beach Rd.; ☺ 10 Uhr bis frühmorgens; Ⓜ City Hall) Natürlich werden Klischees bedient, und doch können Singapur-Reisende es nicht lassen, wenigstens auf einen Drink in eine der vielen Bars des berühmten Raffles Hotels zu gehen. Im **Bar & Billiard Room** wird Jazz live gespielt, es gibt einen Billardtisch und eine hübsche Veranda zur Entspannung auf Kolonialherrenart. Im Innenhof ist die **Gazebo Bar** ein schöner Ort für ein Getränk unter raschelnden Palmen. Bei den Touristen ist die **Long Bar** im Plantagenstil auf der zweiten Ebene der Arcade am beliebtesten, dort kann man Erdnüsse knabbern und einen Singapore Sling für sagenhafte 25 $ trinken und dazu den schrägen Tönen einer einheimischen Coverband lauschen.

KU DÉ TAH BAR
Karte S. 226 (Skypark, Marina Bay Sands North Tower, 1 Bayfront Ave.; ☺ 12 Uhr bis frühmorgens; Ⓜ Promenade, Bayfront) Lästig ist es schon, dass Gäste, die nur etwas trinken möchten, in eine Ecke der Bar genötigt werden („Sorry, Sir, freie Plätze sind für Gäste bestimmt, die zum Essen hierherkommen"). Trotzdem kommt man hier zum Preis von 20 $ für ein Getränk besser weg als im vielbeworbenen Skypark. Zum Drink gibt es einen wunderbaren Blick auf die Marina Bay und das Stadtgetriebe. Übrigens dürfen *alle* Gäste in den Skypark hinuntergehen und von dort aus schöne Fotos machen.

BRUSSELS SPROUTS
BELGIAN BEER & MUSSELS BAR
(01-12 Robertson Quay, 80 Mohamed Sultan Rd.; ☺ Mo–Do 17–24, Fr & Sa 12–1, So 12–24 Uhr) Entzückende Restaurant-Bar, in der man Belgien mit Miesmuscheln, Trappistenbieren und Wandmalereien von Tim und Struppi huldigt. Die Getränkekarte verzeichnet über hundert Biersorten.

LEVEL 33 BAR
(33-01 Marina Bay Financial Tower 1, 8 Marina Blvd.; ☺ So–Do 12–24, Fr & Sa 12–2 Uhr; Ⓜ Raffles Place) Einzigartigkeit gilt überall in Singapur als Verkaufsargument. Die Hausbrauerei Level 33 erhebt den Anspruch, die höchstgelegene „urbane, handwerklich arbeitende Brauerei" der Welt zu sein. Hier werden Lager, helles Pale Ale, bitteres Stout und malziges Porter gebraut. Die Selbstüberhebung ist verzeihlich, denn die Aussicht ist gut, und das Bier wirklich schön gekühlt.

1 ALTITUDE BAR
Karte S. 226 (63. Stock, 1 Raffles Place; ☺ 18 Uhr bis frühmorgens; Ⓜ Raffles Place) „Extreme Höhe" wäre ein passenderer Name für die Dachterrassenbar mit dem absolut besten Ausblick auf die Stadt. In eine dreieckige Terrasse eingekeilt, löst die höchstgelegene Freiluft-Bar der Welt nicht nur Schwindelanfälle aus, sondern bietet auch ausgefallene Fotomotive. Sportlich-elegante Kleidung ist hier angesagt. Bei Regen kann man ins **282** ausweichen: Die Bar erwartet Gäste

mit Sportsendungen auf LCD-Bildschirmen und Golfsimulatoren.

LANTERN BAR
Karte S. 226 (Fullerton Bay Hotel, 80 Collyer Quay; ☺20 Uhr bis frühmorgens; MRaffles Place) Was der Bar an Höhenlage fehlt (das Haus wird von den umgebenden Gebäuden des CBD überragt, die Getränke werden überdies in Plastikbechern serviert!), macht sie durch ihre Popularität wieder wett. Geschäftsleute lassen Tische telefonisch reservieren, um sich nach der Arbeit in der luftigen Bar auf dem Dach des Fullerton Bay Hotel einen Drink zu genehmigen. Das Hotel liegt am Rand der Marina Bay mit einem direkten Blick auf Marina Bay Sands.

HARRY'S BAR
Karte S. 226 (www.harrys.com.sg; 28 Boat Quay; ☺So–Do 11–1, Fr & Sa 11–2 Uhr; MRaffles Place) Zum Imperium von Harry's gehören mittlerweile 34 (!) Bars in ganz Singapur. Diese Filiale machte international Schlagzeilen, denn sie war die Stammbar des Investmentbankers Nick Leeson, der die Pleite der Londoner Barings-Bank verschuldet hat. Noch immer ist es eine Lieblingsadresse der Krawattenträger, die in großer Zahl zur Happy Hour (bis 20 Uhr) und gelegentlicher Livemusik hierherkommen. In der oberen Etage ist es ruhiger, dort liegt die behagliche Lounge, in der man angenehm über den Zusammenbruch von Banken sinnieren kann. Ein Billardtisch steht kostenlos bereit.

NEW ASIA BAR BAR
Karte S. 224 (Swissôtel the Stamford, 2 Stamford Rd.; Eintritt Fr & Sa inkl. 1 Drink 25 $; ☺15 Uhr bis frühmorgens; MCity Hall) Die 30 $, die eine Runde im Singapore Flyer kostet, sind für Getränke in dieser Bar besser angelegt! Dazu gibt es einen Panoramablick aus dem 70. Stock. Zum Dämmerschoppen sollte man rechtzeitig herkommen, und wer genug von der Weitsicht hat, kann sich auf der Tanzfläche austoben. Dresscode: sportlich-elegante Kleidung.

PAULANER BRAUHAUS HAUSBRAUEREI
Karte S. 224 (01-01 Times Square@MilleniaWalk, 9 Raffles Blvd.; ☺So–Do 12–1, Fr & Sa 12–2 Uhr; MCity Hall) Eine deutsche Hausbrauerei mit Bar und Restaurant, viel Holz und Messing auf drei Etagen. Hier werden Münchner Helles und dunkle Biere in schäumenden Humpen zu Wurstplatten und Käseknackern serviert. Außerdem gibt es je nach Saison spezielle Biere wie Paulaner Salvator, Maibock- und Oktoberfestbier. Das Bier wird in Gläsern zu 0,3 und 0,5 l und in echten Maßkrügen zu 1 l ausgeschenkt.

MOLLY MALONE'S IRISH PUB
Karte S. 226 (53-56 Circular Rd.; ☺Di–Sa 11–2, Mo & So 11–24 Uhr; MRaffles Place) Weitgereisten Nachtschwärmern wird die irische Innenausstattung und die Speisekarte mit echtem Irish Stew und Fish and Chips schon viele Male begegnet sein, doch deshalb ist das Pub nicht weniger gemütlich oder einladend. Man findet es gleich hinter dem Boat Quay an der Circular Road. *Make it a pint or three of Guinness, please!*

PENNY BLACK PUB
Karte S. 226 (26/27 Boat Quay; ☺Mo-Do 11–1, Fr & Sa 11–2, So 11–24 Uhr; MRaffles Place) Die Ausstattung lässt an das viktorianische London denken (ohne Schwindsucht und schlechten Gin) – und tatsächlich wurde die Inneneinrichtung des Penny Black in London gebaut und nach Singapur verschifft, der Anspruch auf Echtheit besteht zu Recht. Die Spezialität sind seltene englische Ales für die britischen Expats, die in der Gegend arbeiten. Besonders einladend ist die Bar im oberen Stock.

ARCHIPELAGO BREWERY HAUSBRAUEREI
Karte S. 226 (79 Circular Rd.; ☺Mo–Do & So 15–1, Fr & Sa 16–3 Uhr) Bei den Asia Pacific Breweries (die Marke „Tiger" gehört dazu) hat man mit einer Produktlinie von süffigen Bieren mit asiatischem Akzent den Trend zu Bieren aus Hausbrauereien aufgegriffen. Das Pub ist das Flaggschiff des Unternehmens und liegt an einer Kreuzung der etwas zwielichtigen Circular Road.

OVER EASY BAR
Karte S. 226 (01-06 One Fullerton, 1 Fullerton Rd.) Die Eiergerichte auf der Speisekarte sind nichts Besonderes, aber die Getränke sind ok, vor allem als Zutat zum atemberaubenden Blick auf die Marina Bay und zur Happy Hour *(one-for-one*, 18–20 Uhr).

EM BY THE RIVER BAR
(01-05, 1 Nanson Rd.; 🚌51, 64, 123, 186) Unter freiem Himmel am Fluss gelegen, ist die Bar am Robertson Quay ein ruhiger, entspannter Ort. Die Gäste können sich mit ihren Getränken unter Bäumen niederlassen. Häufig fehlt es an ausreichendem Personal,

GEFÜHRTE TOUREN

In Singapur fällt die Orientierung nicht schwer, trotzdem erschließt eine geführte Tour die Stadt und ihre Geschichte intensiver oder bietet einfach ein unvergleichliches Erlebnis. Es gibt mehrere empfehlenswerte Touren:

Culinary Heritage Tour (6238 8488; www.eastwestplanners.com) Auf der maßgeschneiderten Tour bekommt man Kostproben der berühmtesten Gerichte und lernt zugleich die besten Orte kennen, wo man sie essen kann. Die Tour richtet sich eher an zahlungskräftige Teilnehmer, Preise und Programme sind auf Anfrage erhältlich.**Imperial Cheng Ho Dinner Cruise** (6533 9811; www.watertours.com.sg; Erw./Kind Tagesfahrten 27/14 $, Abendfahrten 55/29 $) Täglich führen drei Touren auf einer nachgebauten chinesischen Dschunke von Marina South zu den Inseln Sentosa und Kusu. Das Essen ist nicht spektakulär, die Ausblicke aber sehr wohl.

Original Singapore Walks (6325 1631; www.singaporewalks.com; Erw./Kind ab 30/15 $) Fachkundige Reiseleiter führen auf Stadtspaziergängen mit Begeisterung durch verschiedene Viertel der Stadt – z. B. durch Chinatown, Little India und zu den Quays – und vermitteln faszinierende Einblicke in die Geschichte Singapurs. Unterwegs werden viele dunkle Geheimnisse gelüftet, die nirgendwo sonst zu hören sind. Der Spaziergang zum Thema „Zweiter Weltkrieg" ist ebenfalls hervorragend. Eine Reservierung ist nicht notwendig, auf der Website lassen sich Treffpunkte und Uhrzeiten nachlesen. Im Internet gibt es Ermäßigungen.

Singapore Duck Tours (6333 3825; www.ducktours.com.sg; Erw./Kind 33/17 $)Die Tour ist so kitschig, dass sie bleibende Eindrücke hinterlässt! In einem leuchtend bunten Amphibienfahrzeug tauchen die Teilnehmer bei blecherner Begleitmusik in die Marina Bay ein.

Singapore Nature Walks (6787 7048; serin@swiftech.com.sg) Die natürlichen Schätze Singapurs werden häufig übersehen und sind schwer zu finden, doch der selbstständig arbeitende Reiseleiter Subaraj ist leidenschaftlicher Naturliebhaber und kennt die noch weitgehend ursprünglichen Regionen der Insel wie seine Westentasche.

Flussfahrten

Sie sind viel zu schnell vorbei, trotzdem vermitteln die Bumboot-Fahrten, die zwischen den Quays und Marina Bay zahlreich angeboten werden, die Geschichte der Stadt auf ganz eigene, angenehme Art und Weise. Mit ihren Girlanden aus chinesischen Laternen kommen sie bei Nacht am besten zur Geltung – wie wäre es also mit einem romantischen Ausflug vor dem Abendessen? Die *bumboats* legen von mehreren Stellen am Singapore River ab, z. B. am Clarke Quay, an der Raffles Landing und am Boat Quay. Sie finden im Allgemeinen von 8.30 bis 22.30 Uhr statt.

Veranstalter am Singapore River sind u. a.:

City Hippo (6228 6877; www.ducktours.com.sg; Fahrten ab 15 $)

Singapore River Cruises (6336 6111; www.rivercruise.com.sg; Fahrten ab 15 $)

dann muss man sich rufend, schreiend oder gestikulierend bemerkbar machen.

HOME CLUB — CLUB
Karte S. 226 (www.homeclub.com.sg; B1-01/06 The Riverwalk, 20 Upper Circular Rd.; Mo–Do 18–2, Fr & Sa 18 Uhr bis frühmorgens; M Clarke Quay) Direkt am Singapore River zwischen Boat Quay und Clarke Quay liegt dieser sehr gute Club. DJs legen hier House, Dubstep, Drum and Bass auf, daneben treten Rock- und Pop-Bands live auf. Die Comedy-Abende am Dienstag sind (wenn man den Texten folgen kann) urkomisch!

BUTTER FACTORY — CLUB
Karte S. 226 (www.thebutterfactory.com; 02-02 One Fullerton, 1 Fullerton Rd.; Eintritt inkl. 2 Drinks ab 21 $; Di 19–1, Do 19–3, Mi & Fr 20–3, Sa 20–4 Uhr) Mit einer Fläche von fast 750 m² ist die Butter Factory so schick, wie sie groß ist. Street-Art an den Wänden des Bump, wo Hip Hop und Rhythm and Blues zu hören sind, bildet einen Kontrast zum

jungen, allzu fein gekleideten Publikum. Ultramodern ist die Chill-out-Bar, deren Wände von Pop-Art in leuchtenden Farben bedeckt sind; sie erinnert an (nicht immer jugendfreie) Underground-Comics.

ZIRCA MEGA CLUB CLUB
Karte S. 226 (www.zirca.sg; 01-02 Block 3C River Valley Rd., The Cannery, Clarke Quay; Eintritt inkl. 2 Drinks Männer 16–30 $, Frauen 16–28 $; ☺Mi–Sa 21.30 Uhr bis frühmorgens; MClarke Quay) Von den langen Schlangen vor der Tür lässt sich das elegante junge Publikum beim Versuch, ins Zirca zu kommen, nicht entmutigen. Unter die Zwanzigjährigen mischt man sich in pulsierender Beleuchtung im Zirca (Tanzclub) oder Rebel (Hip-Hop-Arena).

ATTICA CLUB
Karte S. 226 (www.attica.com.sg; 3A River Valley Rd., 01-03 Clarke Quay; ☺Mo–Do 17–3, Fr & Sa 23 Uhr bis frühmorgens; MClarke Quay) Einer der protzigsten Clubs der Stadt; hier treffen sich die schönen Gäste, um zu blenden und geblendet zu werden. Wenn es drinnen zu heiß wird, bietet der schicke Innenhof Abkühlung und Gelegenheiten zum Flirten. Vor dem Eingang bilden sich in der Regel lange Schlangen, immer ein Zeichen von Klasse in der Clubszene von Singapur.

CRAZY ELEPHANT BAR, LIVEMUSIK
Karte S. 226 (www.crazyelephant.com; 01-03/04 Clarke Quay; ☺So–Do 17–1, Fr & Sa 15–2 Uhr; MClarke Quay) Bei einem Namen mit dem Beiwort „crazy" sollten die Alarmglocken läuten (die aber bei dem Lärm drinnen sowieso nicht zu hören wären). Die touristisch aufgemachte Rockbar ist in bierselige Gesellschaft getränkt, mit Graffiti vollgemalt und mit Testosteron gesättigt.

TIMBRE@SUBSTATION BAR, LIVEMUSIK
Karte S. 224 (www.timbregroup.com; 45 Armenian St.; MCity Hall) Das junge Publikum wartet geduldig in der Schlange auf freie Sitzplätze in der beliebten Musikbar. Auf die Küche wird keine Sorgfalt verwandt, doch ein täglich wechselndes Programm einheimischer Musiker hält das Interesse wach und lenkt vom Essen ab.

SOHO COFFEE CAFÉ
Karte S. 224 (36 Armenian St.; ☺Mo–Fr 8–18, Sa & So 9–18 Uhr; MCity Hall) Perfekt positioniert in einem zentralen, aber ruhigen Teil des Kolonialviertels: Im Soho Coffee werden leckere Burger und vorzügliche Kaffeespezialitäten serviert. Zum Café gehört eine Kaffee- und Sandwich-Bar im Lebensmittelgeschäft Cheers gleich um die Ecke (61 Stamford Ct.).

UNTERHALTUNG

MICA BUILDING GALERIEN
Karte S. 226 (140 Hill St.; MClarke Quay) Mehrere Galerien haben sich im leuchtendbunten MITA Building niedergelassen, darunter die **Art-2 Gallery** (www.art2.com.sg) und die **Gajah Gallery** (www.gajahgallery.com), deren Spezialgebiet moderne, südostasiatische Werke sind. Die **Soobin Art Gallery** (www.soobinart.com.sg) zeigt Kunst aus der Region und Werke von avantgardistischen Künstlern aus China.

ESPLANADE – THEATRES
ON THE BAY THEATER
Karte S. 226 (✆6828 8377; www.esplanade.com; 1 Esplanade Dr.; MCity Hall, Esplanade) Das hochmoderne Konzerthaus mit eindrucksvollen 1800 Sitzplätzen an der Esplanade – Theatres on the Bay ist das Haus des angesehenen Singapore Symphony Orchestra (SSO). Auf dem Spielplan findet sich eine große Vielfalt an Musik-, Theater- und Tanzaufführungen. Auf der regelmäßig aktualisierten Website sind alle Informationen, u. a. über bevorstehende Gratis-Auftritte, nachzulesen.

MARINA BAY SANDS THEATER, CASINO
Karte S. 226 (www.marinabaysands.com; 10 Bayfront Ave.; MPromenade) Die meisten Einnahmen erzielt das Unternehmen mit dem Casino (die Eintrittsgebühr liegt für Einheimische bei 100 $!); im **Theater** sind vor allem die Broadway-Klassiker sehenswert. Das **Artscience Museum** (Eintritt 25 $) bietet interessante Ausstellungen, doch fällt der Gegenwert für die Eintrittsgebühr spärlich aus. Außerdem gibt es eine **Eislaufhalle**.

ACTION THEATRE THEATER
Karte S. 224 (✆6837 0842; www.action.org.sg; 42 Waterloo St.; MBras Basah) In einem historischen Gebäude hat sich das etablierte Theaterensemble eingerichtet; es zeigt heimische und internationale Stücke mit modernen Themen in einem kleinen Saal mit

SINGAPUR IM WANDEL

„Ehrlich, Leute, ich liebe Singapur. Ich kann es gar nicht erwarten, wie es aussehen wird, wenn es fertig gebaut ist."

Mit diesem Ausspruch beschreibt der in Singapur ansässige Comedian Jonathan Atherton kurz und knapp den unaufhörlichen Drang nach Expansion, der in Singapur schon an Manie grenzt. Die Marina Bay südwestlich des CBD löste zunächst nur ein Funkeln in den Augen der Stadtplaner aus und ist heute ein leuchtendes Beispiel für die Neulandgewinnung mit breiten, von Palmen bestandenen Boulevards und exklusiven Eigentumswohnungen, Bars und Restaurants und der Hotelanlage Marina Bay Sands. Was kommt als Nächstes?

Direkt gegenüber plant die Regierung einen weitläufigen, 101 ha großen Park. **Gardens by the Bay** (www.gardensbythebay.org.sg) ist der dritte botanische Garten der Stadt (nach Fort Canning und den Botanic Gardens am Ende der Orchard Road). Er wird hochmoderne, solarbetriebene Gewächshäuser und natürlich unzählige Pflanzen beherbergen. Die Fertigstellung ist für 2012 geplant. Mit dem Gelände des Botanischen Gartens soll im Wesentlichen das Kolonialviertel mit Marina Bay Sands und Marina Barrage verbunden werden.

Das ist aber noch nicht alles: Der alte Supreme Court und die City Hall an der St. Andrew's Road werden entkernt und in eine neue **National Art Gallery** (www. nationalartgallery.sg, nicht zu verwechseln mit dem Singapore Art Museum) umgewandelt; die Eröffnung ist für 2015 terminiert. Der Schwerpunkt der Sammlung soll auf südostasiatischer Kunst des 19. und 20. Jhs. liegen. Nebenan wird die Victoria Concert Hall derzeit zur Neueröffnung 2013 auf Hochglanz gebracht.

---

100 Sitzplätzen im oberen Stockwerk sowie auf zwei Freilichtbühnen.

SINGAPORE REPERTORY THEATRE THEATER
(☎6733 8166; www.srt.com.sg; DBS Arts Centre, 20 Merbau Rd.; Ⓜ Clarke Quay) Die Stammbühne des Ensembles ist das DBS Arts Centre, es ist aber auch auf anderen Bühnen zu Gast. Das Standardrepertoire umfasst Werke von Shakespeare, Tennessee Williams und Arthur Miller, daneben kommen moderne einheimische Stücke zur Aufführung. Zu den jüngsten Geniestreichen gehörte eine Inszenierung von *Richard III.* des britischen Regisseurs Sam Mendes mit Kevin Spacey in der Hauptrolle.

THEATREWORKS THEATER
Karte S. 224 (☎6737 7213; www.theatreworks. org.sg; 72-13 Mohamed Sultan Rd.; Ⓜ Clarke Quay) Eine experimentell arbeitende einheimische Theatertruppe unter der künstlerischen Leitung des rätselhaften Ong Keng Sen. Die Aufführungen finden jetzt im Stammhaus der Truppe statt. Näheres ist auf der Website nachzulesen.

SINGAPORE DANCE THEATRE TANZ
Karte S. 224 (☎6338 0611; www.singapore dancetheatre.com; 2. Stock, Fort Canning Centre, Cox Tce.; Ⓜ Dhoby Ghaut) Das hochrangige Tanzensemble bringt traditionelles Ballett und modernen Tanz auf die Bühne. Ihr „Ballet under the Stars" im Fort Canning Park ist sehr populär. Vor Ort werden regelmäßig Ballett- und Pilateskurse veranstaltet.

WILLOWSTREAM SPA SPA
Karte S. 224 (☎6339 7777; www.willowstream. com; Fairmont Hotel, 80 Bras Basah Rd.; Ⓜ City Hall) Der weitläufige Wellness-Tempel lässt mit seinen Whirlpools, Tauchbecken und aromatischen Dampfbädern keine Wünsche offen. Fachkundige Hände bearbeiten Gesichter mit pflegenden Stoffen und knuffen, stoßen und kneten die Müdigkeit aus den vom Jetlag geplagten Körpern. Im Schönheitssalon werden die Frisuren anschließend wieder in Form gebracht und Wachsbehandlungen, Pediküre und Maniküre angeboten.

ULTIMATE DRIVE SPRITZTOUR
Karte S. 226 (☎6333 0817; www.ultimatedrive. com; Marina Bay Sands Hotel Tower 3, 1 Bayfront Avenue; Fahrten ab 128–388 $; Ⓜ Promenade, Bayfront) Sich schick in Schale werfen, dann stilvoll in einem Ferrari F430 (rot!) oder Lamborghini Gallardo (gelb!) Platz nehmen und eine kleine Spritztour unternehmen. In der Welt des Luxus zu Hause sein, wenn

auch nur für 12 oder 30 Minuten ... Träumen ist schließlich erlaubt.

G-MAX REVERSE BUNGY NERVENKITZEL
Karte S. 226 (www.gmax.com.sg; 3E River Valley Rd.; Fahrt 45 $; Mo–Fr 15 Uhr bis frühmorgens, Sa & So 12 Uhr bis frühmorgens; M Clarke Quay) Jeweils drei Wahnsinnige werden in einem Metallkäfig in gepolsterten Sesseln angeschnallt, die 200 km/h schnell und 60 m hoch in den Himmel geschleudert und dann von der Schwerkraft wieder abwärts gezogen werden. Wer dabei die Augen offenhalten kann, genießt eine sensationelle Weitsicht. Menschen mit schwachen Nerven sollten allerdings lieber auf dieses Abenteuer verzichten.

GX5 NERVENKITZEL
Karte S. 226 (6338 1146; www.gmax.com.sg; 3E River Valley Rd.; Fahrt 45 $; Mo–Fr 15 Uhr bis frühmorgens, Sa & So 12 Uhr bis frühmorgens; M Clarke Quay) Eine relativ sanfte Höhe (mit der Betonung auf „relativ") wird rechts neben dem G-Max Bungy erreicht. Während es im G-Max vertikal in die Höhe geht, schwingt GX5 seine Passagiere mit etwas weniger schwindelerregender Beschleunigung über den Singapore River. Das Ganze dauert länger, doch welchem Thrill der Vorzug gebührt, muss jeder selbst entscheiden.

SHOPPEN

Ihr Status als historisches Bauwerke hat viele traditionelle Gebäude im Colonial District davor bewahrt, in Konsumtempel ähnlich denen der Orchard Road verwandelt zu werden. Dennoch gibt es auch hier schicke Einkaufspassagen.

RAFFLES CITY EINKAUFSZENTRUM
Karte S. 224 (www.rafflescity.com; 252 North Bridge Rd.; M City Hall) Der Name und das hoch aufragende Atrium vermitteln den Eindruck einer kostspieligen Exklusivität, und das Raffles City gehört unbestritten zu den besten Passagen Singapurs. Das hervorragende Kaufhaus **Robinsons** erstreckt sich über drei Etagen, daneben finden sich hier internationale Modemarken wie **Topshop** (eine Spitzenadresse für Kinderkleidung und -spielzeug), die Galerie **Ode to Art**, mehrere Handtaschenboutiquen im Erdgeschoss, ein Food Court im oberen Stockwerk und eine riesige Zahl von Restaurants im Untergeschoss.

RAFFLES HOTEL ARCADE EINKAUFSZENTRUM
Karte S. 224 (328 North Bridge Rd.; M City Hall) Als Teil der Hotelanlage hat die elegante Raffles Hotel Arcade einen gehobenen Anspruch – mit Designermode und -accessoires, Uhrmachern, Galerien, Weinhandlungen und ähnlichen feinen Läden, die einen sanften Reiz auf die Kreditkartenbonität ausüben. Die Galerien **Chan Hampe** und **Artfolio** zeigen regionale Kunst, bei **Elliot's Antiques** sind exquisite Stücke zu finden. Auch wenn man keine Kamera kaufen möchte: die Ausstellungen im **Leica Store** sind dennoch sehr interessant.

MARINA BAY SANDS EINKAUFSZENTRUM
Karte S. 226 (www.marinabaysands.com; 10 Bayfront Ave.; M Promenade, Bayfront) Wer sich ein Einkaufserlebnis wünscht, das alles andere als ostasiatisch ist, sollte in den „Shoppes" bei Marina Bay Sands vorbeischauen. Die meisten Besucher verschwinden in den verliesartigen Casinos und lassen die Einkaufspassage verwaist zurück, sodass man alle Markenläden für sich allein hat. Neuestes Highlight ist ein riesengroßer Laden von Louis Vuitton auf einer schwimmenden Insel in der Bay.

CITYLINK MALL EINKAUFSZENTRUM
Karte S. 224 (1 Raffles Link; M City Hall) Die erste unterirdische Einkaufspassage Singapurs wurde von Kohn Pederson Fox aus New York entworfen. Der scheinbar endlose Ladentunnel verbindet die MRT-Station City Hall mit Suntec City und Esplanade. Es ist ein verführerischer Weg, der sengenden Sonne oder dem strömenden Regen zu entfliehen, und ein bequemer Weg, von den Hotels der Marina Bay in die Stadt zu laufen. Das Angebot an Mode und Restaurants ist riesig und verwirrend.

SUNTEC CITY EINKAUFSZENTRUM
Karte S. 224 (www.sunteccity.com.sg; 3 Temasek Blvd.; M Promenade, Esplanade) Riesengroß und überwältigend, manchmal auch frustrierend unzugänglich ist Suntec City. Hier gibt es alle erdenklichen Waren und außerdem 60 Restaurants, Cafés und mehrere Food Courts. Einer der mächtigsten Anziehungspunkte ist die **Fountain of Wealth**, die eine Zeitlang als größter (wenn auch nicht schönster) Springbrunnen der Welt im *Guinness-Buch der Rekorde* ver-

zeichnet war. Regelmäßig finden „Themenmessen" statt, die in den Zeitungen angekündigt werden. Dann kann man u. a. Kameras, Elektrogeräte und Computerzubehör zu stark ermäßigten Preisen erstehen.

MARINA SQUARE EINKAUFSZENTRUM
Karte S. 224 (www.marinasquare.com.sg; 6 Raffles Blvd.; MEsplanade) 225 Geschäfte, darunter unzählige große Markenläden, finden sich hier auf riesigen Verkaufsflächen. Dank ihrer zentralen Lage im Marina Centre ist der Weg zur CityLink Mall, Suntec City, Millenia Walk und Esplanade einfach und bequem.

MILLENIA WALK EINKAUFSZENTRUM, MODE
Karte S. 224 (www.milleniawalk.com.sg; 9 Raffles Blvd.; MPromenade) Die kleine, oft vernachlässigte Passage – eingezwängt zwischen Marina Square und Suntec City – wird durch **Parco Next Next** zu einem lohnenden Ziel. Der japanische Einzelhandelsgigant fördert heimische Designer durch Beratung und ermäßigte Ladenmieten.

FUNAN DIGITALIFE MALL COMPUTER, ELEKTRONIK
Karte S. 224 (109 North Bridge Rd.; MCity Hall) Sechs Etagen mit Läden voller Elektronik, Kameras und Computern: Das Einkaufszentrum Funan ist die richtige Adresse für unschlüssige Käufer. In der 6. Etage findet man praktisch alles im riesigen **Challenger Superstore**. Er ist rund um die Uhr geöffnet und einfach unschlagbar, falls um 3 Uhr früh ein iPad benötigt wird. Kameras findet man im Familienbetrieb **John 3:16** (05-46).

GRANNY'S DAY OUT MODE
Karte S. 224 (www.grannysdayout.com; 03-25 Peninsula Shopping Centre, 3 Coleman St.; Mo–Sa 13–20, So 13.30–18.30 Uhr; MCity Hall) Eine wunderbare, abwechslungsreiche Auswahl an Secondhand-Kleidung, Schuhen und Accessoires aus den 1960er- bis 1980er-Jahren. Männer sind hier an der falschen Adresse, denn 90 % des Angebots richtet sich an Damen.

PENINSULA PLAZA EINKAUFSZENTRUM
Karte S. 224 (5 Coleman St.; MCity Hall) Das Einkaufszentrum, das sich an das Peninsula Excelsior Hotel lehnt, hat schon bessere Tage gesehen, gehört aber zu den besten Quellen für Sportartikel und Secondhand-Kameraausrüstungen. Zwischen Tennisschlägern, Bowlingkugeln und Fußballtrikots findet man unerwartete und ausgefallene Angebote – von der Gitarrenreparatur bis zu Designer-Sportschuhen. Im Erdgeschoss gibt es mehrere Läden für hochwertige Kameraausrüstungen, u. a. von Leica.

PENINSULA SHOPPING CENTRE EINKAUFSZENTRUM, KAMERAS
Karte S. 224 (3 Coleman St.; MCity Hall) Das Einkaufszentrum könnte auch „Little Burma" heißen, denn auf mehreren Etagen drängen sich birmanische Lebensmittelläden und winzige birmanische Restaurants. Außerdem gibt es Geldwechsler und im Erdgeschoss das bestsortierte (wenn auch nicht preisgünstigste) Kamerageschäft der Stadt: **Cathay Photo**. Nebenan liegen mehrere Geschäfte mit Secondhand-Kameraausrüstung.

ROYAL SELANGOR GESCHENKARTIKEL
Karte S. 226 (6268 9600; 01-01 Clarke Quay; www.royalselangor.com.sg; MClarke Quay) Bei malaiischen Zinnarbeiten darf man nicht an altväterliche Krüge und Teller denken; an den Schmuckstücken aus Zinn finden sogar modebewusste Teenager Gefallen. Am besten ist die School of Hard Knocks (SOHN), in der Gruppen mit zwölf Teilnehmern das formbare Material zu Meisterstücken verarbeiten. 30-minütige Kurse kosten 30 $; das selbst gemachte Stück sowie eine schmucke Schürze mit der Aufschrift „SOHN" sind im Preis enthalten.

Chinatown & der CBD

Highlights

❶ Besuch im **Chinatown Heritage Centre** (S. 59), das über die unglaublichen Entbehrungen der frühen chinesischen Einwanderer informiert.

❷ Im ungewöhnlich informellen **Chinese Theatre Circle** (S. 65) die Stars der Show kennenlernen.

❸ Alternativ zum Hotelfrühstück bei **Ya Kun Kaya Toast** (S. 60) ein traditionelles Singapur-Frühstück probieren.

❹ Im populären **Maxwell Road Hawker Centre** (S. 62) eingezwängt zwischen anderen Menschen zu Mittag essen.

❺ In einer trendigen Bar am Ann Siang Hill Champagner-Cocktails schlürfen, z. B. im beliebten **Beaujolais** (S. 64).

Details siehe Karte S. 217 ➡

Top-Tipp

Wie überall lohnt es auch in den schicken Bars von Singapurs Chinatown, die Happy Hour (meist bis 21 Uhr) zu nutzen. Immer noch zu teuer? Dann bleibt nur ein Bier in einem Hawker Center.

Gut essen

- Maxwell Road Hawker Centre (S. 62)
- Blue Ginger (S. 60)
- Cumi Bali (S. 60)
- Lau Pa Sat (S. 62)
- Ya Kun Kaya Toast (S. 60)
- Dim Joy (S. 60)

Mehr Details siehe S. 60 ➡

Nett ausgehen

- Beaujolais (S. 64)
- Screening Room (S. 64)
- Nanyang Old Coffee (S. 61)
- Tantric Bar (S. 64)
- Maxwell Road Hawker Centre (S. 62)

Mehr Details siehe S. 64 ➡

 Historisch & kulturell interessant

- Chinatown Heritage Centre (S. 59)
- Baba House (S. 59)
- Sri Mariamman Temple (S. 59)

Mehr Details siehe S. 59 ➡

Chinatown entdecken

Abgesehen vom Chinatown Heritage Centre sind die Sehenswürdigkeiten eher nett als umwerfend, aber umso leichter kann man sich auf das eigentlich Wichtige konzentrieren – das Essen. Der Morgen beginnt mit einem traditionellen Singapur-Frühstück in einem *kopitiam* (Coffeeshop). Mittags drängen sich alle zusammen in den geschäftigen Hawker-Centern. Und am Abend locken viele feine Restaurants mit den verschiedensten Nationalküchen – in Chinatown isst man bei weitem nicht nur chinesisch!

Zwischen den Mahlzeiten lohnt ein Besuch bei dem einen oder anderen Antiquitätenhändler oder Kunstgaleristen in den schön renovierten Ladenhäusern der heute luxussanierten Straßen südwestlich (Duxton Hill) bzw. südöstlich (Ann Siang Road) des touristischen Kerngebiets, das die Gassen rund um die Trengganu Street umfasst.

Wenn dann die Sonne untergeht, kann man den Tag entspannt mit einem Cocktail in einer der Dachterrassenbars der Ann Siang Road oder bei einem Bier beim Straßenhändler ausklingen lassen.

Tipps der Einheimischen

➡ **Hawker Center** Es ist ein Wunder, dass Singapurs teure Restaurants überhaupt noch existieren können, denn die billigen Lokale in den Hawker-Centern sind verdammt gut. Ausprobieren sollte man sie alle, zumindest aber das an der Maxwell Road (S. 62).

➡ **Kaffee oder Kopi** Kaffee aus frisch gemahlenen Bohnen gibt es überall in Chinatown, doch Einheimische ziehen den *kopi* in einem traditionellen *kopitiam* vor. Unbedingt vor einem Besuch im Nanyang Old Coffee (S. 61) die Einführung auf S. 63 lesen!

➡ **Souvenirs** Die Touristenfallen um die Trengganu Street bieten bei weitem nicht so schöne Souvenirs wie die Antiquitätengeschäfte und Kunstgalerien. Sehr zu empfehlen ist Tong Mern Sern Antiques (S. 66).

An- & Weiterreise

➡ **MRT** Die MRT-Haltestelle Chinatown befindet sich an der Pagoda Street. Die Station Outram Park liegt näher an Duxton Hill, Tanjong Pagar ist die dritte. Raffles Place ist ideal für den Besuch des CBD.

➡ **Bus** Vom Colonial District fahren die Busse 61, 145 und 166 von der North Bridge Road zur South Bridge Road. Von der Hill Street aus fahren die Busse 2, 12 und 147 die New Bridge Road entlang. Vom Fluss und dem CBD fährt Bus 608 vom Raffles Quay zur South Bridge Road, alternativ auch Buslinie C2 ab Clifford Pier.

Sehenswertes

CHINATOWN HERITAGE CENTRE — MUSEUM
Karte S. 217 (www.chinatownheritage.com.sg; 48 Pagoda St.; Erw./Kind 10/6 $; 9–18.30 Uhr; MChinatown) Das engagierte Chinatown Heritage Centre erstreckt sich in einem sanierten *shophouse* über insgesamt drei Etagen. Thema der Ausstellung sind die ärmlichen Lebensbedingungen der frühen chinesischen Einwanderer. Nachgebaute Küchen, Schlafzimmer und Werkstätten zeigen viele interessante Gebrauchsgegenstände aus jenen Tagen. Einige der alten Video- und Tonaufnahmen im Museum sind richtig aufwühlend.

BUDDHA TOOTH RELIC TEMPLE — BUDDHISTISCHER TEMPEL
Karte S. 217 (www.btrts.org.sg; 288 South Bridge Rd.; 7–19 Uhr; MChinatown) Der auffällige fünfstöckige Zahntempel im südchinesischen Baustil wurde 2008 prunkvoll eröffnet. Hauptattraktion ist eine Reliquie, die den linken Eckzahn Buddhas darstellen soll; angeblich wurde er aus der Asche seines Feuerbegräbnisses im nordindischen Kushinagar geborgen. Ähnliches wird jedoch auch von Buddha-Zahntempeln in Sri Lanka, China, Japan und Taiwan behauptet … Trotzdem ist der Tempel bei Touristen und Gläubigen gleichermaßen beliebt. Der Zahn liegt allerdings 5 m vom Betrachter entfernt hinter einer schützenden Glaswand in einem goldenen Stupa. Ohne ein Fernglas ist gar nicht erkennbar, ob es sich bei der berühmten Reliquie überhaupt um einen Zahn handelt.

SRI MARIAMMAN TEMPLE — HINDUISTISCHER TEMPEL
Karte S. 217 (244 South Bridge Rd.; MChinatown) Seltsamerweise steht mitten in Chinatown der älteste Hindutempel Singapurs, der erstmalig 1823, dann 1843 neu errichtet wurde. Der bunt bemalte *gopuram* (Turm) über dem Eingang von 1933, der auf den dravidischen Stil Südindiens verweist, ist nicht zu übersehen. Skulpturen heiliger Kühe grasen an den Abgrenzungsmauern, der *gopuram* selbst ist übersät mit kitschigen Gipsfiguren von Brahma, dem Schöpfer, Vishnu, dem Welterhalter und Shiva, dem Zerstörer.

Im Oktober findet das Thimithi-Fest im Tempel statt, bei dem Gläubige an der South Bridge Road reihenweise anstehen, um über heiße Kohlen zu schreiten!

THIAN HOCK KENG TEMPLE — TAOISTISCHER TEMPEL
Karte S. 217 (www.thianhockkeng.com.sg; 158 Telok Ayer St.; MRaffles Place, Chinatown) Der Name bedeutet „Tempel der himmlischen Freude". Der älteste und größte Hokkien-Tempel in Singapure wurde zwischen 1839 und 1842 über einem Schrein der Göttin Ma Cho Po erbaut. Dieser stand an einer von chinesischen Seeleuten bevorzugten Landestelle (damals verlief die Telok Ayer Street noch am Ufer). Alle Materialien wurden aus China importiert, mit Ausnahme der Pforte (aus Schottland) und der Kacheln (aus Holland). Der Tempel wurde 2000 restauriert.

GRATIS SINGAPUR CITY GALLERY — MUSEUM
Karte S. 217 (www.ura.gov.sg/gallery; URA Bldg., 45 Maxwell Rd.; Mo–Sa 9–17 Uhr; MTanjong

---

ABSTECHER

BABA HOUSE

Zu Fuß erreichbar liegt westlich von Chinatown das Baba House (außerhalb von Karte S. 217; 6227 5731; http://nus.edu.sg/museum/baba; 157 Neil Rd.; Eintritt frei; Mo 14–15.30, Do 10–11.30 Uhr; MOutram Park), eines der besterhaltenen Baudenkmäler der Peranaka-Kultur in Singapur. Das schöne dreistöckige blaue Haus wurde der Nationaluniversität von Singapur (NUS) von einem Mitglied der Familie überschrieben, die einst darin gelebt hat. Die NUS renovierte das Haus im Stil von 1928, als es nach Aussagen der Familie am schönsten war. Stilmöbel aus der Zeit finden sich neben Familienfotos und Gebrauchsgegenständen, alles zusammen vermittelt einen guten Einblick ins Leben einer wohlhabenden Peranaka-Familie in Singapur vor hundert Jahren. Das Baba House kann nur montags und donnerstags im Rahmen einer 90-minütigen Führung besichtigt werden – die Führungen sind ausgezeichnet und kostenlos. Eine Online- oder telefonische Vorausbuchung ist ein Muss, da die Teilnehmerzahl beschränkt ist.

Pagar) In dieser Galerie werden die Zukunftsentwürfe der Stadt vorgestellt. Beim Besuch erfährt man, welche Hochhaus- und Landgewinnungsprojekte die Stadt derzeit mit viel Engagement verfolgt. Interessant ist das 11 x 11 m große Modell von Singapur: Es zeigt, wie die Stadt einmal nach der Fertigstellung aller derzeit geplanten Projekte aussehen soll – ein eindrucksvoller Blick in die Zukunft!

WAK HAI CHENG BIO TEMPLE
TAOISTISCHER TEMPEL

Karte S. 217 (Ecke Phillip & Church St.; [M]Raffles Place) Zwischen CBD und Chinatown liegt dieser kleine, 1826 erbaute Tempel mit dem schönen Namen „Tempel des stillen Sees". Still ist auch die Atmosphäre, die ihn umgibt: Im leeren Innenhof steigt der Weihrauch auf, und auf dem Dach befindet sich ein ganzes Dorf mit winzigen Gipsfiguren.

SENG WONG BEO TEMPLE
TAOISTISCHER TEMPEL

Karte S. 217 (113 Peck Seah St.; [M]Tanjong Pagar) Versteckt hinter roten Pforten liegt unweit der MRT-Haltestelle Tanjong Pagar dieser von Touristen eher selten besuchte Tempel. Er ist dem chinesischen Stadtgott geweiht, der nicht nur für das Wohlergehen des Ortes sorgt, sondern auch die Seelen der Toten hinab in die Unterwelt führt. Er ist zudem der einzige Tempel in Singapur, der heute noch echte Geisterhochzeiten abhält und so Eltern hilft, für früh verstorbene Kinder Hochzeiten im Jenseits zu organisieren.

ESSEN

BLUE GINGER
PERANAKA-KÜCHE $$

Karte S. 217 (☏6222 3928; www.thebluegin ger.com; 97 Tanjong Pagar Rd.; Hauptgerichte 10–30 $; ⏱12–14.15 & 18.30–21.45 Uhr; [M]Tanjong Pagar) In einem attraktiven Ladengebäude untergebracht, ist das Blue Ginger eines der wenigen Restaurants in Singapur, das sich auf die einheimische Peranaka-Küche spezialisiert hat. Diese spezielle Küche entstand um 1800 in Familien, die auf Ehen zwischen chinesischen Einwanderern und den ortsansässigen malaiischen Frauen basierten. Auch die indonesische Küche spielt deshalb mit hinein, z. B. die Verwendung von Kokosnussmilch in *ayum panggang*, einer leckeren Hühnchenspezialität vom Grill. Eine Vorausbuchung wird dringend angeraten.

CUMI BALI
INDONESISCH $$

Karte S. 217 (66 Tanjong Pagar Rd.; Hauptgerichte 6–18 $; ⏱Mo–Sa 11.30–15 & 18–21.30 Uhr; [M]Tanjong Pagar) Authentische indonesische Küche wird hier in einem schlichten Lokal serviert, das nach seiner Spezialität, einem hervorragend schmeckenden Tintenfischgericht, benannt ist. Lecker sind auch *ikan bakar* (gegrillter Fisch mit 18 verschiedenen Gewürzen), *sayur lodeh* (Gemüsecurry mit Kokosnuss), *tahu telur* (ein etwas scharfes Gericht aus Tofu mit Ei) und *sate madura* (Hühnchen-Satay auf javanesische Art).

YA KUN KAYA TOAST
COFFEESHOP $

Karte S. 217 (01–01 Far East Sq., 18 China St.; ⏱Mo–Fr 7.30–19, Sa & So 8.30–17.30 Uhr; Toast-Auswahl ab 3,70 $; *kopi* ab 1,30 $; [M]Chinatown, Raffles Place) In ganz Singapur hat sich die Kette mittlerweile ausgedehnt; diese Filiale hier bietet mit ihren Plätzen entlang der Terrasse die beste Atmosphäre (rein geografisch liegt sie auch dem Original von 1944 am nächsten). Das Lokal eignet sich ideal zum Frühstücken: Empfehlenswert ist die Spezialität *kaya* (Kokosnussmarmelade) auf Toast, die mit weichen Eiern (die Einheimischen essen sie gern mit viel schwarzem Pfeffer) und starkem *kopi* (Kaffee) serviert wird.

DIM JOY
DIM SUM $$

Karte S. 217 (80 Neil Rd.; Dim Sum 3–7 $, Hauptgerichte 6–9 $; ⏱Mi–Mo 11–14.30 & 16–21.30 Uhr, Di geschl.; [M]Chinatown) Hier werden köstliche Dim Sum in gehobenem Ambiente aufgetischt; die Gäste können sie im Freien oder in den klimatisierten Innenräumen genießen. Neben Dim Sum gibt es eine kleine Auswahl an Nudel- und Reisgerichten, verschiedene chinesische Tees und sogar europäische Weine.

CI YAN ORGANIC VEGETARIAN HEALTH FOOD
VEGETARISCH $

Karte S. 217 (2 Smith St.; Hauptgerichte 5–8 $; ⏱12–22 Uhr; [M]Chinatown) Ausgezeichnetes Essen, ein sehr freundlicher Manager und eine lockere Atmosphäre zeichnen dieses einfache vegetarische Restaurant im Herzen von Chinatown aus. Meist werden nur fünf bis sechs Gerichte angeboten (z. B. ein leckeres Tagesmenü mit braunem Reis, Vollkorn-Hamburger, vegetarische Penang Laksa und Mandel-Tofu), die täglich auf die

START MRT-STATION RAFFLES PLACE
ZIEL SOUTH BRIDGE ROAD
LÄNGE 2,5 KM
DAUER 2½ STD.

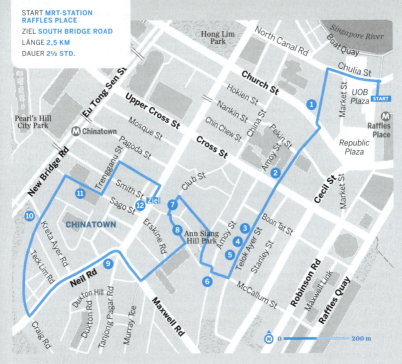

Stadtspaziergang
Chinatown

Von der MRT-Haltestelle Raffles Place läuft man zunächst auf der Chulia Street Richtung Westen, anschließend auf der Phillip Street Richtung Süden bis zum ❶ **Wak Hai Cheng Bio Temple**. Auf der anderen Seite der Church Street folgt man der Telok Ayer Street bis zum ❷ **Ying Fo Fui Kun**, einem Gebäude, das 1822 für die Ying Fo Clan Association erbaut wurde.

An der Ecke zur Boon Tat Street liegt der ❸ **Nagore Durgha Shrine**, eine zwischen 1828 und 1830 von südindischen Chulia-Moslems erbaute Moschee. Wenige Schritte weiter befinden sich der schön restaurierte ❹ **Thian Hock Keng Temple** sowie die ❺ **Al-Abrar-Moschee** von 1850.

Dann geht es rechts in die Amoy Street mit dem ❻ **Siang Cho Keong Temple** (1869) im Haus Nr. 66. Links vom Eingang befindet sich ein kleiner „Drachenbrunnen". In der Nähe des Tempels geht es durch einen kleinen Torbogen zum Ann Siang Hill Park. Dahinter führen Fußgängerwege hinauf zum höchsten Punkt der Chinatown. Auf der anderen Seite geht es dann hinunter zur ❼ **Club Street** mit ihren auffallend dekorierten Reihenhäusern. Jenseits der Kurve gelangt man zur ❽ **Ann Siang Road**. In einigen dieser Reihenhäuser waren einmal chinesische Berufsverbände und Clubs untergebracht – die Häuser Nr. 15, 17 und 21 haben schöne Jugendstilfassaden.

Nun folgt man der Maxwell Road hinunter zum berühmten Hawker Center. An der Ecke Neil Road und Tanjong Pagar Road befindet sich die dreieckige ❾ **Jinriksha Station**, in der einst die Laufrikschas abgestellt wurden. Von der Neil Road biegt man in die Keong Saik Road ab, die sich zwischen den alten Reihenhäusern, Clan-Gebäuden, Clubs und Boutiquehotels hindurch windet. Wo sie auf die Kreta Ayer Road trifft, steht der kleine Hindu-Tempel ❿ **Layar Sithi Vinygar**. Er wurde 1925 erbaut, sein fünfstufiger *gopuram* über dem Eingang wurde aber erst 2007 hinzugefügt.

Der Keong Siak Road folgend, stößt man bald auf den ⓫ **Chinatown Complex**, wo man günstig essen kann. Traditionellen *kopi* gibt es dann im ⓬ **Nanyang Old Coffee**.

schwarze Tafel geschrieben werden. Dazu werden viele leckere Obstsäfte gereicht.

L'ANGELUS FRANZÖSISCH $$$
Karte S. 217 (☏6225 6897; 85 Club St.; Hauptgerichte ab 40 $; ⏱Mo-Fr 12-15 & 19-23, Sa 19-23 Uhr; Ⓜ Chinatown) Gemütliches französisches Restaurant mit traditioneller Küche und zuvorkommender Leitung. Das Lokal wird von den Franzosen betrieben, denen auch die Bar Le Carillon de L'Angelus weiter oben an der Ann Siang Road gehört. Spezialität des Hauses sind Schnecken, doch das *cassoulet*, ein herzhafter Bohnen- und Fleischeintopf, ist einfach unwiderstehlich gut! Eine Tischreservierung wird empfohlen.

LAN ZHOU LA MIAN CHINESISCH $
Karte S. 217 (19 Smith St.; Hauptgerichte 5 $; ⏱12-23 Uhr; Ⓜ Chinatown) Reis und *dumplings* (Teigklößchen) gibt es zwar auch, aber im Prinzip dreht sich hier alles um Nudeln, die perfekt gezogen (manchmal direkt am Tisch, damit die Gäste zusehen können) und angerichtet in verschiedenen Suppen und Saucen serviert werden. Herzhaft, lecker, preiswert.

ANNALAKSHMI JANATHA INDISCH-VEGETARISCH $
Karte S. 217 (www.annalakshmi.com.sg; 104 Amoy St.; ⏱Mo-Sa 11-15 Uhr; Ⓜ Tanjong Pagar) Diese indische Gaststätte ist eine Institution gleich im doppelten Sinne: zum einen aufgrund der köstlichen vegetarischen Gerichte vom Büfett, zum anderen, weil es sich um eine gemeinnützige Einrichtung handelt, die von Freiwilligen betrieben wird. Die Gäste essen sich satt und zahlen dann an der Kasse, was sie bereit sind, dafür auszugeben: 5-10 $ sollten es aber mindestens sein.

NANYANG OLD COFFEE COFFEESHOP $
Karte S. 217 (www.nanyangoldcoffee.com; 268 South Bridge Rd.; Toast-Auswahl 3,50 $, *kopi* ab 1,10 $; ⏱7.30-18 Uhr; Ⓜ Chinatown) Ähnlich wie das nicht weit entfernte Ya Kun Kaya Toast ist dieser Coffeeshop eine gute Wahl für ein traditionelles Singapur-Frühstück, das aus *kaya*-Toast, weichen Eiern und einem starken *kopi* besteht. Serviert wird das Frühstück in den windgekühlten Arkaden oder im Lokal. Wegen seiner Sammlung an Utensilien rund um die Kaffeeherstellung nennt es sich auch das Singapore Coffee Museum.

L'ENTRECOTE FRANZÖSISCH $$$
Karte S. 217 (www.lentrecote.sg; 36 Duxton Hill; Steak & Fritten 29 $; ⏱Mo-Fr 12-22.30, Sa 18-22.30 Uhr; Ⓜ Tanjong Pagar) Hier gibt es nur ein Gericht – Steak und Fritten –, aber das wird richtig gut zubereitet. Wer Lust auf französisches Bistro-Ambiente hat, sollte sich unbedingt einmal in diesen hübschen, mit Pflastersteinen ausgelegten Teil von Duxton Hill begeben. Vor- und Nachspeisen gibt es zuhauf, und erwartungsgemäß

DIE BESTEN HAWKER CENTER IN UND UM CHINATOWN

Neuankömmlinge in Singapur sollten sich kurz in die Benimmregeln einlesen (S. 183) und dann gleich zu einem der Hawker Center gehen, in denen man unvorstellbar gut und günstig essen kann. Hauptgerichte kosten dort nur 3 bis 5 $.

Maxwell Road Hawker Centre (Karte S. 217; Ecke South Bridge & Maxwell Rds.; ⏱24Std.; Ⓜ Chinatown) Das für Singapur typische Hawker Center an der Maxwell Road ist zur Mittagszeit, wenn es richtig voll wird, am interessantesten. Der berühmteste Stand ist **Tian Tian** mit seinem Hühnchenreis (Nr. 10), doch gibt es noch viele weitere hervorragende Anbieter.

Lau Pa Sat (Karte S. 217; 18 Raffles Quay; ⏱24 Std.; Ⓜ Raffles Place) *Lau pa sat* bedeutet auf Hokkien „alter Markt" , was auch passt, denn die stilvolle Eisenkonstruktion – 1894 aus dem schottischen Glasgow nach Singapur verschifft – hat sich bis heute gehalten. Böse Zungen behaupten, die jüngste Renovierung hätte viel von der „Old-Asia"-Atmosphäre zerstört, doch der Markt ist nach wie vor attraktiv. Das Poster vor der Tür mit den zehn leckersten Gerichten erleichtert die Bestellung.

Chinatown Complex (Karte S. 217; 11 New Bridge Rd.; ⏱8-21.30 Uhr; Ⓜ Chinatown) Der abendliche *food market* an der Smith Street ist eher etwas für Touristen – interessanter ist da dieses einfache Hawker Center mitten in Chinatown, wo die Einheimischen ihren Hühnchenreis auf Hainan-Art genießen.

GEHEIMTIPP

WIE MAN ECHTEN SINGAPUR-KAFFEE BESTELLT

Wer Singapur erleben will, muss unbedingt einen *kopitiam* (Coffeeshop) besuchen und dort *kopi* (Kaffee) aus Tassen mit dickem Rand trinken. Die Art, wie man hier Kaffee trinkt, unterscheidet sich von der europäischen. Die Vorbereitung der Kaffeebohnen spielt dabei eine große Rolle: Sie werden mit Zucker und Margarine geröstet, sodass der Kaffee dunkel und stark wird und außerdem noch den butterweichen Karamellgeschmack vom Röstvorgang her behält. *Kopi* wird entweder schwarz oder mit gezuckerter Kondensmilch bzw. Dosenmilch getrunken, was sich im Bestellritual niederschlägt. Bei der Bestellung gilt es also, die folgenden Begriffe im Kopf zu haben. Die Begriffe lassen sich übrigens auch auf *teh* (Tee) anwenden.

Kopi Kaffee mit gezuckerter Kondensmilch. Zucker fehlt, dafür verleiht die Kondensmilch dem Kaffe die notwendige Süße

Kopi-O Schwarzer Kaffee mit Zucker.

Kopi-O kosong Schwarzer Kaffee ohne Zucker (*kosong* ist malaiisch für „Nichts" oder „Null").

Kopi-C Kaffee mit Dosenmilch und Zucker (das „C" steht für Carnation, eine beliebte Dosenmilchmarke).

Kopi-C kosong Kaffee mit Dosenmilch, aber ohne zusätzlichen Zucker.

Kopi peng Geeister Kaffee mit gezuckerter Kondensmilch.

Kopi gao Wörtlich „dicker" Kaffee (entspricht etwa einem doppelten Espresso).

Kopi poh Ein „leichter" Kaffee.

---

auch eine ausgezeichnete Auswahl an französischen Weinen. Eine Tischreservierung ist empfehlenswert.

SPRING JU CHUN YUAN — CHINESISCH $$$
Karte S. 217 (6536 2655; www.juchunyuan.com.sg; 130 Amoy St., 01-01 Far East Sq.; Hauptgerichte 20–60 $; 11.30–14.30 & 18–22 Uhr; Raffles Place) Eingerichtet in einem Haus aus dem 19. Jh., ist dies sicher das Chinarestaurant mit der romantischsten Atmosphäre. Serviert werden Klassiker aus Fuzhou mit so klangvollen Namen wie „Buddha springt über die Mauer". Stimmt, das Essen hier ist durchaus teuer (für Haifischflossen-Eintopf werden zum Beispiel stolze 1000 $ berechnet!), aber der Besuch ist ein wahres kulinarisches Vergnügen. Unbedingt im Voraus einen Platz reservieren.

YANTI NASI PADANG — INDONESISCH $
Karte S. 217 (45 Keong Saik Rd.; Hauptgerichte ab 5 $; 8–22 Uhr; Outram Park) In Korbstühlen unter den Arkaden mit Blick auf die Straße oder drinnen unter den Ventilatoren schmecken die preiswerten Currys aus Indonesien (insbesondere die aus Sumatra) fantastisch. Bestellt wird am Büfett. Zur Mittagszeit ist das Lokal besonders beliebt und entsprechend voll.

SPIZZA — PIZZA $$
Karte S. 217 (6224 2525; 29 Club St.; Pizzas 17–21 $; Chinatown) Die freundliche und zu Recht beliebte Pizzeria ist eines der gemütlichsten Lokale in der Club Street. Die dünnen Holzofenpizzas sind perfekt zubereitet und nicht zu üppig belegt. Im Gegensatz zu vielen anderen Pizzerias der Stadt bekommt man hier auf eine nett ausgesprochene Bitte hin reichlich Anchovis nachgereicht. Pizza kann auch mitgenommen werden.

TONG HENG — GEBÄCK $
Karte S. 217 (285 South Bridge Rd.; Snacks ab 1 $; 9–22 Uhr; Chinatown) Eine winzige Bäckerei, die schon seit 70 Jahren hier ihr Geschäft betreibt. Sie bietet Plundergebäck, Torten und Kuchen aus der südchinesischen Provinz Guangdong und einen hervorragenden Eiercremekuchen.

KIM JOO GUAN — SNACKS $
Karte S. 217 (257 South Bridge Rd.; www.kimjooguan.com; 9–20 Uhr; Chinatown) Kleines Outlet einer Kette, die sich auf gegrillten Schweinebraten in Scheiben spezialisiert hat – eine beliebte Köstlichkeit, die Einwanderer aus Chinas Provinz Fujian mitgebracht haben. Kim Joo Guan ist generell

preisgünstiger als vergleichbare Geschäfte in Singapur. 300 g kosten etwa 12 $.

 AUSGEHEN & NACHTLEBEN

Neben den unten aufgeführten Lokalen gibt es natürlich noch die vielen Coffeeshops und Hawker Center (siehe „Essen"), in denen man schnell und günstig einen Kaffee oder ein Bier bekommt.

BEAUJOLAIS BAR
Karte S. 217 (1 Ann Siang Hill; 12–1 Uhr; Chinatown) Eine Bar in einer besseren Lage als dieser hier gibt es überhaupt nicht! Von den Tischen auf der Terrasse aus kann man das Leben in dieser ultraschicken Ecke von Chinatown bei einem Glas gutem französischem Wein (Glas ab 10 $) herrlich beobachten.

SCREENING ROOM BAR
Karte S. 217 (www.screeningroom.com.sg; 12 Ann Siang Rd.; 18–2 Uhr; Chinatown) Am bekanntesten ist der Laden für sein Minikino mit den vielen Sofas (S. 66), doch Screening Room bietet auch eine sehr beliebte und elegante Dachterrassenbar. Biere bekommt man hier natürlich auch, doch eigentlich sollte man lieber Cocktails (ab 15 $) bestellen und mit dem Glas in der Hand die Aussicht auf die traditionellen Gebäude auf der einen und die Lichter der CBD-Bürotürme auf der anderen Seite genießen.

HOOD BAR, LIVEMUSIK
Karte S. 217 (www.hoodbarandcafe.com; 55 Keong Saik Rd.; Bier ab 10 $; So–Fr 17–1, Sa 17–2 Uhr; Outram Park, Chinatown) Die Livemusik (ab 21.30 Uhr) zieht jeden Abend unzählige Einheimischer an. Meist sind es Sing-Along-Aufnahmen westlicher Hits, aber die Qualität der Sänger und Bands ist ganz in Ordnung und die Stimmung gut. Ein Bier kostet 10 $, bei mehreren Flaschen lässt sich der Preis verhandeln.

PIGEON HOLE CAFÉ
Karte S. 217 (www.thepigeonhole.com.sg; 52–53 Duxton Rd.; Di–Do 10–23, Fr 10–1, Sa 11.30–1, So 11.30–20 Uhr; Outram Park, Chinatown) Künstlerisch gestyltes Café mit freundlichem Personal und fantastischem Kaffee. An manchen Wochenenden gibt es Livemusik, an verschiedenen Abenden im Monat (auf der Website angekündigt) spielen einheimische Musiker.

TANTRIC BAR BAR
Karte S. 217 (78 Neil Rd.; 20–3 Uhr; Outram Park, Chinatown) Hier entspannt man sich in einem Innenhof zwischen Springbrunnen, Palmen und arabischer Eleganz. Eine der populärsten und schicksten Bars der Schwulenszene in diesem Teil der Chinatown.

TEA CHAPTER TEEHAUS
Karte S. 217 (www.tea-chapter.com.sg; 9–11 Neil Rd.; Tee ab 5 $; 11–23 Uhr; Chinatown) 1989 kamen die Queen und Prinz Philip auf ein Tässchen vorbei. Für 10 $ darf man nun an dem Tisch sitzen, an dem sie damals ihren Tee tranken. Alle anderen Gäste zahlen 6 $ pro Person und bekommen dafür einen Tee nach Wahl. Die Auswahl an chinesischen Tees ist ausgezeichnet und das Personal steht beratend zur Seite. Das Haus vertreibt auch einige schöne Teeservice (etwa 100 $).

YIXING XUAN TEAHOUSE TEEHAUS
Karte S. 217 (www.yixingxuan-teahouse.com; 30/32 Tanjong Pagar Rd.; 11–23 Uhr; Chinatown) Wer noch nichts über chinesischen Tee weiß, sollte hier vorbeischauen. Der frühere Banker Vincent Low erklärt alles, was man über die verschiedenen Teesorten wissen muss und gibt auch eine Einführung in eine Teezeremonie (20 $, 45 Min.).

WONDERFUL FOOD & BEVERAGE GETRÄNKESTAND
Karte S. 217 (6 Sago St.; 10–22 Uhr; Chinatown) Wer die Nase voll hat von den hohen Preisen der Bars, kann hier an diesem kleinen, freundlichen Getränkekiosk für 5 $ sein Bier trinken und dabei den Souvenirjägern von Chinatown zusehen. Alternativ gibt es eine interessante Auswahl an exotischen Fruchtgetränken und Satay-Spießchen.

TOUCAN IRISH PUB PUB
Karte S. 217 (15 Duxton Hill; Mo–Do 11–1, Fr 11–2, Sa 16–2 Uhr; Outram Park, Chinatown) Ein netter kleiner Garten und die Lage direkt an der Ecke beim Eingang zum Duxton Hill machen aus diesem ganz normalen Irish Pub ein angenehmes Lokal für Guinness *al fresco*. Ein Bier kostet hier mindestens 14 $.

GEHEIMTIPP

SINGAPURS MUSIKSZENE

Der Filmemacher und Musiker Kenny Png hat in einigen der bekanntesten Underground-Bands von Singapur gespielt. Hier seine Meinung zur örtlichen Musikszene.

Wie würden Sie im Moment den Zustand der Musikszene in Singapur zusammenfassen?
Die Musikszene hier ist sehr vielseitig. Es gibt Bands in allen Musikrichtungen, von Funk und Pop bis hin zu Vedic Metal und chinesischem Gothic Rock. Die meisten Bands sind entweder unabhängig oder ganz kleinen Labels verpflichtet. Trotzdem kann es schwierig sein, bekannte Bands bei einem Gig zu erleben, weil in Singapur die Nachfrage danach nicht so groß ist. Die meisten Bands touren deshalb im Umland. Viele Musiker haben außerdem noch einen Vollzeitjob, weil das Leben in Singapur so teuer ist. Musik ist für sie also nur ein Hobby, das sie allerdings sehr ernst nehmen. Vollzeitmusiker sind meist diejenigen, die in Bars oder Clubs Cover-Songs singen.

Nach welchen Bands sollte man in Singapur Ausschau halten?
The Observatory, In Each Hand a Cutlass, B-Quartet, Ugly in the Morning, La' Dies, Opposition Party, Lunarin, LGF, Meltgsnow, DJ Ko Flow, Analog Girl.

Welche Veranstaltungsorte sind derzeit am angesagtesten?
Timbre@Substation (S. 53) ist ziemlich populär bei den Angestellten, jeden Abend tritt da eine andere Band auf. Meist spielen sie Covers – sei es Pop oder Indie. Der Prince of Wales (S. 77) ist ein Rucksacksackhotel mit einer netten Bar, in der fast jeden Abend Musik gemacht wird. Hood (S. 64) in der Nähe der Chinatown ist im Moment sehr im Kommen. Dort tritt Timmy regelmäßig auf, eine der populärsten Bands von Singapur. Die Cover-Musik dort kommt eher aus dem Rock und Pop. Der Home Club (S. 52) in der Nähe des Clarke Quay ist bekannt dafür, dass dort einheimische Bands ihre eigenen Shows machen.

Wie wird sich die Musikszene Ihrer Meinung nach in den nächsten Jahren entwickeln?
Die Musikszene wird sich in den nächsten Jahren kaum verändern, da die Nachfrage nach einheimischer Musik in der Stadt und der ganzen Region gering bleibt. Online-Medien und Onlinevertrieb ermöglichen eine gesunde Indie-Szene. Es gibt hier jede Menge wohlhabender Musiker, die nicht vom Verkauf ihrer Musik leben müssen und die die Szene beleben. Sie wollen nur vor Zuhörern spielen und vertreiben ihre Musik oft sogar kostenlos. Aber die Cover-Musikszene wird weiter wachsen, wohl als Angebot an die normalen Durchschnittsleute, die lieber bei Livemusik chillen, die sie eigentlich schon kennen.

LE CARILLON DE L'ANGELUS BAR
Karte S. 217 (24 Ann Siang Rd.; ⓢMo-Sa 17–2, So 17–1 Uhr) Das Carillon wird von denselben Leuten betrieben, die auch das gute französische Restaurant L'Angelus leiten. Die Weine sind gut, aber teuer.

PLAIN CAFÉ
Karte S. 217 (☎6225 4385; 50 Craig Rd.; ⓢtgl. 7.30–19.30 Uhr; ⓂTanjong Pagar) Das Café setzt auf eine kühle, minimalistische Einrichtung. Der Kaffee ist stark und wohlriechend, der Service locker und freundlich. Auch das Frühstück schmeckt hier ganz ordentlich.

 UNTERHALTUNG

CHINESE THEATRE CIRCLE CHINESISCHE OPER
Karte S. 217 (☎6323 4862; www.ctcopera.com.sg; 5 Smith St.; ⓂChinatown) Die vom gemeinnützigen Opernensemble organisierten Teehausabende geben einen wunderbaren, informellen Einblick in die Geheimnisse der chinesischen Oper. Jeden Freitag und Samstag zeigen kostümierte Darsteller nach einer kurzen (englischen) Einführung in die Welt der chinesischen Oper ein paar Ausschnitte aus einem klassischen Werk (20 $, 20 Uhr). Ein leckerer Lychee-Tee und ein wenig Teegebäck sind im Preis inbegriffen. Die Vorstellung dauert 45 Minuten, es

darf fotografiert, aber nicht gefilmt werden. Eine Vorausbuchung wird empfohlen. Ab 19 Uhr kann man für 35 $ vor Beginn chinesisch essen.

SCREENING ROOM FILM
Karte S. 217 (✆6221 1694, www.screeningroom.com.sg; 12 Ann Siang Rd.; Karten 20 $, Essen & Film 55 $; ⊙12–14.30 & 18.30 Uhr bis spätnachts; ⓂChinatown) Nach der Bestellung von Essen und Getränken macht man es sich auf einem Sofa gemütlich und schaut sich den Film an, der gerade auf der ausrollbaren Projektionswand gezeigt wird. Danach geht es in die Dachterrassenbar, wo man bei ein paar Drinks die schöne Aussicht genießt.

SINGAPORE CHINESE ORCHESTRA KLASSISCHE MUSIK
Karte S. 217 (✆6440 3839; www.sco.com.sg; Singapore Conference Hall, 7 Shenton Way; ⓂTanjong Pagar) Führt das ganze Jahr über klassische chinesische Konzerte auf, die mit traditionellen Instrumenten wie *liuqin*, *ruan* und *sanxian* gespielt werden. Gelegentlich wird mit japanischen, malaiischen oder Jazz-Musikern zusammen gespielt.

TOY FACTORY THEATRE ENSEMBLE THEATER
Karte S. 217 (✆6222 1526; www.toyfactory.com.sg; 15A Smith St.; ⓂChinatown) Das innovative zweisprachige Theaterensemble (Englisch und Mandarin), dessen Ursprünge im Puppentheater liegen, führt bekannte Werke aus Übersee auf.

SHOPPEN

Das Viertel um die Pagoda Street ist zum Touristentreffpunkt geworden, doch zwischen den Buden von T-Shirt-Verkäufern und Schnellkalligrafen verstecken sich kleine Läden, die von Gegenwartskunst bis zu antiken Möbeln alles Erdenkliche anbieten. Die Gegend ist auch für ihre chinesischen Medizinzentren bekannt.

EU YAN SANG MEDICAL HALL CHINESISCHE MEDIZIN
Karte S. 217 (269A South Bridge Rd.; ⊙Mo–Sa 8.30–18 Uhr; ⓂChinatown) Das Zentrum für chinesische Medizin wurde im frühen 20. Jh. eröffnet und inzwischen geschmackvoll saniert. Es ist das berühmteste seiner Art in ganz Singapur und unterhält viele Zweigstellen im Land. Zwar sieht diese Zentrale aus wie eine Apotheke, doch sie bietet ein für Westeuropäer völlig fremdes Warenangebot. Da gibt es Affen-Magensteinpulver gegen Verschleimung sowie vielerlei Kräutertees, Suppen und Öle. Auf den Packungen steht meist eine leicht lesbare Gebrauchsanweisung.

TONG MERN SERN ANTIQUES ANTIQUITÄTEN
Karte S. 217 (51 Craig Rd.; ⊙Mo–Sa 9–18, So 13–18 Uhr; ⓂOutram Park) Von außen ist es ein schön renoviertes, dreistöckiges *shophouse*, innen entpuppt es sich als eine Schatzkiste voll verstaubter Möbel, Bücher, Schallplatten, Holzschnitzereien, Porzellan und hunderterlei unbekannter Dinge. Ein Schild über der Tür verkündet: „Wir kaufen Schrott und verkaufen Antiquitäten. Es gibt Dummköpfe, die kaufen und solche, die verkaufen." Also, Augen auf!

YONG GALLERY ANTIQUITÄTEN
Karte S. 217 (260 South Bridge Rd.; ⊙10–19 Uhr; ⓂChinatown) Der Eigentümer ist Kalligraf und verkauft in der Galerie viele seiner eigenen Werke. Dazu gibt es Schmuck, Artikel aus echter Jade, Antiquitäten sowie preiswertere Geschenke wie dekorative Lesezeichen, chinesische Fächer und Uhren. Der Laden ist so vollgestopft, dass es auch einfach nur Spaß macht, sich ein bisschen umzusehen.

UTTERLY ART Kunst
Karte S. 217 (✆6226 2605; www.utterlyart.com.sg; 229A South Bridge Rd.; ⊙Mo–Sa 12–20, So 12–17.30 Uhr; ⓂChinatown) Die kleine, freundliche Galerie bietet einen guten Einstieg in die Gegenwartskunst des Landes. Zum größten Teil handelt es sich um Gemälde, doch hin und wieder stellt die Galerie auch Skulpturen und Keramiken aus. Etwa die Hälfte davon stammt von Künstlern aus Singapur, es sind aber auch viele Werke philippinischer Künstler darunter. Die Ausstellungen dauern eine Woche und finden im Zweiwochenrhythmus statt. Informationen darüber finden sich auf der Website.

PEOPLE'S PARK COMPLEX EINKAUFSPASSAGE
Karte S. 217 (1 Park Rd.; ⊙10–21.30 Uhr; ⓂChinatown) Eine altmodische Einkaufspassage am Fuß des giftgrün und gelb bemalten Wohnblocks, der eine ganze Seite der Temp-

ABSTECHER

DAS KUNSTVIERTEL AN DEN DOCKS

Eine Reihe hervorragender Kunstgalerien befindet sich in einer der nüchternsten Gegenden der Stadt südwestlich von Chinatown. Das Kunstzentrum **Tanjong Pagar Distripark** hat eine Halle bei den Verladerampen der ausufernden Docks bezogen, in der Nähe liegt der stillgelegte Bahnhof Tanjong Pagar. Eigentlich sollten hier Waren eingelagert werden, doch die hohen Räume und günstigen Mieten haben einige bekannte Galeristen angelockt.

Am interessantesten ist das **Ikkan Art International** (www.ikkan-art.com; Erdgeschoss, 01-05 Tanjong Pagar Distripark, 39 Keppel Rd.; Mo–Sa 11–18 Uhr; M Tanjong Pagar), das vor kurzem noch Werke international bekannter Künstler ausstellte, u. a. Arbeiten des chinesischen Dissidenten Ai Weiwei.

Valentine Willie Fine Art (8www.vwfa.net; 2. Stock, 02-04 Tanjong Pagar Distripark, 39 Keppel Rd.; Di–Sa 11–19, So 11–15 Uhr; M Tanjong Pagar) wählt und stellt die interessantesten Künstler Südostasiens aus, während die ungewöhnliche **Redot Fine Art Gallery** (www.redotgallery.com; 2. Stock, 02-06 Tanjong Pagar Distripark, 39 Keppel Rd.; Di–Sa 12–19 Uhr; M Tanjong Pagar) die einzige Kunstgalerie Singapurs ist, die sich auf die Kunst der australischen Ureinwohner spezialisiert hat.

Von Chinatown aus läuft man zu Fuß entlang der Cantonment Road nach Süden bis zum Ayer Raja Expressway, der über die Keppel Road hinwegführt. Unter dieser Hochstraße geht man hindurch und biegt dann rechts in die Keppel Road; nach etwa 100 m liegt der Distripark auf der linken Seite. Die Buslinie 145 fährt von der St. Andrew's Cathedral (MRT-Haltestelle City Hall) aus hier vorbei.

le Street dominiert. Wer chinesische Souvenirs in guter Qualität und zu anständigen Preisen sucht (ohne beim Einkaufen allzu viel feilschen zu müssen), ist hier genau am richtigen Ort. Neben traditioneller Kräutermedizin gibt es noch alle Arten von Mitteln und Mittelchen für die Gesundheit, etwa Marmor-Handkugeln gegen Arthritis, medizinische Massagen und sogar Fußbäder mit winzigen Fischchen, die die abgestorbene Haut von den Füßen abknabbern. Eine ziemlich kitzlige Angelegenheit!

YUE HWA CHINESE PRODUCTS KAUFHAUS
Karte S. 217 (70 Eu Tong Sen St.; 11–21 Uhr; M Chinatown) In einem alten, sechsstöckigen Gebäude untergebracht, erinnert dieses Kaufhaus mit seinen chinesischen Produkten an Shanghai. Im Erdgeschoss findet man Medizin, Kräuter, Kleidung und Kissen; die anderen vier Stockwerke quellen über von Seidenstoffen, Nahrungsmitteln, Tees, Kunst und Kunstgewerbe sowie Haushaltswaren. Im obersten Stockwerk warten (schlecht beleuchtete) Möbel auf Käufer.

Little India & Kampong Glam

LITTLE INDIA | KAMPONG GLAM | BUGIS

Highlights

❶ Im **Bismillah Biryani** (S. 73) die wohl besten Biryani und Kebabs diesseits der Bengalischen Bucht genießen.

❷ Saris im **Tekka Centre** (S. 75) kaufen und dann unten einen Snack in einem der quirligsten Hawker Center von Little India genießen.

❸ Im **Gandhi Restaurant** (S. 73), einer der vielen Garküchen der Stadt, südindisches *thali* auf Bananenblatt probieren.

❹ Auf einer hinteren Bank im **Sri Veeramakaliamman Temple** (S. 71) – Little Indias stimmungsvollstem Hindu-Tempel – eine *puja* (Gebetsstunde) miterleben.

❺ In einem der vielen orientalischen Cafés um die **Arab Street** (S. 72) starken türkischen Kaffee schlürfen und eine Wasserpfeife rauchen.

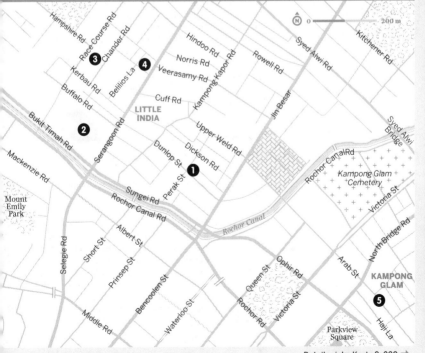

Details siehe Karte S. 220 ➡

Top-Tipp

Sonntags sieht Little India am quirligsten und indischsten aus. Viele Arbeiter haben nur an diesem Tag der Woche frei, vor allem die indischen Hilfsarbeiter. Dann hat man in den Straßen den Eindruck, der halbe Subkontinent tummle sich hier.

Gut essen

→ Bismillah Biryani (S. 73)
→ Nan Hwa Chong Fishhead Steamboat Corner (S. 76)
→ Café Le Caire (S. 76)
→ Sankranti (S. 73)
→ Ah-Rahman Royal Prata (S. 75)
→ Jaggi's (S. 75)

Mehr Details siehe S. 73 →

Nett ausgehen

→ BluJaz Café (S. 78)
→ Prince of Wales (S. 77)
→ Countryside Cafe (S. 77)
→ Zsofi Tapas Bar (S. 78)

Mehr Details siehe S. 77 →

Gut einkaufen

→ Tekka Centre (S. 79)
→ Haji Lane (S. 80)
→ Nali (S. 79)
→ Celebration of Arts (S. 79)
→ Mustafa Centre (S. 79)

Mehr Details siehe S. 79 →

Little India & Kampong Glam erkunden

Little India besteht aus den bunten Gassen zwischen Serangoon Road und Jln Besar; es erstreckt sich von der Campbell Lane im Süden bis zur Syed Alwi Road im Norden. Am besten erlebt man die Lanes, wenn man sie zu Fuß erkundet. Shoppen und Tempelbesuche sind hier angesagt, aber die Hauptattraktion ist das Essen.

Auch in Kampong Glam isst man hervorragend – orientalisch, malaysisch oder chinesisch. Die Gegend wird oft auch einfach Arab Street genannt.

Abends bieten sowohl Little India als auch Kampong Glam angenehme Möglichkeiten zum Ausgehen. Little India ist lebhafter, aber Kampong Glam mit seinen Wasserpfeifen-Cafés trendiger. Beide Viertel liegen nur 15 Gehminuten voneinander entfernt.

Tipps der Einheimischen

→ **Essen hautnah erleben** Bei den Indern wird vieles mit den Fingern gegessen. Die Hände werden vor und nach dem Essen gewaschen (in allen indischen Lokalen gibt es Waschbecken). Wichtig: Nur die rechte Hand darf beim Essen benutzt werden.

→ **Südindisches Frühstück** Das Frühstück im Hotel wird schnell langweilig. In den vielen Garküchen von Little India wird dagegen leckeres südindisches Frühstück mit *dosa* (papierdünnen Linsenmehl-Pfannkuchen), *idly* (luftigen runden fermentierten Reiskuchen) oder *uttapam* (dicken, herzhaften Reispfannkuchen) serviert.

→ **Parks** Anstatt Bars aufzusuchen, gehen viele indische Arbeiter lieber mit ein paar Dosen Kingfisher-Bier in einen der vielen kleinen Parks von Little India und setzen sich dort mit ihren Freunden zusammen.

An- & Weiterreise

→ **MRT** Die Haltestelle Little India liegt direkt am Tekka Centre. Von den Haltestellen Bugis und Farrer Park aus gelangt man zu Fuß dorthin. Bugis liegt Kampong Glam am nächsten. In 15 Minuten schafft man es zu Fuß von Little India nach Kampong Glam.

→ **Bus** Die 65 fährt von der Orchard Road zur Serangoon Road. Vom Colonial District aus fahren die Busse 131 und 147 die Stamford Road entlang. Nach Kampong Glam fährt die Linie 7 von der Orchard Road zur Victoria Street (an der Stamford School hinter der Arab Street aussteigen). Vom Colonial District fahren die Busse 130, 133, 145 und 197 bis zur Victoria Street, die Busse 100 und 107 vom Raffles Hotel zur Bussorah Street.

SEHENSWERTES

Little India

SRI VEERAMAKALIAMMAN TEMPLE HINDUISTISCHER TEMPEL

Karte S. 220 (141 Serangoon Rd.; ⊙5.30–12.15 & 16–21 Uhr; mLittle India) Dieser der Göttin Kali geweihte Shiva-Tempel ist der bunteste und geschäftigste in Little India. Kali, blutrünstige Gattin Shivas, war eine beliebte Göttin in Bengalen, der Heimatregion der Arbeiter, die diesen Tempel 1881 erbauten. Darstellungen von Kali im Tempel zeigen sie mit Totenköpfen bekränzt, während sie ihren Opfern die Eingeweide herausreißt, aber auch friedlich zusammen mit ihren Söhnen Ganesh und Murugan. Von den vier täglichen *puja* (Gebetsstunden) ist in der Regel am meisten los. Wer das Glück hat, gerade dann anwesend zu sein, sollte sich immer bewusstmachen, dass der Tempel eine Kultstätte und keine Touristenattraktion ist.

SRI SRINIVASA PERUMAL TEMPLE HINDUISTISCHER TEMPEL

Außerhalb von Karte S. 220 (✆397 Serangoon Rd.; ⊙6.30–12 & 6–21 Uhr; mFarrer Park) Der 1855 erbaute Tempel ist Vishnu geweiht, doch der auffallende, 20 m hohe *gopuram* (Turm) wurde erst 1966 für stolze 300 000 $ hinzugefügt. Im Innern stehen Plastiken von Vishnu, seinen Gefährten Lakshmi und Andal sowie von seinem Reitvogel Garuda. Hier starten die farbenfrohen Umzüge beim Thaipusam-Festival.

SRI VADAPATHIRA KALIAMMAN TEMPLE HINDUISTISCHER TEMPEL

Außerhalb von Karte S. 220 (555 Serangoon Rd.; MFarrer Park, Boon King) Kaliamman, der Zerstörerin des Bösen, wurde dieser Tempel geweiht. 1870 entstand zunächst nur ein kleiner Schrein, in den 1960er-Jahren erfolgte dann die Umwandlung in das schöne, farbenfrohe Gebäude, das man heute sieht. Die Schnitzarbeiten – besonders innen in der *vimana*-Kuppel – gehören zu den schönsten Tempelkunstwerken Singapurs.

LEONG SAN SEE TEMPEL TAOISTISCHER TEMPEL

(371 Race Course Rd.; ⊙6–18 Uhr; MFarrer Park) Dieser relativ schlichte Tempel wurde 1917 errichtet und ist Kuan Yin (Guanyin) geweiht. Hier findet ein erstaunlich aktives religiöses Leben statt, intensiver als in vielen größeren Tao-Tempeln Singapurs. Der Name bedeutet übersetzt „Drachenberg-Tempel", und so finden sich in den schön geschnitzten Holzbalken Darstellungen von Schimären, Drachen, Blumen und Menschen. Alles wurde vor kurzem neu gestrichen.

Zu Fuß erreicht man den Tempel, wenn man auf der Serangoon Road nach Norden geht. Gegenüber der Beatty Road biegt man links in einen dekorierten Torbogen ein, auf dem die chinesischen Schriftzeichen für Tempel angebracht sind. Der Tempel liegt gegenüber, am Ende der Gasse.

SAKAYA MUNI BUDDHA GAYA TEMPLE BUDDHISTISCHER TEMPEL

Außerhalb von Karte S. 220 (366 Race Course Rd.; ⊙8–16.45 Uhr; MFarrer Park) Gegen-

---

INDIAN HERITAGE CENTRE

Bei Redaktionsschluss waren die Pläne für das 12-Millionen-Dollar-Projekt, ein hochmodernes Museum für das kulturelle Erbe in Little India, bereits weit fortgeschritten. Auch wenn die Pläne natürlich beeindruckend sind: Die kubistisch angehauchte Struktur wird das historische Stadtviertel sicherlich ziemlich nachhaltig verändern.

Das fünfstöckige Gebäude soll einem *baoli* (einem indischen Stufenbrunnen, traditionell der Treffpunkt einer Gemeinde) nachempfunden werden. Die Fassade wird aus hexagonalen Facettenglasscheiben bestehen, die nachts leuchten und schimmern – vergleichbar Pekings attraktivem Wasserwürfel, dem Schwimmzentrum der Olympischen Spiele 2008.

Weiterhin ist geplant, die Campbell Lane in eine Fußgängerzone und moderne Einkaufsstraße umzuwandeln.

Im Heritage Centre selbst wird es Galerien und Lernräume geben. Als Eröffnungstermin war zum Zeitpunkt der Recherche Ende 2013 geplant.

über vom Leong San See Temple steht der Sakaya Muni Buddha Gaya Temple, auch bekannt als „Tempel der 1000 Lichter". Er wird beherrscht von einer 15 m hohen und 300 t schweren sitzenden Buddhastatue. Umgeben ist der Buddha von einer eklektischen Versammlung von Gottheiten, u. a. Kuan Yin (Guanyin), chinesische Göttin der Gnade, und die Hindu-Götter Brahma und Ganesh. Der Tempel wurde 1927 von einem thailändischen Mönch gegründet.

Den Eingang flankieren gelbe Tiger als Symbole für Schutz und Vitalität. Hinter dem Tempeleingang ist linker Hand ein riesiger Fußabdruck Buddhas in Perlmutt zu sehen, umgeben von 108 glücksverheißenden Zeichen (um ihn von 2 m langen Fußabdrücken anderer Provenienz zu unterscheiden). Es soll sich dabei um eine Kopie des Fußabdrucks auf dem Adam's Peak in Sri Lanka handeln.

⊙ Kampong Glam

SULTAN MOSQUE MOSCHEE
Karte S. 220 (3 Muscat St.; ⊙5–20.30 Uhr; ⓂBugis) Singapurs größte Moschee mit ihrer goldenen Kuppel ist der Mittelpunkt von Kampong Glam. 1825 wurde sie mit finanzieller Unterstützung von Raffles und der Britischen Ostindien-Kompanie gebaut. Der Unterstützung zugrunde lag ein Abkommens von Raffles mit dem Sultan von Singapur: Dieser sicherte ihm im Gegenzug weiterhin die Herrschaft über das Gebiet zu. 1928 wurde die ursprüngliche Moschee durch das heutige großartige Bauwerk ersetzt. Interessanterweise stammte der Bauplan von einem Architekten aus Irland, der für dasselbe Büro arbeitete, welches auch das Raffles Hotel entwarf.

Da es sich um eine aktive Moschee handelt, darf man sie nur außerhalb der Gebetsstunden besichtigen. Nicht-Muslime werden gebeten, die Gebetshalle überhaupt nicht zu betreten, alle Besucher müssen zudem angemessen gekleidet sein. Auf das Fotografieren von Gläubigen sollte man generell verzichten!

MALAY HERITAGE CENTRE MUSEUM
Karte S. 220 (☎6391 0450; www.malayheritage.org.sg; 85 Sultan Gate; Erw./Kind 3/2 $; ⊙Di–So 10–18, Mo 13–18 Uhr) Das Gebiet von Kampong Glam war vor der Ankunft von Raffles die Residenz des malaiischen Königshauses: Der *istana* (Palast) wurde von 1836 bis 1843 für den letzten Sultan von Singapur, Ali Iskander Shah, errichtet. Nach einem Abkommen sollte der Palast der Sultansfamilie gehören, solange sie darin lebte. Diese Regelung wurde 1897 aufgehoben, doch das hinderte die Familie nicht daran, weitere hundert Jahre im Palast zu bleiben. Schließlich verfiel das Gebäude.

1999 zog die Familie aus, und nach einer langen Renovierungszeit wurde 2004 das Malay Heritage Centre darin eröffnet. Die Gebäude und Gärten sind wunderschön, das Museum an sich gibt einen etwas dürftigen, aber interessanten Überblick über die malaiische Bevölkerung in Singapur. So ist u. a. ein nachgebautes *kampong* (Dorf) im Obergeschoss zu sehen.

Zur Zeit der Drucklegung wurde das Museum renoviert, es soll im Juni 2012 aber wiedereröffnet werden.

CHILDREN LITTLE MUSEUM SPIELZEUGMUSEUM
Karte S. 220 (42 Bussorah St.; Eintritt 2 $; Workshops 15 $; ⊙11–18 Uhr; ⓂBugis) Die hübsche Privatsammlung an altem Spielzeug zeigt, wie Kinder sich einst ohne Spielkonsolen in Singapur beschäftigten, was heute kaum noch vorstellbar erscheint. Der Eigentümer Terry Chua führt selbst durch das Museum und erzählt enthusiastisch Geschichten über die Spielzeuge, die er und seine Freunde früher nutzten. Workshops zur Herstellung von Spielzeug können gebucht werden, außerdem wird Spielzeug zum Verkauf angeboten.

MALABAR MUSLIM JAMA-ATH MOSQUE MOSCHEE
Karte S. 220 (471 Victoria St.; ⓂLavender) Die blau gekachelte Malabar Muslim Jama-

---

ARAB STREET

Mittelpunkt des traditionellen Textilviertels ist die **Arab Street** (Karte S. 220; mBugis). Dort finden sich an der Kreuzung mit der Baghdad Street mehrere Geschäfte mit Korbmöbeln, diversen Stoffen, Kleidung und Teppichen. Außerdem findet man dort das beste orientalische Restaurant, das Café Le Caire (S. 76), auch unter dem Namen Al Majlis bekannt. Hier bekommt man zum gegrillten Lamm Brot und leckere Dips.

HAJI LANE

Diese unglaublich malerische Gasse mit ihren grellbunten Häusern (Karte S. 220; MBugis), verläuft parallel zur Arab Street. Hier findet man nette Boutiquen, Cafés zum Entspannen (mit der obligatorischen Wasserpfeife) und trendige, aber nicht zu schicke Bars. Die Haji Lane ist eine angesagte Gegend zum Herumstöbern, Party-Feiern oder Relaxen – je nach Tageszeit..

Ath Mosque ist die einzige Moschee der Insel für die Malabar-Muslime aus dem südindischen Staat Kerala. Baubeginn war 1956, doch aufgrund von Finanzierungsproblemen wurde sie erst 1963 eröffnet. Die Ausstattung mit den prachtvollen Kacheln wurde sogar erst 1995 abgeschlossen.

HAJJAH FATIMAH MOSQUE MOSCHEE
Karte S. 220 (4001 Beach Rd.; MLavender, Bugis) 1846 erbaut, wurde diese Moschee nach Hajjah Fatimah, einer Malaiin aus Melaka, benannt, die hier einst gewohnt hatte. Die Moschee ist architektonisch ungewöhnlich: Sie wirkt eher britisch als orientalisch, dazu kommt ein schiefes Minarett, das um 6 ° von der Senkrechten abweicht.

Bugis

KUAN IM THONG HOOD CHO TEMPLE BUDDHISTISCHER TEMPEL
Karte S. 220 (178 Waterloo St.; MBugis) Von Little India aus führt ein kurzer Spaziergang nach Süden zur Fußgängerzone der Waterloo Street, in der dieser beliebte, wenn auch seltsame buddhistische Tempel steht. Er ist der Gnadengöttin Kuan Yin (Guanyin) geweiht und zieht täglich unzählige Gläubige an. Innen herrscht eher die Atmosphäre einer Einkaufspassage – mit Luftkühlung und gewienerten Bodenfliesen. Die Gläubigen kommen oft in Bürokleidung, was den Eindruck noch mehr verstärkt. Vor dem Tempel vertreiben Blumenhändler ihre Waren. Am Vorabend des chinesischen Neujahrsfestes ist am meisten los, dann bleibt der Tempel die ganze Nacht über geöffnet. Neben dem Tempel unweit des South-East Asia Hotel steht ein großer Geldgott, dessen blankgeputzten Bauch die Gläubigen reiben, weil ihnen das Glück bringen soll.

Nebenan erhebt sich der vor kurzem renovierte und noch buntere **Sri Krishnan Temple,** der viele eher pragmatische Gläubige aus dem Kuan Yin Temple anzieht: Sie opfern ihre Räucherstäbchen auch in diesem Hindu-Tempel.

ESSEN

Little India

BISMILLAH BIRYANI INDISCH $
Karte S. 220 (50 Dunlop St.; Kebabs ab 4 $, Biryani ab 6 $; ⊙12–20 Uhr; MLittle India) Das Lamm-Biryani ist die Spezialität des Hauses und schmeckt ganz besonders gut – doch noch besser sind die *sheekh kebabs* mit Schafsfleisch, die auf der Zunge zergehen. Es empfiehlt sich, früh hinzugehen, denn schon weit vor 20 Uhr sind die besten Gerichte ausverkauft.

SANKRANTI SÜDINDISCH $
Karte S. 220 (100 Sayed Alwi Rd.; Hauptgerichte ab 8 $; ⊙11.30–16 & 18–24 Uhr; MLittle India) Wie das Andhra Curry, so ist auch dieses hervorragende Lokal auf die südindische Küche von Andhra Pradesh spezialisiert. Es ist das beste unter den guten Restaurants in und um Little Indias Einkaufszentrum Mustafa Centre. Die umfangreiche Speisekarte enthält auch Gerichte aus Nordindien sowie eine schöne Auswahl an *thalis*, darunter die kulinarische Spezialität Sankranti Special mit zehn Schüsselchen.

GANDHI RESTAURANT SÜDINDISCH $
Karte S. 220 (29 Chander Rd.; Gerichte ab 2 $, Tagesgerichte ab 4 $; ⊙11–23 Uhr; MLittle India) Eine einfache Schnellgaststätte mit gleichgültigem Personal und billiger Einrichtung. Dafür ist das Essen aber hier ganz ausgezeichnet. Oft sitzt man mit Fremden am Tisch, die vielleicht sogar mit den Fingern zulangen. Zum schmackhaften Thali gibt es *dosa* (papierdünne Pfannkuchen aus Linsenmehl) oder *uttapam* (dicke, herzhafte südindische Reispfannkuchen mit fein gehackten Zwiebeln, grünen Chilis, Koriander und Kokosnuss). Die Hände werden üblicherweise am Waschbecken hinten im Lokal gewaschen.

START **MRT-STATION BOON KENG**
ZIEL **TEKKA CENTRE**
LÄNGE **3 KM**
DAUER **2½ STD.**

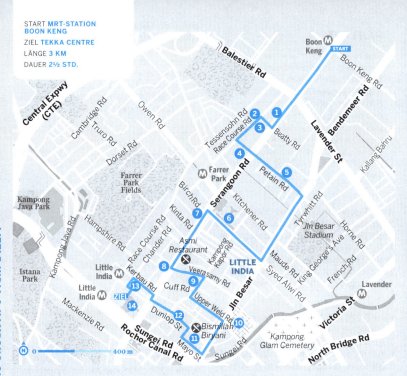

Stadtspaziergang
Little India

Entlang der Serangoon Road geht es über die Kreuzung der Lavender Street hinweg bis zum ❶ **Sri Vadapathira Kaliamman Temple** mit seinen Schnitzereien. Hinter dem Tempel biegt man rechts in einen Torbogen, der mit drei chinesischen Zeichen markiert ist, die Drachenberg-Tempel bzw. ❷ **Leong San See Temple** bedeuten. Dem taoistischen Tempel gegenüber liegt der buddhistische ❸ **Sakaya Muni Buddha Gaya Temple** mit einer 15 m hohen Buddhastatue. Weiter geht es südlich entlang der Race Course Road, dann links in eine Fußgängerzone hinein. So kommt man zur Serangoon Road zurück, direkt am markanten ❹ **Sri Srinivasa Perumal Temple** vorbei. Nach dem Überqueren der Serangoon Road folgt man der Petain Road mit einer Reihe restaurierter ❺ **Ladenhäuser** an der Ecke zur Surdee Road. Rechts in die Jln Besar einbiegen und gleich wieder rechts in die Syed Alwi Road, die ins Herz von Little India führt. Bald darauf erreicht man das ❻ **Mustafa Centre**. Dort geht es links ab in die Serangoon Road, vorbei an der ❼ **Angullia-Moschee**, bis rechts der ❽ **Sri Veeramakaliamman Temple** erscheint, der wichtigste Hindu-Tempel Little Indias. Weiter geht es auf der Veerasamy Road, dann rechts ab in die Kampong Kapor Road. Dort befindet sich die 1929 erbaute ❾ **Kampong Kapor Methodist Church**. Links ab folgt man der Upper Weld Road bis zur Kreuzung mit der Jln Besar, von wo aus schon der ❿ **Sungei Road Thieves Market** zu erkennen ist. Weiter nach Süden entlang der Jln Besar geht es rechts in die Mayo Street, wo sich die markante ⓫ **Abdul-Gaffoor-Moschee** mit ihrer Mischung aus arabischer und viktorianischer Architektur befindet. Schließlich gelangt man zur ⓬ **Dunlop Street** mit dem besten Biryani-Restaurant Singapurs. Nach dem Überqueren der Serangoon Road folgt man der Kerbau Road, in der sich im ⓭ **Tan House** eine schöne Apotheke befindet. Zwischen dem Tan House und dem exzellenten Andhra Curry führt die Gasse zur Buffalo Road und dann zum Hintereingang des ⓮ **Tekka Centre**, dem berühmtesten Hawker Center von Little India.

JAGGI'S
PUNJABI-INDISCH $

Karte S. 220 (www.jaggis.com; 34–36 Race Course Rd.; Gerichte 2,50–5 $; ◷11.30–15 & 18–22.30 Uhr; ⓂLittle India) Eines der wenigen bodenständigen Lokale unter den vielen überteuerten touristischen indischen Restaurants an der Race Course Road. Trotz der Kantinenatmosphäre lohnt sich ein Besuch, denn das Essen ist köstlich und das Selbstbedienungslokal bei den Indern zu Recht beliebt. Das ausgewählte Essen wird an der Kasse bezahlt und an einen Tisch getragen, den man wahrscheinlich mit anderen hungrigen Gästen teilen muss.

ANANDA BHAVAN
SÜDINDISCH-VEGETARISCH $

Karte S. 220 (Serangoon Rd., vor dem Tekka Centre; Tagesgerichte 6–8 $, Gerichte 3–5 $; ◷7–22 Uhr; ⓂLittle India) Eine gute Wahl für ein südindisches Frühstück mit *idly* und *dosa* (auf der Speisekarte hier *thosai*). Dazu gibt es preiswerte *thalis*, die zum Teil auf Bananenblättern serviert werden. In Little India existieren mehrere Filialen, die alle ebenso einfach wie dieses Lokal sind. Und alle servieren mit der gleichen Hingabe leckeres, gesundes vegetarisches Essen.

ASMI RESTAURANT (NORRIS ROAD CHAPATI)
INDISCH-ISLAMISCH $

Karte S. 220 (1 Norris Rd.; Gerichte 2–4 $, Chapati 0,70 $; ◷7.30–22.30 Uhr; ⓂLittle India) Ein beliebtes kleines Ecklokal mit den wohl besten Chapatis in Little India. Zur Auswahl am Büfett stehen mehrere Currys, zu denen man Chapatis bestellt, um den Teller damit sauber zu wischen. Als Sitzgelegenheiten dienen Plastikstühle. Getränke können an einem separaten Getränkestand bestellt werden, der in einer Ecke des Gastraums von Chinesen betrieben wird.

FRENCH STALL
FRANZÖSISCH $$

Außerhalb von Karte S. 220 (☎6299 3544; 544 Serangoon Rd.; Hauptgerichte ab 16 $; Drinks & Desserts ◷Di–So 15–18 Uhr, Abendessen Di–So 18–22 Uhr; mFarrer Park) Der französische Koch Xavier Le Henaff heiratete eine Frau aus Singapur und eröffnete mit ihr gemeinsam dieses Lokal, um ganz normalen Leuten die berühmte französische Küche bieten zu können. Die Preise sind zwar in den letzten Jahren etwas gestiegen, sodass die Gerichte nicht mehr ganz so günstig angeboten werden wie früher, doch es gibt immer noch eine Auswahl guter Weine, hervorragendes Essen und noch bessere Desserts, die in den malerischen Arkaden serviert werden.

ANDHRA CURRY
SÜDINDISCH $$

Karte S. 220 (41 Kerbau Rd.; Hauptgerichte 5–10 $, Tagesgerichte ab 8 $; ◷11–23 Uhr; ⓂLittle India) In einem farbenfrohen Ladenhaus (gleich neben dem auffallenden Tan House) hat sich dieses Lokal auf Gerichte aus dem südindischen Staat Andhra Pradesh spezialisiert. Sauber und effizient organisiert, liegt es zwischen den spottbilligen, simplen Garküchen von Little India und den mondänen, etwas überteuerten populären Touristenrestaurants. Die Spezialität des Hauses sind Hyderabad-Biryani, aber auch die Tandoori-Fleischgerichte schmecken sehr gut. Die vielseitigen vegetarischen *thalis* sind preisgünstig.

WILD ROCKET
INTERNATIONAL $$

Karte S. 220 (%6339 9448; hangout@mtemily, 10A Upper Wilkie Rd.; Hauptgerichte 25–40 $; ◷12–14.30 & 18.30–22.30 Uhr; ⓂLittle India) Das an das Boutiquehotel hangout@mt.emily angeschlossene Wild Rocket bietet gehobene westliche Küche mit starkem Singapur-Akzent. Das vornehm ruhige und stilvolle Ambiente steht in großem Kontrast zu den meisten Restaurants weiter unten im Herzen von Little India.

MUSTARD
INDISCH-BENGALISCH $$

Karte S. 220 (32 Race Course Rd.; Hauptgerichte ab 12 $; ◷Mo–Fr 11.30–15 & 18–22.45, Sa & So

---

TEKKA CENTRE

In Little Indias berühmtestem Hawker Center, dem **Tekka Centre** (Karte S. 220; Ecke Serangoon & Buffalo Rd.; Gerichte 3–5 $; ⓂLittle India) wird an den Verkaufsständen Hühnchenreis auf Hainan-Art und Nasi goreng, ein indonesisches Reisgericht, verkauft. Dazu kommen aber zahlreiche weitere indische Gerichte wie Biryanis, Tandooris und Lamm-Currys. Ein Besuch bei **Ah-Rahman Royal Prata** (Stand 01-248; Murtabak 4–5 $; ◷7–22 Uhr) lohnt sich, denn die *murtabak* (herzhaft gefüllte Pfannkuchen) sind hier sogar noch besser als die bei Zam Zam – einfach unglaublich gut. Wer dem Koch beim Pfannkuchenbacken zusieht, meint, einen Künstler am Werk zu erleben.

11.30–22.45 Uhr; mLittle India) Als besonders raffiniertes unter den teuren indischen Restaurants an diesem Ende der Race Course Road bietet das kleine Lokal mit ausgezeichnetem Service in Senföl gebratene, meist aus Bengalen stammende Gerichte an. Kebabs sind die Spezialität, doch es gibt auch einige gute Currys und Biryanis.

KOMALA VILAS   SÜDINDISCH-VEGETARISCH $

Karte S. 220 (76–87 Serangoon Rd.; Gerichte 3–7 $; 7–11 & 18–24 Uhr; MLittle India) Wie das Ananda Bhavan (wenn auch etwas teurer) bietet auch diese leuchtend gelbe und sehr beliebte Filiale der Komala-Vilas-Kette ein gutes südindisches Frühstück an. Bei den *thali*-Mittagsmenüs (im Obergeschoss, 11–16 Uhr) kann beliebig oft nachbestellt werden.

USMAN   PAKISTANISCH $

Karte S. 220 (Ecke Serangoon & Desker Rd.; Gerichte 1–10 $; 12–14 Uhr; MLittle India) Das winzige Eckrestaurant serviert seine Gerichte ausschließlich an den Tischchen in den Arkaden und eignet sich somit ideal für eine kleine Zwischenmahlzeit. Die Fleischgerichte wie das Tandoori-Hühnchen sind recht gut, aber am besten schmeckt doch *paneer* (weicher Rahm-Frischkäse), besonders im *pulak paneer* (*paneer* mit Spinat). Einige andere Gemüsegerichte sind spottbillig – Linsengerichte gibt es oft schon ab 1 $! –, sodass sich ein Mittagessen hier auf jeden Fall lohnt. Sehr lecker schmeckt auch das *naan* (Fladenbrot aus dem Tandoori-Ofen).

ASMI RESTAURANT   INDISCH-ISLAMISCH $

Karte S. 220 (43 Dunlop St.; Snacks 1,20 $; 8–20 Uhr; MLittle India) Die kleine Garküche neben der Abdul Gaffoor Mosque füllt sich schnell um die Gebetszeit herum, die Gäste stehen dann bis auf die Straße hinaus. Kleine Portionen von *samosa* (ausgebackene Teigtaschen, gefüllt mit Gemüse oder Fleisch) und *pakora* (Gemüsestückchen, in Kichererbsenteig ausgebacken), die mit der Hand gegessen werden, gibt es für 1,20 $, dazu gesüßten Tee oder Kaffee.

COCOTTE   FRANZÖSISCH $$

Karte S. 220 (6298 1188; www.restaurantcocotte.com; Wanderlust, 2 Dickson Rd.; Hauptgerichte 35–50 $; 12–14 & 18.30–22 Uhr; MLittle India, Bugis) Dies ist das todschicke Restaurant des ultra-trendigen Boutiquehotels Wanderlust. Das Cocotte passt überhaupt nicht nach Little India, ist aber eine prima Adresse, wenn man sich etwas Gutes tun will. Serviert wird eine gutbürgerliche französische Küche, dazu gibt es eine Auswahl hervorragender Weine. Einziger Nachteil: Die Klimaanlage ist konstant auf arktische Kälte eingestellt.

Kampong Glam

ONAN HWA CHONG FISH-HEAD STEAM-BOAT CORNER   CHINESISCH $$

Karte S. 220 (812–816 North Bridge Rd.; Fish-Steamboats ab 18 $; 16.30–0.30 Uhr; MLavender) Das beste Fish-Head-Steamboat Singapurs wird hier serviert, und wer dieses seltsame Gericht probieren will, sollte es hier tun: Der Fischkopf wird in einem kegelförmigen Topf in dampfender Brühe auf den Tisch gebracht und dann von allen am Tisch gemeinsam verzehrt. Ein Kopf genügt für drei bis vier Personen, wenn man Reis und andere Beilagen dazu bestellt, reicht er auch für noch mehr Esser. Zur Auswahl stehen vier Arten von Fisch, wobei der Red Snapper (20 $) weniger Gräten und mehr Fleisch hat als die anderen Fische. Die Atmosphäre erinnert an die Hawker Center: Das Lokal ist offen und laut und mit Plastiktischen und -stühlen möbliert. Das Personal ist mit Neulingen recht geduldig, sodass man sich nicht gedrängt fühlt, etwas zu bestellen, was man nicht will. Aber im Prinzip schmeckt eigentlich alles gut.

OCAFÉ LE CAIRE   ORIENTALISCH $$

Karte S. 220 (39 Arab St.; Hauptgerichte 10–20 $, Snacks 6–10 $; 10–3.30 Uhr; MBugis) Das eigentliche Juwel der Arab Street ist dieses informelle ägyptische Café, das auch unter dem Namen Al Majlis bekannt ist. Es befindet sich in einem schön renovierten Ladenhaus und bietet Sitze in den Arkaden vor der Tür (an der Arab Street und der Haji Lane). Der türkische Kaffee schmeckt wunderbar, auch das Essen ist so gut, dass es sich lohnt, extra dafür dorthin zu fahren. Es gibt Hummus, Oliven, Falafel, Pita, Salate, Joghurt sowie verschiedene Kebabs, und zwar als Hauptgerichte wie auch als Beilagen.

TEPAK SIREH   MALAIISCH $$

Karte S. 220 (6396 4373; www.tepaksireh.com.sg; 73 Sultan Gate; Mittag-/Abendessen 16/20 $, Kind Mittag-/Abendessen 10/12 $; hMo-Sa 11.30–14.30 & 18.30–21.30 Uhr; MBu-

SINGAPURS MINI-THAILAND

Wer gerade ganz Südostasien bereist und nun einen Heißhunger auf gute Thai-Küche verspürt, der ist hier genau richtig. Der **Golden Mile Complex** (Karte S. 220; 5001 Beach Rd.; Gerichte 3–6 $; ☺10–22 Uhr; mLavender, Bugis) ist Singapurs Mini-Thailand – voller thailändischer Läden, Lebensmittel, Metzger und Garküchen. Die Beschilderung ist meist auf Thailändisch, die Kunden sind Thailänder und das im Erdgeschoss servierte Essen ist zu 100 % thailändische Hausmannskost. Es geht oft laut zu und die Leute sind nicht immer nüchtern. Die Isan-Gerichte (aus dem Nordosten) sind am besten, z. B. bei **Nong Khai** (Stand 01-74; Gerichte ab 5 $, Bier ab 7 $; ☺10–22 Uhr) im Erdgeschoss. Das Golden Mile ist auch für sein Nachtleben bekannt: In den oft heruntergekommenen Thai-Diskos trinken die Gäste bis zum Umfallen. Dafür sind die Preise niedriger als sonst irgendwo in Singapur.

---

gis) Trotz der edlen Umgebung – direkt am Sultanspalast (heute das Malay Heritage Centre) und im schönen Haus des früheren *bendahara*, wie ein wichtiger malaiischer Beamtenposten vor der Kolonisierung genannt wurde – ist dieses Restaurant erstaunlich informell. Die Gäste bezahlen einen festen Preis, können sich dann aber vom hervorragend bestückten Büfett mit so gut wie allen malaiischen Gerichten beliebig oft bedienen.

ZAM ZAM
ISLAMISCH $

Karte S. 220 (699 North Bridge Rd.; Gerichte ab 3,50 $; ☺8–23 Uhr; MBugis) Das Zam Zam gibt es schon seit 1908, also scheinen die Leute zu wissen, worauf es ankommt. Trotzdem sind sie nicht selbstzufrieden geworden – die Kunden werden immer noch von draußen hereingelockt, und in der Küche werden mit Verve leckere *murtabak* gezaubert. Die herzhaften Pfannkuchen kommen gefüllt mit Lamm, Hühnchen, Rindfleisch und sogar Wild auf den Tisch.

GOLDEN MILE FOOD CENTRE
HAWKER CENTER $

Karte S. 220 (505 Beach Rd.; ☺10–22 Uhr) Auf keinen Fall mit dem thailändisch orientierten Golden Mile Complex gegenüber verwechseln: In diesem Hawker Center werden die Regierungsvorgaben für gesünderes Essen (weniger Öl, Sirup, Fett, etc.) fast überall eingehalten. Die berühmte *tulang*-Suppe an den Ständen 4, 15 und 28 im Erdgeschoss ist eine Ausnahme: Fleischige Knochen köcheln hier in einer dicken, scharfen, blutroten Tomatensauce vor sich hin. Ebenfalls zu empfehlen sind *ah balling* (süß gefüllte Reisbällchen) und *char kway teow* (gebratene flache Reisnudeln) im Obergeschoss.

AUSGEHEN & NACHTLEBEN

Neben dem Besuch der unten genannten Lokale hat man immer auch die Möglichkeit, in einem Hawker Center schlicht und einfach ein Glas Bier zu trinken. Die Haji Lane in Kampong Glam steckt voller netter Café-Bars, die je nach Mode kommen und gehen. So sucht man am besten, bis man das für sich Passende gefunden hat.

Little India

PRINCE OF WALES
BAR

Karte S. 220 (101 Dunlop St.; ☺9–1 Uhr; W; MLittle India) Australier lieben dieses pubähnliche Lokal in Little India, zu dem ein nettes und beliebtes Backpacker-Hostel (S. 161) gehört. Fast jeden Abend gibt es Livemusik (ab 21 Uhr). Ein kleiner Biergarten, ein paar Bildschirme mit Sportsendungen und ein Pool-Tisch vervollständigen das Bild. Sonderangebote halten die Preise im Rahmen; der reguläre Preis für ein Bier liegt hier sonst bei mindestens 10 $.

COUNTRYSIDE CAFE
CAFÉ

Karte S. 220 (71 Dunlop St.; ☺9.30–24 Uhr; 🛜; MLittle India) Das netteste und beliebteste westliche Café in Little India hat zuvorkommende Eigentümer, bietet kostenloses WLAN und einen hervorragenden Kaffee. Die Preise für alkoholische Getränke sind niedrig (Bier ab 6,50 $, Wein ab 7,50 $), und die Lage neben der Jugendherberge Inn Crowd sorgt dafür, dass abends immer einiges los ist. Das westliche Essen ist ganz anständig.

ZSOFI TAPAS BAR BAR

Karte S. 220 (68 Dunlop St.; Mo-Do 16–1, Fr & Sa 16–2 Uhr; ; Little India) Im Mittelpunkt steht hier die Dachterrasse – ein wunderbarer, ungewöhnlicher Platz in diesem Stadtteil. Sie ist so groß, dass man (fast) immer einen Platz bekommt. Die Drinks sind recht teuer – um die 12 $ für ein Bier –, doch es werden kostenlos Tapas dazu gereicht, damit man nicht gleich umfällt, wenn die Rechnung kommt.

KERBAU ROAD
BEER GARDEN GETRÄNKESTAND

Karte S. 220 (Kerbau Rd.; 10–23 Uhr; Little India) Die Inder treffen sich hier gern abends auf ein preisgünstiges Bier und sehen sich einen Bollywood-Film auf dem kleinen Fernseher an. Eigentlich sind es nur ein paar Verkaufsbuden, zwischen denen Plastiktischchen und -stühle stehen (Bier gibt es ab 3 $).

Kampong Glam

BLUJAZ CAFÉ BAR, LIVEMUSIK

Karte S. 220 (www.blujaz.net; 11 Bali Lane; Bier ab 6 $; Mo-Do 12–24, Fr 12–2, Sa 16–2 Uhr; ; Bugis) Eine Art Künstlerkneipe mitten in Singapur, exzentrisch dekoriert und direkt neben einem Studio gelegen, das seine Arbeit oft auf die Gasse hinaus verlegt. Das Publikum ist recht gemischt. Am Wochenende und oft auch montags wird unten Livemusik (nicht immer Jazz) gespielt, im Obergeschoss befindet sich eine flippige Lounge. In der Nebengasse, die die Bali Lane mit der Haji Lane verbindet, gibt es heiß begehrte Sitzplätze. Die Preise sind erschwinglich: 6 $ für ein kleines Glas Bier.

Wem es zu voll oder zu laut ist, der kann ins **Piedra Negra** (Ecke Beach Rd. & Haji Lane; Mo-Do 12–24, Fr 12–2, Sa & So 17–2 Uhr) ausweichen. Das mexikanische Bar-Restaurant gehört den Eigentümern des BluJaz; hier kann man auch im Freien sitzen.

UNTERHALTUNG

Little India

WILD RICE THEATER

Karte S. 220 (6292 2695; www.wildrice.com.sg; 3A Kerbau Rd.; Little India) Singapurs heißeste Theatertruppe hat ihre Basis in der Kerbau Road, tritt aber überall in der Stadt (und auch im Umland) auf. Die Aufführungen reichen von Possen bis Politik, wobei die Truppe gern Dinge aufs Korn nimmt, über die in Singapur eigentlich diskret geschwiegen wird.

Kampong Glam

BIAN CAFE PEKINGOPER

Karte S. 220 (www.singopera.com.sg; 52 Kandahar St.; 11–22 Uhr; Bugis) Ein kleines Café mit der Einrichtung einer chinesischen Oper, in dem man gerne mal einen Kaffee (ab 2,50 $) oder ein Bier (ab 6,80 $) trinken geht. Am Donnerstagnachmittag werden hier zwischen 15 und 18 Uhr (Eintritt 8 $) kurze Arien aus chinesischen Opern gesungen. Es gibt nur Gesang, kein Make-Up, keine Kostüme, keine akrobatischen Tänze – eine etwas ungewöhnliche Form also, diese Kunstform zu erleben. Die Gäste dürfen sogar selbst auftreten - aber wer mag schon chinesisches Opern-Karaoke? Im Obergeschoss, mit Zugang durch das Café, befindet sich das etwas großspurig betitelte **Singapur Chinese Opera Museum** (Eintritt 5 $) mit weiteren Opern-Memorabilien.

ST. GREGORY JAVANA SPA WELLNESS

Karte S. 220 (%6505 5755; www.stgregoryspa.com; Level 3, The Plaza, 7500A Beach Rd.; Behandlungen 30–170 $; Mo-Fr 10–22, Sa & So 9–21 Uhr; Bugis) Das St. Gregory unterhält in ganz Asien Wellness-Einrichtungen – in Singapur allein drei, die sich alle in Spitzenklassehotels befinden. Dieses hier liegt im Park Royal an der Beach Road und bietet ayurvedische Therapien und die üblichen Luxus-Massagebehandlungen. Für 50 $ am Tag steht der fantastische Pool auch Nicht-Gästen des Hotels offen.

SANCTUM WELLNESS

Karte S. 220 (6299 0170; www.sanctumsg.com; 2. Stock, 66A Haji Lane; hMo-Sa 11.30–20 Uhr; einstündige Kurse 80–150 $; mBugis)

„Nahrung für Geist, Körper und Seele" verspricht diese Einrichtung und bietet Tarot-Kartenlegen, Meditation, Regressionstherapie, Shiatsu und Reiki an. Das Sanctum bietet drei wunderschöne und einzigartig eingerichtete Räume für Sessions und zum Chillen. Man kann die Anwendungen online buchen.

Bugis

NRITYALAYA AESTHETICS SOCIETY
MUSIK & TANZ

Karte S. 220 (6336 6537; www.nas.org.sg; Stamford Arts Centre, 155 Waterloo St.; MLittle India) Gibt Unterricht und veranstaltet Workshops für traditionelle indische Kunst wie klassischen Tanz, Musik, Yoga und Meditation. Gelegentlich werden auch Vorstellungen gegeben. Die Website ist nicht immer aktuell, sodass sich ein persönlicher Informationsbesuch im Stamford Arts Centre lohnt.

SHOPPEN

In den Straßen von Little India kann man gut einkaufen – die Läden sind Schatzkästen voll mit Kunst, Antiquitäten, Stoffen, Nahrungsmitteln und Musik. In Kampong Glam geht es etwas ruhiger und entspannter zu, trotz einer guten Mischung aus Boutiquen und hübschen Cafés.

Little India

TEKKA CENTRE
BEKLEIDUNG

Karte S. 220 (Ecke Serangoon & Buffalo Rd.; 10–22 Uhr; MLittle India) Im Obergeschoss über dem geschäftigen Hawker Center werden indische Stoffe und Saris verkauft. Eine indische Ausstattung lässt sich hier am günstigsten erstehen. Die Produkte sind zwar mit Preisen versehen, aber Handeln ist dennoch möglich.

NALI
BEKLEIDUNG

Karte S. 220 (32 Buffalo Rd.; 10–21 Uhr; MLittle India) Ein kleines Geschäft an der Buffalo Road, in dem Baumwoll- und Seidensaris in besserer Qualität angeboten werden. Baumwollsaris gibt es schon ab 20 $, die wunderschönen seidenen Saris kosten zwischen 100 und 1000 $; man findet sie im Obergeschoss.

CELEBRATION OF ARTS
KUNSTHANDWERK

Karte S. 220 (2 Dalhousie Lane; 8.30–21 Uhr; MLittle India) Schön präsentiert findet man hier geschnitzte indische Holzmöbel, Statuen und Ornamente, Lampenschirme, Tagesdecken und Pashmina-Schals.

INDIAN CLASSICAL MUSIC CENTRE
MUSIK

Karte S. 220 (6291 0187; www.sitar.com.sg; 26 Clive St.; hMo-Sa 10–19, So 10–15 Uhr; MLittle India) Eine gut sortierte Auswahl indischer Musikinstrumente steht hier zum Verkauf; der Fokus liegt auf Instrumenten, die wirklich gespielt werden können und nicht nur dekorativ herumstehen. Einige davon würden sich auch großartig als Souvenir eignen. Für Interessierte gibt es auch Unterricht. Indische Musik-CDs gehören ebenfalls zum Sortiment.

MUSTAFA CENTRE
KAUFHAUS

Karte S. 220 (145 Syed Alwi Rd.; 24 Std.; MFarrer Park) Das geschäftige, Tag und Nacht geöffnete Mustafa Centre in Little India ist ein Magnet für Schnäppchenjäger, die meist vom Subkontinent kommen. Hier gibt es so gut wie alles zu günstigen Preisen: Elektronik, Schmuck, Haushaltswaren, Schuhe, Handtaschen, CDs. Ein großer Supermarkt bietet eine schöne Auswahl an indischen Lebensmitteln. An Sonntagen ist es hier allerdings fast schon zu voll.

SUNGEI ROAD THIEVES MARKET
MARKT

Karte S. 220 (Sungei Rd., Weld Rd., Pasar Lane & Pitt St.; ab 12 Uhr; Little India, Bugis) Warum die Behörden diesen Trödelmarkt weiter tolerieren, ist ein Rätsel, doch glücklicherweise gibt es ihn noch. Er erstreckt sich rund um ein offenes Grundstück über vier Straßen hinweg. Den alten Leutchen zuzusehen, wie sie alle möglichen gebrauchten Sachen an den Mann bzw. die Frau bringen, ist höchst interessant. Hier erlebt man einmal Singapurs iPad-lose Unterschicht.

SIM LIM SQUARE
COMPUTER

Karte S. 220 (1 Rochor Canal Rd.; 10–20.30 Uhr; MBugis) Sim Lim ist bei Computer-Freaks bekannt für seine riesige Auswahl an billigem Zubehör. In den Ständen stapeln sich Platinen, Soundkarten, Spielekonsolen, Laptops und Kameras. Wer sich auskennt, kann manches Schnäppchen machen, alle anderen werden eher über den

Tisch gezogen. Auf jeden Fall muss hart gefeilscht werden.

SIM LIM TOWER
ELEKTRONIK

Karte S. 220 (☎ 6295 4361; 10 Jln Besar; ⊙ 9–18 Uhr; Ⓜ Bugis) Ein großes Elektronikzentrum mit einfach allem vom Kondensator bis zur Audio- und Videoausrüstung, und das alles unweit des Sim Lim Square. Auch hier gilt es, sich gut auszukennen und hart zu verhandeln.

Kampong Glam

LITTLE SHOPHOUSE
MITBRINGSEL

Karte S. 220 (43 Bussorah St.; ⊙ 10–17 Uhr; Ⓜ Bugis) Die traditionelle Peranaka-Perlenarbeit ist wohl eine aussterbende Kunst, die in diesem kleinen Laden an der netten Bussorah Street aber noch gepflegt wird. Die grellen Farben und kunstreichen Muster der Peranaka-Mode sind nicht jedermanns Sache, doch die damit verbundene Handarbeit ist exquisit. Nebenan liegt das Children Little Museum, in dem Retro-Spielzug aus Singapur verkauft wird.

STRAITS RECORDS
MUSIK

Karte S. 220 (22 Bali Lane; ⊙ Mo–Fr 15–21, Sa & So 3–24 Uhr; Ⓜ Bugis) Bei Straits, einem der wenigen alternativen Musikgeschäfte in Singapur, gibt es Hip-Hop-, Hardcore- und Reggae-CDs, außerdem alte Schallplatten, T-Shirts und Bücher. CDs von Bands aus der Gegend verkaufen sich ab 10 $.

BLOG SHOP
MODE

Karte S. 220 (35 Haji Lane; ⊙ 11–21 Uhr; Ⓜ Bugis) Eine der trendigen Boutiquen an der Haji Lane, mit Damenmode und Accessoires sowie ein paar hübschen Geschenkideen.

Bugis

BUGIS JUNCTION
EINKAUFSPASSAGE

Karte S. 220 (200 Victoria St.; ⊙ 10–22 Uhr; Ⓜ Bugis) Zwei Straßenzüge mit Ladenhäusern wurden mit einem Glasdach verbunden und klimatisiert. In dieser Einkaufspassage tummeln sich einige Modeläden der Marke „Heute da, morgen fort". Ein Kinokomplex befindet sich ebenfalls darin.

BUGIS STREET MARKET
MARKT

Karte S. 220 (Victoria St.; ⊙ 9–22 Uhr; Ⓜ Bugis) Früher einmal Singapurs notorisches Rotlichtgebiet, hat sich der Markt an der Bugis Street inzwischen zu einem lebhaften offenen Markt auf drei Etagen gemausert. Hier findet man Kleidung, Schuhe und Zubehör, außerdem Nagelstudios, Essensbuden und einen Sex-Shop. Qualität kann man nicht erwarten, aber es macht einfach Spaß, dort herumzubummeln.

Orchard Road

Highlights

❶ Im **ION Orchard** (S. 88), einem Konsumtempel der Superlative, spielt bereits Zukunftsmusik – der Ort gilt als Inbegriff des coolen Shoppens.

❷ Im faszinierenden **Tanglin Shopping Centre** (S. 88) finden sich indischen Antiquitäten und orientalische Teppiche oder auch historische Landkarten von ganz Asien.

❸ In der **Emerald Hill Road** (S. 83) verwandelt sich der Kaufrausch vor historischen Kulissen in einen gemütlichen Einkaufsbummel.

❹ Wer so richtig feudal essen möchte, kann den Gaumenfreuden bei **Iggy's** (S. 84) frönen – dem allerbesten Restaurant von ganz Singapur!

❺ Für Bodenständige bietet sich ein traditionelles Singapur-Frühstück im **Killiney Kopitiam** (S. 83) an; dort treffen sich auch Einheimische zum Tee oder Kaffee.

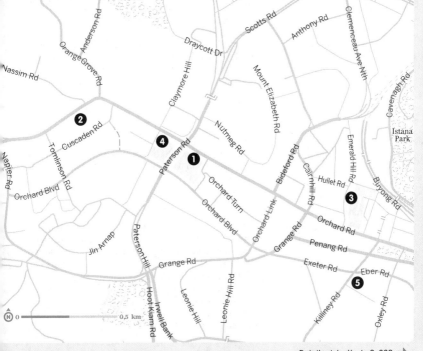

Details siehe Karte S. 228 ➡

Top-Tipp

Kaum zu glauben, aber nur 2 km vom Labyrinth der Einkaufszentren der Orchard Road entfernt befindet sich ein Regenwald auf dem Gelände des zauberhaften Botanischen Gartens. Wer sich also nach einer grünen Oase inmitten der Betonwüste sehnt, schnappt sich am besten Bus 7 oder 77 ab der Metrohaltestelle Orchard (Ausgang auf den Orchard Boulevard). Von da sind es dann nur noch zehn Minuten zu Fuß.

Gut essen

- Killiney Kopitiam (S. 83)
- Wasabi Tei (S. 84)
- Iggy's (S. 84)
- Salt Grill (S. 84)
- Takashimaya Food Village (S. 84)

Mehr Details siehe S. 83 ➡

Nett ausgehen

- Que Pasa (S. 87)
- No 5 (S. 87)
- Dubliners (S. 86)
- KPO (S. 86)
- Curious Teepee (S. 87)

Mehr Details siehe S. 85 ➡

Gut einkaufen

- ION Orchard (S. 88)
- Tanglin Shopping Centre (S. 88)
- One Price Store (S. 90)
- 313 Somerset (S. 88)
- Ngee Ann City (S. 88)

Mehr Details siehe S. 88 ➡

Orchard Road erkunden

Wer alle Einkaufspassagen und Geschäfte rund um die Orchard Road erkunden will, bräuchte schon fast eine ganze Woche. Besser ist es, vorab die kompakten Informationen auf S. 34 zu durchforsten und sich auf der Website www.orchardroad.sg schlauzumachen.

Die meisten Einkaufspassagen öffnen erst um 10 Uhr vormittags, wer aber zu früh dran ist, der hat die perfekte Ausrede, um bei Killiney Kopitiam die Zeit totzuschlagen. In diesem typischen Singapur-Café können sich Kaufwütige mit einem üppigen Frühstück stärken.

Ein Besuch in den Einkaufspassagen hat immer den gleichen Effekt: Nach einer Weile sehnen sich die erschöpften Füße nach einer wohlverdienten Auszeit. Hierfür eignet sich am besten ein Abstecher in die Emerald Hill Road, eine Nebenstraße mit Flair, wo einige schöne Cafés und Bars zur Entspannung einladen.

Tipps der Einheimischen

➡ **Menschenmassen** „Frustshoppen" ist in Singapur an der Tagesordnung – die Einkaufspassagen an der Orchard Road können deshalb extrem überlaufen sein. Für einige gehört dieser Spaßfaktor dazu, doch wer das Getümmel meiden will, sollte zu Beginn der Öffnungszeiten (gegen 10 Uhr) schon da sein, um zumindest anfangs ungestört stöbern zu können.

➡ **Food Courts** Das kulinarische Angebot in den Einkaufspassagen reicht quer durch Asien mit einer bunten Vielfalt an landestypischen Gerichten, meist frisch vor den Augen der Gäste zubereitet und immer weitaus günstiger als in irgendeinem Restaurant.

➡ **Frischluft** Die klimatisierten Einkaufspassagen sind gut und schön, aber nach einer Weile drängt es die Kauflustigen nach draußen, wo sie auf ganz altmodische Art so richtig nach Luft schnappen. Hierfür bietet sich ein Verschnaufpause auf der Terrasse des Curious Teepee (S. 87) an, auf der Dachterrasse des KPO (S. 86) oder an einem Tisch vor einer der Bars in der Emerald Hill Road (S. 87).

An- & Weiterreise

➡ **MRT** Orchard Road besitzt nicht weniger als drei Metrobahnhöfe: Orchard, Somerset und Dhoby Ghaut; es lohnt also nicht, sich auf andere Art fortzubewegen.

➡ **Bus** Die Buslinie 7 verbindet die Orchard Road mit der Victoria Street (nach Kampong Glam) und Holland Village, und die Buslinie 65 verkehrt zwischen Orchard Road und Serangoon Road (nach Little India). Die direkteste Verbindung zwischen Orchard Road und Chinatown bietet die Buslinie 190.

SEHENSWERTES

EMERALD HILL ROAD   ARCHITEKTUR

Karte S. 228 (Emerald Hill Rd.; MSomerset) Es lohnt sich, den Einkaufsbummel für eine Weile zu unterbrechen, um durch die Emerald Hill Road zu streifen, wo einige der schönsten Reihenhäuser Singapurs erhalten geblieben sind – meist mit Terrasse oder Veranda, und viele davon wurden tadellos saniert. Die ruhige Atmosphäre gibt einem das Gefühl, meilenweit von der quirligen Orchard Road entfernt zu sein. Hier stehen Dutzende von Häusern, die den Besuchern so manch einen tiefen Stoßseufzer bzw. den Ausruf entlocken: „Ach, wenn ich mir doch nur so ein Haus leisten könnte!" Besonders sehenswert ist das Haus Nr. 56. Es stammt aus dem Jahr 1902 und gehört zu den frühesten Bauten in dieser Gegend; außerdem sehenswert ist die Häuserzeile von Nr. 39 bis 45, die durch ungewöhnlich breite Vorderfronten und einen stattlichen Eingangsbereich im chinesischen Stil auffällt. Die Häuser Nr. 120 bis 130 sind vom Art-déco-Stil geprägt und stammten aus dem Jahr 1925.

In Emerald Hill am Ende der Orchard Road befinden sich dicht gedrängt einige Bars in renovierten *shophouses* im Peranakan-Stil (s. Kasten S. 87); dort auszugehen ist superschick und hipp.

ISTANA   PALAST

Karte S. 228 (www.istana.gov.sg; MDhoby Ghaut) Als Sitz des Präsidenten von Singapur wurde das Istana zwischen 1867 und 1869 als Government House unter britischer Regentschaft erbaut: ein neoklassizistischer Prachtbau mit strahlend weißer Front auf einem 16 ha großen Grundstück. Fünf Mal pro Jahr findet ein Tag der offenen Tür statt: Am Tag der Arbeit (1. Mai), am Nationalfeiertag (7. August), zu Neujahr nach chinesischem Kalender (Januar bzw. Februar), an den Feiertagen Diwali (Oktober bzw. November) und Hari Raya Puasa (bzw. Eid-ul Fitr, dem letzten Tag des Ramadan; die Termine variieren von Jahr zu Jahr). Nur an diesen Tagen haben Besucher die Möglichkeit, auf dem Gelände des 9-Loch-Golfplatzes spazierenzugehen bzw. die wunderschönen Gartenterrassen zu genießen und zwischendurch einen Blick in die Empfangsräume zu werfen. Normalerweise kommt man nicht näher an den Palast heran als bis zu den gut bewachten Toren an der Orchard Road.

FREE CATHAY GALLERY   MUSEUM

Karte S. 228 (www.thecathaygallery.com.sg; 2. Stock, 2–16 The Cathay, 2 Handy Rd.; Mo–Sa 11–19 Uhr; MDhoby Ghaut) Filmfreaks werden beim Besuch des Kinomuseums völlig ausflippen. Es befindet sich im ersten Wolkenkratzer Singapurs. Die Exponate geben Einblicke in die Erfolgsstory der Familie Loke, die als frühe Pioniere das Filmbusiness in Singapur und Malaysia gestalteten und die Cathay Organisation gründeten. Zu sehen sind außerdem alte Filmplakate, Kameras und Programme, die das Goldene Zeitalter der singapurischen Kinowelt dokumentieren.

TAN YEOK NEE HOUSE   ARCHITEKTUR

Karte S. 228 (101 Penang Rd.; MDhoby Ghaut) Nahe der Orchard Road, Ecke Penang Road, wurde 1885 das Tan Yeok Nee House als Stadthaus eines reichen Kaufmanns erbaut. Es ist das einzige in Singapur erhaltene Beispiel eines traditionellen chinesischen Herrenhauses. Heute gehört es zum asiatischen Campus der University of Chicago Graduate School of Business, die schöne Dachverzierung kann man außen immer noch bewundern.

NGEE ANN FOOT FOOT REFLEXOLOGY   MASSAGE

Karte S. 228 (6235 5538; 4. Stock, Midpoint Orchard, 220 Orchard Rd.; 11–21 Uhr; MSomerset) Dieses kleine, freundliche und erfrischend unprätentiöse Massagestudio gibt es schon seit über 15 Jahren. Hier werden Fuß-, Kopf- und Ganzkörpermassagen von sehbehinderten Masseurinnen angeboten. Wer allerdings nur in Luxusspas verkehrt, ist hier eher fehl am Platz. Alle, die einfach nur gut und günstig massiert werden wollen, können das hier ab 30 $ bekommen.

ESSEN

KILLINEY KOPITIAM   CAFÉ $

Karte S. 228 (67 Killiney Rd.; Hauptgerichte 4–6 $; Mo & Mi–Sa 6–23, Di & So 6–21 Uhr; MSomerset) Dieses originelle Café verströmt authentisches Flair, und genau das hat eine Reihe von Nachahmern auf den Plan gerufen und ein ganzes Franchising-Imperium geschaffen. Das Killiney ist hingegen immer noch *der* In-Treff par excellence, wo es ein echtes singapurisches Frühstück mit Toastbrot, weich gekochten

FOOD COURTS

Wer sich in den Einkaufszentren der Orchard Road bis ins Untergeschoss durchgewühlt hat, findet dort meist einen Food Court, d. h. einen Gastronomiebereich mit einer Vielfalt an Ständen, Theken und offenen Küchen, die frisch zubereitete und günstige Gerichte aus aller Welt servieren. Die besten Food Courts sind folgende:

Food Republic (Karte S. 228; Level 4, Wisma Atria, 435 Orchard Rd.; ◐10–22.30 Uhr; MOrchard) Nun gut, dieser Food Court befindet sich zwar nicht im Untergeschoss, doch gerade das ist ein Grund, warum er zu den wenigen gehört, die auch ein bisschen Ausblick bieten. Im Food Republic stehen traditionelle Straßenhändlergerichte zur Auswahl, darunter thailändische, indische und japanische Spezialitäten. Zuerst gilt es inmitten des Menschenandrangs einen Sitzplatz zu ergattern, dann heißt es Schlange stehen. Kellnerinnen schieben ihren Getränkewagen vor sich her oder bieten Dim Sum, kleine Appetithäppchen, an.

Takashimaya Food Village (Karte S. 228; B2 Takashimaya, Ngee Ann City, 391 Orchard Rd.; ◐10–21.30 Uhr; MOrchard) Ein verrücktes, aber schrecklich leckeres Durcheinander an Imbissständen, an denen japanische Pancakes, *bibimbap* (ein koreanisches Reisgericht), Eiscreme sowie süße Schaumrollen und allerlei andere Leckereien verkauft werden.

Eiern und starkem Kaffee gibt. Wer etwas später eintrudelt, kann verschiedene Varianten von Chicken Curry probieren sowie Laksa oder *nasi lemak* (Kokosnussreis, getrocknete und scharf gewürzte Sardellen im Bananenblatt). Zum Dessert gibt's drei verschiedene Varianten süßer Teigtaschen.

WASABI TEI
JAPANISCH $$

Karte S. 228 (05–70 Far East Plaza, 14 Scotts Rd.; Gerichte 5–15 $; ◐Mo–Fr 12–15 & 17.30–21.30, Sa 12–16.30 & 17.30–21.30 Uhr; MOrchard) Die kleine Sushi-Bar ist allseits so beliebt, dass sich das lange Anstehen in der Schlange wirklich lohnt. Zwar ist der Küchenchef ein Chinese, doch er weiß, wie man rohen Fisch schnippelt. Aufgepasst: Besser ist es, immer genau zu wissen, was man will, denn was einmal bestellt ist, kommt auch so auf den Tisch. Nachträgliche Änderungen sind nicht möglich.

IGGY'S
INTERNATIONAL $$$

Karte S. 228 (✆6732 2234; www.iggys.com.sg; Level 3, Hilton International, 581 Orchard Rd.; Mittagessen 85 $, Abendessen 250 $; ◐Mo–Fr 12–13.30 & 19–21.30, Sa 19–21.30 Uhr; MOrchard) Was heute als bestes Restaurant Singapurs gilt, war lange Zeit im Regent Hotel untergebracht, bevor es einen neuen Platz im Hilton gefunden hat. Das Setting hier ist schicker und das Essen so unglaublich gut, wie es immer schon war: Alles, was japanische und europäische Gaumen erfreut, ist hier in schmackhaften Kompositionen vereint und kann im Rahmen von acht Gängen (!) an einem Abend goutiert werden. Die Weinkarte ist so beeindruckend wie umfangreich.

SALT GRILL
INTERNATIONAL $$$

Karte S. 228 (✆6592 5118; www.saltgrill.com; 55–01 & 56–01 ION Orchard, 2 Orchard Rd.; Gerichte ab 40 $; ◐11.30–14 & 18–22 Uhr; MOrchard) Das Grillrestaurant gehört dem australischen Koch Luke Mangan. Salt verbindet australische Gastfreundschaft mit der Qualität westlicher Kochkünste, die jedoch von asiatischen Zutaten leben. Serviert werden die Köstlichkeiten im 56. Stock eines Wolkenkratzers mit fabelhaften Ausblicken über die Stadt. Wer nicht zum Essen hierher kommt, kann im Barbereich sitzen.

DIN TAI FUNG
CHINESISCH $

Karte S. 228 (B1–03 Paragon, 290 Orchard Rd.; Dim Sum ab 3,50 $, Nudeln ab 5,50 $; ◐11–22 Uhr; MOrchard) Inzwischen gibt es mehrere Din-Tai-Fung-Filialen quer über die Insel verteilt (einschließlich einer weiteren in der Orchard Road, im Somerset 313). Die traditionelle taiwanesische Restaurantkette war die erste, die in Singapur Fuß fasste. Ihr Schwerpunkt liegt auf Teigtaschen und Dim Sum. Die Qualität der Gerichte ist einfach spitze: Zubereitet werden diese von einem ganzen Köche-Team vor den Augen der Gäste, die durch eine große Glasscheibe bei der Zubereitung in der Küche zuschauen können. Zu den Highlights zählen die

Suppenbrühe mit Schweinefleisch- und Garnelenteigtaschen sowie die saftigen *xiao long bao* (gegarte Schweinefleischteigtaschen). Jasmintee gibt's gratis dazu.

CHATTERBOX (TOP OF THE M) CHINESISCH $$

Karte S. 228 ($\mathcal{J}$6831 6291; Level 38, Orchard Wing, Mandarin Singapore; Gerichte ab 20 $; Mo-Sa 5-24 Uhr; MSomerset) Das eigentliche Restaurant namens Chatterbox befindet sich im 5. Stock des Gebäudes – doch es ist viel spannender, ganz oben im Barbereich zu speisen, auch bekannt als „Top of the M", denn von dort genießt man einen großartigen Blick über die Stadt. Die Speisekarte ist die gleiche: Berühmt ist vor allem Hühnchen mit Reis – auf dem Weg zum 38. Stock verliert es wirklich nichts von seinem fantastischen Aroma.

BOMBAY WOODLANDS RESTAURANT INDISCH & VEGETARISCH $$

Karte S. 228 (B1-01/02 Tanglin Shopping Centre, 19 Tanglin Rd.; Gerichte ab 9 $; Mo-Fr 10-15 & 18-22, Sa & So 10-22 Uhr; MOrchard) Der Inder im Tanglin Shopping Centre liegt etwas versteckt im Souterrain. Normalerweise würde man am Bombay Woodlands vorbeigehen, ohne einen Blick darauf zu werfen. Das wäre aber schade, denn das Essen schmeckt prima und ist für diesen Teil der Stadt sehr günstig. Mittags gibt es ein warmes Büfett oder auch Essen à la carte, darunter Delikatessen wie *idly* (schwabbelige, runde, locker-flockige Reiskuchen) oder *dosa* (hauchdünne Crêpes mit Linsenmehl), dazu ein kühles *lassi* (flüssiger, eisgekühlter Joghurt).

GORDON GRILL INTERNATIONAL $$$

Karte S. 228 ($\mathcal{J}$6730 1744; Goodwood Park Hotel, 22 Scotts Road; Gerichte ab 40 $; 12-14.30 & 19-21.45 Uhr; MOrchard) Eine Oase der Alten Welt inmitten der ultramodernen Orchard Road – so könnte man den Military Club mit seinem nostalgischen Flair und den „Familienporträts" bezeichnen. Berühmt ist das Gordon Grill im Goodwood Park Hotel, einem Prachtbau aus der Kolonialzeit, vor allen Dingen für seine Steaks – denn diese sind eher ein Erlebnis als eine bloße Mahlzeit. So gut wie hier schmeckt japanisches Wagyu-Rindfleisch nirgendwo sonst. Bestellt wird nach Gewicht.

CANTEEN INTERNATIONAL $$

Karte S. 228 (01-01 Shaw Centre, 1 Scotts Road; Gerichte 6-12 $; MSomerset) Gepflegtes Café mit einer guten Auswahl an westlichen und asiatischen Gerichten. Wer einmal keine Lust auf Laksa oder *mee siam* (süßsaure Reisnudeln) hat, bekommt auch Würstchen mit Kartoffelbrei.

SUN WITH MOON JAPANISCH $$

Karte S. 228 ($\mathcal{J}$6733 6636; 03-15 Wheelock Place, 501 Orchard Road; Gerichte ab 15 $; So-Do 11.30-23, Fr & Sa 11.30-24 Uhr; MOrchard) Man schnappe sich am besten einen Fensterplatz mit Blick auf den grünen Teil des Paterson Hill; in der gemütlichen Ecke schmeckt *kamameshi* (Reisgericht in gusseisernem Topf) gleich noch einen Tick besser. Hinterher gibt's Tofu-Käsekuchen, der als Gag in einem Vogelkäfig serviert wird. Japanische Hängelampen und Flauschteppiche tragen zu dem fernöstlichen Flair des sehr angenehmen Lokals bei.

CRYSTAL JADE LA MIAN XIAO LONG BAO CHINESISCH $

Karte S. 228 (04-07 Ngee Ann City, Takashimaya Shopping Centre; 391 Orchard Road; Teigtaschen ab 3,50 $, Nudeln ab 7 $; 11.30-21.45 Uhr; MSomerset) Das Lanzhou-Gericht *la mian* (ausgezogene Nudeln) und das Shanghai-Gericht *xiao long bao* sind die Spezialitäten dieser Filiale der beliebten Crystal-Jade-Kette. Daneben gibt es eine große Auswahl an Dim Sum.

ORIOLE CAFE & BAR CAFÉ

Karte S. 228 (01-01 Pan Pacific Serviced Suites, 96 Somerset Road; Gerichte 10-18 $; MSomerset) Oriole versteht sich als modernes Bistro, was sich in einer vielfältigen Speisekarte bemerkbar macht: Der Besucher hat die Qual der Wahl! Lieber die Tagliatelle mit Rinderfiletspitzen, echt britische Fish & Chips oder ein Philly-Steak mit Käse nehmen? Das Personal weiß genau, wie der beste Espresso aus der beeindruckenden La-Marzocco-Maschine zu holen ist.

AUSGEHEN & NACHTLEBEN

Shoppen ist Schwerstarbeit und macht so richtig durstig. Wie gut, dass es in und nahe der Orchard Road viele Orte zum „Auftanken" gibt. Das Bier fließt hier nicht gerade zum Schnäppchenpreis (bis auf eine nennenswerte Ausnahme), doch es gibt jede Menge lässiger

Cafés und schicker Cocktailbars zum Entspannen. Günstiges Bier lässt sich in den vielen Food-Courts der Einkaufszentren entlang der Orchard Road ergattern.

DUBLINERS IRISH PUB
Karte S. 228 (165 Penang Rd.; ⊙So–Do 11.30–1, Fr & Sa 11.30–2 Uhr; MSomerset) In einem ruhigeren Abschnitt der Orchard Road befindet sich eines der wohl verlockendsten Irish Pubs in Singapur, das Dubliners. Dort gibt es die bekannte klassische Auswahl an Bieren (ab 12 $), irische Starkbiere wie Guinness inklusive. Aber auch die Speisekarte ist der Hit, denn sie bietet üppige Portionen zu vernünftigen Preisen ab 6,50 $ pro Gericht. Die Veranda lädt in lauen Nächten zum Verweilen ein und der Service ist spitze!

KPO BAR
Karte S. 228 (1 Killiney Rd.; ⊙ Mo–Do 15–1, Fr & Sa 15–2, So 15–22 Uhr; MSomerset) Das schrulligste Setting unter allen Lokalen in Singapur hat mit Abstand das KPO: Es ist als einzige Kneipe in der Stadt kombiniert mit einem Postamt. Tagsüber werden hier Briefmarken verkauft, am Abend Cocktails gemixt! Die Abkürzung KPO verweist auf den Umstand, dass sich die Kneipe an der Kreuzung von drei Straßen befindet: Killiney Road, Penang Road und Orchard Road. Das Lokal in dem ehemaligen Postgebäude, dessen Innenräume das Ergebnis einer gelungenen Modernisierung sind, hat einen hippen Touch, nicht zuletzt wegen der

> **GEHEIMTIPP**

DURIAN: DIE KÖNIGIN DER (STINKENDEN) FRÜCHTE

Durians haben in Singapur einen schlechten Ruf. Im öffentlichen Nahverkehr – insbesondere in der Metro – sind sie schlicht verboten. Nur ein paar Hotels erlauben es, mit besagter Frucht das Foyer zu betreten, und in jedem gepflegten Einkaufszentrum herrscht eine strikte „Anti-Durian-Policy". Warum ist das so? Ganz einfach: Die Durians stinken. Sie stinken sogar, bevor die herrlich stachelige Schalenhülle entfernt wurde. Ist sie aber erst einmal geöffnet: Himmel hilf! Und doch ist die Durian immer noch in ganz Südostasien als die Königin der Früchte bekannt (insbesondere weil sie so riesig und mit kronenartigen Dornen besetzt ist) und ganz viele Singapurer lieben diese Frucht. Deshalb sollte sie jeder wenigstens einmal probiert haben, bevor er den Inselstaat verlässt. Über den Geschmack lässt sich streiten. Fans behaupten, das Aroma des weichen, schwammartigen Fruchtfleisches erinnere an Senf mit einem Hauch von bitteren Mandeln, sei also essbar. Andere wiederum sind weniger gnädig in ihrer Beurteilung.

Eine Durian sachgemäß zu verspeisen bzw. zu entsorgen erweist sich als reichlich kompliziert. Am besten eignet sich hierfür eine überdimensional große Papiertüte, in der alle Abfälle Platz haben. Wer den Gestank nicht von den Händen wischen kann, taucht seine Finger am besten in ein Glas Coca Cola – das soll ziemlich effektiv sein!

Durians kann man auf Märkten oder an Straßenständen rund um Singapur kaufen. Wer jedoch einen Ort sucht, an dem man diese Teile auch wirklich essen kann, ist mit einem Abstecher zu **Durian Culture** (www.durianculture.com; 23 Teck Chye Terrace; ⊙11–22.30 Uhr; MAng Mo Kio, dann 🚌24) gut beraten. Dort gibt der Geschäftsinhaber Koh Chang Heng – ein absoluter Meister in Qualitätsfragen – gerne Auskunft, welche Durian reif für den Verzehr ist und wie man sie richtig isst – und das auf einen Blick! Bei ihm liegen immer fünf bis sechs unterschiedlich reife Durians aus sowie eine bunte Vielfalt anderer tropischer Früchte. Dazu gibt's den Saft einer ganzen Kokosnuss zum Runterspülen.

Der Bus 24 verkehrt ab der MRT-Station Ang Mo Kio. Beim Serangoon-Stadion aussteigen und schnurstracks die Upper Serangoon Road entlang gehen. Danach links abbiegen: Linker Hand befindet sich die Teck Chye Terrace, ein bisschen abseits der Hauptstraße. Alternativ ist auch ein ca. 1 km langer Fußmarsch von der MRT-Station Serangoon möglich, und zwar nordöstlich entlang der Upper Serangoon Road, die allerdings sehr verkehrsreich ist.

AUSGEHEN IN DER EMERALD HILL ROAD

Die Emerald Hill Road ist zweifelsohne eine der besten Gegenden für eine Kneipentour rund um die Orchard Road – eine friedliche Wohngegend mit einer ganzen Reihe von Bars und Cafés, die in schöner Dichte in den wunderbar renovierten, 100 Jahre alten *shophouses* im Peranankan-Stil Platz gefunden haben.

Que Pasa (Karte S. 228; 7 Emerald Hill Rd.; ◷So–Do 18–2, Fr & Sa 18–3 Uhr; MSomerset) Eine überaus angenehme Wein- und Tapas-Bar mit einem überzeugend authentischen, sprich etwas abgewetzten Interieur, das an eine echt spanische Kneipe erinnert – mit Ausnahme der gut funktionierenden Klimaanlage, die für eisige Raumtemperatur sorgt (warme Jacke nicht vergessen!). Wem es drinnen zu kalt ist, der kann auch draußen sitzen. Die Weinkarte ist beeindruckend und – wie in allen anderen Bars in dieser Gegend – völlig übertreuert. Der günstigste Preis für ein Glas Wein liegt bei 14 $. Die Tapas (6–16 $) haben durch die Bank ausgezeichnete Qualität. Unbedingt probieren sollte man die Pilze und die scharf gewürzten Chorizos. Wie in allen Bars in dieser Ausgehmeile beginnen die Bierpreise hier bei 12 $.

No 5 (Karte S. 228; 5 Emerald Hill Rd.; ◷So–Do 12–2, Fr & Sa 12–3 Uhr; MSomerset) Die Kneipe gibt es schon seit über 20 Jahren und sie ist nach wie vor ein toller Ausgehtipp, insbesondere wenn man draußen auf der Terrasse einen Platz ergattert. Ob Kaffee, Single-Malt-Whiskeys oder Bistrosnacks – hier schmeckt alles!

Alley Bar (Karte S. 228; 2 Emerald Hill Rd.; ◷So–Do 17–2, Fr & Sa 17–3 Uhr; MSomerset) Blickfang der Alley Bar ist der große vergoldete Spiegel, der ganz hinten im Raum hängt, während das Dekor dem Namen gerecht wird: Der Innenraum wirkt mit Schaufensterimitationen, Parkuhren und Verkehrsschildern wie eine Straße.

Ice Cold Beer (Karte S. 228; 9 Emerald Hill Rd.; ◷So–Do 18–2, Fr & Sa 18–3 Uhr; MSomerset) Lautes Gegröle und Sauforgien gehören zum Standardprogramm dieser Absackerkneipe am oberen Ende der Ausgehmeile Emerald Hill Road. Hier gibt es eine riesige Auswahl an gut gekühlten Bieren aus aller Welt und dazu vibrierende Rockmusik. Wie die anderen Kneipen auch befindet sie sich in einem historischen Peranakan-*shophouse*, allerdings ist nur die Fassade aus dieser Zeit erhalten.

Dachterrasse mit Blick auf einen Park und der guten Auswahl an Single-Malt-Whiskeys aus eigener Herstellung. Außerdem gibt es gute Bistroküche, deren Preise allerdings genauso hoch sind wie die für das Bier, also nicht günstig (Gerichte ab 13 $).

CURIOUS TEEPEE CAFÉ
Karte S. 228 (02-24 Scape, 2 Orchard Link; ◷So–Do 12–21, Fr & Sa 12–24 Uhr; MOrchard) Halb Café, halb Geschenkeladen: Im Curious Teepee gibt es flippigen Schnickschnack, sehr guten Kaffee und ein paar Biersorten (ab 11 $). Drinnen findet man Bücherregale zum Stöbern, draußen auf der Terrasse bei einem Drink blickt man auf die waghalsige Akrobatik junger Skater im Scape Skate Park – lebensgefährlich!

CUSCADEN PATIO BAR
Karte S. 228 (B1-11 Ming Arcade, 21 Cuscaden Rd.; ◷So–Do 15–1, Fr & Sa 15–3 Uhr; MOrchard) Diese heruntergekommene Souterrain-Bar mit kleinem Innenhof unter freiem Himmel hätte bestimmt nichts Besonderes an sich, wären da nicht das superfreundliche Personal und supergünstige Getränke, weshalb sie sich ebenso hoher Beliebtheit erfreut wie alle anderen Kneipen in der Orchard Road. 50 % Rabatt auf ein Bier heißt im Klartext: Für nur fünf Dollar kann man eine ganze Flasche Lagerbier hinunterschütten, vorausgesetzt man tut dies vor 22 Uhr. Ein echtes Schnäppchen! Dazu schmecken die Chicken Wings einfach fantastisch.

TWG TEA CAFÉ
Karte S. 228 (www.twgtea.com; 02-21 ION Orchard, 2 Orchard Rd.; ◷10–22 Uhr; MOrchard) Echte Teekenner kommen hier ins Schwärmen: Das TWG hat über 450 Teesorten aus aller Welt auf Lager. Die Besucher haben die Wahl, sich entweder gleich vor Ort eine Kanne Tee zu gönnen – vielleicht mit Scones dazu? – oder ein Päckchen für zu Hause mitzunehmen.

TOP OF THE M · BAR
Karte S. 228 (Level 38 Orchard Wing, Mandarin Singapore; ⊙Mo-Sa 5-24 Uhr; MSomerset) Ideal zum Cocktailschlürfen (ab 18 $) oder auf ein schnelles Bier (ab 15 $) mit Aussicht: Im Hotel Mandarin auf 137 m Höhe dreht sich die Bar langsam um die eigene Achse. Das Essen kann man sich vom Restaurant Chatterbox im 5. Stock bestellen und heraufbringen lassen. Die Qualität ist ausgezeichnet.

TAB · LIVEMUSIK
Karte S. 228 (www.tab.com.sg; 02-29 Orchard Hotel, 442 Orchard Rd.; ⊙So-Do 17-1, Fr & Sa 17-3 Uhr; MOrchard) Ob eigene Stücke oder Cover-Versionen: Im Tab haben einheimische Bands die Möglichkeit, sich live auf der Musikbühne zu präsentieren. Außerdem treten gelegentlich ausländische Stars auf. Normalerweise finden pro Abend zwei Auftritte statt. Die erste Vorstellung beginnt um ca. 20 Uhr, die zweite gegen 22 Uhr. Allerdings legt meist ein DJ auf, Live-Bands spielen weniger oft und sonntags gar nicht. Der Eintritt ist meist frei. Manchmal ist eine Pauschale fällig (20 $) – darin enthalten sind ein oder zwei Getränke.

SHOPPEN

ION ORCHARD · EINKAUFSZENTRUM
Karte S. 228 (www.ionorchard.com; 430 Orchard Rd.; ⊙10-22 Uhr; MOrchard) Der neue Anziehungspunkt in der Orchard Road ist das futuristische ION, dessen Fassade ein beliebtes Fotomotiv abgibt – denn zweifelsohne ist es eines der attraktivsten Einkaufszentren Singapurs, nicht nur der Architektur wegen, sondern auch aufgrund seines Innenlebens. Die Aufteilung der Etagen ist gut konzipiert, das Haus erhebt sich direkt über der Metrostation Orchard und es ist immer sehr belebt, aber nie überfüllt. In den Shops findet man eine Reihe von Spitzenmarken sowie erschwinglichere Modelabels und jede Menge Gaumenfreuden, nicht zu vergessen das riesige Angebot an Schmuck- und Uhrenläden. In dem 56-stöckigen Wolkenkratzer nebenan, dem **ION Sky** (Ticketschalter auf Ebene 4; Kind/Erw. 8/16 $; ⊙10-12 & 14-20 Uhr) befindet sich ganz oben eine Galerie mit Rundumblick. Das Restaurant Salt Grill bietet eine ausgezeichnete Küche – ideal für ein feines Essen.

TANGLIN SHOPPING CENTRE · EINKAUFSZENTRUM
Karte S. 228 (www.tanglinsc.com; 19 Tanglin Rd.; ⊙9.30-21 Uhr; MOrchard) Das gibt's nur hier in der Orchard Road: Dieses Einkaufszentrum hat sich auf asiatische Kunst spezialisiert und ist *der* Ort schlechthin für den Kauf von Teppichen, Schnitzarbeiten, exotischen Wohnaccessoires, Schmuck, Gemälde, Möbel und ähnlichem. Nicht weniger faszinierend ist **Antiques of the Orient** (www.aoto.com.sg; 02-40 Tanglin Shopping Centre; ⊙10-18 Uhr), ein bekannter Antiquitätenladen mit einem Angebot an wunderbaren alten Büchern, Fotografien und historischen Landkarten, auf denen ganz Asien im Detail dargestellt ist. Eine weitere Bücheroase ist **Select Books** (03-15 Tanglin Shopping Centre; ⊙Mo-Sa 9-18.30, So 10-16 Uhr) mit dem Schwerpunkt auf Werken aus dem asiatischen Raum. Nicht vergessen sollte man natürlich auch die Vielfalt an guten Einkehrmöglichkeiten mit echt asiatischem Flair.

313 SOMERSET · EINKAUFSZENTRUM
Karte S. 228 (www.313somerset.com.sg; 313 Orchard Rd.; ⊙10-22 Uhr; MSomerset) Das neue und überaus beliebte Somerset 313 erfreut sich bester Lage über der gleichnamigen MRT-Station. Es zeichnet sich aus durch einen coolen Mix an Modeboutiquen wie etwa **Zara**, Musikläden, Restaurants, Cafés und dem stets gut besuchten Apple-Shop, **EpiCentre**.

NGEE ANN CITY · EINKAUFSZENTRUM
Karte S. 228 (www.ngeeanncity.com.sg; 391 Orchard Rd.; ⊙10-21.30 Uhr; MOrchard) In dem gewaltigen Einkaufskomplex Ngee Ann City könnte man ganze Tage im Konsumrausch zubringen. Nun ja, nicht ganz vielleicht, doch auf diesen sieben Etagen entfaltet sich eine Sogwirkung, die zum Frustkauf verführt – denn die äußere Hülle ist leider wenig ansprechend: ein Gebäude aus Granitstein, unterbrochen von bräunlichem Marmor. Drinnen allerdings wirken die Designerläden mit Luxusmarken durchaus modern und wissen sich neben dem **Kinokuniya** (dem zweitgrößtem Buchladen Südostasiens) und dem japanischen Kaufhaus **Takashimaya** in Szene zu setzen. Letzteres beherbergt das Takashimaya Food Village, einen der besten Food Courts der Orchard Road. Deshalb heißt das Einkaufszentrum bei den Einheimischen auch einfach nur „Taka".

WISMA ATRIA
EINKAUFSZENTRUM

Karte S. 228 (www.wismaonline.com; 435 Orchard Rd.; 10–22 Uhr; MOrchard) Fünf Etagen mit Mode, Mode, Mode und dazu noch das große japanisches Kaufhaus **Isetan** sowie ausgezeichnete Möglichkeiten, gut zu essen, etwa bei **Food Republic** und in einer Filiale von **Din Tai Fung**. Eine unterirdische Passage für zum ION Orchard bzw. zur Metrostation Orchard.

SCAPE
EINKAUFSZENTRUM, SKATEPARK

Karte S. 228 (www.scape.com.sg; 2 Orchard Link; 10–22 Uhr; MSomerset) Das Einkaufszentrum am Skateerpark ist bei Teens überaus beliebt. Das Scape ist eher ein Freizeittreff für Jugendliche als ein traditioneller Konsumtempel; zu dem Vielerlei an Angeboten gehören eine Reihe von Geschäften mit Skaterklamotten, Spielautomaten und coole Cafés wie das Curious Teepee sowie Tanzstudios, Musik- und Kunstgalerien. Der **Skate Park** hingegen – ein 3000 m² großes, weitläufiges Betonareal – ist ein Magnet für Kids, die sich beim Skaten gern ausgiebig austoben.

PLAZA SINGAPURA
EINKAUFSZENTRUM

Karte S. 228 (www.plazasingapura.com.sg; 68 Orchard Rd.; 10–22 Uhr; MDhoby Ghaut) Gleichermaßen beliebt und weitläufig – das Plaza Singapura war einmal Singapurs Prototyp eines mehrstöckigen Einkaufszentrums. Hier tummeln sich Teenager, die ins Kino gehen oder sich ihre Zeit mit Spielen in den Arkaden vertreiben, während Eltern im Carrefour-Supermarkt einkaufen gehen. Die gastronomische Vielfalt ist sagenhaft!

WHEELOCK PLACE
EINKAUFSZENTRUM

Karte S. 228 (501 Orchard Rd.; 10–22 Uhr; MOrchard) Das noble Einkaufszentrum mit kegelförmiger Kuppel beherbergt bekannte Marken wie **Nike** und **Birkenstock**. Das Gebäude ist mit ION Orchard und der Metrostation durch eine unterirdische Passage verbunden.

FAR EAST PLAZA
EINKAUFSZENTRUM

Karte S. 228 (www.fareast-plaza.com; 14 Scotts Rd.; 10–22 Uhr; MOrchard) Nur ein paar hundert Meter von der Orchard Road entfernt befindet sich dieses etwas altmodische Einkaufszentrum mit ungefähr 80 Geschäften. Hier findet man Anzüge, Secondhand-Bücher oder einen Tattooladen – für ein eher linksliberal eingestelltes Publikum.

ORCHARD CENTRAL
EINKAUFSZENTRUM

Karte S. 228 (www.orchardcentral.com.sg; Ecke Orchard & Killiney Roads; 11–23 Uhr; MSomerset) Als eine der neuesten Kreationen in der Orchard Road zieht dieses Einkaufszentrum alle Blicke auf sich. Der Riesenkomplex umfasst zwölf Etagen mit Einzelhandelsgeschäften, einen Dachgarten und viel Kunst im öffentlichen Raum, aber dennoch herrscht hier eine verhältnismäßig ruhige und entspannte Atmosphäre. Die meisten Shopper sind nämlich nebenan im Somerset 313.

MIDPOINT ORCHARD
EINKAUFSZENTRUM

Karte S. 228 (220 Orchard Rd.; 10–21 Uhr; MSomerset) Das Einkaufszentrum ist schon etwas in die Jahre gekommen, es ist aber immer noch der Ort, an dem man seine Kamera ziemlich günstig bekommt und an dem die Fußreflexonenmassagen nicht übertreuert sind. Neben den etwas heruntergekommenen Massagestudios wirkt Ngee Ann Foot Reflexology sehr vertrauenerweckend!

PARAGON
EINKAUFSZENTRUM

Karte S. 228 (www.paragon.com.sg; 290 Orchard Rd.; 10.30–21.30 Uhr; MSomerset) Frech und freaky: Zeitlose Luxusmarken teilen sich das Terrain mit stilvollen Boutiquen, die Spitzenqualität anbieten, darunter Modelabels wie Burberry und Jimmy Choo.

HILTON SHOPPING GALLERY
EINKAUFSZENTRUM

Karte S. 228 (581 Orchard Rd.; 10–19 Uhr; MOrchard) Rolex, Bulgari, Issey Miyake, Paul Smith, Donna Karan – das sagt eigentlich doch schon alles. Die Hilton-Passage gilt als eine der prestigeträchtigsten unter allen noblen Shopping-Adressen der Orchard Road.

TANGLIN MALL
EINKAUFSZENTRUM

Karte S. 228 (www.tanglinmall.com.sg; 163 Tanglin Rd.; 9.30–21 Uhr; MOrchard) Die Tanglin Mall macht kein Hehl daraus, dass sie es auf die Zielgruppe der Expats, also Ausländer, die eine Zeitlang hier leben, und auf Yuppies abgesehen hat. Sie ist klein und gut konzipiert. Hier findet man alles: schicke Modeboutiquen, gemütliche Cafés, exklusive Spielzeugläden und Lifestyle-Stores. Und was noch? Scharenweise Expat-Mütter, die mit ihren Designer-Buggys umherschlendern.

ABSTECHER

AUTHENTISCH SHOPPEN IN KLEINEN LÄDEN

Wer eine Verschnaufpause außerhalb des großen Kommerzes an der Orchard Road einlegen will bzw. auf die altmodische Art einkaufen möchte, sollte sich in Richtung Emerald Hill Road aufmachen, eine entzückende Einkaufstraße mit Flair! Dort gibt es hinreißende Antiquitätenläden wie etwa **One Price Store** (Karte S. 228; 3 Emerald Hill Rd.; 10–16 Uhr).Inhaber ist ein alter Chinese, der ein bisschen Englisch spricht. Das umgebaute *shophouse* im Peranakan-Stil der Jahrhundertwende ist vollgestopft mit Kunst und Antiquitäten, darunter Holzschnitzereien und Schnupftabakdosen aus Porzellan sowie wertvolle Glasgefäße. Alle Waren sind mit Preisschild versehen; die kleineren Objekte kosten nur 7 bzw. 8 $.

HEEREN — EINKAUFSZENTRUM
Karte S. 228 (www.heeren.com.sg; 260 Orchard Rd.; 10–22 Uhr; Somerset) Teenager fühlen sich hier wie im siebten Himmel – es gibt jede Menge Läden mit Skate- und Surf-Wear auf vier Etagen mit renommierten Sportgeschäften und angesagten Mini-Modeboutiquen.

FORUM — EINKAUFSZENTRUM
Karte S. 228 (www.forumtheshoppingmall.com.sg; 583 Orchard Rd.; 10–22 Uhr; Orchard) Im Forum schlagen die Herzen der Kinder sofort höher: Hier gibt es alles für die Kleinen, angefangen mit Spielzeuggeschäften und Läden voller Klamotten, Kitsch und Kokolores bis hin zu einer Handvoll Designerläden.

EXOTIC TATTOO — TATTOOSTUDIO
Karte S. 228 (6834 0558; 04-11 Far East Plaza, 14 Scotts Rd.; Mo–Sa 12–21, So 12–18 Uhr; Orchard) Besucher, die nach einem Tattoostudio mit ganz bestimmter Ausrichtung suchen, sollten diesen Laden einmal kennenlernen. Hier nämlich stammt alles aus der Meisterhand von Sumithra Debi. Sie gehört zu den wenigen Tattookünstlerinnen in Singapur. Sumithra ist die Urenkelin von Johnny Two-Thumbs, einem der wohl legendärsten Tattokünstler in Singapur. Es gibt zwar ein weiteres gleichnamiges Studio an der Plaza, Exotic Tattoo ist aber der rechtmäßige „Erbe" der Two-Thumbs-Ahnenreihe. Neben den Kunstwerken aus Tinte werden zusätzlich noch Piercings fabriziert.

Der Osten von Singapur

GEYLANG | KATONG | EAST COAST PARK | CHANGI | PASIR RIS

Highlights

❶ Auf eigene Faust den lukullischen Genüssen rund um **Katong/Joo Chiat** (S. 97) frönen, wo es jede Menge zu entdecken gibt.

❷ Die reiche Peranakan-Kultur entdecken, sei es im **Katong Antique House** (S. 93) oder bei **Rumah Bebe** (S. 103).

❸ Abends auf ein *bee hoon* und zum Leute beobachten ins **Sin Huat Eating House** (S. 96) in Geylang.

❹ Im **Changi Prison Museum & Chapel** (S. 95) etwas über die Kriegserfahrungen Singapurs unter dem Joch der Japaner während des Zweiten Weltkriegs erfahren.

❺ Radeln oder Rollerbladen durch den **East Coast Park** (S. 100) und danach im **East Coast Lagoon Food Village** (S. 100) Strandatmosphäre genießen und zu einem Abendessen oder auf einen Absacker mit Tiger-Bier einkehren.

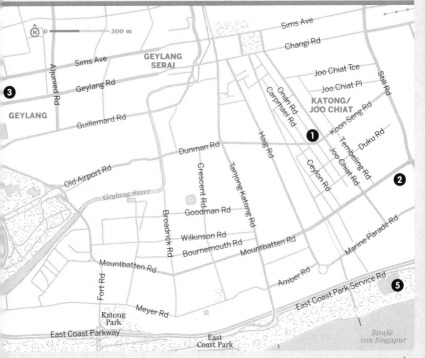

Details siehe Karte S. 230 und 238 ➡

Top-Tipp

Die Crux mit dem Schlemmerparadies von Katong und Geylang ist, dass sich die Gastronomielandschaft schnell verändert. Die tollsten und neuesten Adressen fischt man sich am besten aus den einschlägigen Blogs.

Die schönsten Attraktionen

➜ Changi Prison Museum & Chapel (S. 95)
➜ Katong Antique House (S. 93)
➜ Sri Senpaga Vinayagar Temple (S. 93)

Mehr Details siehe S. 93 ➜

Gut essen

➜ Guan Hoe Soon (S. 98)
➜ Sin Huat Eating House (S. 96)
➜ Maeda (S. 98)
➜ Saveur (S. 97)
➜ Chin Mee Chin Confectionery (S. 97)

Mehr Details siehe S. 96 ➜

Nett ausgehen

➜ Sunset Bay Garden Beach Bar (S. 100)
➜ Cider Pit (S. 100)

Mehr Details siehe S. 100 ➜

Den Osten von Singapur erkunden

Obwohl sie einen großen Teil der Insel einnehmen, ziehen die östlichen Viertel sehr viel weniger Aufmerksamkeit auf sich als das Stadtzentrum. Das ist schade, denn während Chinatown Gefahr läuft, musealen Staub anzusetzen, sind die östlichen Stadtviertel dynamisch und lebendig. In nächster Nähe zur City befindet sich der Geylang District, der als Rotlichtviertel berüchtigt ist, zugleich aber jede Menge Tempel und Moscheen birgt. Auch Esslokale sind überaus beeindruckend.

Weiter östlich liegt Katong (auch bekannt als Joo Chiat), ein malerisches Stadtviertel mit schön sanierten bunten *shophouses*. An Katong grenzt der East Coast Park an. Die gut befestigten Flanierwege am Wasser bieten jede Menge Platz für Skater und Radfahrer.

Eine Besichtigung von Changi und Pasir Ris am östlichsten Rand der Innenstadt ist lohnend. Hier lädt das Changi Prison Museum ebenso zu einem Besuch ein wie die Freizeitresorts und Themenparks für Kinder.

Tipps der Einheimischen

➜ **Essen vom Feinsten** Katong kann mit Fug und Recht von sich behaupten, das kulinarische Schlaraffenland Singapurs zu sein. Hier gibt es wirklich alles, angefangen von Peranakan-Spezialitäten über *laksa* bis hin zu französischer Bistroküche in Cafés.

➜ **Sehen und gesehen werden** Einheimische strömen scharenweise nach Geylang, weil dort nicht nur die Gaumenfreuden am größten sind; ebenso viele kommen, um die Prostituierten anzustarren.

➜ **East Coast Park** Singapurer kommen sehr gerne hierher, um zu grillen, zu campen, zu radeln, Wassersport zu treiben oder gut zu essen.

An- & Weiterreise

➜ **MRT** Die MRT-Verbindungen Richtung Osten sind noch ausbaufähig. Aljunied ist die Metrostation, die Geylang am nächsten liegt. Ab Paya Lebar und Eunos fahren die Züge Richtung Norden bis nach Joo Chiat. Pasir Ris hat seinen eigenen Bahnhof. Ansonsten sind Busverbindungen die bessere Alternative.

➜ **Bus** Die Buslinien 33 und 16 fahren quer durch Geylang bis ins Zentrum von Joo Chiat; die Linie 14 fährt von der Orchard Road bis zur East Coast Road. Die Busse 12 und 32 verkehren von der North Bridge Road bis zur East Coast Road. Linie 2 ab MRT-Station Tanah Merah fährt nach Changi Village.

➜ **Taxi** Einfach heranwinken: Taxis sind das beste Transportmittel für eine Fahrt zum East Coast Park.

SEHENSWERTES

Geylang

AMITABHA BUDDHIST CENTRE BUDDHISTISCHES ZENTRUM
(6745 8547; www.fpmtabc.org; 44, Lorong 25A; Di–So 10–18 Uhr; Aljunied) Im siebenstöckigen Tibetan Buddhist Centre gibt es Dharma- und Meditationskurse (auf der Website steht ein Terminplan) sowie Veranstaltungen anlässlich religiöser Feste. Die Meditationshalle oben, mit rotgoldenem Stoff ausgekleidet, ist öffentlich zugänglich und birgt eine Fülle von schönen Statuen und anderen Devotionalien. Abgesehen von Gemeindeaktivitäten betreibt das Zentrum auch einen Laden, in dem religiöse und spirituelle Artikel wie Gebetsfahnen, Spinnräder und andere Gegenstände erhältlich sind, die zum tibetischen Buddhismus gehören.

PU JI SI BUDDHIST RESEARCH CENTRE BUDDHISTISCHES ZENTRUM
(6746 6211; www.pujisi.org.sg; 39, Lorong 12; Aljunied) In diesem fantastischen viergeschossigen Gebäude, das teils Ausbildungs-, teils Andachtsstätte ist, finden Besucher Meditationshallen, buddhistische Bibliotheken mit Büchern und Schriften sowie eine schier unerschöpfliche Quelle der Gelassenheit. Mit dem Aufzug geht's nach oben zum Dachgarten, wo Sitzplätze am Springbrunnen locken. Hier weht der Hauch der Gelassenheit, in dem sich sehr gut über Ewigkeit im Jetzt sinnieren lässt. Auf der anderen Straßenseite befindet sich übrigens ein namenloser Dschungelpark: ein ausgezeichnetes Plätzchen für postmeditative Kontemplation.

Katong/Joo Chiat

KATONG ANTIQUE HOUSE MUSEUM
Karte S. 230 (6345 8544; 208 East Coast Rd.; 10, 12, 14, 32) Teils Laden, teils Museum, ist das Katong Antique House eine Herzensangelegenheit von Peter Wees, der sein ganzes Leben in diesem Viertel verbracht hat. Er stellt Peranakan-Antiquitäten, Artefakte und andere Kunstobjekte aus (bisweilen verkauft er sie auch). Als berühmter Kenner von Geschichte und Kultur der Peranakan versorgt Peter gerne jeden beim Stöbern mit Geschichten. Der Zutritt ist nur nach vorheriger Terminabsprache möglich, auch wenn das Museum gelegentlich der Öffentlichkeit zugänglich ist – am besten einfach probieren.

SRI SENPAGA VINAYAGAR TEMPLE HINDUTEMPEL
Karte S. 230 (19 Ceylon Rd.; 10, 12, 14, 32) Sri Senpaga Vinayagar mit seiner vielschichtigen, aber unprätentiösen Fassade gehört sicher zu den schönsten Hindutempeln Singapurs. Von außen wirkt das Heiligtum eher farblos, doch die Fülle farbenprächtiger, kunstvoller Devotionalien im Innern ist einfach nur verblüffend. Sämtliche Kultgegenstände sind mit beschrifteten Schildern in verschiedenen Sprachen versehen. Der Tempel ist aus mehreren Gründen besuchenswert, auch wenn man eigentlich nicht gerade im Viertel unterwegs ist. Dazu gehört vor allem der *kamalapaatham*, ein speziell behauener Granitstein, der in manchen alten Hindutempeln zu finden ist. Das Dach des Allerheiligsten im Inneren ist mit Gold verkleidet.

PERANAKAN TERRACE HOUSES ARCHITEKTUR
Karte S. 230 (Koon Seng Rd. & Joo Chiat Place; Eunos). Nicht weit von der Joo Chiat Road entfernt stehen auf zwei Straßen verteilt einige der schönsten Peranakan-Reihenhäuser Singapurs. Hier zeigt sich die typische Vorliebe der Peranakan für kunstvolles Design: Ihre Häuser sind verziert mit Drachen, Vögeln und Krebsen aus Stuck und mit glänzend glasierten Kacheln. Die *pintu pagar* (Schwingtüren) an der Hausfront sind ebenfalls ein typisches Merkmal. Sie lassen frische Luft herein und wahren zugleich die Privatsphäre. Nachdem sie in den 1980er-Jahren in einen immer desolateren Zustand geraten waren, verfügte die Regierung eine Sanierungsmaßnahme für Bauten von Bedeutung für das kulturelle Erbe der Stadt. Dabei wurden sie aber letztendlich – so behaupten Kritiker – übertrieben zeitgemäß herausgeputzt. Jedenfalls sehen sie trotz allem überwältigend aus. Bei vielen wurde der Kern aufwendig renoviert und so entstanden moderne hochpreisige Wohnungen, die bis zu 2,5 Mio. US-Dollar wert sein sollen. Weitere Hintergrundinformationen zur Tradition der Peranakan siehe S. 186.

GEYLANG SERAI WET MARKET MARKT

Karte S. 230 (Geylang Serai; MPaya Lebar) Versteckt hinter ein paar älteren Häuserblocks in der Geylang Road befindet sich dieser lebhafte traditionelle südostasiatische Markt, vollgestopft mit Ständen, die Essen, Stoffe und andere Waren verkaufen. In der oberen Etage gibt es einen beliebten Frischmarkt mit malaiischen und indischen Imbissständen. Manche behaupten, sein Fortbestand trotze der allgemeinen Entwicklung: Während die Immobilienpreise hier in die Höhe schießen, geht der Trend dahin, ältere Einkaufsbezirke abzureißen und an ihrer Stelle Disney-artigen Ersatz zu errichten, wie etwa das nahe gelegene (absolut vernachlässigenswerte) Malay Cultural Village. Der Markt ist im Ramadan am lebhaftesten, wenn der ganze Platz angefüllt ist mit abendlichen Marktständen.

In nördlicher Richtung befindet sich ein kleiner Park (neben der hier oberirdisch verlaufenden MRT), in dem man seine Durianfrucht in aller Ruhe und gefahrlos verspeisen kann.

KUAN IM TNG TEMPLE BUDDHISTISCHER TEMPEL

Karte S. 230 (www.kuanimtng.org.sg; Ecke Tembeling Rd. & Joo Chiat Lane; MPaya Lebar) Der wunderschöne buddhistische Tempel, Kuan Yin, der Göttin der Barmherzigkeit geweiht, bildet während des gesamten Jahres die Kulisse für zahlreiche Feste und Feierlichkeiten. Tempelliebhaber werden sich besonders für die verzierten Dachfirste interessieren. Sie sind mit tanzenden Drachen und anderen Symbolen ausgeschmückt, die für die Verehrer von Kuan Yin von Bedeutung sind.

CHURCH OF THE HOLY FAMILY KIRCHE

Karte S. 230 (6 Chapel Rd.; 10, 12, 14, 32) Diese katholische Kirche ist ein einzigartiger Mix aus östlich und westlich geprägter Sakralkunst: Sie besitzt ein grazil geschwungenes Dach und der Bau ist so strahlend weiß, dass es beinahe schon in den Augen schmerzt. Sehenswert ist die Kirche allemal, auch wenn es sich nicht mehr um die Originalkirche handelt (die einstige Kapelle an dieser Stelle wurde im Jahr 1923 erbaut). Die Ordensgründungen liegen noch weiter zurück. Bemerkenswert ist das Buntglasfenster über dem Altar mit einem 16-strahligen Stern.

East Coast Park

EAST COAST PARK PARK

Karte S. 230 Diesen 11 km langen Parkstreifen am Meeresufer besuchen die Singapurer zum Schwimmen, Windsurfen, Kajakfahren, Radfahren, Rollschuhlaufen und natürlich zum Picknick. Der Park ist hervorragend angelegt, sodass die vielen Freizeitangebote nicht die Grünflächen blockieren. In dem engen Streifen finden sich viele Rückzugsgebiete für Vögel, Bereiche mit wildem Buschland, Golf-Übungsplätze, Tennisplätze, ein Resort, mehrere Teiche und eine Lagune, Wassersportclubs, Hawker Center sowie exzellente Bars und Restaurants.

Sehr angenehm lässt sich ein Nachmittag in Singapur auf die folgende Art und Weise verbringen: Mit einem geliehenen Fahrrad oder mit Inlineskates gemütlich vom einen Ende zum anderen rollen, die Meeresbrise genießen und die beeindruckenden Containerschiffe beobachten, um das Ganze dann mit einem Essen und ein paar Bierchen am Strand abzurunden.

Der East Coast Park beginnt am Ende der Tanjong Katong Road in Katong und endet am National Sailing Centre in Bedok, in der Nähe der Metrostation Tanah Merah. Am westlichen Parkende führt der Fahrradweg direkt weiter bis nach Geylang und endet am Kalang River.

Die Buslinie 401 verkehrt nur an Wochenenden ab dem Busbahnhof Bedok Bus Interchange vor der Metrostation Bedok und führt direkt zum East Coast Park. An Werktagen fährt der Bus 197 ab Bedok – an der Marine Promenade Road muss man den Busfahrer bitten, anzuhalten, um aussteigen zu können. Von da sind es noch 250 m zu Fuß Richtung Süden. Eine unterirdische Passage führt bis in den East Coast Park hinein.

MARINE COVE RECREATION CENTRE ERHOLUNGSZENTRUM

Karte S. 230 (East Coast Park Service Rd.) Auf halber Strecke im Park, nicht weit vom Ende der Still Road South entfernt, befindet sich ein Freizeitkomplex unter freiem Himmel. Hier gibt's Bowling, Squash, Minigolf und zahlreiche Restaurants, Imbissstände und Bars plus eine McDonald's-Filiale (Singapurs einzige mit einem Drive-in für Skater). Auf der zum Strand gelegenen Seite findet man Verleihstationen für Fahrräder

GEHEIMTIPP

GEYLANG: MEHR ALS NUR EIN ROTLICHTVIERTEL

Was man auch immer über Geylang gehört haben mag – nämlich dass es sich um eine danteske Hölle bzw. um einen „Fleischmarkt" handelt, mit Bordellen, Abschleppkneipen, billigen Absteigen und leichten Mädchen aus ganz Südostasien, die in den Gassen auf ihre Freier warten, kann ja alles durchaus zutreffen. Aber so seltsam es auch anmuten mag, dieses Viertel birgt als eine der spirituellen Drehscheiben der „Löwenstadt" auch riesige Sakralbauten und Moscheen und malerische Gassen mit zahlreichen religiösen Schulen, Schreinen und Tempeln. Wer sich einen Tag Zeit nimmt, um die *lorongs* (Gassen) von Norden nach Süden zwischen Sims Avenue und Geylang Road zu erkunden, wird überraschend zauberhafte Einblicke gewinnen.

Zu den vielen hübschen Seitenstraßen gehört die von Bäumen gesäumte Lorong 27, klein und vollgestopft mit bunten Schreinen und Tempeln. Entlang der malerischen Lorong 24A stehen ansehnlich renovierte *shophouses*, aus denen häufig Gesang erklingt; viele der Häuser wurden von kleinen buddhistischen Vereinigungen des Bezirks übernommen.

Überwältigend schön ist die Lorong 34: restaurierte und nicht restaurierte *shophouses* in verschiedenen Farbnuancen sowie eine ganze Reihe von bunten Schreinen und Schalen, in denen Weihrauch verbrannt wird, erfüllen diese Gasse. Eines der Häuser hat sogar einen Bambusgarten!

Hierher fährt man am besten mit der Metro und steigt in Aljunied aus. Von da geht es zu Fuß weiter südwärts auf der Aljunied Road. Ab der Geylang Road kann man ost- oder westwärts abbiegen. Alle Lorong-Labyrinthe haben Ausgänge in Richtung Geylang Road.

---

und Inlineskates sowie einen Kajak- und Segelbootverleih direkt am Strand. Um mit dem öffentlichen Nahverkehr hierher zu kommen, folgt man einfach dem gleichen Streckenverlauf wie zum East Coast Park.

⊙ Changi & Pasir Ris

GRATIS CHANGI PRISON MUSEUM & CHAPEL GEDENKSTÄTTE, MUSEUM
Karte S. 238 (6214 2451; www.changimuseum.com; 1000 Upper Changi Rd. North; geführte Touren Erw./Kind 8/4 $; 9.30–17 Uhr; 2) Ein stetiger Touristenstrom fließt zu dem ruhigen, anrührenden Museum, das an die Kriegsgefangenen aus den Reihen der Alliierten im Zweiten Weltkrieg erinnert, die in den Händen der japanischen Streitkräfte ein grausames Schicksal erlitten. Es musste 2001 vom Originalstandort des Changi-Gefängnisses weichen, als die singapurischen Haftanstalten das Land wegen Eigenbedarfs zurückforderten.

Im Innern werden anhand von alten Fotografien, Briefen, Zeichnungen oder in Wandmalereien Geschichten erzählt. Heldenepen und Friedensfeiern mildern die düstere Stimmung. Sehenswert sind insbesondere die Repliken der berühmten Changi Murals in Originalgröße. Sie stammen von dem ehemaligen Kriegsgefangenen namens Stanley Warren, der im alten Larazett untergebracht war. Der Zutritt zu den Originalen ist verboten – sie befinden sich heute im Block 151 des nahe gelegenen Changi Army Camp.

Ehemalige Kriegsgefangene, Veteranen und Historiker werden das Fehlen des Originalschauplatzes deutlich spüren. Zur Ehrenrettung der Architekten sei gesagt, dass das schlichte Design des neuen Gebäudes sehr gut zu der Doppelrolle als Schrein und Geschichtsmuseum passt. Die weiße Fassade erinnert an einen Betonbunker, das Grün deutet jedoch Heilung und Erneuerung an. Der klaffende Eingang und der offene Grundriss suggerieren Zugänglichkeit. Herzstück des Museums ist eine Replik der originalen Changi Chapel, die von Häftlingen als Andachtsort und vermutlich auch als Zeichen der Solidarität erbaut wurde.

In die Wände neben dem Altar mit dem Kreuz aus Munitionshülsen haben Besucher kleine Erinnerungen gesteckt – weiße Kreuze, roten Mohn, frische Blumen und handgeschriebene Briefchen. Gottesdienste finden an Sonntagen statt (um 9.30 und 17.30 Uhr), aber der schattenlose Innenhof heizt sich auf wie ein Ofen.

Bus Nr. 2 ab Victoria Street oder Metrostation Tanah Merah fährt direkt am Eingang vorbei. Ausstieg an der Bushaltestelle B09, hinter der Changi-Heights-Wohnanlage. Der Bus endet in Changi Village.

PASIR RIS PARK   PARK
Karte S. 238 (Pasir Ris Dr. 3; [M]Pasir Ris) Der Park erstreckt sich ein paar Kilometer entlang der Nordostküste und ist nur einen kurzen Fußweg von der Metrostation Pasir Ris entfernt. Dieser friedliche Park ist der drittgrößte in Singapur und gehört ganz sicher zu den besten. Der 71 ha große Strandpark bietet jede Menge familienfreundliche Aktivitäten: Man kann dort Fahrräder oder Rollerblades ausleihen, aber auch zu Fuß lässt sich das Gelände über Holzstege quer durch den 6 ha großen Mangrovensumpf erkunden. Bei Ebbe kann man dort kleinen Krabben dabei zuschauen, wie sie sich durch Schlick und Schlamm wühlen. Kinder werden von den Ponyausritten in den **Gallop Stables** ([J]6583 9665; 61 Pasir Ris Green; Ausritt 10 $; Di-So 8–12 & 14–19 Uhr) begeistert sein. Wer danach noch auf die große Sause gehen will, findet in Downtown East (S. 103) Möglichkeiten zur Einkehr auf eine kleine oder große Mahlzeit oder auf einen Drink in den diversen Kneipen innerhalb des Parks.

LOYANG TUA PEK KONG TEMPLE   TEMPEL
Karte S. 238 (20 Loyang Way; [🚇]9 ab [M]Bedok) Dieser Tempel ist die Inkarnation singapurischer Spiritualität. Er bietet gleich drei Religionen unter seinem großen Dach eine Heimat: Hinduismus, Buddhismus und Taoismus. Ein Schrein ist sogar Datuk Kung gewidmet, einem Heiligen des malaiischen Mystizismus und chinesischen Taoismus. Der Tempel ist neu und großzügig und mit großen handgearbeiteten Holzschnitzereien, wirbelnden Drachen auf hohen Granitsäulen und Hunderten farbenprächtiger Bildnisse von göttlichen Wesen, Göttern und Heiligen bestückt. Er liegt ein wenig abseits der üblichen Routen, lohnt den Ausflug aber wert. Mit dem Bus 9 zur Loyang-Valley-Wohnanlage fahren.

ESSEN

Nur wenige Besucher verbringen viel Zeit im Osten von Singapur, doch das wird sich hoffentlich bald ändern! Denn die Gegend ist nicht nur interessant, was Geschichte, Kultur und Architektur anbelangt, sondern auch im Hinblick auf das außergewöhnliche kulinarische Angebot, angefangen bei den lukullischen Highlights der Peranakan-Küche bis hin zu den herrlich frischen Fischgerichten und Meeresfrüchten entlang der East Coast. Menschen, die nichts so leicht umhaut, finden vielleicht im quirlig-filzigen Rotlichtmilieu Geylang ihren Kick – bei Verlockungen durchaus auch kulinarischer Art. Hier wird – insbesondere unter Prostituierten und Freiern – die Nacht zum Tag. Entlang des Weges sollte man auch nach Obstständen mit Durians Ausschau halten: Die Verkäufer knacken die ausgewählte Frucht. Dann kann sie direkt an Ort und Stelle verzehrt werden, denn vor dem Stand stehen immer Plastiktische und -stühle bereit.

Geylang

SIN HUAT EATING HOUSE MEERESFRÜCHTE $$$
Karte S. 230 (Lorong 35, Geylang Rd.; 11 Uhr bis spät abends; [M]Paya Lebar) Hat Sin Huat nun die besten Meeresfrüchte in Singapur oder ist das nur ein Gerücht aus vergangenen Tagen? Berühmte Restaurantkritiker haben hier schon reihenweise degustiert und Meisterkoch Danny's *bee hoon* (dünne Reisnudeln) in den Himmel gelobt: angeblich das beste Gericht der Welt! Es versteht sich von selbst, dass es hier sündhaft teuer ist, meist auch voll, und der Service ist ausgesprochen unfreundlich – doch bei aller Kritik muss man doch eingestehen, dass das Essen fantastisch schmeckt. Wer keinen Preisschock erleiden will, sollte sich vor der Bestellung lieber genau erkundigen.

NO SIGNBOARD SEAFOOD MEERESFRÜCHTE $$
(414 Geylang Rd.; Gerichte ab 15 $; 12–2 Uhr; [M]Aljunied) Es fing alles mit einem namenlosen Hawker-Stand an und war von da an „No Signboard", zu Deutsch: „ohne Schild" – doch schon bald legte Ong Kim Hoi einen Senkrechtstart hin und die Beliebtheit ihrer Meeresfrüchte-Snacks machten sie zu einer reichen Frau. Inzwischen besitzt sie fünf Restaurants und es geht weiter aufwärts. Neben dem Krabbenfleisch mit weißem Pfeffer gibt es auch herrliche Hummergerichte, Meerohren und Gerichte wie Ochsenfrosch und Hirsch. Weitere Filialen gibt

> **ABSTECHER**
>
> **FERNER OSTEN: CHANGI VILLAGE**
>
> Changi Village ist eine Oase am äußersten Ende der Nordostküste Singapurs und fernab der Hektik der Innenstadt. Bei einem Spaziergang durch die Gegend lässt sich ein entspannteres Singapur entdecken, in dem ärmellose T-Shirts, Bermudashorts und Flipflops – die Standardkluft der waschechten Singapurer – den Look bestimmen. Hier ist der Anteil der ang moh (Europäer) auch etwas geringer. Die Atmosphäre ist eher dörflich. Wer in dieser Gegend einkauft, kann Schnäppchen machen, denn Kleidung, Batiken, Stoffe aus Indien und Elektrogeräte sind hier noch wirklich günstig.
>
> Interessant sind auch die alten schwarz-weißen Bungalows im Kolonialstil entlang der Loyang Ave. Meist nehmen die Einheimischen eine Abkürzung und streifen durch das allseits beliebte und belebte Changi Village Hawker Centre (S. 100) neben dem Busterminal. Gegenüber geht es zum Changi Beach, einem Strand mit düsterer Vergangenheit, wo Tausende von Singapurern im Zweiten Weltkrieg hingerichtet wurden. Zum Baden lädt er nicht gerade ein, denn die Meeresbrandung spült verschmutztes Wasser aus der Meerenge von Johor an Land, aber es gibt immerhin einen schönen Sandstreifen für einen romantischen Spaziergang. Am Wochenende ist hier immer viel los, aber unter der Woche ist der Strand fast menschenleer. Neben dem Busterminal befindet sich das Changi Point Ferry Terminal, von wo aus Bumboote nach Pulau Ubin oder Johor Bahru ablegen.
>
> Wer einen Tag in Singapur einmal ganz anders gestalten will, kann ein paar Stunden im Village verbringen und dann noch einen Abstecher nach Pulau Ubin machen. Zum Ausklang des Tages bietet es sich an, im Changi Village Hawker Centre nach Lust und Laune zu essen und hinterher ein paar Glas Bier im Charlie's Corner (S. 100) zu trinken.

es im East Coast Seafood Centre (S. 100), Esplanade – Theatres on the Bay (S. 53) und im VivoCity (S. 124).

LOR 9 BEEF KWAY TEOW — NUDELN $

(Lorong 9, Geylang Rd.; Abendessen; M Kallang) Wer sich einmal an den Sehenswürdigkeiten des Rotlichtviertels gleich gegenüber sattgesehen hat, sollte sich ein *hor fun* (flache Reisnudeln aus dem Wok mit zarten Rindfleischstreifen in schwarzer Bohnensuppe) und *tian ji zhou* (Froschschenkel-Eintopf) gönnen. Der Frosch wird in einem Sud mit Chili, Gewürzen, Frühlingszwiebeln und Sojasauce gegart und auch darin serviert. Es schmeckt wie Hühnchen, nur knuspriger. Runterspülen mit reichlich Tiger-Bier!

Katong/Joo Chiat

CHIN MEE CHIN CONFECTIONERY — FRÜHSTÜCK $

Karte S. 230 (204 East Coast Rd.; Gerichte ab 4 $; Di-So 8-16 Uhr; 10, 14) Hier gibt es *kaya*, einen Vegetariertoast mit Kokosnuss- und Eiaufstrich nach Omas Rezept. Die alten, traditionsreichen Bäckereien mit nostalgischem Flair wie das Chin Mee Chin, in denen sich viele ältere Singapurer gerne aufhalten, verschwinden immer mehr von der Bildfläche. Was ihren besonderen Charme ausmacht, sind die Mosaikböden, die Holzstühle und der starke Kaffee. Und der *kaya* ist in diesem Frühstückslokal eine echte Spezialität.

SAVEUR — FRANZÖSISCH $

Karte S. 230 (Ali Baba Eating House, www.saveur.sg; 125 East Coast Rd.; Gerichte 9–12 $; Mo-Sa Mittagessen, Do-Mo Abendessen; 10, 12, 14, 32) Ein Entenconfit für 9 $? Engelshaarnudeln oder Entenrillettes für 4 $? Vakuumverpacktes Fleisch, fertig gegart? Das sind die erstaunlichen (Niedrig-)Preise, die man hier für qualitativ gutes französisches Essen bezahlt – in einem Café ohne Tischdecken und Klimaanlage. Am ruhigsten ist es an Werktagen, ansonsten ist hier der Teufel los. Nicht übersehen sollte man auch den Imbissstand mit *tau kaw pau* (Bohnenquark mit Gurke, Süßkartoffel, Eipüree und Hackfleisch) gleich nebenan. Das Café ist so beliebt, dass es vielleicht bald mit seinen asiatischen Nachbarn „fusioniert" – gegebenenfalls vorab auf der Website checken.

JAI THAI
THAI $

Karte S. 230 (205 East Coast Rd.; Gerichte ab 5 $; ⌚Mittag- & Abendessen; 🚌10, 12, 14, 32) Aufgrund des großen Andrangs kommt die Bedienung nur im Schneckentempo voran – doch es lohnt sich, das Getümmel auf sich zu nehmen, denn die Gerichte sind „gut und günstig", so heißt es jedenfalls. Das *tom yum goong* ist superscharf gewürzt; da hilft dann nur ein Singha-Lagerbier für 5 $, um das Drachenfeuer in Bauch und Mund zu löschen. Wer nicht so scharfe Sachen isst, kann sich mit einer Auswahl von 81 anderen Gerichten beschäftigen – verhungern muss hier keiner.

328 KATONG LAKSA
LAKSA $

Karte S. 230 (53 East Coast Rd.; Laksa ab 4 $; 🚌10, 12, 14, 32) Verschiedene *laksa*-Stände entlang dieser Fressmeile in Katong streiten sich seit geraumer Zeit um die Frage, wer wohl zuerst da war und die beste Kokossuppe zubereitet. Eigentlich schmeckt sie überall gut, aber dieser Stand hier ist zumindest der erfolgreichste von allen. Das namensgebende Gericht besteht aus einer Schale mit dünnen Reisnudeln in leichter Curry-Brühe aus Kokosmilch und vietnamesischem Koriander, dazu Garnelen und Muscheln. Als Beilage empfiehlt sich *otah-otah* (scharf gewürzte Makrelenkuchen, im Bananenblatt gegrillt). Die Qualität hält dem Vergleich mit der Konkurrenz direkt gegenüber stand. Eine weitere Filiale befindet sich in der East Coast Road 216.

NAÏVE
VEGETARISCH $$

Karte S. 230 (99 East Coast Rd.; Gerichte ab 10 $; ⌚Mittag- & Abendessen; 🚌10, 12, 14, 32) Vegetarische Küche muss nicht langweilig schmecken – ganz im Gegenteil! Auf der Speisekarte stehen fleischlose Variationen lokaler Favoriten wie „Goldener Hafer", gebratener Tofu (statt Garnelen) im süßen Hafermantel. In dem gemütlichen Speiseraum stehen Tische für größere Gruppen – in Gemeinschaft mit anderen Vegetariern zu essen macht so richtig Laune!

ENG SENG COFFEESHOP
MEERESFRÜCHTE $$

Karte S. 230 (247–249 Joo Chiat Place; ⌚17–21 Uhr; Gerichte ab 15 $; Ⓜ Eunos) Eines der typischsten Gerichte in Singapur – Schwarzer-Pfeffer-Krabbe – schmeckt hier so gut, dass Einheimische (a) bereit sind, über eine Stunde Schlange zu stehen und (b) noch froh sind, wenn ihnen die Inhaberin des Ladens ohne Umschweife klarmacht, wie viel sie überhaupt pro Person bestellen dürfen. Die klebrige, honigartige Pfeffersauce ist es wert, das Abendessen einmal auf 16.30 Uhr vorzuverlegen.

GUAN HOE SOON
PERANAKAN $$

Karte S. 230 (38 Joo Chiat Place; Gerichte ab 12 $; 🚌33) Berühmt ist dieses Peranakan-Restaurant nicht nur, weil es das älteste in ganz Singapur (eröffnet wurde es 1953) und Lee Kuan Yews Lieblingslokal ist, sondern weil hier die anspruchsvollsten Gourmets der Stadt ein- und ausgehen. Glücklicherweise hat sein Ruhm nicht zur Selbstzufriedenheit geführt – die Baba-Nyonya-Küche ist hier echt spitze. Das absolute Highlight aber ist *ayam buah keluak* (Hühnchen mit Keluak-Nuss).

CHILLI PADI
PERANAKAN $$

Karte S. 230 (11 Joo Chiat Place; Gerichte ab 6 $; 🚌33) Ausgezeichnete Peranakan-Küche dort, wo sie hingehört, in ihrer geistigen Heimat Joo Chiat. Das Traditionslokal ist so beliebt, dass es auch gleich eine Reihe hausgemachter Pastasorten herstellt. Überaus schmackhaft sind der saure Fischkopf *assam* oder der Sambal-*sotong* (Tintenfisch) und die *kueh pie ti* (Teigtaschen mit Garnelen und Rübe).

MAEDA
JAPANISCH $$$

Karte S. 230 (📞6345 0745; 467 Joo Chiat Rd.; Gerichte ab 10 $; 🚌16) Gibt es noch etwas über dem Superlativ? Wenn ja, dann ist es die authentische Osaka-Küche aus den Zauberhänden des Inhaber und Chefkochs Maeda Hiroaki, wie etwa feine Sashimi-Streifen mit effektvollen Chrysanthemen-Blüten. Auf der Speisekarte stehen ungewöhnliche Gerichte wie Tintenfischröhrchen. Maeda arbeitet am Sushi-Counter und trinkt gerne ein Glas Sake mit seinen Gästen. Wer sich nicht entscheiden kann, was er bestellen will, der nehme das *omakase*-Menü für 90 bzw. 150 $. Die Portionen sind üppig. Reservierung wird empfohlen.

TONNY RESTAURANT
CHINESISCH $$

Karte S. 230 (327 Joo Chiat Rd.; Gerichte ab 8 $; 🚌16) Meisterkoch Tonny Chan tischt raffinierte Mahlzeiten auf mit allem, was die kantonesische Küche zu bieten hat: Serviert werden Gerichte wie feine geraspelte, gebratene Süßkartoffel, mit Trüffelöl beträufelt, kalte Krebscreme, Hummermousse, Jacobsmuscheln und Eiweiß – einfach köstlich, was es bei Tonny alles gibt.

TIAN TIAN CHICKEN RICE
HÜHNCHENREIS $

Karte S. 230 (443 Joo Chiat Rd.; Gerichte ab 4 $; Di-So 10.30–21.30 Uhr; 16) Fans der Gründungsfiliale in der Maxwell Road werden unweigerlich auf Meckermodus umschalten, aber eigentlich gibt es an dem östlichen Außenposten der berühmtesten Hainan-Imbisskette wirklich nichts auszusetzen: zart gekochtes Hühnchenfleisch, über duftendem Reis serviert mit der besten Chilisauce überhaupt. Aber bitte nicht zu viel davon essen, damit noch genügend Platz für das hainanesische Schweinehack übrig bleibt.

TWO FAT MEN
THAILÄNDISCH $$

Karte S. 230 (376 East Coast Rd.; Gerichte ab 8 $; tgl. 17–3 Uhr; 16) Die Terrasse ist herrlich! Allerdings ist die Bierauswahl ziemlich begrenzt – es gibt nur das helle Kronenbourg und Singha – am Bier soll dieses Lokal aber nicht gemessen werden, denn die Thai-Küche schmeckt gut, mal abgesehen von den frittierten Gerichten und den Burgern. Also: einfach weiterblättern zu den typischen Thai-Gerichten, denn die schmecken garantiert. Empfehlenswert sind saftiger Schweinenacken mit Tamarindensauce, grünes Thai-Curry – sahnig und gut gewürzt –, gebratenes Hühnchenfleisch mit Basilikum und andere Lieblingsgerichte, bei denen einem das Wasser im Munde zusammenläuft. Kein Wunder, dass man sich hinterher kugelrund fühlt.

MARINE PARADE FOOD CENTRE
HAWKER CENTER $

Karte S. 230 (Block 84, Marine Parade Central; Gerichte ab 3 $; 15, 31, 36, 196, 197) Dieses langjährige Hawker Center hat über 50 Stände, die in L-Form angeordnet sind. Die Qual der Wahl dauert hier wahrscheinlich länger als der Verzehr der Mahlzeit selbst! Besonders empfehlenswert ist der Stand **Seremban Beef Noodles** 01-184. Die dicke Bratensauce, angereichert mit jeder Menge Rindfleischstücken, Sehnenfleisch und Kutteln schmeckt intensiv. Der Stand, der die schmackhaften *char kway teow* (breite Nudeln, Venusmuscheln und Eier, gebraten in Chili- und Schwarzbohnensauce) anbietet, befindet sich in der gleichen Reihe, hat aber wechselnde Öffnungszeiten.

KATONG SHOPPING CENTRE
FOOD COURT $

Karte S. 230 (865 Mountbatten Rd.; 10, 12, 14, 32) Im Untergeschoss von Singapurs abweisendstem Einkaufszentrum (entlang der Korridore befinden sich Agenturen zur Vermittlung von Hauspersonal) kann man durchaus gute Fastfood-Gerichte bekommen. Besonders gut schmeckt es bei **Delicious Boneless Chicken Rice**. Außerdem gibt es – ebenfalls im Untergeschoss versteckt – eine kleine Bäckerei namens **Dona Mani**, in der es köstlichen Bananenkuchen gibt. Immer der Nase nach!

SIGLAP NEIGHBOURHOOD
INTERNATIONAL $

Außerhalb von Karte S. 230 (Upper East Coast Rd.; 10, 12, 14) Dieser Straßenabschnitt ist bei den Einheimischen der Knüller, denn hier herrscht ein lässiges Ambiente und die Auswahl an Essensmöglichkeiten ist auch ganz anständig (wenn auch nicht herausragend). Bei **Porn's** (81 Upper East Coast Rd.) gibt es Feines aus der Thai-Küche, bei **Megumi** (77 Upper East Coast Rd.) Gutes aus Japan und bei **Turkish Cuisine** (162 Upper East Coast Rd.) sind logischerweise türkische Spezialitäten zu haben. Oder man hockt sich einfach ins Food Center gegenüber von Starbucks.

ROLAND RESTAURANT
MEERESFRÜCHTE $$

Karte S. 230 (6440 8205; Block 89, 06-750 Marine Parade Central; Krabben ab 14 $; 15, 31, 36, 196, 197) Das Lokal befindet sich auf dem Deck eines Parkhauses, was einen aber nicht weiter abschrecken sollte. Wenn die Chilikrabben (ein Rezept, das hier angeblich erfunden wurde) und die US-Ente in diesem riesigen Restaurant für den Premierminister gut genug sind, sollte die Qualität auch Normalsterblichen genügen, wenngleich die großen Speiseräume mit Kantinencharakter etwas unpersönlich wirken.

JIA WEI
CHINESISCH $$

Karte S. 230 (2. Stock, Grand Mercure Roxy Hotel, 50 East Coast Rd.; Gerichte ab 15 $; 10, 14) Der Chinese Nr. 1 im East-Coast-Areal, insbesondere was Dim Sum betrifft: Geschäftsleute kommen gerne hierher zum Mittagessen. Man lasse sich von der bemerkenswert hässlichen Fassade des Hotelgebäudes nicht abschrecken, denn Service und Essen sind wirklich ausgezeichnet. Wer bei den exotischen Durianfrüchten auf den Geschmack gekommen ist, sollte das frittierte Eis oder ein süßes Obstpüree als Dessert wählen. Und wer Essen zum Mitnehmen sucht, findet in der Hotellobby einen kleinen Laden.

✖ East Coast Park

**EAST COAST LAGOON
FOOD VILLAGE** HAWKER CENTER **$**
Karte S. 230 (1220 East Coast Parkway; Gerichte ab 3 $; ⊙10.30–22 Uhr) Es gibt nur wenige Hawker Center, die sich einer besseren Lage erfreuen. Hier können Strandgäste barfuß zu den Ständen gehen und sich Satay-Spieße, Meeresfrüchte oder die einzigartigen Singapurer Satay-Spieße *bee hoon* von **Meng Kee** am Stand 17 abholen. Dort bildet sich allerdings immer eine Schlange. Günstiges Bier und Wein (!) gibt's dort auch.

**EAST COAST SEAFOOD
CENTRE** MEERESFRÜCHTE **$$**
Karte S. 230 (1202 East Coast Parkway; Gerichte 15–75 $; ⊙Abendessen) In diesem renommierten Meeresfrüchte-Center, stets umweht von einer salzigen Seebrise und mit Blick auf die Meerenge von Singapur, wimmelt es von ausgezeichneten Restaurants mit Sitzgelegenheiten im Freien. Unbedingt probieren sollte man Chilikrabben, Schwarz-Pfeffer-Krabben und die alkoholgetränkten Garnelen, die einen regelrecht beschwipst machen. Die besten Lokale sind **Jumbo, Long Beach, No Signboard** und **Red House**.

✖ Changi & Pasir Ris

CHARLIE'S CORNER INTERNATIONAL **$$**
Karte S. 238 (01-08 Changi Village Hawker Center, 2 Changi Village Rd.; Gerichte ab 10 $; ⊙Di-So Mittag- & Abendessen; Ⓜ Tanah Merah, dann 🚌2) Charlie's Corner ist so etwas wie eine Institution. Inhaber ist ein „alter Hase", der das Lokal schon seit Jahren betreibt. Die unendliche Vielfalt an Bieren sowie Fish & Chips sind die Hauptattraktionen – dafür kommen die Leute von weit her. Die Preise sind für einen Stand im Hawker Center etwas hoch, aber nach ein paar Bieren fällt das nicht mehr auf. Das Bier kommt in einem Flaschenhalter daher … ein witziges Detail!

**CHANGI VILLAGE
HAWKER CENTRE** MALAIISCH **$**
Karte S. 238 (2 Changi Village Rd.; Gerichte ab 3 $; ⊙10.30–22.30 Uhr; Ⓜ Tanah Merah, dann 🚌2) Hier drängen sich ganze Reihen von Ständen dicht aneinander und die Vielzahl an Essensmöglichkeiten ist geradezu verblüffend. Allerdings gibt es nur einen Grund, weswegen die Einheimischen hierher kommen – das *nasi lemak*. Der lecker duftende Kokosreis wird mit gebratenem Hühnchen oder Fisch serviert; besonders gut schmecken auch die *ikan bilis* (gebratene Sardellen) und Sambal-Chili. Der ursprüngliche Stand 01-57 hat „Nachwuchs" bekommen. In unmittelbarer Nachbarschaft bieten Nachahmer das Gleiche an, nur mit kürzerer Wartezeit – denn manchmal sind die Warteschlangen wirklich nervig!

AUSGEHEN & NACHTLEBEN

🍷 Katong/Joo Chiat

CIDER PIT BAR
Karte S. 230 (382 Joo Chiat Rd.) Ein gesichtsloser Betonbau beherbergt eine kleine Trinkoase, an der man sonst leicht vorbeiläuft. Cidre vom Zapfhahn und eine breite Palette an importierten britischen Bieren, das Pint für 10 $ (beispielsweise London Pride und Hobgoblin), machen diese Kneipe zum idealen Ort, sollte einem der Sinn nach einem Besäufnis stehen. Wer nicht zum Mückenopfer werden will, setzt sich am besten gar nicht erst hin.

FATBOY'S THE BURGER BAR BAR, RESTAURANT
Karte S. 230 (www.fatboys.sg; 465 Joo Chiat Rd.; ⊙12 Uhr bis spät abends) Keiner, der hier mit kugelrundem Bauch von dannen zieht, wird schief angeguckt, denn die überdimensionalen Burger drohen dem Bier in diesem Lokal eindeutig den Rang abzulaufen. Stella und Hoegaarden fließen aus dem Zapfhahn, daneben gibt es noch eine bescheidene Auswahl an internationalen Biermarken. Außerdem läuft nebenbei noch Sportfernsehen – alles in allem eine runde Sache!

East Coast Park

SUNSET BAY GARDEN BEACH BAR BAR
Karte S. 230 (1300 East Coast Park, Car Park F2) Kann es etwas Tolleres geben, als in der Abenddämmerung bei einem Cocktail oder

DIE ERFINDUNG DER CHILIKRABBE

Im Jahr 1956 eröffnete das Ehepaar Lims ein Meeresfrüchterestaurant namens Palm Beach. Hier tüftelte Frau Lim zum ersten Mal das inzwischen berühmte Rezept aus: Zur typischen Singapurer Chilikrabbe gehört eine Tomaten-Chili-Eiersauce. So erzählt es zumindest ihr Sohn Roland, dem das gleichnamige Roland Restaurant (S. 99) gehört. In der Singapurer Gastronomieszene liebt man solche unglaublichen Erfolgsstorys.

Die Lims wanderten in den 1960er-Jahren nach Neuseeland aus, Roland jedoch kehrte nach Singapur zurück, um das Geheimrezept seiner Mutter zum Verkaufsknüller zu machen. 1985 eröffnete er sein eigenes Restaurant. Seit dem Umzug zur Jahrtausendwende hin zum jetzigen Standort in der Marine Promenade hat sich das Restaurant mit seinen 1300 Plätzen einen soliden Ruf erworben – sogar der frühere Premierminister Goh Chok Tong hat hier am Nationalfeiertag gespeist.

mit einem Pint in der Hand im autofreien Strandpark zu relaxen? Und das mit Blick auf die Containerschiffe, die zu Hunderten von Singapurs Südküste ablegen, während von weither noch das monotone Surren der Schiffsschrauben zu hören ist. Das Essen ist hier nicht so besonders gut, deshalb empfiehlt es sich, im nahe gelegenen East Coast Lagoon Food Village auf dem Weg hierher zu speisen.

 ## Changi & Pasir Ris

CALIFORNIA JAM   BAR
Karte S. 238 (Block 1, Changi Village Rd.; tgl. 16.30–24 Uhr; 2) Die kleine Rock'n'Roll-Bar im Changi Village zieren Poster von Jimi Hendrix. Hier fließt das Bier aus dem Zapfhahn und wenn Transvestiten hereinschneien, weht in der Bar ein Hauch von „Walk on the Wild Side". Das California Jam reiht sich in die Barmeile entlang der Changi Village Road ein. Diese Gegend ist auch bei Einheimischen und Expats beliebt, die Singapurs Innenstadt mit ihrer hippen Gastroszene entfliehen wollen.

BAMBOOZE   BAR
Karte S. 238 (Block 5, Changi Village Rd.; tgl. 15–1 Uhr; 2) Typisches Innenleben einer 08/15-Kneipe: Über die Bildschirme flimmern Sportsendungen, die Einrichtung ist dunkel und düster, die Theke lang. Allerdings scheinen die Expats gerne hierher zu kommen, um die Tische im Freien zu bevölkern. Die Stella-Pints für nur 6 $ sind wahrscheinlich der Hauptgrund für den regen Zulauf. Wem das Getümmel zu viel wird, der kann sich auch im Café nebenan ein Tiger-Bier bestellen – zum gleichen Preis!

 # UNTERHALTUNG

NECESSARY STAGE   THEATER
Karte S. 230 (6440 8115; www.necessary.org; B1-02 Marine Parade Community Bldg, 278 Marine Parade Rd.; 12, 14 oder 32) Seit der Einweihung der neuen Theaterbühne im Jahr 1987 hat der immer noch amtierende künstlerische Leiter Alvin Tan mit dem Singapurer Theaterautor Haresh Sharma zusammengearbeitet und über 60 Werke inszeniert. Die Stücke sind innovativ, hier angesiedelt und durchaus kontrovers. Damit hat sich das Künstlerensemble der Necessary Stage in Singapur einen guten Namen gemacht.

SKI360°   WASSERSPORT
Karte S. 230 (www.ski360degree.com; 1206A East Coast Parkway; Werktage/Wochenenden 32/42 $; Mo-Do 10–21.45, Fr 10–23.45, Sa 9–23.45, So 9–21.45 Uhr) Was gibt es Lässigeres als einen Wellenritt quer durch die Lagune, mit Wasserski, Wakeboard oder Kneeboard, von einem Seil gezogen? OK, ein Sprung ins Wasser wäre auch ganz nett, aber wo bleibt da der Spaßfaktor? Am besten schaut man an einem Werktag hier vorbei, wenn es fast menschenleer ist. Am Wochenende liefern sich die Surfer einen Schaulauf, dann schlägt das typische Renommiergehabe der Athleten voll durch: eine Wonne, den Wagemutigen von den Sitzreihen aus zuzuschauen, in der Hoffnung, dass keiner auf die Rampen stürzt. Am Wochenende fährt der Bus 401 ab der Metrostation Bedok zum Strandpark. An Werktagen verkehrt die Buslinie 197; aussteigen an der Marine Promenade Road. Von da aus geht's durch eine Straßenunterführung in den Park.

TOLLE TOUREN

→ Wirklich unvergesslich sind die Touren mit Tony Tan (Inhaber des Betel Box Hostel und Experte rund um Singapur) bei **Real Singapore Tours** (✆6247 7340; www.betelbox.com). Tony bietet Probiertouren an (in der Regel donnerstags um 18 Uhr). Dazu nimmt er seine Gruppen mit auf eine wahre Schlemmerorgie durch das historischen Stadtviertel Joo Chiat. Dort können die Teilnehmer über 20 authentische Gerichte aus ganz Südostasien probieren. Andere Touren bieten eine herrliche Radtour entlang der Küste von Singapur bis zum CBD (Central Business District). Die Preise beginnen bei 60 $ inklusive Essen, Material und Führung durch einen der bestinformierten Gästeführer in Singapur.

→ Unter allen Gästeführern gibt es für die Besichtigung von Sehenswürdigkeiten und dem Lauschen von Klängen der Löwenstadt keinen besseren Guide als den eigenwillige **Jeffery Tan** (✆9784 6848; http://jefflimo.tripod.com/jefflimo.htm). Tan ist auch bekannt als „Singapurs Singing Cabbie", denn er spricht und singt in neun Sprachen, während er die Sehenswürdigkeiten der Stadt präsentiert. Tan ist ein echter Singapurer und seine Touren beinhalten alle Sehenswürdigkeiten, je nach Wunsch der Gruppe. Außerdem macht er kulinarische Probiertouren und sorgt dafür, dass alle Sinne angeregt werden. Wer Lust hat mitzusingen, kann das auch mit Karaoke-Mikrofon und Video tun – Jeffs Limousine ist dafür ausgerüstet.

→ **Geraldene Lowe-Ahmad** (✆6737 5250; geraldenestours@hotmail.com) und **Diana Chua** (✆9489 1999; dianachua1999@yahoo.com.sg) sind ein ehrenwertes dynamisches Frauenteam in der Singapurer Gästeführerszene. Das Duo bietet eine breite Vielfalt an Touren an, die allen Interessen gerecht werden. Geraldenes Wissen um die Singapurer Geschichte, Küche, Architektur, Botanik, ethnische Vielfalt, Religionen und Festivals bleibt unübertroffen. Außerdem organisiert sie Touren zu den Gedenkstätten des Zweiten Weltkriegs, die besonders bei Kriegsveteranen beliebt sind. Zusätzlich zu den kulturellen und historischen Touren hat sich Diana auf Esoterik spezialisiert, d. h. sie erkundet im Rahmen von Ausflügen die magischen Kraftorte Singapurs, z. B. Plätze mit Feng-Shui-Energie, Friedhöfe und weniger beachtete Facetten der Löwenstadt. Beide bieten zeitlich abgestimmte Touren an wie etwa zur Teilnahme an verschiedenen religiösen und kulturellen Events – und dies in mehreren Sprachen (darunter auch Englisch, Italienisch und Französisch).

.ESCAPE THEME PARK — THEMENPARK

Karte S. 238 (Downtown East, Ecke Pasir Ris Dr. 3 & Pasir Ris Close; www.escapethemepark.com.sg; Erw./Kind/Fam. 20/11/45 $; ☉Mo–Fr 17–22, Sa & So 10–22 Uhr; Ⓜ Pasir Ris) Wer findet das nicht toll: eine tropische Wasserrutsche, eine Achterbahn, Go-Karts, Bumper-Boote und Wellenbecken? Die Wildwasserkanalrutsche ist angeblich die höchste in ganz Asien. Im Eintrittspreis ist die Benutzung aller Anlagen inbegriffen: Go-Kart, Wasserrutsche, Spritzvergnügen aller Art – so lange, bis die Haut sich runzelt, wundgerieben ist oder vom Sonnenbrand schmerzt.

WILD WILD WET — THEMENPARK

Karte S. 238 (Downtown East, Ecke Pasir Ris Dr. 3 & Pasir Ris Close; www.wildwildwet.com; Erw./Kind/Fam. 16/11/44 $; ☉Mo & Mi–Fr 13–19, Sa & So 10–19 Uhr; Ⓜ Pasir Ris) Der Themenpark, ebenfalls in Downtown East, befindet sich auf dem gleichen Gelände wie der Escape Theme Park. Hier stehen acht Rutschen mit ähnlichem Spaßfaktor zur Verfügung.

PASIR RIS SPORTS & RECREATION CENTRE — SCHWIMMEN

Karte S. 238 (120 Pasir Ris; Erw./Kind 1,50/1 $; ☉Di–So 8–21.30 Uhr; Ⓜ Pasir Ris) 40 Mio. (!) Dollar kostete angeblich dieser öffentliche Wasser- und Wellnesspark mit Jacuzzis, Wasserrutschen und verschiedenen Pools, darunter gleich mehrere Olympiaschwimmbecken.

SHOPPEN

Das enge Straßenlabyrinth mit seinen *shophouses* und die reichen Vorstädte von Ostsingapur sind eher für ihre Gastronomieszene bekannt und eignen sich weniger zum Shoppen. Einige der besseren Einkaufsgelegenheiten in der Gegend gehen de facto Hand in Hand mit Einkehrmöglichkeiten – daneben gibt es aber durchaus noch eine Handvoll ordentlicher Einkaufszentren, die von den kulinarischen Gelüsten ablenken.

KIM CHOO KUEH CHANG ESSEN
Karte S. 230 (109 East Coast Rd.; 🚌10, 14) Im Stadtviertel Joo Chiat gibt es Bäckereien und Konditoreien in Hülle und Fülle. Kim Choo jedoch verströmt nach wie vor nostalgisches Flair: An einer Holztheke, wie man sie sonst nur noch in alten Apotheken findet, werden traditionelle Grapefruit-Tartes verkauft sowie andere farbenprächtige Peranakan-Snacks, z. B. *kueh* (eine Art Petit Four). Einfach nachfragen, was besonders empfehlenswert ist oder von allem etwas kaufen! In der oberen Etage finden Präsentationen statt, z. B. wird dort gezeigt, wie *bak chang* (Reisknödel) hergestellt werden. Zudem kann man das ein oder andere Souvenir ergattern – mit Peranakan-Bezug.

RUMAH BEBE PERANAKAN-KLEIDUNG
Karte S. 230 (113 East Coast Rd.; ⏱9.30–18.30 Uhr; 🚌10, 14) Dieses *shophouse* gehört seit 1928 Bebe Seet – sie ist die Haus- und Hoflieferantin für alles, was mit der Peranakan-Kultur zu tun hat: traditionelle *kebayas* (Uniformjacken im Nonya-Stil mit dekorativen Litzen) und wunderschöne perlenbesetzte Schuhe. Wer etwas Zeit und Neigung mitbringt, kann bei Bebe die Perlenstickkunst erlernen. Vor dem Weggehen nicht vergessen: *kueh* kaufen! Denn etwas Süßes braucht der Mensch …

ISAN GALLERY GALERIE
Karte S. 238 (www.isangallery.com.sg; 42 Jln Kambangan; Ⓜ Kembangan) Die Galerie von Percy Vatsaloo stellt fein gearbeitetes Kunsthandwerk und außergewöhnlich schöne Kleidungsstücke aus sowie Textilien, die vom Stamm der Isan im nordöstlichen Thailand angefertigt werden. Der Besuch der Galerie ist nur nach Terminabsprache möglich. Die meisten Exponate sind auch verkäuflich. Percy arbeitet eng mit den Kunsthandwerkern zusammen und die Hälfte des Verkaufserlöses fließt direkt an sie zurück.

PARKWAY PARADE EINKAUFSZENTRUM
Karte S. 230 (www.parkwayparade.com.sg; Marine Pde.; 🚌15, 31, 36, 76) Parkway, das ungeheuer beliebte Einkaufszentrum im Osten, beherbergt Publikumsmagneten wie das Kaufhaus **Isetan** sowie eine ganze Reihe von Elektrogeschäften und Modeboutiquen und den ganz normalen Gastrowahnsinn.

TAMPINES MALL EINKAUFSZENTRUM
Karte S. 238 (4 Tampines Central 5; Ⓜ Tampines) Eines von Singapurs größten und meistbesuchten Einkaufszentren mit idealer Lage direkt neben der Metrostation Tampines. Dort kauft Singapurs Mittelklasse ein und stellt damit auch die Hauptzielgruppe des rührigen Marketings. In diesem flaschengrünen Kolossalbau befinden sich eine weitere Filiale des Kaufhauses **Isetan**, ein **Kino** sowie mehrere Buchläden. Nebenan gibt es zwei kleinere Einkaufszentren, das **Century Square** und das **Tampines 1**. Letzteres beherbergt Franchise-Ketten und unabhängige Modeboutiquen für junges Publikum.

DOWNTOWN EAST EINKAUFSZENTRUM
Karte S. 238 (www.downtowneast.com.sg; Ecke Pasir Ris Dr. 3 & Pasir Ris Close; Ⓜ Pasir Ris). Ja, das ist das Gebäude mit dem Riesenrad drin (6,50 $ pro Fahrt). Die Geschäfte sind durchschnittlich, das **Kino** hingegen ist sehr beliebt. Es gibt zahlreiche Essgelegenheiten und Kegelbahnen an der **Orchid Bowling Alley**. Der Kommerztempel ist direkt verbunden mit dem Wild Wild Wet und dem Escape Theme Park.

Der Norden & das Zentrum von Singapur

Highlights

❶ Singapurs ursprünglicher Regenwald im **Bukit Timah Nature Reserve** (S. 106) durchstreifen.

❷ Kinder und Orang-Utans zusammen frühstücken lassen – eine Verwöhnmatinee im magischen **Zoo von Singapur** (S. 107).

❸ Leoparden und Fledermäusen auf der Spur – mit der Bummeltram oder auf leisen Sohlen: auf der **Nachtsafari** im Zoo (S. 108) ist alles möglich.

❹ Im idyllischen **Mac Ritchie Reservoir** (S. 107) einen Hochseilakt wagen: In 25 m Höhe kann man vom Treetops Walk aus einen schwindelerregenden Blick auf die Baumkronen genießen.

❺ Letzte Gelegenheit, bevor die Städteplaner Hand anlegen: Das einzige noch erhaltene *kampong* (ursprüngliche Dorfsiedlung) **Lorong Buangkok** (S. 109) erkunden.

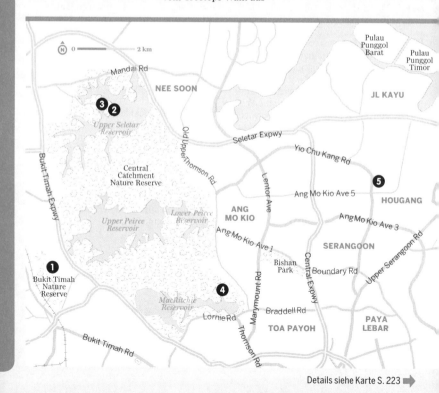

Details siehe Karte S. 223

Den Norden & das Zentrum von Singapur erkunden

Dieser wunderbar wilde und herrlich grüne Teil Singapurs steckt voller Sehenswürdigkeiten. Wer gerne auf den ausgezeichneten Wanderpfaden wandeln will, sollte schon frühmorgens loszuziehen. Denn dann sind die Temperaturen noch niedriger und es bleibt jede Menge Zeit für weitere Aktivitäten im Verlauf des Tages.

In den Arealen rund um den Zoo sind reichlich Restaurants und Cafés vorhanden, wer jedoch andere in diesem Kapitel erwähnte Sehenswürdigkeiten besuchen möchte, sollte vorab Essens- und Besichtigungszeiten aufeinander abstimmen: entweder vor Aufbruch für eine gute Grundlage sorgen oder ein Picknick mitnehmen (insbesondere wenn man vorhat, im MacRitchie Reservoir zu wandern). Sowohl Ang Mo Kio als auch Toa Payoh sind große Drehkreuze mit Busverbindungen zu einigen der Hauptattraktionen und die Food Courts dort sind dank ihres vielfältigen Angebots sehr beliebt.

Tipps der Einheimischen

➡ **Mit dem Bus quer durch Singapur** Es ist zwar verlockend, sich für die Fahrten zu allen abgelegeneren Sehenswürdigkeiten ein Taxi zu nehmen, notwendig ist es aber nicht. Eine Kombination aus Metro- und Busfahrten ist ebenso praktisch und hilft Geld sparen.

➡ **Essen im Zoo** Die meisten Einkehrmöglichkeiten im und rund um den Zoo und im Umkreis von Nachtsafari bzw. Nachtzoo sind kostspielige Restaurantketten nach westlichem Geschmack, es gibt aber ein einheimisches Café am Eingang zum Zoo. Vor dem Abtauchen in die Welt der Tiere sollte man sich noch einen *kopi* (Kaffee) und ein paar *kaya* (Toast mit Kokosaufstrich) oder einen einfachen Nudelteller einverleiben.

➡ **Affen füttern** Singapurs Gesetze sind recht streng, aber was Tierschutz betrifft, werden die Verordnungen besonders strikt befolgt. Wer beim Füttern von Affen in Naturreservaten wie Bukit Timah ertappt wird, muss mit einem astronomisch hohen Bußgeld rechnen.

An- & Weiterreise

➡ **MRT** Nord- und Zentralsingapur sind an die North South Line angebunden. Es befinden sich aber keine der Haltestellen in unmittelbarer Nähe der Schutzgebiete, man weicht also auf Busse oder Taxis aus.

➡ **Bus** Die Buslinie 170 fährt in weniger als einer halben Stunde vom Queen Street Bus Terminal nach Bukit Timah. Andere Busse fahren ab den MRT-Drehkreuzen von Toa Payoh oder Ang Mo Kio.

Top-Tipp

Reservate wie Bukit Timah und das MacRitchie Reservoir sind wirklich nicht weit vom Zentrum entfernt, es kann dort aber extrem heiß und feuchtschwül werden und wer einmal auf den Wanderpfaden ist, findet unterwegs keine Einkaufsmöglichkeit mehr. Also nicht vergessen: vor Aufbruch an eine Kopfbedeckung (Hut, Mütze oder Ähnliches) denken und Antimückenspray auftragen, ausreichend Trinkwasser mitnehmen und vielleicht noch ein paar Snacks zum Durchhalten.

🏃 Abenteuer erleben

➡ Bukit Timah (S. 106)
➡ MacRitchie Reservoir (S. 107)
➡ Nachtsafari (S. 108)

👁 Lebendige Geschichte

➡ Lorong Buangkok (S. 109)
➡ Sun Yat Sen Nanyang Memorial Hall (S. 109)
➡ Cheng Huang Temple (S. 109)

☆ Erlebnisse für Kinder

➡ Zoo (S. 107)
➡ Nachtsafari (S. 108)
➡ MacRitchie Reservoir (S. 107)

HIGHLIGHTS
BUKIT TIMAH NATURE RESERVE

Singapurs einziger noch erhaltener urzeitlicher Regenwald, in dem es einst von Tigern wimmelte, ist nur eine kurze Busfahrt vom Zentrum entfernt und erweist sich als ultimativer Gegenentwurf zur Großstadthektik.

Der letzte Tiger wurde hier in den 1920er-Jahren erlegt, doch das Auge der Kamera erfreut sich immer noch an jeder Menge Affenhorden (Makaken oder Meerkatzen). Aufgepasst: Die Tiere sind wild und dürfen nicht gefüttert werden.

Im Waldareal gibt es vier gut angelegte Wanderwege (35 Min. bis 2 Std. hin & zurück) innerhalb des Schutzgebiets sowie einen beliebten Mountainbike-Trail, allerdings nirgendwo einen Fahrradverleih. Übersichtskarten zu den Streckenverläufen findet man auf großen Holztafeln, die Trails sind darauf farbig markiert.

Die kürzeste und beliebteste Wanderung ist der direkte Gipfelaufstieg zum Bukit Timah, mit 163 Höhenmetern der höchste Punkt Singapurs. Man sollte sich hier etwas Zeit nehmen, um die kleineren Wege neben den Hauptpfaden zu erkunden. Besonders aufregend ist der Rock Path: An manchen Stellen geht's nur auf allen Vieren weiter – eine abenteuerliche Kletter- und Krabbeltour über Felsen und Baumwurzeln..

Anreise: Am Einkaufszentrum Bukit Timah aussteigen, in Fahrtrichtung weitergehen; dann kommt auf der rechten Seite bald der Hindhede Drive.

NICHT VERSÄUMEN

➡ Gipfelfeeling auf dem Bukit Timah

➡ Kletter- und Krabbelspaß auf dem Rock Path

➡ Begegnung mit Singapurs Meerkatzen

PRAKTISCH & KONKRET

➡ Karte S. 223
➡ www.nparks.gov.sg
➡ 177 Hindhede Drive
➡ Eintritt frei
➡ ⏰ 6–19 Uhr
➡ Ⓜ Orchard oder Newton, dann 🚌171; oder 🚌170 ab Busbahnhof Queen Street in Little India

SEHENSWERTES

MACRITCHIE RESERVOIR NATURSCHUTZGEBIET
Karte S. 223 (www.nparks.gov.sg; Lornie Rd.; ◐6.30–18 Uhr; Ⓜ Toa Payoh, dann 🚌571) Zwar ist das MacRitchie Reservoir nicht ganz so exotisch wild wie das Bukit-Timah-Reservat, aber es ermöglicht längere Wandertouren entlang des Ufers und auf gewundenen Wegen durch Teile des Waldes, was richtig in die Beine geht.

Im Wald sind Begegnungen mit Affen (Makaken) an der Tagesordnung und mit ein bisschen Glück sind auch Warane anzutreffen, die in den seichten Gewässern des Reservoirs umherflitzen.

Bei **Paddle Lodge** (📞6344 6337; www.scf.org.sg; 2 Std. 20 $; ◐Di–So 9–18 Uhr) können Kajaks gemietet werden, aber die meisten Leute kommen hierher, um den ausgezeichneten 10 km langen Rundwanderweg zu gehen. Diverse Abzweigungen sorgen für Abwechslung. Wie im Bukit-Timah-Reservat gibt es auch hier keine Karten (aus Gründen des Umweltschutzes), aber alle Wanderwege sind gut ausgeschildert bzw. überall mit detaillierten Übersichtskarten auf Holztafeln veranschaulicht.

Das beliebteste Wanderziel ist der **Treetop Walk** (◐Di–Fr 9–17, Sa & So 8.30–17 Uhr, Mo geschl.), ein echtes Highlight: Die 250 m lange Hängebrücke durchquert in 25 m Höhe das Baumkronendach. Die Wanderpfade führen dann weiter durch den Wald und quer durchs Schutzgebiet, teils auf staubigen Pisten, teils auf Holzbohlenwegen.

Die Rundwanderung auf dem Hauptweg dauert drei bis vier Stunden. Der Ausgangspunkt für den Fußmarsch liegt rechts vom Service-Center (mit einem kleinen Café und verschiedenen Einrichtungen), wo der Bus 157 hält. Dort gibt es aber keine Touristeninformation. Die Route verläuft gegen den Uhrzeigersinn rund um den See. Von dort ist es nicht weit zur Paddle Lodge. Der Treetop Walk beginnt ca. 3 bzw. 4 km von dort entfernt.

 ### HIGHLIGHTS
DER ZOO VON SINGAPUR

Auch wer sich nicht so sehr für Zoos begeistert, sollte gerade diesen nicht verpassen! Es ist nämlich einer der besten Tierparks der Welt und die Gehege sind hier so perfekt angelegt, dass die Tiere ein artgerechtes Leben führen können (sofern das aus Menschenperspektive beurteilt werden kann). Die Besucher sind jedenfalls durch die Bank hin und weg von den Eindrücken. Käfige gibt es hier gar nicht – nur ein schlaues Konzept mit Wassergräben und Deichen, sodass die Tiere viel Platz haben, innerhalb der natürlichen Abgrenzungen umherzustreifen. Das Gelände ist optimal strukturiert und überaus besucherfreundlich. Es liegt auf einer Halbinsel mit üppiger Vegetation, die in die Meeresgefilde des Upper Seletar Reservoir hineinragt; eine Kulisse also, die überwältigend schön ist.

Zu den Highlights zählt der Funpark Kidzworld, wo die kleineren Kinder auf Ponys reiten und Stalltiere füttern können, oder auch die Wasserspaßanlage und das Dschungelfrühstück mit Tieren, wo Orang-Utans als Gäste geladen sind!

Am besten erkundet man den Tierpark zu Fuß, um alles sehen zu können, es gibt aber auch eine Bummelbahn und Boote. Der Startschuss für die neue „River Safari" soll 2012 fallen.

Geld sparen – gewusst wie: Es gibt ein Pauschalticket für den Besuch des Zoos, die Nachtsafari und den Jurong Bird Park.

NICHT VERSÄUMEN

➡ Dschungelfrühstück unter Tieren
➡ Kidzworld
➡ Großer afrikanischer Grabenbruch, Äthiopien

PRAKTISCH & KONKRET

➡ Karte S. 223
➡ 📞6269 3411
➡ www.zoo.com.sg
➡ 80 Mandai Lake Rd.
➡ Erw./Kind 20/13 $, Extragebühren für einige Aktivitäten
➡ ◐8.30–18 Uhr
➡ Ⓜ Ang Mo Kio, dann 🚌138

HIGHLIGHTS
NACHTSAFARI

Direkt neben dem Zoo, aber komplett separat angelegt, befindet sich das Areal der ungewöhnlichen Nachtsafari, wo Besucher spazierengehen oder auch mit einer Bummelbahn an 120 verschiedenen eher nachtaktiven Tierarten vorbeitingeln können. In der Dunkelheit scheinen sich die Kanäle und andere Barrieren in Nichts aufzulösen und es sieht tatsächlich so aus, also ob diese Tiere – Tiger, Löwen und Leoparden – über die Gräben herüberwaten und jeden Moment zuschnappen könnten. Zahmere Tiere wie Antilopen kommen manchmal ganz nah an die Tram heran.

Fast jeder stellt sich gleich in die Warteschlange für die Bummelbahn – und das ist auch ratsam. Die Fahrt wird begleitet von einem Gästeführer, der eine sehr schöne Einführung zum Park gibt. Allerdings sollte man sich nach der Rundfahrt ein paar Schritte zu Fuß nicht entgehen lassen. Denn so erreicht man Gehege, die von der Tram aus nicht einsehbar sind. Das Erlebnis ist dort umso gruseliger.

Kinder können sich bei einer 30-minütigen Show „Creatures of the Night" (Kreaturen der Nacht) vergnügen (☉19.30, 20.30 & 21.30 Uhr, Fr & Sa zusätzlich 22.30 Uhr).

Nach der Rückkehr von der Safari sollte man einen Bus nehmen, der um ca. 22.45 Uhr startet, da die letzte Metro um 23.30 Uhr in Ang Mo Kio fährt. Ansonsten stehen auch Taxis direkt am Parkeingang zur Verfügung. Außerhalb des Parks gibt es jede Menge Einkehrmöglichkeiten.

NICHT VERSÄUMEN

➡ Durch den Zoo mit der Tram – auf leisen Schienen
➡ East Lodge – Wandern mal anders
➡ Gruseltour „Creatures of the Night"

PRAKTISCH & KONKRET

➡ Karte S. 223
➡ ☎6269 3411
➡ www.nightsafari.com.sg
➡ 80 Mandai Lake Rd.
➡ Erw./Kind 32/21 $
➡ ☉19.30–24 Uhr
Ⓜ Ang Mo Kio, dann 🚌138

Jüngere Kinder dürften beim Paddelvergnügen ihren Spaß haben, und zwar in einer eigens dafür konzipierten Anlage mit wasserüberflutetem Holzbohlenweg. Die Einstiegsstelle befindet sich links vom Service-Center im kleinen MacRitchie Reservoir Park.

MEMORIES AT OLD FORD FACTORY MUSEUM Karte S. 223 (☎6462 6724; www.s1942.org.sg; 351 Upper Bukit Timah Rd.; Eintritt 3 $; ☉Mo–Sa 9–17.30 Uhr; Ⓜ Bukit Batok, dann 🚌173) Ergänzend zur Besichtigung der Ausstellungen von Bukit Chandu (S. 119) zeigt dieses Museum die drei Schicksalsjahre Singapurs unter japanischer Besatzung während des Zweiten Weltkriegs. Mit den Exponaten in der ehemaligen Fertigungshalle von Ford Motors erinnert diese Gedenkstätte vor allen Dingen daran, dass hier im Jahre 1942 die Briten Singapur an die Japaner auslieferten.

Das Gebäude im Art-déco-Stil beherbergt heute eine Ausstellung zum Zweiten Weltkrieg mit einem Schwerpunkt auf den Erfahrungen der einheimischen Bevölkerung, die unter der Besetzung zu leiden hatte. Historische Fotografien, Rationierungsbücher, Tagebücher aus jenen Jahren, Zeichnungen von Gefangenen und eine große interaktive Karte geben einen Einblick in die düstersten Jahre in der jüngeren Geschichte des Stadtstaates.

Zur heutigen Anlage gehört auch ein kleiner Garten, in dem Nutzpflanzen zu sehen sind, die während dieser Zeit angebaut wurden. Auf den Schildern lässt sich nachlesen, wie diese zum Lebensunterhalt beigetragen haben.

Ab dem Busbahnhof Queen Street in Little India fährt der Bus 170 bis zur Haltestelle direkt hinter dem Naturschutzgebiet von Bukit Timah.

GRATIS LIAN SHAN SHUANG LIN MONASTERY
BUDDHISTISCHER TEMPEL

Karte S. 223 (184E Jln Toa Payoh; ⊙7–17 Uhr; MToa Payoh) Tief verborgen im Areal des Toa Payoh HDB liegt dieses malerische Kloster, auch Siong Lim Temple genannt, das trotz aller Abgeschiedenheit einen Abstecher wert ist, weil es sich von den gewöhnlichen Touristenattraktionen abhebt.

Schattige Pfade führen zu Innenhöfen, die mit ganzen Wäldern aus Bonsaibäumchen gefüllt sind, und bis zu großen Hallen mit farbenprächtigem Dekor in Gold-, Rot- und Blautönen. In einem heiligen Raum grüßt ein riesiger ruhender Buddha die eintretenden Besucher. Der ehrwürdige **Cheng Huang Temple** (⊙9–17 Uhr) verströmt einen Hauch von Mystik.

Der Tempel ist dem Stadtgott geweiht. Seine Aufgabe ist es, bereits im Diesseits für Gerechtigkeit zu sorgen. Hier wimmelt es von Einheimischen, die ihm ihren tiefen Respekt erweisen. Die große Tempelhalle wurde 1912 erbaut. Im Innern stützt eine Konstruktion aus dicken Balken, die seit Jahrzehnten den Duft des Weihrauchs absorbiert haben, die rot und gelb gefärbten Raumdecken.

Das Kloster und der Tempel liegen ca. 1 km östlich der Metrostation Toa Payoh und sind zu Fuß erreichbar – einfach den Schildern folgen; zuerst geht es die Kim Keat Link entlang, dann abzweigen in die Lg 6 Toa Payoh. Mit dem Bus 238 sind es drei Stationen.

SUN YAT SEN NANYANG MEMORIAL HALL
MUSEUM

Karte S. 223 (12 Tai Gin Rd.; Erw./Kind 4/3 $; ⊙Di–So 9–17 Uhr; MToa Payoh, dann 🚌145) Dieses in den 1880er-Jahren errichtete Gebäude, heute ein staatliches Kulturdenkmal, war der Hauptsitz des Bündnisses der Chinesischen Kulturrevolution in Südostasien unter Sun Yat Sen. Im Zuge der Umbrüche wurde die Qing-Dynastie gestürzt und die Erste Chinesische Republik ausgerufen. Sun Yat Sen residierte selbst für kurze Zeit in dem Haus, das ein wohlhabender chinesischer Kaufmann dem Bündnis gestiftet hatte. Das Gebäude ist ein Paradebeispiel für eine Kolonialvilla im viktorianischen Stil. Heute beherbergt sie ein Museum mit Bezug zu Sun Yat Sens Leben und Werk. Die Parkmauer ziert ein herrliches 60 m langes Bronzerelief, auf dem die entscheidenden Wendepunkte in Singapurs Geschichte dargestellt sind.

Nebenan befindet sich der **Burmesisch-Buddhistische Tempel Sasaranamsi** (14 Tai Gin Rd.; ⊙6.30–21 Uhr), ein hoch aufragender Sakralbau, der von zwei *chinthes* (löwenähnlichen Figuren) bewacht wird und eine wunderschöne Buddha-Statue aus weißem Marmor beherbergt, umstrahlt von einem etwas seltsamen „Glorienschein" aus verschiedenfarbigen LED-Lampen.

Die Buslinie 145 fährt ab dem Busdrehkreuz Toa Payoh und hält in der Balestier Road nahe der Villa und dem Tempel; ansonsten sind es nur 15 Gehminuten südwärts und quer über den Pan-Island Expressway bzw. den Kanal, der parallel zur Schnellstraße verläuft.

LORONG BUANGKOK
DORF

Als wäre das Dorf aus einer alten Schwarzweiß-Fotografie aus den 1950er-Jahren hervorgegangen, behauptet sich das *kampong* in Lorong Buangkok als letzte Bastion gegen die städtebauliche Modernisierungswelle, die vom Singapurer Kernland herüberschwappt.

Hinter einem dichten Schutzwall aus Bäumen versteckt, duckt sich eine Siedlung aus baufälligen Holzhäusern, darunter viele mit einfachen Wellblechdächern. Die Einwohner scheinen ein beschauliches Leben zu führen, ähnlich wie so viele Singapurer, bevor der Bauboom einsetzte.

Am Wochenende herrscht im *kampong* immer am meisten Betrieb, wenn neugierige Singapurer und Fotoclubs auf eine Stippvisite vorbeischauen, um einen Hauch von Nostalgie einzufangen.

Traurigerweise sieht es danach aus, dass der Landeigentümer das Familienerbe nicht retten kann. Seit Jahren warten nämlich Pläne des Stadtbauamts von Singapur auf ihre Umsetzung. Demnach soll das *kampong* über kurz oder lang einem Sanierungs- und Entwicklungskonzept weichen – wann das genau stattfinden wird, steht allerdings noch in den Sternen.

Um hierher zu kommen, nimmt man den Bus 88 ab der Metrostation Ang Mo Kio in Richtung Pasir Ris und steigt direkt nach der Yio Chu Kang Road in der Ang Mo Kio Avenue 5 (10 Min.) aus. Von da geht es weiter zu Fuß die Yio Chu Kang Road in nördliche Richtung hinauf und nach etwa 50 m biegt man rechts ab in den Gerald Drive; nach weiteren ca. 200 m wieder rechts abbiegen zum Lorong Buangkok. 50 m weiter zweigt ein unbefestigter Weg links zum Dorf ab.

Holland Village, Dempsey Hill & Botanischer Garten

Highlights

❶ Picknick im **Botanischen Garten** (S. 112) – und dann weiter in den Regenwald.

❷ Ein Streifzug durch die Schönheit und Vielfalt der Orchideen im **National Orchid Garden** (S. 112), einem Teil des Botanischen Gartens.

❸ Auf Schnäppchenjagd in den **Antiquitätenläden** (S. 116) von Dempsey Hill.

❹ Rückkehr zum westlichen Essen: ein Besuch in einem der hervorragenden Feinkostläden, z. B. **Jones the Grocer** (S. 113).

❺ Auf ein Bier in **Lorong Mambong** (S. 114) vorbeischauen, der lebhaften Barmeile von Holland Village.

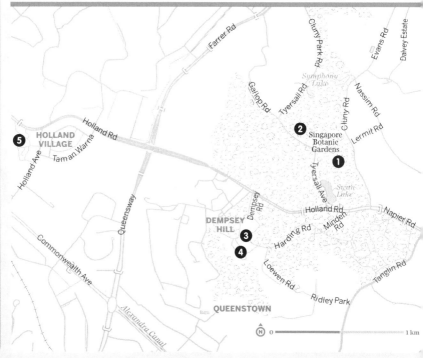

Details siehe Karte S. 232 ➡

Holland Village, Dempsey Hill & den Botanischen Garten erkunden

Die herausragendste Sehenswürdigkeit im Viertel ist der Botanische Garten, für den man sich unbedingt ein paar Stunden Zeit nehmen sollte. Das Ganze gleich mit einem Picknick zu kombinieren, macht den Ausflug perfekt.

Wer vorher noch Leckereien fürs Picknick besorgen möchte, kann das in den Feinkostläden im exklusiven Holland Village erledigen oder im noch exklusiveren Dempsey Hill. Sehr zu empfehlen ist Jones the Grocer.

Natürlich gibt es eine ganze Reihe netter Einkehrmöglichkeiten im Botanischen Garten selbst, für einen Tapetenwechsel bietet sich ansonsten Dempsey Hill an: Dort kann man einen Kaffee trinken und anschließend durch die Antiquitätenläden und Kunstgalerien streifen. Wenn es dunkel wird, lohnt es sich, fürs Abendessen dazubleiben; die Alternative wäre Holland Village.

Tipps der Einheimischen

→ **Joggen** Wer seine Turnschuhe mitgebracht hat, kann es den Einheimischen gleichtun und auf einer Joggingrunde durch den Botanischen Garten die Stadtluft aus den Lungen treiben. Am besten ist es frühmorgens, wenn die Luft noch kühler ist.

→ **Shoppen** Manchmal können einem die riesigen Einkaufszentren der nahe gelegenen Orchard Road auch zu viel werden. In dem Fall nach Dempsey Hill oder Holland Village hinüberschlendern. Hier haben sich viele kleine Läden und Boutiquen angesiedelt.

→ **Genießen** Es sind nicht nur die Expats, die das Angebot an westlichen Gerichten in Holland Village und Dempsey Hill schätzten. Auch wohlhabende Singapurer kommen in die Cafés und gut ausgestatteten Feinkostläden, um sich f mit Leckereien einzudecken.

An- & Weiterreise

→ **MRT** Sowohl der Botanische Garten als auch Holland Village haben eigene Haltestellen. Die Haltestelle Botanic Gardens liegt am Nordeingang zu den Gärten (außerhalb der Karte).

→ **Bus** Dempsey Hill ist nicht ans MRT-Netz angeschlossen. Man kann aber vom Botanischen Garten aus zu Fuß dorthin laufen oder vom Orchard Boulevard hinter der MRT-Station Orchard einen Bus nehmen (7, 77, 106, 123, 174). Zwei Haltestellen hinter den Botanic Gardens aussteigen und nach links gehen. U. a. Buslinie 7 verbindet Holland Village mit Dempsey Hill. Zu Fuß ist es zwar nicht weit, aber der Spaziergang entlang der Holland Road ist nicht gerade reizvoll.

Top-Tipp

Auf der Website (www.sbg.org.sg) des Botanischen Gartens steht eine Liste der aktuellen Klassikkonzerte am Symphony Lake (Eintritt frei). Es lohnt auch, sich über Gratisführungen durch den Garten zu informieren. Zum Zeitpunkt der Recherchen wurden die Führungen am Samstagmorgen durchgeführt, zu Sicherheit sollte man aber lieber nachfragen.

Gut essen

→ Au Jardin (S. 114)
→ Jones the Grocer (S. 113)
→ Original Sin (S. 113)
→ Samy's Curry Restaurant (S. 113)
→ Holland Village Food Centre (S. 113)
→ Casa Verde (S. 114)

Mehr Details siehe S. 112 →

Nett ausgehen

→ Baden (S. 114)
→ Wala Wala Cafe Bar (S. 114)
→ PS Café (S. 115)
→ 2am: Dessert Bar (S. 115)

Mehr Details siehe S. 114 →

Schön bummeln

→ Dempsey Hill Antiques Shops (S. 116)
→ Holland Road Shopping Centre (S. 116)
→ Museum of Contemporary Arts (S. 112

Mehr Details siehe S. 116 →

⊙ SEHENSWERTES

GRATIS MUSEUM OF CONTEMPORARY ARTS (MOCA) KUNSTGALERIE
Karte S. 232 (27A Loewen Rd.; ⊙11–19 Uhr; Ⓜ Orchard, dann ⌷ 7, 77, 106, 123 oder 174) Das Museum widmet sich voll und ganz der zeitgenössischen Kunst: Die immer wieder sehenswerten und innovativen Ausstellungen bilden einen interessanten Kontrast zu dem weiß getünchten Kolonialgebäude sowie der grünen Gegend rund um Dempsey Hill.

SRI MUNEESWARAN HINDU TEMPLE HINDUTEMPEL
Außerhalb von Karte S. 232 (3 Commonwealth Dr.; Ⓜ Commonwealth) Dieser moderne Tempel wurde 1998 gebaut, nachdem das Hindugemeinde zu groß für das ursprüngliche hüttenartige Gebäude geworden war, das indische Eisenbahnarbeiter 1932 errichtet hatten. Der Tempel ist der Gottheit Sri Muneeswaran geweiht; ihm fehlen die zentralen Säulen im Allerheiligsten, sodass die Gläubigen einen ungehinderten Blick auf die Riten haben. Er ist das vermutlich größte Heiligtum für Sri Muneeswaran in Südostasien. Sonntags werden hier freie **Yogakurse** angeboten (16–17 & 18–19 Uhr), ebenso am Montag (19–20 Uhr).

 ESSEN

Holland Village gehört zu den Lieblingswohnadressen der Expats: Das Viertel bietet stille, familienfreundliche Restaurants und Cafés mit teurem, aber hochwertigem und meist westlichem Essen. Das Angebot in Dempsey Hill ist vergleichbar, aber die Umgebung wirkt eher dörflich-kolonial denn städtisch. Früher befanden sich hier Armeekasernen. Dempsey ist nicht ans

HIGHLIGHTS
BOTANISCHER GARTEN VON SINGAPUR

Ursprünglich wurde der herrliche, 150 Jahre alte Botanische Garten Singapurs als Samenlieferant für landwirtschaftliche Projekte genutzt, vor allem für Kautschukplantagen. Die mittlerweile berühmte Orchideenzucht des Gartens begann erst in den 1920er-Jahren. Besucher können sich über die Geschichte der Orchideenzucht im hervorragenden National Orchid Garden (Erw./Stud./Kind 5/1 $/frei; ⊙8.30–19 Uhr) informieren.

Der Rest des Gartens besteht aus 63 ha Bäumen, Pflanzen, Blumen, Rasenflächen und Seen – der perfekte Ort für Spaziergänge, Picknicks, Läufe oder ausgelassene Nachmittage mit den Kindern. Schön sind der kleine Ginger Garden, der malerische Swan Lake und der 4 ha große Flecken Regenwald – er zeigt, wie einst ganz Singapur ausgesehen hat.

Wer den Besuch zeitlich so organisiert, dass er eine der Führungen am Samstagmorgen mitmachen kann (9 Uhr), der wird es nicht bereuen. Und sollte während des Singapurbesuchs sogar ein Open-Air-Konzert beim Symphony Lake auf dem Programm stehen, sollte man die Gelegenheit unbedingt nutzen!

Mittlerweile sollte die MRT-Station Botanic Gardens bereits eröffnet sein; sie liegt an der äußersten Nordecke der Gartenanlage. Ansonsten kann man zu Fuß gehen oder den Bus auf dem Orchard Boulevard hinter der MRT-Station Orchard nehmen (⌷ 7, 77, 123, 106 oder 174).

NICHT VERSÄUMEN

➡ National Orchid Garden
➡ Regenwald
➡ Ginger Garden
➡ Kostenlose Führungen am Samstagmorgen

PRAKTISCH & KONKRET

➡ Karte S. 232
➡ ☏ 6471 7318
➡ www.sbg.org.sg
➡ 1 Cluny Rd.
➡ Eintritt frei
➡ ⊙5–24 Uhr
➡ Ⓜ Botanic Gardens

MRT-Netz angebunden, die meisten Leute nehmen deshalb ein Taxi. In der Nähe fahren aber an der MRT-Station Orchard zahlreiche Busse ab: Zwei Haltestellen hinter Botanic Gardens aussteigen und nach links gehen.

Holland Village

ORIGINAL SIN VEGETARISCH $$
Karte S. 232 (6475 5605; www.originalsin.com.sg; 43 Jln Merah Saga 01-62; Hauptgerichte 20–30 $; 11.30–14.30 & 18–22 Uhr; Holland Village) Das Restaurant ist das beliebteste unter den wirklich feinen Lokalen in dieser stillen Wohnstraße. Kein Wunder – die Atmosphäre ist freundlich und entspannt und das Essen außergewöhnlich. Die Auswahl reicht von turmhohen Ricotta-Kuchen über Moussaka, das auf der Zunge zergeht, bis hin zu exzellenten Risottos – ganz zu schweigen von der gigantischen Weinauswahl. Wenn möglich einen der Mosaiktische draußen reservieren!

HOLLAND VILLAGE FOOD CENTRE HAWKER CENTER $
Karte S. 232 (Lorong Mambong; Gerichte ab 3 $; 6–22 Uhr; Holland Village) Wer die Massen an Expats meiden will, die in den teuren Restaurants auf der anderen Straßenseite speisen, der kann sich den fachkundigen Einheimischen anschließen und das günstige Essen der Straßenhändler probieren. Eine Reihe von Marktständen verkauft Reis mit Hühnchen, Nudeln mit Krabben und andere asiatische Klassiker. Und für alle Neulinge in der Szene: Meist gibt es ein praktisches Schild, auf dem die beliebtesten Gerichte verzeichnet sind.

YEE CHEONG YUEN NOODLE RESTAURANT CHINESISCH $
Karte S. 232 (31 Lorong Liput; Hauptgerichte 4–6 $; 10–22 Uhr; Holland Village) Der Laden ist eher ein Coffeeshop mit Klimaanlage als ein richtiges Restaurant. Das schlichte Nudellokal bietet auch ein paar Sitzplätze draußen und verkauft seit den 1970er-Jahren *hor fun* (dicke, flache Reisnudeln). Wer keine Nudeln mag: Das Hühnchen ist ebenfalls köstlich.

DA PAOLO PIZZA BAR ITALIENISCH $$
Karte S. 232 (www.dapaolo.com.sg; 44 Jln Merah Saga; Pizza 20–30 $; Di-Fr 11–14.30 & 18–22.30, Sa & So 9–22.30 Uhr; Holland Village) Die sehr erfolgreiche italienische Kette ist relativ dominant in diesem Teil von Holland Village, sie betreibt allein drei Filialen in dieser Straße: ein ganz ordentliches Restaurant, einen feinen Delikatessenladen (Nr. 43) und diese sehr beliebte Pizzeria mit Sitzplätzen auf der Terrasse.

DAILY SCOOP EISCREME $
Karte S. 232 (www.thedailyscoop.com.sg; 43 Jln Merah Saga; Mo-Do 11–22, Fr & Sa 11–22.30, So 14–22 Uhr; Holland Village) Hier stehen über 40 Geschmacksrichtungen an handgerührter Eiscreme (von Honigvanille bis Durianfrucht!) zur Auswahl, zu denen frisch gebackene, dicke Waffeln serviert werden. Das reicht noch nicht? Meist lässt sich das Personal überreden, einen eigens zusammengemischten Geschmack in einem dicken Milchshake anzurühren. Auch die Waffeln, Brownies und der Kaffee sind sehr gut.

Dempsey Hill

JONES THE GROCER FEINKOST, CAFÉ $$
Karte S. 232 (www.jonesthegrocer.com; Block 9, Dempsey Rd.; Hauptgerichte ab 20 $; 9–23 Uhr) Ein wahres Paradies für alle Expats: Dieses hübsche Feinkostgeschäft bietet so ziemlich alles, was man an heimischer Kost vermissen könnte, und ist gleichzeitig ein wunderbares Restaurant-Café. Die Ausstattung ist städtisch-industriell, mit hohen Decken und offenen Rohrleitungen, die Atmosphäre herrlich zwanglos: Man kann Platz nehmen und sich ein Essen bestellen oder einfach nur herumstöbern. Highlight für die meisten Leute ist der fantastische Käseladen, der schon allein die Reise hier heraus wert sein dürfte.

SAMY'S CURRY RESTAURANT INDISCH $
Karte S. 232 (www.samyscurry.com; Civil Service Club, Block 25, Dempsey Rd.; Hauptgerichte 6–10 $; 11–15 & 18–22 Uhr, Di geschl.) Er ist mittlerweile eine feste Einrichtung in Dempsey: Samy's eröffnete 1950 und das Restaurant existiert seit den 1980er-Jahren an diesem Fleck. Die einst so reizvolle Wahl des Ortes wurde leider im Laufe der Jahre von der Konkurrenz „sabotiert" – jetzt liegt das Lokal eingezwängt zwischen zwei neueren, größeren Einrichtungen. Das Essen ist aber so herausragend wie eh und je, und es ist eines der weniger pompösen Restaurants in Dempsey.

BARRACKS CAFÉ INTERNATIONAL $$

Karte S. 232 (www.dempseyhouse.com; 8D Dempsey Rd.; Hauptgerichte 22–32 $, Pizza 18–25 $; ◷Mo–Fr 12–22.30, Sa & So 11–22.30 Uhr) Das flippige Barracks Café befindet sich in einem großen grünen Gebäude, das einfach nur House genannt wird. Es ist eher ein Restaurant als ein Café, aber trotzdem relativ zwanglos. Hübsch ist die nach hinten hinausgehende Terrasse mit Waldblick. Das Angebot an Speisen ist vorwiegend westlich orientiert, manche der Gerichte haben aber einen asiatischen Anstrich. Wie wäre es z. B. mit einer vietnamesischen, in Kokosnuss pochierten Pizza?

🍴 Botanischer Garten

AU JARDIN FRANZÖSISCH $$$

Karte S. 232 (✆6466 8812; www.lesamis.com.sg; EHJ Corner House, Singapore Botanic Gardens, Cluny Rd.; ◷19–21.30 Uhr; Menüs 150–225 $; ⓂBotanic Gardens) Untergebracht ist es in einem wunderschön renovierten schwarz-weißen Bungalow aus der Kolonialzeit, der inmitten der einzigartigen Vegetation des Botanischen Gartens liegt – es gibt wohl kaum ein schöner gelegenes Restaurant in Singapur! Natürlich hat das seinen Preis, aber was die Qualität der Gerichte sowie die ganze Stimmung dort betrifft, ist das Lokal kaum zu übertreffen. Also fein machen, nicht an die Rechnung denken und nach dem Essen einen romantischen Spaziergang durch die Gärten unternehmen. Neben dem allabendlichen Betrieb gibt es freitags auch Mittagsangebote (pro Pers. 60 $; ◷12–14 Uhr) und einen Sonntagsbrunch (pro Pers. 88 $; ◷11.30–13.30 Uhr).

CASA VERDE INTERNATIONAL $$

Karte S. 232 (✆6476 7326; www.lesamis.sg; Singapore Botanic Gardens, 1 Cluny Rd.; Hauptgerichte ab 15 $; Sandwiches ab 12 $; Kaffee ab 3,50 $; ◷7.30–21.30 Uhr; ⓂBotanic Gardens) Es ist das beliebteste Lokal im Botanischen Garten: Das familienfreundliche Casa Verde bietet einen netten Sitzbereich im Freien und serviert neben einer Anzahl einheimischer Gerichte einige westliche Köstlichkeiten: Pasta, Sandwiches, Salate sowie sehr gute Holzofenpizza.

HALIA MODERN ASIATISCH $$

Karte S. 232 (✆6476 6711; www.halia.com.sg; Singapore Botanic Gardens; Hauptgerichte 30–60 $; ◷12–15 & 18–22 Uhr; ⓂBotanic Gardens) Die Veranda ist fantastisch und das Restaurant liegt mitten in den Ingwerpflanzen des Botanischen Gartens. Auf diese Eigenschaft nimmt auch die Speisekarte Bezug, nämlich mit einer ganzen Reihe ungewöhnlicher, auf Ingwer basierender Speisen und Getränke. Der ideale Platz für ein leichtes Mittagessen (wenn man es etwas ruhiger mag als im Casa Verde) oder ein romantisches Abendessen (wenn man sich das Au Jardin nicht leisten kann). Neben den täglichen Mittags- und Abendangeboten gibt es an den Wochenenden auch einen Brunch (◷10–16 Uhr) und einen English Tea (◷15–17 Uhr) mit Marmelade, Scones und anderen Leckereien.

AUSGEHEN & NACHTLEBEN

Lorong Mambong im Holland Village ist abends als Fußgängerzone für Autos tabu und mutiert von einer stillen Straße zu einer lebhaften Ausgehmeile voller Bars und Restaurants. Viele Bars stellen dann ihre Tische und Stühle ins Freie. Dempsey ist exklusiver und viel ruhiger – die meisten Leute gehen zum Essen und nicht zum Trinken dorthin. Aber auch hier gibt es ein paar Cafés und Bars.

🍷 Holland Village

BADEN BAR

Karte S. 232 (42 Lorong Mambong; ◷14–2 Uhr; ⓂHolland Village) Die freundlichste und entspannteste Bar in ganz Holland Village: Das deutsche Bar-Restaurant bietet Sitzgelegenheiten an der lebhaften Lorang Mambong, eine Reihe europäischer Biere (ab 11 $) und ganz passables Essen (16–36 $). Die Schweinshaxe mit Kartoffeln und Sauerkraut ist besonders gut.

WALA WALA CAFE BAR BAR

Karte S. 232 (www.imaginings.com.sg; 31 Lorong Mambong; ◷So–Do 15–1, Fr & Sa 15–2 Uhr; ⓂHolland Village) An den Wochenenden (eigentlich auch an den meisten Abenden) ist das Wala Wala regelmäßig überfüllt. Hauptanziehungspunkt ist die Livemusik im 2. Stock. Unten kommen

AUF ABWEGEN

Um einige der ausgefalleneren Sehenswürdigkeiten Singapurs kennenzulernen, lohnt es sich, mit der MRT zu fahren:

➔ **MRT-Haltestelle Commonwealth** Den Gastronomiebereich südlich der Haltestelle durchqueren und 250 m in östlicher Richtung weiterlaufen und die erste Straße nehmen, die den Weg kreuzt. So gelangt man zu einer spirituell wie architektonisch eigenartigen Kombination, wie es sie in der Konstellation wohl nur an Orten wie Singapur gibt: Das beinahe kubistische Design der **Catholic Church of the Blessed Sacrament** (außerhalb von Karte S. 232) ragt wie eine gigantische kristalline Wucherung empor und bildet einen umwerfenden Kontrast zum Nachbarn, dem im traditionellen Stil errichteten Hindu-Tempel Sri Muneeswaran.

➔ **MRT-Haltestelle Chinese Garden** Vom Zug aus fährt man in südlicher Richtung zum Chinese Garden (S. 123): Der ziemlich künstlich wirkende Park steckt voller Pagoden, Bögen und traditionellen chinesischen Objekten. Um das ziemlich grausame Live Turtle & Tortoise Museum sollte man allerdings lieber einen weiten Bogen machen.

➔ **MRT-Haltestelle Yishun** In Yishun aussteigen und in westlicher Richtung bis zur **Darul Makmur Mosque** (Karte S. 223) gehen. Die große und modern aussehende Moschee in Schwarz-Weiß hat einen hübschen Zwiebelturm und unterscheidet sich damit von den traditionelleren Moscheen der Innenstadt. Auch die Reihe kleinerer Tempel im Viertel lohnt eine Besichtigung..

➔ **MRT-Haltestelle Ang Mo Kio** Ein hervorragendes Beispiel für die Vorliebe der Einheimischen für die Nachahmung einer perfekten Landschaft. Der **Ang Mo Kio Town Garden East** (Karte S. 223) – direkt gegenüber der Haltestelle – ist einer dieser großartig gepflegten Stadtparks, in denen jeder Baum in genauem Abstand zu seinem Nachbarn gepflanzt wurde.

➔ **MRT-Haltestelle Eunos** Obwohl es hier nicht gerade wie in Geylang von Tempeln, Heiligtümern und anderen spirituellen Orten wimmelt, bietet die Umgebung südlich der MRT-Haltestelle Eunos dennoch einige interessante Überraschungen für alle Neugierigen. Vor allem die Moscheen in malaiischem Stil sind sehr schön, Gleiches gilt für die farbenfroh **Mangala Vihara** (Segens-Schrein; Karte S. 91) auf der Jln Eunos, nur einen Block südlich der Haltestelle.

Football-Fans dank großer Bildschirme voll auf ihre Kosten. Wie meistens in der Gegend stellen die Betreiber abends Tische auf die Straße. Bier gibt es ab 10 $, ein moderater Preis in diesem Teil der Stadt.

2AM: DESSERT BAR BAR
Karte S. 232 (www.2amdessertbar.com; 21a Lorong Liput; MHolland Village) Es ist hip, nett und wahnsinnig schick: 2am hat ein einzigartiges Konzept und ist einer der eher ungewöhnlichen Orte in Singapur für einen Drink (ab 15 $). Die Desserts selbst sind ebenfalls ungewöhnlich, und um den Genuss noch zu vertiefen, wird jedes davon von einem speziellen Wein auf der Speisekarte begleitet: Tiramisu von einem Shiraz, die Karamellmousse von einem Pinot Noir. Das Personal ist jung und freundlich und freut sich, die Gäste bei der Auswahl zu beraten.

 Dempsey Hill

PS CAFÉ CAFÉ
Karte S. 232 (www.pscafe.sg; 28B Harding Rd.; ☉Mo–Do 11.30–17 & 18.30–22.30, Fr 11.30–17 & 18.30–1.30, Sa 9.30–17 & 18.30–1, So 9.30–17 & 18.30–22.30 Uhr) Wie der nahe gelegene Jones the Grocer ist auch dieses Café eine Anlaufstelle für Expats in Dempsey mit solidem westlichem Essen (Hauptgerichte 20–30 $) und leckeren Desserts. Es ist aber auch nett, einfach nur auf einen Drink vorbeizuschauen. Am besten einen Tisch draußen auf der Terrasse belegen, frischen Kaffee mit einem Stück Kuchen bestellen und den Blick ins Grüne genießen.

TIPPLING CLUB BAR
Karte S. 232 (www.tipplingclub.com; 8D Dempsey Rd.; ☉Mo–Fr 18 Uhr bis spät nachts, Sa

ANTIQUITÄTEN AUS DEMPSEY HILL

Dempsey Hill erlebte in den letzten Jahren eine regelrechte Blütezeit, als immer mehr der ehemaligen britischen Kasernengebäude in exklusive Restaurants und Bars umgewandelt wurden.

Glücklicherweise haben viele der Kunst- und Antiquitätenläden, die bereits vor dem Boom im Viertel ansässig waren, überlebt. Tagsüber wirkt alles friedlich, beinahe dörflich, man kann herumschlendern und findet so ziemlich alles von Kaschmirläufern und Möbeln aus Teakholz bis hin zu Antiquitäten.

Interessant is **Shang Antiques** (Block 16, Dempsey Hill), Der Laden hat sich auf südostasiatische Antiquitäten spezialisiert – manche Stücke sind über 2000 Jahre alt. Im **Pasardina Fine Living** (Block 13, Dempsey Hill) gibt es so ziemlich alles, was dekorativ und asiatisch ist, während **Asiatique** (Block 14, Dempsey Hill) indonesisches Mobiliar aus recyceltem Holz verkauft.

Es gibt noch über ein Dutzend ähnlicher Läden, die meisten davon haben täglich von 10 bis 18 Uhr geöffnet.

12–15 & 18 Uhr bis spät nachts) Wer Lust hat, kann sich in dieser trendigen Bar in Industriedesign auf einem der Barhocker niederlassen und die erlesene Auswahl an Whiskys probieren (ab 18 $) – es stehen mehr als ein Dutzend Single Malts auf der Karte. Eine ungewöhnlichere Wahl ist allerdings der *smoky old bastard*, ein großer Whisky, der ganz stilvoll in einem Glasrohr voller Rauch aus getrocknetem Orangenpuder (aromatisiert mit Ahornsirup und Banane) serviert wird.

RED DOT BREWHOUSE BAR
Karte S. 232 (www.reddotbrewhouse.com.sg; Block 25A, 01-01 Dempsey Rd.; Bier ab 11 $; ☺Mo-Do 12-24, Fr & Sa 12-2, So 10-24 Uhr) In einem stillen Winkel von Dempsey Hill liegt das Red Dot Brewhouse. Hier wurden bereits lokale Biere in Kleinmengen gebraut und serviert, als diese noch gar nicht im Trend lagen. Das Essen ist eher durchschnittlich, aber es lohnt sich, die Liste der Biere abzuarbeiten – sie sind allesamt großartig! Vom Fass gibt es insgesamt sieben Biersorten (ab 11 $), darunter das auffallende Pils namens GREEN. Seine ungewöhnliche grüne Farbe verdankt das Getränk dem unermüdlichen Einsatz der Spirulina-Bakterien während des Brauprozesses. Einfach ein Plätzchen draußen auf der gemütlichen Veranda suchen, die Biere erledigen den Rest.

SHOPPEN

HOLLAND ROAD
SHOPPING CENTRE MITBRINGSEL
Karte S. 232 (211 Holland Ave.; ☺10–20 Uhr; ⓂHolland Village) In den 1980er-Jahren war dieses altmodische Einkaufszentrum ein regelrechtes Labyrinth aus unabhängigen Geschäften und Buden, und noch heute ist es mit seinem Kunsthandwerk, Geschenken, Haushaltswaren und der unkonventionellen Mode ein Magnet für Expats und moderne Singapurer. Höhepunkt ist **Lim's Arts & Living** (Shop 01, Level 2) mit seinen Schnitzarbeiten, Möbeln, kitschigen Geschenken und asiatischen Textilien. Aber es gibt auch Dutzende anderer Läden, in denen das Stöbern Spaß macht. Im 3. Stock befindet sich eine Reihe von Massage- und Reflexzonenmassage-Läden, um die einkaufsmüden Glieder zu besänftigen; ganz oben liegt ein Dachcafé.

Der Westen & Südwesten von Singapur

Highlights

❶ Mit der spektakulären **Seilbahn** (S. 119) auf den Gipfel des Mount Faber oder quer über den Hafen nach Sentosa Island schweben.

❷ Als Vogelbeobachter in den Mangrovensümpfen des **Sungei Buloh Wetland Reserve** (S. 121) unterwegs sein.

❸ Die Wanderung auf den Mount Faber entlang der **Southern Ridges** führt von einem Park zum anderen (S. 120).

❹ Die Hebel und Drehknöpfe im **Singapore Science Centre** (S. 121) ermuntern die Besucher zum Ausprobieren. Anschließend geht es ins riesige **Omni-Theatre** (S. 121) nebenan, das IMAX-Filme zeigt.

❺ Eine Zeitreise in die 1950er-Jahre beim Besuch von Singapurs altmodischstem Freizeitpark, dem herrlich schrägen **Haw Par Villa** (S. 119).

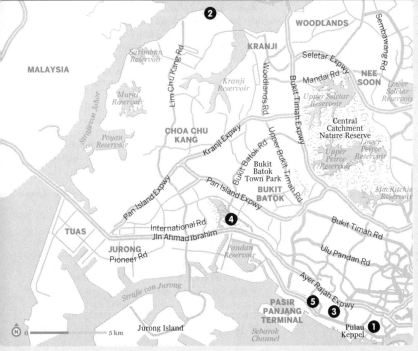

Details siehe Karte S. 234 & 235 ➡

Top-Tipp

Die sportlichere Variante einer Besichtigungstour bietet der 9 km lange Southern Ridges Walking Trail (S. 120), eine der selten besuchten Attraktionen des Landes. Also Hut aufsetzen, ausreichend Wasser einpacken und zumindest einen Teil davon laufen. Der Weg führt von Park zu Park durch den Südwesten und endet am Mount Faber.

Gut essen

→ Eng Lock Koo (S. 124)
→ Emerald Lodge (S. 124)
→ Sky Dining (S. 124)

Mehr Details siehe S. 124 →

Schön wandern

→ Southern Ridges (S. 120)
→ Mount Faber (S. 119)
→ Sungei Buloh Wetland Reserve (S. 121)
→ Labrador Nature Reserve (S. 121)
→ Chinese Garden (S. 123)

Mehr Details siehe S. 119 →

Tiere beobachten

→ Sungei Buloh Wetland Reserve (S. 121)
→ Jurong Bird Park (S. 121)
→ Labrador Nature Reserve (S. 121)

Mehr Details siehe S. 119 →

Den Westen & Südwesten erkunden

Der relativ weitläufige Westen bietet viele Sehenswürdigkeiten, für deren komplette Besichtigung man einige Tage benötigen würde. Das ist aber gar nicht nötig, denn es handelt sich dabei um keine Top-Attraktionen. So kann man sich leicht das heraussuchen, was einen interessiert, ohne allzu viel von der Reisezeit zu verlieren.

Es lohnt sich außerdem, verschiedene Sehenswürdigkeiten an einem Besichtigungstag zusammenzufassen. Das Science Centre, das Omni-Theatre und die Snow City liegen nebeneinander, während eine Reihe weiterer Ziele im Nordwesten leicht über die MRT-Station Kranji erreicht werden kann.

Der Besuch auf dem Mount Faber ist bei Sonnenuntergang mit Sicherheit am schönsten; also am besten abends in die Seilbahn steigen oder in einem Restaurant auf dem Gipfel einkehren. Danach ist es kein Problem, via MRT von HarbourFront zurück zum Hotel zu fahren.

Tipps der Einheimischen

→ **Kombi-Tickets** Es lohnt sich, für Science Centre, Omni-Theatre und Snow City ein Kombi-Ticket zu nehmen. Auch der Jurong Bird Park ist Teil eines Dreifach-Kombi-Tickets, die zwei weiteren Attraktionen sind der Zoo und die Nachtsafari. Außerdem gibt es diverse Sentosa-Island-Kombinationen für alle, die mit der Seilbahn unterwegs sind.

→ **Unterwegs mit dem Bus** Wie auch im Norden und im Zentrum ist die hier vorgestellte Region weitläufig – die Versuchung ist also groß, die Sehenswürdigkeiten im Taxi zu besichtigen. Gar nicht nötig! Jedes einzelne hier vorgestellte Ziel ist per MRT-Bahn erreichbar (oder per MRT plus kurze Busfahrt). Eine Ausnahme bildet der Mount Faber, aber dafür gibt es ja die Seilbahn.

→ **Sonnenschutz** Im Westen und Südwesten liegen viele Parks, Berge und Naturschutzgebiete. Hier kann man herrlich wandern, sollte aber keinesfalls die Stärke des Sonnenlichts unterschätzen. Also entsprechend Sonnencreme einpacken!

An- & Weiterreise

→ **MRT** Die Region ist aufgrund der MRT-Verbindungen gut zugänglich. Einige der Stationen heißen genauso wie die Attraktionen selbst. Ansonsten kann man alles von HarbourFront, Jurong East, Boon Lay und Kranji aus zu Fuß erreichen oder es gibt Busverbindungen.

→ **Bus** Für die abgelegenen Sehenswürdigkeiten steigt man nach der Fahrt mit dem MRT in einen Bus um; die Linien werden jeweils angegeben. Der Kranji Express (S. 122) ist ein praktischer Minibus.

SEHENSWERTES

Der Südwesten

MOUNT FABER & SEILBAHN   PARK
Karte S. 234 (MHarbourFront) 116 m hoch ragt im Süden der Stadt der Mount Faber auf; von seinem Gipfel hat man einen guten Überblick über Sentosa Island. Er ist das Herz des Mount Faber Park, eines der ältesten Parks des Landes.

Vom Gipfel aus erstreckt sich die glitzernde Stadt in alle Richtungen bis zum Horizont. Im Süden liegen die Keppel Wharves und das industrielle Pasir Panjang, Richtung Norden dagegen schaut man auf die perfekte Silhouette der Wolkenkratzer.

Auf den Gipfel führt die spektakuläre **Seilbahn** (www.mountfaber.com.sg; Erw. einfach/hin & zurück 24/26 $, Kind einfach/hin & zurück 14/15 $; ⏱8.30–21.30 Uhr), außerdem fährt vom HarbourFront Centre die Buslinie 409 (nur am Wochenende, 12–21 Uhr) dorthin. Die dritte Möglichkeit ist die Wanderung hinauf. Der Weg ist kurz, aber steil und führt durch Sekundärwald; am Weg stehen strategisch günstig verteilt zahlreiche Bänke. Unterwegs sieht man Pavillons sowie einige herrliche Bungalows im Kolonialstil.

Der Gipfel ist auch der Höhepunkt der 4 km langen Wanderung entlang den Southern Ridges (S. 120).

Oben gibt es viele Einkehrmöglichkeiten, trotzdem ist es ratsam, Wasser für unterwegs mitzunehmen.

Die Seilbahn fährt vom Mount Faber hinunter zum HarbourFront Centre und weiter bis Sentosa Island. Die Preise für die Tickets bleiben unabhängig von der Strecke immer gleich.

GRATIS HAW PAR VILLA   MUSEUM
Karte S. 234 (262 Pasir Panjang Rd.; ⏱9–19 Uhr; MHaw Par Villa) Ursprünglich war er bekannt als Tiger Balm Gardens – ein herrlich schräger, unbestreitbar kitschiger und sehr altmodischer Freizeitpark von von Aw Boon Haw, dem Erfinder des Tiger-Balsams. Er errichtete hier 1937 zunächst eine Villa (die mittlerweile abgerissen wurde) für seinen geliebten Bruder und Geschäftspartner Aw Boon Par. Gemeinsam bauten sie dann nach und nach auf dem Grundstück einen Themenpark, der sich der chinesischen Mythologie widmet. Auf diese Weise wollten sie die hier lebende chinesische Bevölkerung an ihre Wurzeln erinnern. Tausende von Statuen und Dioramen wurden im Laufe der Jahre errichtet, auch heute noch kommen neue hinzu.

Das Resultat ist ein visuelles Sperrfeuer aus Folklore und Märchen, angefüllt mit Szenen aus der Sage „Die drei Königreiche", Konfuzianismus, und – der absolute Publikumsliebling – der Ausstellung **Die zehn Kreise der Hölle.** Sie zeigt die unzählbaren schaurigen Qualen auf, die die Sünder in der Unterwelt erwarten.

Auf dem Gelände liegt auch das **Hua Song Museum** (Erw./Kind 4/2,50 $; ⏱9–17 Uhr), ein engagiertes Museum, das einen Einblick in das Leben, die Firmen und Abenteuer chinesischer Migranten auf der ganzen Welt bietet.

REFLECTIONS AT BUKIT CHANDU   MUSEUM
Karte S. 234 (www.s1942.org.sg; 31K Pepys Rd.; Eintritt 2 $; ⏱Di–So 9–17.30 Uhr; MPasir Panjang) Auf dem Bukit Chandu (Opiumhügel) befindet sich in einer renovierten Villa aus der Kolonialzeit ein fesselndes Informationszentrum über den Zweiten Weltkrieg. Es erzählt die Geschichte vom Fall Singapurs und ist ein lohnender Zwischenstopp auf dem Weg zum Kent Ridge Park. Im Mittelpunkt der Aufmerksamkeit stehen das 1. und 2. Bataillon des Malaiischen Regiments, die beide 1942 tapfer, aber erfolglos versuchten, den Hügel in der Schlacht von Pasir Panjang gegen die Japaner zu verteidigen.

Hightech-Schaukästen, in denen Filmdokumente aus jener Zeit gezeigt werden, vermitteln dem Besucher das aufwühlende Geschehen auf dem Schlachtfeld.

Zum Museum gelangt man über die MRT-Haltestelle Pasir Panjang. Nach dem Aussteigen die Hauptstraße überqueren und etwa 15 Minuten entlang der Pepys Road hügelaufwärts laufen.

GRATIS NUS MUSEUMS   MUSEEN
Außerhalb von Karte S. 234 (www.nus.edu.sg/museum; University Cultural Centre; 50 Kent Ridge Cres.; ⏱Mo–Sa 9–17 Uhr; MBuona Vista, dann 🚌95) Auf dem Campus der National University of Singapore (NUS) befinden sich drei kleine, aber interessante Kunstmuseen mit erlesenen Sammlungen. Im Erdgeschoss liegt das **Lee Kong Chian Art Museum** mit einer ausgezeichneten Sammlung antiker chinesischer Keramiken

WANDERUNG AUF DEN SOUTHERN RIDGES

Mount Faber ist durch eine Reihe von Parks mit dem West Coast Park verbunden, die Route wird Southern Ridges genannt. Die Region ist leicht zugänglich und eignet sich wunderbar zum Wandern; sie stellt eine weniger große Herausforderung dar als die Touren rund um Bukit Timah oder das MacRitchie Reservoir. Insgesamt ist die Strecke über 9 km lang, empfehlenswert ist aber vor allem der kürzere, 4 km lange Abschnitt vom Kent Ridge Park zum Mount Faber. Obwohl der Weg an sich nicht allzu anstrengend ist, empfiehlt es sich wegen des feuchtheißen Klimas, viel Wasser für die Wanderung mitzunehmen.

Startpunkt ist der **Kent Ridge Park** (Karte S. 234). Er liegt in der Nähe des herausragenden Museums Reflections at Bukit Chandu. Sobald man den schattigen Park erreicht hat, folgt man den Schildern Richtung **Lookout Point** – unterwegs genießt man herrliche Ausblicke auf den Hafen und die südlichen Inseln – sowie zum **Canopy Walk**. Hier kann man einen kurzen Spaziergang hoch oben in den Baumwipfeln unternehmen. Dann geht es hügelabwärts zum ebenfalls beschilderten HortPark.

Der **HortPark** (Karte S. 234)) liegt exponiert, bietet aber mehr Angebote für Kinder: einen kleinen Spielplatz im **Fantasy Garden**, nette Kräuter- und Blumengärten, gewundene Pfade und Trittsteine, die über kleine Bäche führen. Die **Gewächshäuser** mit allen möglichen Pflanzen sind leider für die Öffentlichkeit geschlossen.

Vom HortPark aus geht es über die Alexandra Road. Die Brücke überqueren, dann führen leicht ansteigende Wege weiter – sie werden unter dem Namen **Alexandra Link** zusammengefasst. Diese Wege führen zum **Telok Blangah Hill Park** (Karte S. 234) mit seinem blumenreichen **Terrace Garden**, den großartigen Ausblicken über die Stadt und der eleganten geschwungenen Brücke **Henderson Waves**, Der wellenförmige Fußweg verläuft 36 m über dem Boden.

Die letzten 500 m hinauf zum Gipfel des Mount Faber sind steil, dafür wird man oben mit weiteren herrlichen Ausblicken und einer Reihe Restaurants belohnt. Verführerisch ist die Möglichkeit, den Rückweg mit der Seilbahn anzutreten. Es ist aber auch kein Problem, von hier aus zur MRT-Station HarbourFront zu wandern. Ein Pfad führt über bewaldete Hügel hinunter, vorbei an einigen attraktiven schwarz-weißen Bungalows aus der Kolonialzeit.

Um zum Kent Ridge Park zu gelangen, kann man entweder mit dem MRT Richtung Kent Ridge fahren und dort am westlichen Ende des Parks entlang des Science Park Drive weiterlaufen, oder man nimmt den MRT Richtung Pasir Panjang. Dort überquert man die Hauptstraße und folgt der Pepys Road 15 Minuten lang bis zum Museum Reflections at Bukit Chandu. Der Park befindet sich direkt hinter dem Museum. Auf dem Weg liegt das Lokal Eng Lock Koo an der Ecke Pepys Road – wer will, kann sich hier etwas zu essen besorgen.

sowie Bronzearbeiten und weiteren Kunstgegenständen, die aus Schiffswracks geborgen wurden.

Ein Stockwerk tiefer zeigt die **South & Southeast Asian Gallery** eine Mischung unterschiedlicher Kunstgegenstände aus der Region, darunter Textilien und Skulpturen.

Ganz oben befindet sich die **Ng Eng Teng Gallery** mit Zeichnungen, Gemälden und Skulpturen von Ng Eng Teng (1934–2001), einem der wichtigsten Künstler Singapurs, der sich auf einfallsreiche und manchmal surreale Darstellungen des menschlichen Körpers spezialisiert hat.

Ebenfalls auf dem Campus, aber in einem anderen Gebäude, ist das **Raffles Museum of Biodiversity Research** (http://rmbr.nus.edu.sg; Block S6, Level 3, NUS Faculty of Science, Science Dr. 2, Lower Kent Ridge Rd.; ☺Mo–Fr 9–17 Uhr) untergebracht. Das altmodische Museum zeigt Exponate aus der Tier- und Pflanzenwelt, darunter präparierte Exemplare einiger seltener und in der Region ausgestorbener Tierarten.

Wenn die Buslinie 95 auf das Universitätsgelände gefahren ist, sollte man bei der Haltestelle hinter den Sportplätzen aussteigen. Von dort geht man geradeaus, das Kulturzentrum mit den Museen liegt auf der rechten Seite. Wer will, kann den kostenlosen Campus-Bus nehmen und zur Faculty of Science zurückfahren, um noch das Museum of Biodiversity Research zu besichtigen.

LABRADOR NATURE RESERVE   PARK
Karte S. 234 (www.nparks.gov.sg/labrador; Labrador Villa Rd.; MLabrador Park) In diesem dicht bewaldeten Park mit Blick über Keppel Harbour und die Nordwestspitze von Sentosa Island leben unzählige Pflanzen und Vögel. Der Besuch lohnt sich aber vor allem wegen der **Kriegsrelikte,** die über den Park verstreut sind und die (erstaunlicherweise) erst in den 1980er-Jahren entdeckt wurden. Damals plante man, hier einen Vergnügungspark anzulegen, nach den Funden wurde davon jedoch abgesehen.

Zu sehen sind ein paar alte Geschützstellungen sowie die Überreste des Eingangs zu einem alten Fort, das den Hügel bewachte. Unbestrittener Höhepunkt waren die **Labrador Secret Tunnels** (Erw./Kind 8,60/5,35 $; Di-So 9-17 Uhr), eine faszinierende Reihe von Versorgungs- und Waffenbunkern. Zum Zeitpunkt der Recherchen waren sie jedoch geschlossen und es gab keine Informationen, wann oder ob sie überhaupt wieder geöffnet werden. Wer speziell wegen der Tunnel hierher kommen möchte, sollte am besten vorher im Internet nachsehen, ob ein Besuch überhaupt möglich ist.

Der schmale Küstenbereich des Parks am Fuß des Hügels wurde gerodet, der Rest aber besteht aus üppigem Wald: Wer hier wandern will, sollte unbedingt ausreichend Mückenschutz mitnehmen.

Der Westen

SUNGEI BULOH
WETLAND RESERVE   NATURSCHUTZGEBIET
Karte S. 235 (www.sbwr.org.sg; 301 Neo Tiew Cres.; Mo-Fr Eintritt frei, Sa & So Erw./Kind 1/0,50 $; Mo-Sa 7.30-19, So 7-19 Uhr; MKranji, dann 925) Das Schutzgebiet ist eines der wenigen noch existierenden Mangrovenareale in Singapur: Das 87 ha große Feuchtgebiet besteht aus Watt, Teichen und Sekundärwald und ist ein Paradies für Vogelbeobachter. Sie betrachten hier Zugvögel wie Reiherfedern, Flussuferläufer und Kiebitze, zu denen sich Reiher, Rohrdommeln, Nektarvögel und Eisvögel gesellen. Das Schutzgebiet ist auch der beste Platz, um Warane zu erspähen.

Es gibt drei Hauptwanderwege, jeder Einzelne davon ist mit Vogelbeobachtungshütten und Aussichtsposten bestückt. Die Landschaft ist unwirtlich und morastig, doch wer gerne Vögel beobachtet, ist hier genau richtig. Allerdings sollte man auf den Besuch verzichten, wenn man Probleme mit Mückenstichen hat.

Eine kostenlose **geführte Tour** beginnt jeden Samstag um 9.30 Uhr. Das zehnminütige **Video** über das Reservat (Mo-Sa 9, 11, 13, 15, 17 Uhr, So stündlich 9-17 Uhr) ist ebenfalls gratis zu sehen. Vom **Café-Restaurant** in der Touristeninformation schaut man zu den Teichen mit den Waranen. Sonntags lassen die Fahrer der Buslinie 925 die Besucher am Reservat aussteigen, an den anderen Tagen muss man 15 Minuten zu Fuß dorthin laufen.

SINGAPUR SCIENCE CENTRE   MUSEUM
Karte S. 235 (www.sci-ctr.edu.sg; 15 Science Centre Rd.; Erw./Kind 9/5 $; Di-So 10-18 Uhr; MJurong East) Dieses liebenswert freakige Wissenschaftsmuseum steckt voller Drück-, Zieh- und Drehobjekte, mit denen sich Kinder stundenlang beschäftigen lassen. Themen sind der menschliche Körper, Aeronautik, optische Illusionen, Ökosysteme, das Universum und Roboter – alles wird lehrreich und fesselnd präsentiert.

Beim Verlassen der MRT-Station Jurong East nach links abbiegen, die Straße überqueren und an einer Reihe von Buden vorbei weitergehen, dann die Jurong Town Hall Road überqueren.

OMNI-THEATRE   KINO
Karte S. 235 (www.omnitheatre.com.sg; Mo-Fr 10-18, Sa & So 10-20 Uhr; Erw./Kind 10/7 $; 21 Jurong Town Hall Rd.; MJurong East) Das IMAX-Kino neben dem Science Centre und der Snow City hat die größte nahtlose kuppelförmige Leinwand Asiens und zeigt überwältigende 45-minütige Dokumentarfilme – immer zur vollen Stunde.

JURONG BIRD PARK   ZOO
Karte S. 235 (www.birdpark.com.sg; 2 Jurong Hill; Erw./Kind 18/12 $; 8.30-18 Uhr; MBoon Lay, dann 194 oder 251) Der Park gehört der gleichen Gesellschaft, die auch den exzellenten Singapore Zoo und die Nachtsafari betreibt – Jurong Bird Park wirkt allerdings ein bisschen vernachlässigter als seine bekannteren Geschwister. Passionierte Vogelbeobachter sollten daher eher ins Sungei Buloh Wetland Reserve fahren. Anderseits

ABSTECHER

ZU BESUCH AUF SINGAPURS FARMEN

Nur wenige Besucher Singapurs wissen, dass im Nordwesten des Landes eine kleine, aber blühende Agrarindustrie existiert. Hier ist natürlich nicht die Rede von wogenden Wiesen und grasenden Kühen – in Singapur verlangt der begrenzte Raum Farmen, die sich spezialisiert haben: auf biologisches Gemüse, Ziegenmilch, Pflanzen, Blumen oder Kräuter. Trotzdem macht eine Besichtigung Spaß – sie bietet eine erholsame Abwechslung zur Hektik der Großstadt.

Die **Kranji Countryside Association** (www.kranjicountryside.com) ist der Zusammenschluss mehrerer aktiver Farmer. Sie betreiben einen täglichen Minibus-Service, den **Kranji Express** (Erw./Kind 3/1 $; Dauer 90 Min.; ◷9, 10.30, 12, 13.30, 15 & 16.30 Uhr) Der Bus fährt von der MRT-Haltestelle Kranji eine Schleife und hält an vielen der interessanten Farmen.

Auf den Höfen kann man Ziegenmilch kaufen, Froschfleisch probieren, Fische beobachten, einen Kaffee trinken, zu Mittag essen oder sogar übernachten.

Eine Unterbrechung ist jederzeit möglich, wenn eine interessante Farm in Sicht kommt; alle 90 Minuten fährt der nächste Bus vorbei. Die im Fahrplan angegebenen Haltestellen ändern sich manchmal, in der Regel halten aber die Busse an den folgenden Stationen:

- **Sungei Buloh Wetland Reserve** (S. 121)
- **GardenAsia** (www.gardenasia.com) Ein großes, gut ausgestattetes Gartencenter mit einem netten Café namens Petals & Leaves.
- **Max Koi Farm** Fischfarm mit einem Café.
- **D'Kranji Farm Resort** (www.dkranji.com.sg) Schicke Unterkunft im Villenstil, mit Restaurant und Biergarten.
- **Bollywood** (Eintritt 2 $; www.bollywoodveggies.com) Ein sehr beliebter Halt mit Bistro, großen Kräutergärten und Ständen.
- **Hay Dairies** Eine Ziegenfarm, auf der man frische Ziegenmilch und Snacks bekommt.
- **Jurong Frog Farm** Ein wenig heruntergekommen, aber Besucher können hier Froschfleisch probieren.
- **FireFlies Health Farm** (www.fireflies.sg) Die Bio-Farm verkauft Obst, Gemüse und Kräuter.

Die Busse halten außerdem bei Sungei Buloh, GardenAsia und der Max Koi Farm, bevor es zurück zur MRT-Station geht.

---

eignet sich der Vogelpark besser für jüngere Kinder; er zeigt rund 600 unterschiedliche Vogelarten. Viele Vögel hausen allerdings in schon etwas veralteten Käfigen.

Die **Monorail** (Erw./Kind 5/3 $) fährt Besucher herum, die keine Lust zum Laufen haben.

TIGER BREWERY BRAUEREI
Karte S. 235 (☏6860 3005; www.apb.com.sg; 459 Jln Ahmad Ibrahim; Eintritt 16 $; ◷Mo–Fr 10, 11, 13, 14, 16 & 17 Uhr; Ⓜ Boon Lay, dann 🚌182) Wer schon die ganze Reise über ihr Bier getrunken hat, hat vielleicht auch Lust zu sehen, wie diese Brauerei arbeitet.

Führungen durch die Tiger Brewery dauern etwa 90 Minuten (45 Minuten Freibiertrinken inklusive). Die Besucher werden durch das Brauereigebäude und die Verpackungshalle geführt, auch einige ehemalige Brauereiutensilien aus alten Tagen gibt es zu sehen. Dann kommt der Höhepunkt der Tour: die Tiger Tavern, ein schickes Pub mit einem Poolbillardtisch, einer Übertragungsleinwand für Sportveranstaltungen und Freibier für alle!

Führungen müssen im Voraus gebucht werden, entweder über die Website oder telefonisch.

SINGAPUR TURF CLUB PFERDERENNEN
Karte S. 235 (www.turfclub.com.sg; 1 Turf Club Ave.; Ⓜ Kranji) Es geht nicht ganz so ma-

nisch zu wie beim Rennen in Hongkong; nichtsdestotrotz ist ein Ausflug zum Singapur Turf Club sehr beliebt. Die Haupttribüne verfügt über maximal 35 000 Plätze, die Sitzmöglichkeiten rangieren von günstigen, nicht klimatisierten Plätzen bis hin zur exklusiven Hibiscus Lounge. Es gibt eine differenzierte Kleiderordnung – raffiniert bis lässig im einen Bereich und mit Anzug und Krawatte im anderen. Ausländer sollten ihre Reisepässe mitbringen.

Die Rennen finden meistens freitags (18.20–22.50 Uhr) und sonntags (12.50–18.30 Uhr) statt, trotzdem lieber noch einmal die Website checken, bevor man sich auf den Weg macht.

An der MRT-Haltestelle Kranji aussteigen und nach links gehen. Der Eingang Woodlands Road liegt auf der linken Seite.

GRATIS KRANJI WAR MEMORIAL — FRIEDHOF

Karte S. 235 (9 Woodlands Rd.; ◷8–18.30 Uhr; Ⓜ Kranji) Auf dem Kranji War Memorial mit den streng angeordneten weißen Grabsteinen und den sanft gewellten Hügeln befinden sich die Gräber Tausender alliierter Soldaten. Viele der Grabsteine tragen schlicht die Inschrift: „Ein Soldat des Krieges 1939–1945". Sie stehen alle in ordentlichen Reihen auf gepflegten Rasenflächen. Die Wände tragen die Namen von 24 346 Männern und Frauen, die ihr Leben in Südostasien verloren.

Der Friedhof liegt zehn Gehminuten von der MRT-Station Kranji entfernt. Links abbiegen (nach Westen), der Woodlands Road folgen, die Hauptkreuzung überqueren und dann die erste Straße links nehmen.

SNOW CITY — SKIHALLE

Karte S. 235 (www.snowcity.com.sg; 21 Jurong Town Hall Rd.; Std. Erw./Kind 14/11,50 $; ◷Di–So 9.45–17.15 Uhr; Ⓜ Jurong East) Tiefgekühlt und von der Größe eines Hangars: Mit frostigen –5° C bietet Snow City einen 70 m langen Abhang, der hoch ist und der über eine silberfarbene Luftschleuse im Star-Trek-Stil erreicht wird. Hier darf jeder in Höchstgeschwindigkeit den Hang mit Skiern, Snowboards oder Reifen hinunterjagen. Unterricht im Ski- und Snowboardfahren wird vor Ort angeboten.

Alle Gäste müssen lange Hosen (diese kann man sich auch leihen) sowie Socken (gibt es zu kaufen) tragen. Besucher werden außerdem mit Skianorak und warmen Stiefeln ausgestattet.

CHINESE GARDEN — PARK

Karte S. 235 (1 Chinese Garden Rd.; ◷6–23 Uhr; Ⓜ Chinese Garden) Dieser weitläufige Garten umfasst 13,5 ha und liegt in der Nähe des Jurong Lake. Für einen Nachmittagsspaziergang ist er nett, doch es lohnt sich nicht, extra für eine Besichtigung hinauszufahren.

Der Garten ist in Wirklichkeit eine Insel mit Pavillons im chinesischen Stil sowie einer siebenstöckigen Pagode mit großartigem Ausblick. Neben den Pavillons wird eine ausgedehnte und eindrucksvolle Ausstellung von *penjing* (chinesischer Bonsai; 9–17 Uhr) gezeigt.

Die Parkanlage liegt nur fünf Gehminuten von der MRT-Station Chinese Garden entfernt.

PARTY IN DER ST. JAMES POWER STATION

Singapurs Nachtleben hat einen unbestrittenen Star: Die **St. James Power Station** (Karte S. 234; www.stjamespowerstation.com; 3 Sentosa Gateway) ist ein stillgelegtes Kohlekraftwerk aus den 1920er-Jahren, das auf geniale Weise in einen Unterhaltungskomplex umgewandelt wurde. Alle Bars und Clubs sind miteinander verbunden; deshalb wird nur einmal Eintritt gezahlt (Männer 12 $, Frauen 10 $, Mi Männer 30 $); einige der Bars – **Gallery Bar**, **Lobby Bar** und **Peppermint Park** – kosten sogar überhaupt nichts. Das Mindestalter ist für Frauen auf 18 und für Männer auf 23 Jahre festgelegt (ins Powerhouse dürfen Männer und Frauen ab 18 Jahren).

Zur Auswahl stehen das **Dragonfly** (◷18–6 Uhr), ein Mandopop- und Cantopop-Club, das **Movida** (◷18–3 Uhr), ein Tanzclub mit Latino-Livemusik, das **Powerhouse** (◷Mi, Fr & Sa 20–4 Uhr), ein großer Tanzclub für die Jüngeren, und der **Boiler Room** (◷Mi, Fr & Sa 20–4 Uhr), ein Mainstream-Rockclub mit Livebands. Eine weitere Option ist das **Mono** (◷18–6 Uhr), eine Karaokebar für alle, die sich gern selbst singen hören. Anschließend kann man dann für ein Post-Party-Essen nach draußen zur **Street Bar** (◷18–5 Uhr) taumeln.

ESSEN

Neben den hier aufgeführten Restaurants bieten einige der größeren Attraktionen in diesem Teil von Singapur eigene Einkehrmöglichkeiten. Die großen MRT-Stationen wie Jurong East haben beispielsweise große Schlemmermärkte, in der Kranji Station liegen einige Restaurants.

ENG LOCK KOO HAWKER CENTER $
Karte S. 234 (114 Pasir Panjang Rd., Ecke Pepys Rd.; Hauptgerichte ab 3 $; ◉5–15 Uhr; MPasir Panjang) Die perfekte Anlaufstelle für ein Frühstück oder Mittagessen auf dem Weg zum Museum Reflections at Bukit Chandu oder auch zum Kent Ridge Park, dem Ausgangspunkt des Southern Ridges Trail: Die kleinen Buden schenken Tee und Kaffee aus und verkaufen die üblichen Lieblingsspeisen der Straßenhändler: Reis mit Huhn und Nasi Goreng. Für alle mit müden Füßen gibt es einen offenen Sitzbereich. Eng Lock Koo zählt zu den Lieblingsplätzen der Einheimischen.

EMERALD LODGE INTERNATIONAL $$
Karte S. 234 (www.mountfaber.com.sg; Upper Terrace, Mt. Faber Rd.; Hauptgerichte 13–15 $; ◉9–1 Uhr; MHarbourFront) Die Emerald Lodge ist die preisgünstigste Einkehrmöglichkeit auf dem Gipfel des Mount Faber. Die Atmosphäre ist freundlich und zwanglos, die Terrasse schattig. Zur Auswahl stehen Pastagerichte und Salate sowie Bier und Kaffee. An den Wochenenden fährt Bus 409 von der MRT-Station HarbourFront aus (12–21 Uhr) zum Gipfel, an allen anderen Tagen muss man ein Taxi oder die Seilbahn nehmen oder zu Fuß hinaufwandern. Von der Jewel Box sind es noch etwa 100 m zum Lokal.

JEWEL BOX INTERNATIONAL $$$
Karte S. 234 (✆6377 9688; www.mountfaber.com.sg; 109 Mt. Faber Rd.; Hauptgerichte ab 25 $; MHarbourFront) Der Restaurantkomplex wird vom gleichen Unternehmen betrieben, das auch die Emerald Lodge betreibt. Er liegt an der Endhaltestelle der Mount-Faber-Seilbahn und beherbergt eine Sammlung erstklassiger Restaurants, die alle mit sagenhaftem Ausblick auf den Hafen begeistern. Das trendige **Black Opal** (◉9–23 Uhr) bietet in der Hauptsache europäische Speisen an; **Sapphire** (◉So–Do 11–23, Fr & Sa 11–1 Uhr) hat eine internationale Speisekarte und Sitzplätze im Freien, während das **Empress Jade** (◉12–15 & 18–23 Uhr) chinesische Küche serviert. Das **Moonstone** (◉So–Do 16–12.30, Fr & Sa 16–2 Uhr) ist eine Dachterrassenbar.

SKY DINING INTERNATIONAL $$$
(✆6377 9688; www.mountfaber.com.sg; pro Paar 115–198 $; ◉18.30–20.30 Uhr) Gewaltigen Eindruck schinden kann man bei der oder dem Liebsten mit einem Sky Dining in der Mount-Faber-Seilbahn – ein romantisches Drei-Gänge-Menü mit schwindelregenden Ausblicken aus 60 m Höhe. Muss online gebucht werden.

 SHOPPEN

VIVOCITY EINKAUFSZENTRUM
Karte S. 234 (www.vivocity.com.sg; MHarbourFront) Singapurs größtes Einkaufszentrum wurde 2006 mit dem Ziel eröffnet, Konsumenten von dem Wahnsinn und Trubel der Orchard Road wegzulocken. Die Orchard Road beherrscht zwar immer noch den Einzelhandel, aber Vivocity bietet zweifelsohne eine angenehme Shoppingmöglichkeit mit viel offenem Raum, einem Spielplatz im Freien, einem Dachterrassen-„Skypark" (Gratis-Kinderplanschbecken für die Kleinsten) und einem großen Golden-Village-Cineplex. Nach dem Einkaufen kann man sich in verschiedenen Restaurants und Bars mit Sitzgelegenheiten im Freien erholen.

Sentosa & andere Inseln

Sentosa Island S. 127
Im Wesentlichen ist Sentosa ein gigantischer Freizeitpark – und eines der erklärten Lieblingsziele aller einheimischen Familien. Es gibt Angebote in Hülle und Fülle sowie drei hübsche Strände, an denen man wunderbar zu Abend essen, etwas trinken oder einfach nur entspannen kann.

Pulau Ubin S. 131
Ubin bietet einen Wald voller eigenartiger und wunderbarer Lebewesen, den Zauber des Landlebens und – was das Beste ist – die Möglichkeit, die Insel mit dem Rad zu erkunden.

Südliche Inseln S. 133
Die drei kleinen Inseln sind eine der ruhigeren Ausflugsvarianten in Singapur, sie eignen sich perfekt für ein Picknick am Meer oder einfach nur als ein gutes Ziel für eine Bootstour.

Sentosa Island

Sentosa Island entdecken

Dominiert von seiner Hauptattraktion, den Universal Studios, ist Sentosa im Wesentlichen ein gigantischer Vergnügungspark, den die einheimischen Kinder lieben. Zur Auswahl stehen Fahrgeschäfte, Aktivitäten und Shows, von denen die meisten jedoch zusätzlich Eintritt kosten. Familien können hier bei einem Tagesausflug eine ordentliche Stange Geld ausgeben (die Besuche im Casino noch gar nicht mitgezählt). Die Strände sind natürlich gratis und gleichermaßen bei Einheimischen wie bei Touristen sehr beliebt.

Man braucht mindestens einen Tag, um alles zu erleben, was Sentosa so zu bieten hat (und, wie gesagt, ein großes Portemonnaie). Wem das zu lang ist, kann auch nur für einen Morgen oder Nachmittag den Strand besuchen. Manche kommen sogar nur auf einen Drink am Abend hierher. Und sicher gibt es schlechtere Plätze als eine Strandbar auf Sentosa, um den Sonnenuntergang mit einem Gin Tonic in der Hand zu betrachten.

Die besten ...

➡ **Attraktionen** Universal Studios (S. 127)
➡ **Restaurants** Cafe del Mar (S. 129)
➡ **Aktivitäten** Schwimmen am Palawan Beach (S. 130)

Top-Tipp

Ein Faltblatt über Sentosa Island ist gleich bei der Ankunft an den Ständen erhältlich. Die darauf abgebildete Karte ist größer und detaillierter als die Karte in diesem Reiseführer.

An- & Weiterreise

Seilbahn Sie startet wahlweise am Mount Faber oder am HarbourFront Centre.

Monorail Der Sentosa Express (7-24 Uhr) fährt von VivoCity zu drei Stationen auf Sentosa: Waterfront, Imbiah und Beach.

Wandern Von VivoCity läuft man einfach zu Fuß über den Sentosa Boardwalk dorthin.

 SEHENSWERTES

UNIVERSAL STUDIOS — VERGNÜGUNGSPARK
Karte S. 236 (www.rwsentosa.com; Resorts World; Erw./Kind/Senior 72/52/36 $; ◷10-19 Uhr) Die Universal Studios sind die Hauptattraktion in Resorts World. Läden, Shows, Restaurants und Achterbahnen sind alle hübsch verpackt in Themen aus der Fantasy-Welt, basierend auf einigen der bekanntesten Hollywoodfilme. Eines der Highlights sind die „Duelling Roller Coasters" in Sci-fi City, angeblich in ihrer Art die größten auf der Welt. Manchmal, zu Spitzenzeiten oder in den Sommermonaten, haben die Universal Studios bis 21 Uhr geöffnet. Am besten auf der Website nachsehen.

FORT SILOSO — MUSEUM
Karte S. 236 (Siloso Point; Erw./Kind 8/5 $; ◷10-18 Uhr) Fort Siloso wurde in den 1880er-Jahren errichtet, als Sentosa noch Pulau Blakang Mati genannt wurde (malaiisch für „die Insel, hinter der der Tod liegt"). Das Fort sollte Großbritanniens kostbaren Kolonialhafen schützen, was jedoch nicht gelang.

Entworfen wurde es zur Abwehr einer Invasion von der Seeseite her, doch Silosos schwere Kanonen mussten gedreht werden, als die Japaner schließlich im Zweiten Weltkrieg vom malaiischen Festland aus angriffen. Die Briten ergaben sich bald darauf, später wurde das Fort von den Japanern zu einem Kriegsgefangenenlager umfunktioniert.

Eine gut organisierte **Ausstellung** – mit Fotos, Videos und Audioaufnahmen – führt Besucher durch die Geschichte der Festung. **Alte Geschützstellungen** können besichtigt werden, spannend ist auch die Erforschung der **Tunnel**.

UNTERWASSERWELT — AQUARIUM
Karte S. 236 (✆6275 0030; www.underwaterworld.com.sg; hinter Siloso Beach; Erw./Kind 25,90/17,60 $; ◷9-21 Uhr) Riesige Fetzenfische und wabblige Quallen ziehen die Besucher in ihren Bann; große Haie kreuzen nur Zentimeter von der eigenen Nasenspitze entfernt, während man auf dem Laufband durch die Glasröhren im Wasser gleitet. Taucher lassen sich beim Füttern der Fische beobachten, und Leute mit starken Nerven dürfen sich sogar die 30-minütige Erfahrung eines **Haitauchgangs** gönnen (120 $ pro Pers., im Voraus buchen). Nach 19 Uhr werden die Lichter ausgedreht, und

es herrscht eine gespenstische Taschenlampenatmosphäre.

Im Preis inbegriffen ist der Eintritt in die **Dolphin Lagoon,** wo indopazifische Buckeldelfine pflichtbewusst um 11, 14, 16 und 17.45 Uhr gemeinsam mit Robben auftreten. Eine Show um 19 Uhr findet an den Samstagen sowie an den Sonntagen in den Schulferien statt. Für 170 $ kann man mit den **Delfinen schwimmen**. Am besten anrufen oder über die Underwater-World-Website buchen.

IMAGES OF SINGAPUR MUSEUM

Karte S. 236 (Imbiah Lookout; Erw./Kind 10/7 $; ⊙9–19 Uhr) Dieses unterhaltsame Geschichts- und Kulturmuseum entführt Besucher in Singapurs Geschichte, erinnert an seinen Ausbau zum Hafen- und Handelszentrum, an den Zweiten Weltkrieg und die Kapitulation Japans. Historische Szenen wurden mit lebensgroßen Wachsfiguren nachgestellt und es gibt Filmmaterial und dramatische Licht- und Soundeffekte. Besonders interessant sind die Darstellungen der lokalen Bräuche und Traditionen.

BUTTERFLY PARK &
INSECT KINGDOM SCHMETTERLINGSPARK

Karte S. 236 (Imbiah Lookout; Erw./Kind 16/10 $; ⊙9.30–19 Uhr) Der Butterfly Park bildet einen tropischen Regenwald *en miniature* nach und beherbergt mehr als 50 unterschiedliche Schmetterlingsarten, von denen viele vom Aussterben bedroht sind. Das Insect Kingdom ist die Heimat Tausender Schmetterlinge, Nashornkäfer, Herkuleskäfer (die größten Käfer der Welt) und Skorpione. Kinder kommen aus dem Staunen nicht mehr heraus, und Erwachsene tun gern so, als ließe sie das alles kalt – freilich ohne Erfolg.

RESORTS WORLD SENTOSA FERIENANLAGE

Karte S. 236 (www.rwsentosa.com; Resorts World) Resorts World ist eine riesige, aber enttäuschende Fußgängerzone, die sich vom Maritime Xperiential Museum aus Richtung Merlion Statue erstreckt. Sie ist überfrachtet mit Läden, Restaurants, Cafés und einer Reihe von Hotels, von denen viele ziemlich einfallslos wirken. Eine Ausnahme bildet da das L'Atelier de Joël Robuchon (S. 129). Unter all dem versteckt liegt das **Resorts World Casino** (Untergeschoss, Resorts World; Eintritt Einheimische/Touristen 100 $/frei; ⊙24 Std.).

MARITIME XPERIENTIAL MUSEUM MUSEUM

Karte S. 236 (www.rwsentosa.com; Resorts World; Eintritt 5 $, Theatershow 6 $; ⊙9–19 Uhr, Theatershows 10–18 Uhr) Zum Zeitpunkt der Recherchen war es noch nicht fertiggestellt, müsste aber inzwischen eröffnet worden sein (unter einem hoffentlich besseren Namen). Das Museum verspricht maßstabsgetreue Modelle historischer Schiffe und Ausstellungen sowie das erste 4D-multisensorische Taifun-Theater der Welt! Bis jetzt weiß allerdings keiner, was sich dahinter verbirgt. Aber es klingt auf alle Fälle cool.

ESSEN

Neben den nachfolgend vorgestellten Lokalen verkaufen auch die in der Rubrik „Ausgehen & Nachtleben" vorgestellten Strandbars sowohl Speisen als auch Getränke. Außerdem gibt es Dutzende von Restaurants und Cafés im Resorts World. Die meisten Attraktionen besitzen mindestens eine Imbissbude am Eingang, wenn nicht sogar ein vollwertiges Café-Restaurant.

SENTOSA: EINTRITT UND VERKEHRSMITTEL & -WEGE

Es kostet ein wenig, Sentosa Island zu betreten; der Preis richtet sich nach dem Transportmittel, das man wählt. Wer von VivoCity aus läuft, zahlt 1 $, die Sentosa Express Monorail kostet 3 $. Die Benutzung der Seilbahn wird nicht extra berechnet, im Eintrittspreis ist das Seilbahnticket inbegriffen.

Auf der Insel selbst ist es leicht, sich zu bewegen – entweder zu Fuß oder mit dem Sentosa Express (7–24 Uhr), der *beach tram* (Elektrobus, der alle drei Strände anfährt; 9–23 Uhr) oder mit den Bussen, die von einer zur anderen Hauptattraktion fahren (7–24 Uhr). Für das Ausleihen von Rädern, Segways etc. muss separat gezahlt werden.

KOUFU FOODCOURT
FOOD COURT $

Karte S. 236 (Palawan Beach; Hauptgerichte ab 5 $, Bier ab 4 $) Ein kleiner, klimatisierter Markt mit der üblichen Auswahl an Reis- und Nudelgerichten. Ein wenig teurer als die Food Courts anderswo in Singapur, aber noch immer die vermutlich günstigste Möglichkeit auf Sentosa, den hungrigen Magen ruhigzustellen.

SAMUNDAR
INDISCH $$

Karte S. 236 (85 Palawan Beach; Hauptgerichte 8–15 $; ⊗11–21 Uhr) Das Lokal hat eine dieser Speisekarten, die einem die Wahl schwermachen; am besten, man hält sich ans *tandoori* (außer, man ist Vegetarier – aber selbst dann stehen noch 15 Gerichte zur Auswahl). Es gibt auch ganz passable Menüs.

CHINATOWN COFFEE SHOP
COFFEESHOP $

Karte S. 236 (Costa Sands Resort, hinter Siloso Beach; Hauptgerichte 4,50–8 $; ⊗8–21 Uhr) Das schlichte Restaurant auf dem Gelände von Sentosas Costa Sands Resort bietet Frühstück, Dim Sum und Reisgerichte, aber auch *kopi* (Kaffee) und *teh* (Tee).

CLIFF
FISCH & MEERESFRÜCHTE $$$

Karte S. 236 (Sentosa Resort, 2 Bukit Manis Rd.; Hauptgerichte 75 $; ⊗6.30–22 Uhr) Hoch über dem Palawan Beach (obwohl die Bäume einiges vom Ausblick verdecken) liegt das Cliff direkt beim herrlichen Swimming-Pool-Bereich des Luxushotels Sentosa Resort. Der Service ist großartig und die Meeresfrüchte wunderbar zubereitet. Um die Qual der Wahl zu erleichtern, empfiehlt es sich, das Vier-Gänge-Menü zu bestellen (128 $) und sich dann einfach zurückzulehnen, während Gang um Gang kulinarische Meisterwerke aufgefahren werden.

Die **Bar** (⊗10.30–24 Uhr) – auf einer Seite des Restaurants gelegen – ist der ideale Ort für einen raffinierten Drink mit herrlichem Ausblick.

L'ATELIER DE JOËL ROBUCHON
INTERNATIONAL $$$

Karte S. 236 (☏6577 8888; Hotel Michael Level 1, 101-103 & 104-105, Resorts World; Gerichte ab 200 $; ⊗5.30–22.30 Uhr) Das neueste Restaurant des weltberühmten Küchenchefs Joël Robuchon in Singapur findet man im Hotel Michael in Resorts World. Der Service ist selbstverständlich exzellent und die Speisekarte eines Robuchon würdig. Sehr empfehlenswert sind das Spanferkel, die Hamburger mit Gänseleberpastete und das Steak tartare.

AUSGEHEN & NACHTLEBEN

CAFE DEL MAR
BAR

Karte S. 236 (Siloso Beach; wochentags 10–23 Uhr, am Wochenende 10–2 Uhr) Eine Beach Bar im Ibiza-Stil, mit Liegestühlen, einem kleinen Swimming-Pool und entspannter Musik. Das Bier hier ist etwas günstiger als in den Konkurrenzbars.

WAVE HOUSE
BAR

Karte S. 236 (Siloso Beach; ⊗wochentags 11–23 Uhr, am Wochenende 11–2 Uhr) Eine surferfreundliche Beach Bar mit einfachem Pool sowie zwei *flowriders* (Wellenbäder, in denen man gegen Bezahlung surfen kann; s. S. 130). Wie auch im Cafe del Mar kostet das Bier hier 10 $.

COASTES
BAR

Karte S. 236 (Siloso Beach; ⊗9–23 Uhr wochentags, 9–1 Uhr am Wochenende) Es ist ein bisschen „erwachsener" als seine Nachbarn und bietet mehr Tische und Stühle als Sofas und Liegestühle, doch die Stimmung ist immer noch sehr entspannt. Hier kann man netter essen als in den anderen Bars, obwohl alle Menüs eine ziemlich ähnliche Burger-Pasta-Pizza-Mischung darstellen.

TANJONG BEACH CLUB
BAR

Karte S. 236 (Tanjong Beach; www.tanjongbeachclub.com; ⊗Mo-Fr 9–23, Sa & So 9–1 Uhr) Gepflegte Leute kommen hierher, um an Cocktails zu nippen und sich auf den Liegestühlen auszuruhen. Wer nicht am Strand schwimmen möchte: Hier gibt es auch einen Pool zum Reinspringen. Die abgeschiedene Lage macht den Club zum idealen Fluchtpunkt vor den manchmal anstrengenden Massen auf Sentosa.

UNTERHALTUNG

SONGS OF THE SEA
SHOW

Karte S. 236 (Siloso Beach; Eintritt 10 $; ⊗19.40 & 20.40 Uhr sowie Sa 21.40 Uhr) Die beliebte Show findet auf *kelongs* (küstennahen Fischerhütten) statt; sie ist eine Mischung aus

Musicalelementen und einer spektakulären 4-Mio.-Dollar-Unterhaltungstechnik mit tollen Sound-, Licht- und Lasereinlagen. Sehr zu empfehlen!

CINEBLAST, 4D MAGIX & DESPERADOES   KINO

Karte S. 236 (Imbiah Lookout; Erw./Kind 18/11 $; 10–21.30 Uhr) Drei Attraktionen, die alle Variationen desselben Themas bieten – 4D-Virtual-Reality-Fahrten und interaktive Shows: Die vierte Dimension ist das Wasser, mit dem man nassgespritzt wird.

AKTIVITÄTEN

SCHWIMMEN   SCHWIMMEN

Auf Sentosa gibt es drei Strände, an denen geschwommen werden kann. Sie alle sind familienfreundlich und sicher, solange man sich im ausgewiesenen Schwimmbereich aufhält. **Siloso Beach** ist der bei weitem beliebteste, er quillt förmlich über von Angeboten; hier werden auch Sonnenliegen vermietet (15 $). Der **Palawan Beach** mit seinem kleinen Spielbereich für Kinder und Planschbecken eignet sich fantastisch für die Jüngeren. **Tanjong Beach** ist der ruhigste der drei Strände.

Einige der Bars auf Siloso Beach bieten ihren Gästen kleine Pools; Nichtgäste können den Swimming-Pool beim Shangri-La's Rasa Sentosa Resort gegen Bezahlung nutzen (Erw./Kind 30/15 $, an den Wochenenden 50/25 $).

SEILBAHN   SEILBAHN

Karte S. 236 (www.mountfaber.com.sg; Erw. einfach/hin & zurück 24/26 $, Kind einfach/hin & zurück 14/15 $; 8.30–21.30 Uhr) Die spektakulärste Art und Weise, um nach Sentosa zu gelangen, ist die Seilbahnfahrt – sie ist eine Attraktion für sich. Die Bahn startet entweder vom Gipfel des Mount Faber (S. 119) oder neben der MRT-Station HarbourFront.

IFLY   FALLSCHIRMSPRINGEN

Karte S. 236 (www.iflySingapur.com; Beach Station; Erw./Kind 69/59 $; 10–21 Uhr) Gemeint ist in diesem Fall Indoor-Fallschirmspringen in einem vertikalen Windtunnel, ein außergewöhnlich beliebtes Freizeitvergnügen. Im Preis inbegriffen sind eine Stunde Einweisung, dann zwei kurze Sprünge. Es heißt, die Geschwindigkeit bei einem Sprung hier entspreche einem freien Fall aus etwa 2500 m Höhe. Schluck!

LUGE & SKYRIDE   RODELN

Karte S. 236 (Eintritt 12 $; 10–21.30 Uhr) Der Skyride (eine Art von Sessellift) transportiert die Gäste vom Siloso Beach bergauf zum Imbiah Lookout, von dort geht es dann auf den Spezialschlitten wieder bergab. Die Kinder lieben es!

WAVE HOUSE   SURFEN

Karte S. 236 (www.wavehousesentosa.com; Siloso Beach; Eintritt ab 15 $; So–Do 10–24, Fr & Sa 10–1 Uhr) Speziell entworfene Wellenbäder erlauben allen Surfbegeisterten, ihre Gashes und Cutbacks zu üben. Die Pools gehören zu einem Bar-Restaurant-Bereich, der zu Silosos coolsten Treffpunkten für Youngsters zählt.

MEGAZIP   SEILRUTSCHE

Karte S. 236 (Siloso Beach; Eintritt 29 $; Mo-Fr 14–19, Sa & So 11–19 Uhr) Eine 450 m lange Seilrutsche führt vom Imbiah Lookout zu einer kleinen Insel bei Siloso Beach. Ein Elektrowagen steht bereit, um Fahrgäste vom Strand zum Start zu bringen. Weiterhin gibt es einen kleinen Abenteuerpark mit einer Kletterwand (24 $) und anderen Angeboten.

GOGREEN SEGWAY ECO ADVENTURE   SEGWAYS

Karte S. 236 (www.segway-sentosa.com; Beach Station; 1 Rundfahrt 12 $, 30-minütige geführte Fahrt 36 $; 10–21.30 Uhr) Wer will, kann auf diesen Zweirädern einfach durchstarten und 10 Minuten herumflitzen – oder sich für den längeren, geführten Trip am Strand entlang entscheiden. Auch Elektroräder werden vermietet (Std. 12 $).

RADFAHREN, TRETBOOTE & KAJAKS   FAHRRADVERLEIH

Karte S. 236 (Siloso Beach; Rad Std. 12 $, Kajaks 30 Min. 8 $, Tretboote 30 Min. 21 $; 9–18 Uhr) Wer sich für Segways und Elektrofahrräder nicht erwärmen kann, hat auch die Möglichkeit, einfach auf das gute alte Rad zurückzugreifen: Am Strandkiosk beim Swimming-Pool Shangri-La werden sowohl Fahrräder als auch Kajaks und Tretboote vermietet.

NATURWANDERUNG   WANDERN

Karte S. 236 (Imbiah Lookout; 9–18 Uhr) Der Wanderweg beginnt beim enttäuschenden

Sentosa Nature Discovery Center, dann führt er in den Wald. Insgesamt ist das Wegenetz 1,8 km lang, einige Wege verlaufen entlang der 2005 stillgelegten Monorail-Strecke.

FLYING TRAPEZE TRAPEZ
Karte S. 236 (Siloso Beach; pro Schwung 10 $, 3 Schwünge 20 $; Mo-Fr 14.30–18, Sa & So 14.30–19 Uhr) Dieser kleine Bereich am Strand ist für Erwachsene und Kinder über vier Jahre gedacht; sie lernen hier die Grundlagen der Trapezkunst. Das Heilen bzw. Hervorrufen lebenslanger Höhenangst ist dabei garantiert.

SPA BOTANICA THERMALBAD
Karte S. 236 (6371 1318; www.spabotanica.com; Allanbrooke Rd.; Massagebehandlungen ab 85 $; 10–22 Uhr) Singapurs Innen- und Außen-Thermalbad bietet verschiedene Anwendungen; die bekannteste ist das Galaxy-Dampfbad, ein 45-minütiges Schwelgen in medizinischem Chakra-Schlamm in einem speziell dafür entworfenen Dampfraum. Ein kostenloser Shuttlebus fährt von VivoCity oder vom Paragon-Einkaufszentrum in der Orchard Road zum Thermalbad.

SENTOSA GOLF CLUB GOLF
Karte S. 236 (6275 0022; www.sentosagolf.com; 27 Bukit Manis Rd., Greenfee pro Runde 280–400 $, Leihgebühr pro Set 80 $, Leihgebühr für Schuhe 10 $) Luxus-Golfclub mit den beiden besten Meisterschaftsplätzen in Asien.

Pulau Ubin

Pulau Ubin entdecken

Die Bootsfahrt nach Pulau Ubin dauert mit dem Bumboot von Changi Village aus nur 10 Minuten, dennoch wirkt Ubin, als läge es Welten entfernt vom Festland. Es ist der perfekte Ort für alle, die dem Trubel der Stadt entfliehen wollen – vor allem für Radsportler.

Die Einheimischen werden gerne nostalgisch und erzählen begeistert von Ubins *kampong*-Atmosphäre (Dorfatmosphäre). Und tatsächlich ist es eine ländliche, ursprüngliche Dschungelregion voller Echsen und seltsamer Heiligtümer. Gebäude mit Blechdächern glühen in der Sonne, Hühner gackern und hechelnde Hunde wälzen sich im Staub, während im Wald die Wildschweine in Deckung gehen, wenn Besucher auf ihren quietschenden Leihrädern vorbeistrampeln. Wer kann, sollte einen ganzen Tag für den Ausflug einplanen, denn alleine die Anreise dauert ein paar Stunden.

Die besten ...
→ **Attraktiomen** Chek Jawa Wetlands (S. 131)
→ **Restaurants** Pulau Ubin Village (S. 132)
→ **Aktivitäten** Radfahren (S. 133)

Top-Tipp
Um den Abfall zu reduzieren, werden auf Pulau Ubin keine Landkarten mehr ausgegeben. Es stehen aber überall auf der Insel hölzerne Tafeln mit Karten, die man zur besseren Orientierung unterwegs abfotografieren kann.

An- & Weiterreise
Boot Schon allein die Anreise nach Pulau Ubin ist ein Vergnügen für sich. Zunächst nimmt man die Buslinie 2 von der MRT-Station Tanah Merah (30 Min.) und fährt bis zur Endstation beim Fähranleger Changi Point. Von dort aus geht es 10 Minuten mit dem Bumboot nach Ubin (einfach 2,50 $, Aufpreis für Räder 2 $; 5.30–21 Uhr). Die kleinen Holzboote bieten Platz für zwölf Passagiere, fahren aber erst los, wenn sie voll besetzt sind, was meist nicht lange dauert. Es gibt keinen Fahrkartenverkauf an Land, man zahlt direkt an Bord.

◉ SEHENSWERTES

CHEK JAWA WETLANDS NATURSCHUTZGEBIET
Karte S. 239 (8.30–18 Uhr) Wer aus zeitlichen Gründen nur einen Teil der Insel besichtigen kann, sollte sich für den Besuch dieses Naturschutzgebietes entscheiden. Das Feuchtgebiet Chek Jawa Wetlands im Osten der Insel bietet einen 1 km langen **Küsten-Bohlenweg,** der aufs Meer hinaus- und schließlich durch Mangrovensümpfe

in einem Bogen zurück zum 20 m hohen **Jejawi Tower** führt. Vom Aussichtsturm genießt man einen überwältigenden Blick über die Region.

Räder dürfen nicht ins Schutzgebiet mitgenommen werden. Wer also Chek Jawa besichtigen will, sollte darauf achten, dass das geliehene Rad mit einem Schloss versehen ist, um es sicher an den Ständern am Eingang abschließen zu können.

GERMAN GIRL SHRINE — TAOISTISCHER TEMPEL

Karte S. 239 Der Schrein ist definitiv eine der eigenartigsten Sehenswürdigkeiten auf Ubin. Einer Überlieferung zufolge floh die junge deutsche Tochter eines Kaffeeplantagenverwalters vor den britischen Truppen, die ihre Eltern während des Zweiten Weltkriegs festgenommen hatten. Das Mädchen stürzte bei der Flucht im Steinbruch hinter ihrem Haus in den Tod. Einen Tag später wurde sie gefunden und zunächst nur im Sand begraben. Chinesische Arbeiter sorgten schließlich für ein ordentliches Begräbnis. Ihr Geist soll noch immer hier spuken.

Irgendwann im Laufe der Zeit wurde aus dieser Tochter einer katholischen Familie eine taoistische Gottheit, zu der chinesische Gläubige mit der Bitte um Gesundheit und Glück pilgern. Das Heiligtum in einer leuchtend gelben Hütte ist angefüllt mit allen möglichen Zaubern, Gaben, Lotteriescheinen und brennenden Kerzen.

WEI TUO FA GONG TEMPLE — BUDDHISTISCHER TEMPEL

Karte S. 239 Dieser 80 Jahre alte Tempel befindet sich auf einem kleinen Hügel, der auf einen Teich mit Karpfen und Schildkröten blickt. Die Schreine werden von einer Vielzahl von Statuetten und anderen bildlichen Darstellungen eingerahmt. Es kommen nur selten Besucher hierher, unter Umständen wird man sogar auf eine Tasse Tee eingeladen.

PULAU UBIN VILLAGE — DORF

Karte S. 239 Es ist zwar nicht wirklich eine touristische Sehenswürdigkeit, aber als einzig bemerkenswertes Dorf der Insel eine Art baufälliger Zeitkapsel aus Singapurs Vergangenheit und somit durchaus ein lohnendes Ziel. Fischfallen und die Überreste von verlassenen Landungsbrücken ragen aus dem schlammigen Wasser, streunende Katzen lauern Vögeln auf, und friedliche Hunde streifen durch die verschlafenen Straßen.

Das Boot stoppt hier, man kann Räder ausleihen und in den Restaurants einkehren. Es sind die einzigen neben den Lokalen des Celestia Resort.

ESSEN & AUSGEHEN

Am Strand gibt es ein Restaurant und beim Celestial Resort (Karte S. 239; S. 166) eine Bar. Die einzige weitere Möglichkeit, essen zu gehen, liegt im **Pulau Ubin Village**. Man findet es, wenn man sich nach dem Verlassen des Bootes links hält. Das Dorf bietet etwa ein halbes Dutzend Lokale, die meisten befinden sich in *kampongs* mit Blechdächern. Alle servieren vergleichbare Mahlzeiten, meist Nudel- und Reisgerichte mit viel Fisch und Meeresfrüchten. Die Chilikrabben sind köstlich – sie kosten zwischen 20 und 40 $. Runtergespült wird das Ganze am besten mit einem Tiger-Bier – womit sonst?

Es gibt einige **Getränkestände** entlang der Jln Endul Senin, an denen auch Snacks verkauft werden.

AKTIVITÄTEN

KETAM MOUNTAIN BIKE PARK — RADFAHREN

Karte S. 239 Eine Reihe von Wegen mit unterschiedlichem Schwierigkeitsgrad führt rund um Ketam Quarry und in die weitere Umgebung. Es ist zwar nicht der härteste Bike Park der Welt, aber für Anfänger wegen seines starken Gefälles, der scharfen Kurven und der verhältnismäßig schlechten Bodenhaftung an verschiedenen Stellen nicht wirklich geeignet. Es gibt eine kleine Bike-Skills-Zone gleich links vom Eingang. Hier liegt auch der German Girl Shrine.

SCHWIMMEN & KAJAK FAHREN — WASSERSPORT

Karte S. 239 (www.celestialresort.com; Celestial Resort, Jln Endul Senin; Schwimmen 5 $, Kajak Std. 10 $, Angeln halber Tag 30 $, 30 Min. Schnorcheln 10 $) Man kann zwar an den kleinen Stränden auf Ubin im Meer schwimmen, aber das Wasser ist ziemlich trüb und nicht wirklich einladend. Eher zum Schwimmen geeignet ist der (etwas) sauberere See innerhalb des Geländes des Celestial Resort. Der kleine künstliche Strand ist sehr viel reizvoller als die Strände entlang der Küste der Insel.

MIT DEM RAD RUND UM UBIN

Neben Wandern ist das Radfahren die einzige Möglichkeit, um Ubin kennenzulernen. Diejenigen, die Richtung Ketam Mountain Bike Park fahren, bringen oft ihre eigenen, besseren Räder mit, für alle anderen gibt es zahlreiche Möglichkeiten in Pulau Ubin Village, ein ordentliches Fahrrad für einen Tag auszuleihen. Die Preise schwanken zwischen 5 und 10 $, Kinderräder kosten 2 $. Die Qualität der Fahrräder ist überall gleich, egal, wo man sie anmietet. In der Regel bekommt man auf Nachfrage einen Korb, Fahrradschloss und Helm; viele Anbieter verleihen auch Kinderräder.

Karten von der Insel werden nicht mehr ausgegeben (um Müll zu vermeiden), dafür wurden überall Schilder mit Landkarten aufgestellt. Wegen des großen Sumpfgebietes im Norden des Zentrums ist es nicht möglich, die Insel einmal komplett zu umrunden. Wer den Osten und Westen erkunden will (Vorsicht: der äußere Westen ist gesperrt), muss dafür ein Stück zurückfahren. Die Entfernungen hier sind aber so gering, dass das nicht der Rede wert ist.

Die Schilder sind etwas irreführend: Das Feuchtgebiet Sungai Mamam kann nicht durchquert werden. Wer also vom Noordin-Campingplatz zum Mamam-Campingplatz gelangen will, muss immer über die Hauptstraße fahren.

Im Resort werden auch Kajaks verliehen, außerdem kann man angeln und schnorcheln. Und es gibt ein kleines Restaurant und eine Bar.

Südliche Inseln

Die südlichen Inseln entdecken

Noch drei weitere Inseln sind vielbesuchte Ausflugsziele der Einheimischen und Gäste: St. John's, Lazarus und Kusu. An den Wochenenden können sie etwas überfüllt sein, doch unter der Woche ist man hier praktisch allein – es sei denn, eine Schulklasse veranstaltet hier gerade ein Camp. Alle Inseln eignen sich ausgezeichnet zum Angeln und für ein Picknick.

Infrastruktur ist praktisch keine vorhanden: Man kann aber auf St. John's übernachten, auf St. John's und Kusu gibt es außerdem Toiletten. Für Essen und Getränke muss jeder selbst vor der Abfahrt sorgen

Die besten ...
➡ **Attraktiomen** Kusu Kramats (S. 134)
➡ **Picknickstellen** Kusu Island (S. 134)
➡ **Aktivitäten** Planschen an Kusus seichtem Strand (S. 134)

Top-Tipp

Vorsicht: An den Stränden der drei Inseln gibt es keine Badekabinen. Für ein kurzes Bad im Meer sind die Inseln ganz nett, wer aber einen klassischen Strandtag verbringen will, ist auf Sentosa besser aufgehoben..

An- & Weiterreise

Fähre Die Southern Islands Ferry vom Marina South Pier (www.islandcruise.com.sg; 31 Marina Coastal Dr.; Erw./Kind hin & zurück 15/12 $; ⊙Mo-Fr 10 & 14, Sa 9, 12 & 15, So 9, 11, 13, 15 & 17 Uhr) stoppt zunächst an der Insel St. John's (45 Min.), liegt dort etwa eine Stunde vor Anker und fährt dann weiter nach Kusu (15 Min.). Das Ticket erlaubt, von Bord zu gehen und mit dem nächsten Boot weiterzufahren. Allerdings fahren nicht sehr viele Fähren: je nach Wochentag zwei, drei oder fünf. Die letzte Fähre zurück verlässt Kusu Montag bis Freitag um 16 Uhr, an den Samstagen um 16.30 Uhr und sonntags um 18.15 Uhr. Dieser Zeitplan kann sich natürlich immer wieder ändern, weswegen man sich zur Sicherheit die aktuellen Fahrpläne auf der Website anschauen sollte. Um zum Marina South Pier zu gelangen, nimmt man den MRT nach Marina Bay und steigt dort in den Bus 402 um.

SEHENSWERTES

KUSU ISLAND
INSEL

Kusu ist die bei weitem kleinste der Inseln, gleichzeitig aber auch die hübscheste. Sie besitzt eine reizvolle Landschaft, einen annehmbaren Strand und bietet sogar ein wenig Geschichte und Kultur.

Das Boot entlässt die Besucher in eine Region mit Landschaftsgärten, die sich perfekt für ein Picknick eignen. Hier gibt es sogar ein kleines **Schildkröten-Heiligtum** und den **Tua Pek Kong Temple**, einen chinesischen taoistischen Tempel mit einigen kunstvollen Drachen. Der schöne **Sandstrand** mit seichtem Wasser in einer geschützten Bucht ist ideal für kleinere Kinder.

All das liegt auf aufgeschüttetem, flachem Land, das die ursprüngliche Insellandschaft umgibt, ein riesiger, von Wald bedeckter Felsen, auf dessen Spitze die **Kusu Kramats** sitzen: Die drei leuchtend kanariengelb gestrichenen, malaiischen Heiligtümer können besichtigt werden, allerdings muss man dazu die 152 Stufen hinaufsteigen.

ST. JOHN'S ISLAND
INSEL

Sie wirkt etwas gespenstisch und hat tatsächlich eine bewegte Vergangenheit: Auf St. John's Island wurden in den 1930er-Jahren Immigranten zur Quarantäne gebracht, später wurde die Insel in ein politisches Gefängnis umgewandelt und schließlich in ein Rehabilitationszentrum für Opiumsüchtige. Noch immer umgibt den Ort eine gewisse Gefängnisatmosphäre, vor allem wegen der hohen Stacheldrahtzäune und den paar Wachtürmen, die noch stehengeblieben sind. Doch heute dürfen Besucher immerhin kommen und gehen, wie es ihnen beliebt ... (lediglich ein Meeresforschungszentrum darf nicht betreten werden). Die Insel lässt sich auf einem Halbtagsausflug ganz gut erkunden.

Am kleinen **Strand** sieht man gelegentlich Leute picknicken, auch eine winzige **Moschee** mit einem Blechdach steht auf der Insel. Die meisten Besucher kommen aber zum **Angeln** hierher.

Die großen Schlafsäle mit 60 Betten und mehr sind meist ausgebucht, denn Schulen halten hier ihre Sommercamps ab (es kann kein einzelnes Bett reserviert werden, man muss schon den ganzen Schlafsaal mieten). Alternativ gibt es einen Bungalow mit drei Zimmern (s. S. 166), der für die Nacht gemietet werden kann. Zelten ist nicht erlaubt, obwohl die Besucher es gelegentlich einfach tun.

LAZARUS ISLAND
INSEL

Lazarus ist mit St. John's durch einen Betonsteg verbunden. Die Insel ist kaum entwickelt, es gibt nur den Dschungel und einen **Strand**. Wer denkt, St. John's wäre ein ruhiges Pflaster, irrt sich jedoch! Der Strand ist reizvoll, weit und geschwungen – manchmal liegen auch Yachten für einen Nachmittag vor Anker. Leider ist der Strand relativ stark zugemüllt mit allem, was die Flut so anschwemmt, denn der Abfall wird normalerweise nicht entfernt. Ein Teil der Küste, von der man Richtung Singapur blickt (der Strand liegt in die andere Richtung), wurde jedoch beim letzten Besuch des Autors gerade gereinigt. Auch gibt es wohl vage Pläne, hier eine Art Resort zu bauen. Momentan ist die Insel allerdings nicht viel mehr als ein kleines Ausflugsziel für Besucher von St. John's.

Tagesausflüge

Pulau Bintan S. 137
Die All-inclusive-Ferienanlagen im Norden der Insel sind besonders bei wohlhabenden Einheimischen und Expatriates beliebt. Eine kulturelle Entdeckungstour rund um die Hauptstadt Pinang ist aber weitaus lohnender.

Johor Bahru S. 141
Etwa eine knappe Stunde fährt man mit dem Bus von Singapur nach Johor Bahru (auch JB genannt) in Malaysia. Die Stadt bietet preiswertes Essen und günstige Einkaufsmöglichkeiten sowie einige Sehenswürdigkeiten.

Pulau Tioman S. 144
Ein 35-minütiger Flug bringt Besucher in dieses malaiische Inselparadies. Ob man nun tauchen oder sich einfach nur am weißen Sandstrand erholen möchte: Ein Ausflug nach Tioman lohnt sich auf jeden Fall.

Malakka S. 147
Der ehemalige koloniale Vorposten Malakka in Malaysia steht wegen seines Reichtums an historischen Gebäuden auf der Liste des Unesco-Weltkulturerbes und ist bekannt für seine fantastische Esskultur.

Pulau Bintan

Pulau Bintan entdecken

Am besten lässt man die teuren All-inclusive-Resorts im Norden außen vor und geht stattdessen auf Entdeckungstour in Bintans kulturelles Kernland, das weiter südlich rund um Pinang, der größten Stadt der indonesischen Insel, liegt.

Die lauten, staubigen und schlaglochreichen Straßen wirken sehr indonesisch und nach dem Aufenthalt im supersauberen Singapur gewöhnungsbedürftig. Wer etwas Ruhe in einem Café sucht, um dort den gerade erstandenen Stadtplan zu studieren, muss auf dem Weg dorthin erst einmal den unzähligen Mopeds und Rikschas ausweichen und sich durch die Menschenmenge in den engen Gassen drängeln.

Erholt und erfrischt läuft man nach dem Cafébesuch am besten zu den kleinen Bootsstegen, wo schon Bumboote darauf warten, die Fahrgäste entweder nach Senggarang (sehenswert ist die Chinatown aus Pfahlbauten!) oder Penyengat zu bringen. Die kleine Insel bietet Königsgräber, Paläste, eine schöne Moschee und eine wunderbar ländliche Atmosphäre.

Die besten …

→ **Attraktionen** Masjid Raya Sultan Riao (S. 138)
→ **Gerichte** *Ikan bakar* auf Penyengat (S. 140)
→ **Restaurants** Ocean Corner (S. 140)

Top-Tipp

Geldwechsler tauschen günstiger und einfacher als Banken; man findet viele auf der Jln Merdeka (vom Fährterminal nach links wenden).

An- & Weiterreise

Fähre Die von Wave Master, Penguin und Falcon betriebenen Fähren nach Pinang (2 Std.) fahren in Singapur am Fährterminal Tanah Merah (Buslinie 35 von der MRT-Station Bedok) ab; siehe dazu S. 138 mit Fahrplänen und Preisen. Ein 30-tägiges Touristenvisum für Indonesien gibt es in Pinang zu kaufen (40 $ oder 25 US$, nur Barzahlung). Eine Steuer in Höhe von 13 000 Rp ist bei der Ausreise in Landeswährung fällig.

Gut zu wissen

→ **Vorwahl** +62 771
→ **Lage** 60 km von Singapur entfernt
→ **Touristeninformation in Pinang** 25373; Jln H Agus Salim; vor dem Fährterminal links abbiegen, dann kommt sie nach 50 m auf der linken Seite in Sicht; 8–16 Uhr

SEHENSWERTES

Pinang

Bintans Hauptstadt ist ein historischer Hafen- und Handelsort mit einer immer noch blühenden Marktkultur und viel geschäftigem Trubel. Bei ihrer Ankunft werden die Besucher sofort von allen möglichen Händlern umschwärmt; am besten, man ignoriert sie alle und geht direkt zur hilfreichen Touristeninformation (vom Fährhafen aus links abbiegen, nach 50 m sieht man sie auf der linken Seite). Dort bekommt man Tipps und einen Stadtplan.

CETIYA BODHI SASANA BUDDHISTISCHER TEMPEL
(Jln Plantar 2) Den kleinen chinesischen Tempel am Hafen kann man vom Boot nach Senggarang aus sehen. Auf der kleinen Freilichtbühne davor werden ab und zu chinesische Opern aufgeführt. Jedes Jahr startet von hier aus das frenetisch bejubelte Drachenbootrennen während des Drachenbootfestivals am 5. Tag des 5. Mondmonats. Vom Fährhafen zum Tempel nimmt man die erste Straße links, geht 500 m die Hauptstraße entlang und biegt dann links (gegenüber dem Vihara Bhatra Sasana Temple) auf die Jln Plantar 2 ab. Kurz vor dem Wasser biegt man noch einmal links zum Tempel ab. Die Gegend ist ein faszinierendes Labyrinth aus Gassen und Marktständen.

VIHARA BHATRA SASANA BUDDHISTISCHER TEMPEL
(Jln Merdeka) Drachen schmücken die schön bemalten, nach oben gebogenen Dachvorsprünge dieses chinesischen Tempels. Am Zentralaltar steht die Statue Kuan Yins (Guanyin), der Göttin der Barmherzigkeit. Vom Fährhafen biegt man links ab und geht bis zum Ende der Straße: Der Tempel steht

FÄHREN NACH PINANG, DER HAUPSTADT VON BINTAN

Fähren nach Pinang (2 Std.) stechen von Singapurs Fährterminal Tanah Merah aus in See.

Reedereien
Falcon (*J*9147 1068; Fährterminal Tanah Merah; einfach/hin und zurück 40/50 $)
Penguin (*J*6542 7105; Fährterminal Tanah Merah; Erw./Kind einfach 28/23 $, hin & zurück 50/40 $)
Wave Master (*J*6786 9959; Fährterminal Tanah Merah; einfach/hin & zurück 40/50 $)

Von Singapur nach Pinang (Singapurer Ortszeit)
Montag bis Freitag 8.50 Uhr (Falcon), 9.20 Uhr (Wave Master), 12.30 Uhr (Penguin), 15.00 Uhr (Falcon), 15.30 Uhr (Wave Master), 18.20 Uhr (Penguin)

Samstag und Sonntag 8.50 Uhr (Falcon), 9.20 Uhr (Wave Master), 10.20 Uhr (Penguin), 13.10 Uhr (Falcon), 15.30 Uhr (Wave Master), 17.10 Uhr (Falcon), 17.30 Uhr (Wave Master), 18.20 Uhr (Penguin)

Von Pinang nach Singapur (indonesische Ortszeit)
Montag bis Freitag 7 Uhr (Penguin), 10.10 Uhr (Falcon), 10.30 Uhr (Wave Master), 14 Uhr (Penguin), 16 Uhr (Falcon), 16.30 Uhr (Wave Master)

Samstag und Sonntag 7.00 Uhr (Penguin), 10 Uhr (Falcon), 10.25 Uhr (Wave Master), 13.30 Uhr (Penguin), 14 Uhr (Falcon), 14.25 Uhr (Wave Master), 18 Uhr (Falcon), 18.30 Uhr (Wave Master)

Singapur hat eine Stunde Zeitunterschied zu Indonesien: Wenn es in Singapur 12 Uhr ist, ist es in Indonesien erst 11 Uhr.

---

auf der rechten Seite, an der Kreuzung mit der Jln Ketapang.

SULTAN SULAIMAN BADRAL ALAMSYAH   MUSEUM
(Jln Ketapang; ⊙Mo-Fr 9-15, Sa & So 9-16.30 Uhr) Das kleine Museum in einem hübschen, von den Niederländern 1918 erbauten Gebäude steckt voller größtenteils chinesischer Artefakte – Münzen, Keramik, Musikinstrumente, Kleidung, Schmuck –, die jedoch leider nicht in Englisch beschriftet sind. Ein altes *caping*, eine Art Keuschheitsgürtel, ist besonders sehenswert. Vom Vihara Bhatra Sasana Temple biegt man rechts ab, das Museum befindet sich dann auf der linken Seite.

⊙ Penyengat

Die kleine Insel Penyengat war früher einmal das Herz des Sultanats Riao-Johor und das kulturelle Zentrum des malaiischen Kaiserreichs. Im 16. Jh. flohen die malaiischen Sultane nach ihrer Niederlage gegen die Portugiesen in Malakka hierher und sorgten damit für den Aufschwung der Insel. Heute wohnen hier Indo-Malaien und chinesische Einwanderer entweder in Pfahlbauten an der Küste oder in farbenfrohen Bungalows im grünen Inselinneren.

Von Pinang aus dauert die Bootsfahrt bis nach Penyengat nur eine Viertelstunde; eine einfache Fahrt kostet 5000 Rp pro Person. Da die 15 Personen fassenden Boote erst abfahren, wenn sie wirklich voll sind, kann es sein, dass man eine Weile an Bord warten muss. Um zum Bootssteg zu gelangen, biegt man am Fährterminal links ab, dann geht es an der ersten Kreuzung wieder nach links und immer die Gasse entlang bis zum Wasser.

MASJID RAYA SULTAN RIAO   MOSCHEE
Diese märchenhafte Moschee wurde 1832 errichtet und leuchtet in grünen und gelben Pastelltönen. Ihre Minarette werden von kegelförmigen Türmen gekrönt und wirken neogotisch. Die Moschee wird regelmäßig von Gläubigen aufgesucht; Gäste sind willkommen, sollten sich jedoch angemessen (also bedeckt) kleiden.

GRABMÄLER UND
PALÄSTE
HISTORISCHE STÄTTE

Penyengat war einst die Hauptstadt des Sultanats Riau-Johor, und überall auf der Insel befinden sich die Ruinen einstiger Paläste und Grabmäler der malaiischen Herrscher. Besonders sehenswert bei einem Rundgang durch Penyengat ist die Ruine des Palastes **Astana Kantor** gleich neben und das **Grab Raja Hamidahs** links von der Moschee. Unterwegs auf der Insel stößt man auf viele weitere Hinweise auf die einstige Herrscherfamilie.

FESTUNG
HISTORISCHE STÄTTE

Ganz im Westen der Insel steht die Ruine einer beeindruckenden Steinfestung, die ursprünglich von Sultan Raja Haji im 18. Jh. als Verteidigung gegen niederländische Angriffe gebaut wurde. Ironischerweise wurden die **Kanonen** des Forts in den Niederlanden hergestellt. Raja Haji verfasste das erste malaiische Grammatikbuch – es erinnert daran, dass die Insel einst eine intellektuelle und religiöse Hochburg war, auf der mehr als 9000 Menschen lebten.

BECAK-FAHRTEN
GEFÜHRTE TOUREN

Penyengat lässt sich aufgrund seiner Größe gut zu Fuß erlaufen, mehr Spaß macht allerdings eine Rundfahrt mit dem *becak*, eine Motorrikscha mit Seitenwagen. Die Standardtour dauert eine Stunde und kostet 25 000 Rp.

Senggarang

Dieses überwiegend chinesische Dorf, gegenüber von Pinang auf der anderen Seite der Bucht gelegen, wird von kleinen Holzbooten angefahren (einfach pro Pers. 5000 Rp, 10 Min.). Den Abfahrtssteg Plantar 1 findet man, indem man an der Gasse, die zum Anlegeplatz für die Boote nach Penyengat führt, vorbei geht und an der nächsten Straße links abbiegt.

CHINATOWN
PFAHLBAUTEN

Sofern man nicht darum bittet, an den Tempeln herausgelassen zu werden, hält das Boot am Eingang zu Senggarangs sogenannter Chinatown. Im Gegensatz zu Chinatown in Singapur ist diese hier allerdings eher eine Wohngegend als ein Geschäftsviertel. Das Besondere ist, dass sämtliche der vielen hundert Häuser auf Holzpfählen über dem Wasser errichtet wurden. Die Bewohner sind größtenteils Teochew-Chinesen, ihre kleine Gemeinschaft gibt es angeblich schon seit dem 18. Jh. Viele der Häuser haben ihre eigenen Schreine im Eingangsbereich.

VIHARA DHARMA
SASANA
BUDDHISTISCHER TEMPEL

Diese gut gepflegte Tempelanlage mit Blick aufs Meer hat einen dekorativen chinesischen Torbogen als Eingang und umfasst drei Haupttempel. Die zwei ältesten (die ersten, die man beim Betreten der Anlage sieht) stehen nebeneinander und sind zum Meer hin ausgerichtet. Ihr Alter wird auf 200 bis 300 Jahre geschätzt; sie wurden mehrmals erneuert und neu angestrichen. Ihre Dächer sind reich mit Schnitzereien verziert. Hinter ihnen stehen ein moderner Tempel und zwei riesengroße bunte Buddhastatuen.

Um zu den Tempeln zu gelangen, kann man sich entweder mit dem Boot zu ihrem Anlegesteg bringen lassen (6000–8000 Rp) oder von der Hauptanlegestelle in Senggarang aus zu Fuß dorthin laufen. Man geht dafür einfach den Steg entlang bis zur ersten Abzweigung links und dann bis zum Ende des Holzstegs, biegt rechts ab und läuft so lange, bis man trockenes Land erreicht. Von da aus ist der Torbogen der Anlage schon zu sehen.

BANYAN TREE TEMPLE
BUDDHISTISCHER TEMPEL

Wenn man die Tempelanlage Vihara Dharma Sasana verlässt und geradeaus geht, kommt man bald zu einem kleinen Dorf mit einem besonders ungewöhnlichen Tempel, der um 1811 erbaut wurde. Er war ursprünglich das Haus eines wohlhabenden chinesischen Mannes, der angeblich hier begraben liegt. Über die Jahre wurde das Gebäude immer mehr von den Wurzeln eines riesigen Banyanbaumes verschlungen. In den letzten Jahrzehnten entwickelte sich der Ort zu einem heiligen Schrein; immer mehr Einheimische und Gläubige auch von weiter weg begannen damit, hier Opfergaben niederzulegen und an dem mittlerweile als heilig angesehenen Ort um Segen zu bitten.

Wer will, kann zur Anlegestelle zurückkehren, ohne noch einmal an der Tempelanlage vorbeizukommen: Dafür biegt man an der ersten Abzweigung links ab.

ESSEN

Im Fährterminal Tanah Merah in Singapur gibt es eine Filiale der sehr guten Cafékette Killiney Kopitiam für diejenigen, die zeitig am Morgen auf die Fähre wollen. Das Frühstück mit *kaya*-Toast, weichgekochten Eiern und *kopi* kann man hier auf der Veranda mit Blick aufs Meer genießen. Auch eine Vielzahl von Hauptgerichten steht zur Auswahl. Wer keinen *kopi* mag, für den gibt es auch „westlichen" Kaffee.

Pinang

Links neben dem Fährhafen stößt man gleich auf ein paar *kedai kopi* (einheimische Cafés), in denen es etwas zu trinken, einen Snack zu kaufen oder *goreng* (Nudeln) zu essen gibt.

Am Abend bieten Dutzende Essensstände auf der Straße am Meer (vom Fährhafen aus rechts) Speisen und Getränke an. Die erste Gruppe von Ständen (100 m vom Fährhafen entfernt) steht auf einem kleinen Platz namens **Ocean Corner**. Hier werden Reis- und Nudelgerichte (*nasi goreng, mee goreng*), *satay* (Gerichte mit Erdnusssauce) und ein Reisnudelgericht mit Erdnussgeschmack namens *ketoprak* angeboten. Weiter vorn liegt ein größerer Platz, auf dem ähnliche Gerichte angeboten werden. Die Stände auf der Küstenstraße sind von etwa 17 bis 24 Uhr geöffnet.

Weitere typische Delikatessen sind *gong gong* – Schnecken, die mit einem Zahnstocher gegessen werden (für eine kleine Portion sollte man mit 20 000 Rp rechnen) – und *otak otak*, in Bananenblättern gegrillte Fischküchlein (Stück ca. 500 Rp).

Penyengat

Auf dem Bootsanlegesteg gibt es ein paar kleine Restaurants mit Außenbestuhlung. Man sollte nach *ikan bakar* Ausschau halten, einem leckeren gegrillten Fisch, der mit einem Salat, süßem Chili-Dip und Reis serviert wird. Für eine Portion zahlt man um die 35 000 Rp. Am besten isst man das Gericht wie die Einheimischen mit den Fingern. Die silbernen Teekannen auf den Tischen sind mit Wasser gefüllt und zum Händewaschen gedacht.

Senggarang

Ein paar Einheimische öffnen ihre Pfahlbauten als Restaurants, dort bekommt man allerdings nur einfache Gerichte in begrenzter Auswahl. Die Alternative sind die kleinen Geschäften in der Nähe des Banyan Tree Temple, die Snacks verkaufen.

IN PINANG ÜBERNACHTEN

Unterkünfte sind hier preiswerter als in Singapur und die Zimmer oft größer. Dafür ist allerdings der Standard im Allgemeinen niedriger.

➔ **Hotel Melia** (📞21898; 29 Jln Pasar Ikan; inkl. Frühstück ab 40 $; 📶) Ein freundliches Mittelklassehotel mit riesigen, sauberen Zimmern, ordentlichen Bädern und Gratis-WLAN. Vom Fährhafen biegt man links ab, dann wieder links an der ersten Kreuzung, danach hält man sich rechts und das Hotel kommt auf der linken Seite in Sicht.

➔ **Hotel Tanjung Pinang Jaya** (📞21236; 692 Jln Pasar Ikan; Zi. ab 22 $) Das große Hotel in der Kurve ist zwar von außen bunt angestrichen, innen allerdings ein wenig maroder und altmodischer als die anderen (so sind die Zimmer zwar groß, aber etwas heruntergekommen). Die Angestellten sind freundlich, sprechen aber wenig Englisch, es gibt auch kein Internet. Die Unterkunft befindet sich gleich hinter dem Melia, dort, wo sich die Straße nach links krümmt.

➔ **Lesmina Hotel** (📞315000; 29 Jln Pasar Ikan; Zi. ab 128 000 Rp) Das Lesmina hat zwar die kleinsten Zimmer der drei hier vorgestellten Hotels, die Doppelzimmer haben aber trotzdem eine gute Größe und saubere, wenn auch nicht mehr glänzende Badezimmer. Die Angestellten sind freundlich, einige sprechen auch etwas Englisch. Vom Hotel Melia geht man weiter die Straße entlang und an der Kurve vorbei und das Lesmina kommt auf der rechten Seite in Sicht.

Johor Bahru

Johor Bahru entdecken

Von Singapur aus lässt sich leicht ein Tagesausflug nach JB (niemand nennt die Stadt bei ihrem vollen Namen) unternehmen. Sie ist zwar keine Touristenhochburg, bietet aber trotzdem einige architektonische Sehenswürdigkeiten. Ein Besuch lohnt sich hauptsächlich wegen der entspannten Atmosphäre, die sich wohltuend vom hektischen Singapur unterscheidet.

Nach der Ankunft mit Bus oder Bahn isst man am besten gleich in einem Café in der kolonialen Altstadt, bevor man anschließend durch die kleinen Gassen und Geschäfte schlendert. Auf jeden Fall sollte man sich ein paar Tempel anschauen und dann mit einem Taxi oder zu Fuß das Royal Abu Bakar Museum aufsuchen. Es ist im ehemaligen Königspalast untergebracht und JBs einzige Sehenswürdigkeit, die man gesehen haben muss.

Nach einem entspannenden Spaziergang im Garten nebenan lohnt sich die Rückkehr in die historische Altstadt, wo man in einer der vielen trendigen Bars vor der Rückkehr

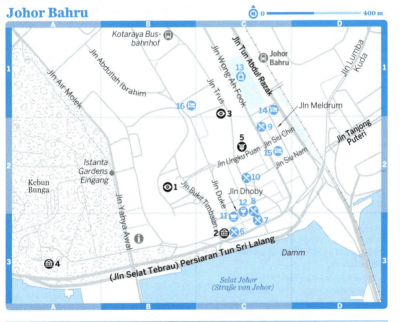

Johor Bahru

⊙ Sehenswertes	(S. 142)
1 Bangunan Sultan Ibrahim	B2
2 Chinese Heritage Museum	C3
3 Johor Old Chinese Temple	C1
4 Royal Abu Bakar Museum	A3
5 Sri Raja Mariamman Devasthanam	C2

✕ Essen	(S. 143)
6 Annalakshmi	C3
7 Hiap Joo Bakery & Biscuit Factory	C3
8 Kedai Kopi Dan Makanan Kin Wah	C2
9 Night Market	C2
10 Restoran Huamui	C2

⊙ Ausgehen	(S. 143)
11 It Roo Cafe	C3
12 Roost Juice Bar	C2

🛍 Shoppen	(S. 144)
13 Johor Bahru City Square	C1

🛏 Schlafen	(S. 143)
14 Central Hotel	C1
15 Hanyasatu Hotel	C2
16 Puteri Pan Pacific Hotel	B1

nach Singapur noch etwas essen oder trinken kann.

Die besten ...
➡ **Attraktionen** Royal Abu Bakar Museum (S. 142)
➡ **Restaurants** Kedai Kopi Dan Makanan Kin Wah (S. 143)
➡ **Bars** Roost Juice Bar (S. 144)

Top-Tipp
Den Grenzübergang Woodlands in Richtung Singapur sollte man am Sonntagabend meiden, dort wird es um diese Uhrzeit immer sehr voll.

An- & Weiterreise
Bus Die Busfahrt von Singapur nach JB dauert rund eine Stunde, egal für welche der drei Möglichkeiten man sich entscheidet. Am einfachsten ist es, den direkten „Singapore-Johor Express" (2,50 $, 1 Std., 6.30–23 Uhr) zu nehmen, der aller 15 Minuten vom Busbahnhof in der Queen Street in Little India abfährt. Billiger ist der Linienbus, z. B. die Buslinie 170 ab dem Busbahnhof in der Queen Street (1,70 $): Der Bus fährt bis zur Grenze, dort steigt man dann in den nächsten indonesischen Bus (1 RM) um oder spaziert vom Grenzübergang gleich zu Fuß nach JB. Am schnellsten ist die Fahrt mit dem MRT nach Kranji, von wo Bus 160 zur Grenze fährt. Auf dem Rückweg steigt man Richtung Grenze in einen der Busse, die von JBs Busbahnhof Kotaraya von 5 Uhr früh bis Mitternacht zur Grenze fahren.

Taxi Ein Taxi von Singapurs Stadtzentrum nach JB kostet um die 40 $. Gemeinschaftstaxis fahren am Busbahnhof Queen Street los, sobald sie voll sind (12 $ pro Pers.).

Gut zu wissen
➡ **Vorwahl** +60 7
➡ **Lage** 1,4 km von Singapur entfernt

VISUM FÜR MALAYSIA
Deutsche, Österreicher und Schweizer brauchen bei einem Aufenthalt von bis zu 90 Tagen kein Visum für Malaysia. Den (gültigen) Reisepass nicht vergessen!

➡ **Touristeninformation** 222 3590; www.tourismmalaysia.gov.my; 2 Jln Ayer Molek; Mo–Fr 8–13 & 14–17 Uhr

SEHENSWERTES

ROYAL ABU BAKAR MUSEUM MUSEUM
Karte S. 141; (Jln Ibrahim; Erw./Kind 7/3 US$; Sa–Do 9–17 Uhr). Der frühere Istana Besar (Hauptpalast) der Königsfamilie von Johor wurde 1866 vom anglophilen Sultan Akbar auf einem Hügel mit Blick auf die Straße von Johor im viktorianischen Stil erbaut. Der Palast beherbergt heute ein Museum, in dem Habseligkeiten, Möbel und Jagdtrophäen des Sultans zu bestaunen sind. Darunter sind einige herrliche Stücke: Wer also für königlichen Schnickschnack interessiert, sollte sich das Museum nicht entgehen lassen. Darüber hinaus sind auch die übrigen Palastanlagen absolut sehenswert und kosten nicht einmal Eintritt.

Während der Recherchen für dieses Buch war das Museum wegen gründlicher Renovierungsarbeiten geschlossen; die Renovierung sollte aber 2012 abgeschlossen sein.

JOHOR OLD CHINESE TEMPLE TAOISTISCHER TEMPEL
Karte S. 141 (Jln Trus; 7.30–17.30 Uhr) Dieser kleine, aber stimmungsvolle Tempel ist 130 Jahre alt. Er war einst das Zentrum der chinesischen Einwanderergemeinde von JB und wurde von fünf verschiedenen ethnischen Gruppen als Andachtsort für ihre fünf verschiedenen chinesischen Gottheiten genutzt. Obwohl bei der Sanierung von 1995 nur wenig vom ursprünglichen Mauerwerk erhalten blieb, gibt es einige echte Antiquitäten zu bestaunen: Eine riesige Glocke aus Bronze in einem Nebenzimmer rechts ist mit Gravuren von 1875 versehen, in einem kleinen Flur dahinter stehen Holztische, die ebenfalls chinesische Inschriften aus den 1870er-Jahren tragen.

SULTAN ABU BAKAR MOSQUE MOSCHEE
Karte S. 141 (Jln Gertak Merah) Die attraktive Moschee Sultan Abu Bakar mit ihren weiß gekalkten Wänden und dem Dach aus blauen Fliesen vereint verschiedene Architekturstile (u. a. den viktorianischen Stil). Sie wurde zwischen 1892 und 1900 erbaut, bietet bis zu 2000 Gläubigen Platz

und zählt zu den schönsten Moscheen der Region. Leider dürfen nur Muslime ihr Inneres betreten, allen anderen bleibt nur der Blick von außen.

CHINESE HERITAGE MUSEUM MUSEUM
Karte S. 141 (Jln Tan Hiok Nee; Eintritt 5 RM; Di-So 9–17 Uhr) Das Museum zeigt interessante Stücke zur Geschichte der chinesischen Einwanderer in diesem Teil der malaiischen Halbinsel. Man lernt dort beispielsweise, dass die Kantonesen ihre Tischlerfähigkeiten mitbrachten, die Hakka mit chinesischen Heilmitteln handelten und die Einwanderer aus Hainan ihre Kaffeehauskultur einführten (die noch heute gepflegt wird).

SRI RAJA MARIAMMAN DEVASTHANAM HINDUISTISCHER TEMPEL
Karte S. 141 (4 Jln Ungku Puan) Dieser wunderschöne Hindu-Tempel mit kunstvollen Schnitzereien, religiösen Kunstwerken und dem hohen, bunt bemalten *gopuram* (Turm) als Eingang ist das Herzstück von JBs Hindu-Gemeinde.

BANGUNAN SULTAN IBRAHIM SEHENSWERTES GEBÄUDE
Karte S. 141 (Bukit Timbalan) Das ehemalige Verwaltungsgebäude des Bundesstaates Johor wurden 1940 von den Briten errichtet und thront beeindruckend über diesem Teil der Stadt. Es war einst Sitz der gesetzgebenden Versammlung des Staates Johor und wurde während des Zweiten Weltkriegs von den Japanern als Festung genutzt. Momentan steht es leer, es gibt aber Pläne, den Bau vielleicht als Museum zu nutzen. Vom Eingangsbereich des Gebäudes kann man einen Blick hineinwerfen, ansonsten ist es nicht zugänglich.

ESSEN & AUSGEHEN

KEDAI KOPI DAN MAKANAN KIN WAH CAFÉ $
Karte S. 141 (Jln Tan Hiok Nee; Gerichte ab 3 RM; 7–17 Uhr) Das sehr beliebte, aber nüchterne Café bietet ein Büfett mit leckeren Gerichten aus der Region. Das erleichtert das Bestellen: Einfach mit dem Finger auf die Gerichte zeigen. *Kopi* (Kaffee) wird natürlich auch serviert. Während der Mittagsstoßzeit sitzen die Gäste auch auf dem Gang und draußen auf dem Bürgersteig.

RESTORAN HUAMUI CAFÉ $
Karte S. 141 (131 Jln Trus; Hauptgerichte 5–7 RM; 8–18 Uhr) Das luftige Café mit seinem hübschen Mosaikboden ist bei den Einheimischen sehr beliebt. Auf der Speisekarte findet sich eine Mischung aus malaiischen, indonesischen und chinesischen Gerichten. *Kampong*, gebratener Reis, ist besonders empfehlenswert. Zum Frühstück wird *kaya*-Toast serviert.

NACHTMARKT MALAIISCH $
Karte S. 141 (abseits der Jln Siu Chin; Gerichte ab 4 $; 15.30–24 Uhr) Die Stände des Freiluftmarktes säumen die T-förmige Gasse zwischen Jln Siu Chin, Jln Mledrum und Jln Wong Ah Fook und verkaufen alle möglichen regionalen Gerichte. Am frühen Abend ist hier besonders viel los. Da die meisten Stände von Muslimen betrieben werden, trinkt man statt des gewohnten Biers zum Essen am besten frisches Kokoswasser. Nudel- und Reisgerichte werden in allen möglichen Variationen angeboten, der absolute Favorit ist *sup kambing*, eine etwas scharfe Hammelsuppe, zu der Baguette gereicht wird.

UNTERKÜNFTE IN JOHOR BAHRU

→ **Hanyasatu Hotel** (Karte S. 141; 228 8111; EZ/DZ ab 70/80 RM) Die sauberen und ordentlichen Zimmer sind groß genug. Wer ein Zimmer mit Fenster (zum selben Preis) wünscht, sollte extra danach fragen. Die Angestellten sind sehr freundlich, und das Internetcafé in der Lobby hat rund um die Uhr geöffnet.

→ **Hotel** (Karte S. 141; 222 2833; www.jbcentralhotel-johorbahru.com; Merlin Tower, Jln Meldrum; Zi. ab 125 RM) Die riesigen Zimmer sind zwar etwas spartanisch eingerichtet, aber sauber und blicken auf die Stadt.

→ **Puteri Pan Pacific Hotel** (Karte S. 141; 219 9999; www.puteripacific.com; Kotaraya Plaza, abseits der Jln Trus; Zi. ab 270 RM; @) Zentral gelegenes Spitzenklassehotel mit Aussicht auf einige der Tempel und Moscheen von JB. Für eine Übernachtung am Wochenende bucht man am besten rechtzeitig vorher.

IT ROO CAFE
CAFÉ $$

Karte S. 141 (17 Jln Dhoby; Hauptgerichte 6–14 RM, Kaffee ab 3 RM; ⊙12–22 Uhr) Das It Roo, touristenfreundlich und mit einem Angebot an südostasiatischen und westlichen Gerichten, gibt es schon seit 1961. Anfänglich war es eine Bar, bevor es zum heute etwas gehobenen Lokal wurde. Die Spezialität des Hauses ist *chicken chop*, eine goldbraun gebratene Hähnchenbrust mit Pfeffer- oder Pilzsauce. Zur Abkühlung dient die Klimaanlage oder man setzt sich gleich nach draußen auf die Terrasse.

HIAP JOO BAKERY & BISCUIT FACTORY
BÄCKEREI $

Karte S. 141 (13 Jln Tan Hiok Nee; Brötchen & Kuchen 1–4 RM; ⊙6–19 Uhr) Hinter dem großartigen Namen verbirgt sich eine winzig kleine Bäckerei, in der leckere Brötchen, Kuchen und Kekse in einem traditionellen Kohlesteinofen gebacken werden. Seit 1930 gibt es sie schon, und seither kann man auch die Spezialitäten des Hauses – frische Brötchen und Bananenkuchen – bestellen. Die Brötchen sind ab 12.30 Uhr fertig gebacken und ab 15 Uhr ausverkauft. Der Bananenkuchen wird den ganzen Tag über nachgebacken, die letzte Charge kommt gegen 14.30 Uhr aus dem Ofen.

ANNALAKSHMI
SÜDINDISCH-VEGETARISCH $

Karte S. 141 (www.annalakshmi.com.sg; 39 Jln Ibrahim; Spende; ⊙11–15 Uhr) Vom guten indisch-vegetarischen Büfett kann man so viel essen, wie man will, und zahlt anschließend so viel, wie man bereit ist, zu geben. Dieselben Restaurants gibt es auch in Singapur (S. 62), Indien und Australien. Die Restaurantkette gehört zur Hindu-Organisation Temple of Fine Arts (www.templeoffinearts.org/sg), die sich für Kunst und Kultur einsetzt.

ROOST JUICE BAR
BAR

Karte S. 141 (9 Jln Dhoby; ⊙10–16 & 18–24 Uhr) Die trendige Retro-Bar mit ihrem lockeren Personal ist der coolste Ort zum Entspannen in der Altstadt. Das Bier kostet nur halb so viel wie in Singapur und die leckeren frischen Fruchtsmoothies werden in Strandeimerchen serviert!

SHOPPEN

Infolge der jüngsten Preiserhöhungen ist das Einkaufen in JB im Vergleich zu Singapur keine so große Schnäppchenjagd mehr. Die Preise sind aber nach wie vor etwas niedriger, die Qualität ebenfalls.

JOHOR BAHRU CITY SQUARE
EINKAUFSZENTRUM

Karte S. 141 (108 Jln Wong Ah Fook) Ein Besuch des Einkaufszentrums lohnt sich, um zu stöbern oder sich einfach nur ein bisschen von der Klimaanlage abkühlen zu lassen.

Pulau Tioman

Pulau Tioman entdecken

Pulau Tioman, die größte und spektakulärste Insel an Malaysias Ostküste, bietet schöne Strände, klares Wasser, gute Schnorchel- und wunderbare Tauchbedingungen. Im Gegensatz zu den überfüllten Stränden in Thailand gibt es hier keine großen Partys. Die Anreise dauert ihre Zeit, deshalb sollte man mindestens zwei Nächte bleiben.

Die besten ...

➡ **Attraktionen** Wanderung von Tekek nach Juara (S. 146)
➡ **Restaurants** Hijau (S. 146)
➡ **Bars** Sunset Beach Bar (S. 147)

Top-Tipp

Ein Aufenthalt unter der Woche ist empfehlenswert, weil es am Wochenende voll werden kann. Da es schwer ist, Alkohol außerhalb der Essenszeiten zu finden, legt man sich am besten seinen eigenen Vorrat im Kühlschrank des Hotelzimmers an.

An- & Weiterreise

Flugzeug Berjaya Air (☏6227 3688; www.berjaya-air.com; 67 Tanjong Pagar Rd.) Fliegt täglich von Singapurs Flughafen Changi nach Tioman (305 $), Flugzeit: 35 Minuten.

Bus/Fähre Frühaufsteher können den Five-Star-Tours-Bus (☏6392 7011) nach Mersing (einfach 31 $; 6.30 Uhr, 4 Std.) vom

Pulau Tioman

Golden Mile Complex aus nehmen. Während der Monsunzeit von Oktober bis Februar ist die Linie geschlossen. Der Transnasional-Bus fährt vom Busbahnhof Lavender Street (Karte S. 220) jeweils um 9 und 10 Uhr ab (6294 7034; 16,50 $). Wenn man den Causeway Link Express (alle 15 Min., 2,40 $) vom Busbahnhof Queen Street (Karte S. 220) nach Larkin in Johor Bahru nimmt, kann man dort in ein Taxi nach Mersing umsteigen (160 RM pro Taxi, max. 4 Pers.; 2 Std.).

In Mersing hat man dann zwei Möglichkeiten: Mit dem Schnellboot dauert die Fahrt etwas länger als eine Stunde (einfach 45 RM), viele Passagiere empfinden die Fahrt aber als unangenehm schnell. Die normale Fähre (einfach 35 RM) verkehrt fünfmal am Tag und braucht um die 3 Stunden, da sie auf ihrer Fahrt von Süden nach Norden an einigen Stränden hält. Ob und wann die Fähre ablegt, hängt von den Gezeiten, dem Seegang und der Zahl der Passagiere ab.

Gut zu wissen
→ **Vorwahl** 60 9
→ **Entfernung von Singapur** 178 km
→ **Touristeninformation** Informationen bekommt man am Fährhafen in Mersing.

SEHENSWERTES & AKTIVITÄTEN

Nach Tioman fährt man wegen der Strände, die geradezu zum Schnorcheln und Tauchen einladen. Die Fähre hält bei ihrer Fahrt von Süden nach Norden in **Kampung Genting, Paya, Tekek, Air Batang** (alias ABC) und **Salang**. Jeder der kleinen Orte hat einen eigenen Strandabschnitt, die Qualität ist unterschiedlich.

Gut informierte Besucher zieht es über Genting nach **Nipah**, einem ruhigen

UNTERKÜNFTE IN PULAU TIOMAN

In Tioman gibt es eine riesige Auswahl an Unterkünften, von denen die Mehrzahl aus gleich aussehenden schlichten Holzhütten am Strand mit Bett, Bad und Ventilator besteht. Die meisten bieten Essen an, wobei die Qualität unterschiedlich ist. Mit 40 bis 160 RM sollte man für eine Strandhütte rechnen, der Preis hängt von der Größe, der Nähe zum Strand und dem Vorhandensein eines Ventilators oder einer Klimaanlage ab. Die gehobenen Resorts haben Privatstrände, eigene Bars und Restaurants.

➡ **Nazri's Place** (419 1329; Air Batang; Hütten ab 100 RM) Das beliebte Hotel ist gleich zweimal in ABC (Air Batang) vertreten. Passable Hütten mit Garten, freundlicher Besitzer.

➡ **Ella's Place** (419 5005; Salang; Hütten 35–60 RM) Die beste der günstigen Unterkünfte in Salang mit freundlichen Besitzern, gutem Essen und einem großartigen Strandabschnitt.

➡ **Bushman's** (419 3109; Juara; Hütten 80–120 RM) Die Holzhütten stehen in perfekter Lage genau am Juara-Strand. Ein hübsches kleines Café gehört auch dazu.

➡ **Japamala Resort** (03 2161 0769; www.japamalaresorts.com; Hütten 200–400 RM) Das superschicke Boutique-Resort (vorher reservieren) ist das beste in Tioman und liegt in einer ruhigen Ecke im Südwesten der Insel. Eine Dschungel-Lodge soll 2012 eröffnen.

➡ **Berjaya Tioman Beach Resort** (419 1000; Hütten 275–385 RM) Das größte und extravaganteste Resort in Tioman macht zwar einen etwas unfreundlichen Eindruck, bietet aber eine riesige Auswahl an Aktivitäten an.

Strand. Den Hauptstrand von Tekek kann man links liegenlassen – die meisten All-inklusive-Touristen auf dem Weg ins Berjaya Resort steigen nämlich dort aus. Tekek ist der Hauptort der Insel: Flugplatz, Postamt, Geldautomat und Duty-Free-Shop (für den Fall, dass man Alkohol kaufen möchte) sind alle hier versammelt.

In Tekek liegt auch der Startpunkt einer schönen **Wanderung** durch den Regenwald. Auf dem 7 km langen Dschungeltreck sollte man viel Wasser mitnehmen. Gegen Ende des Weges zweigt ein unmarkierter Pfad ab, der zu einem **Wasserfall** führt und eine verdiente Abkühlung bietet. Die Wanderung endet schließlich am wahrscheinlich schönsten Strand der Insel – **Juara**. Dieses traumhafte Stück Strand ist ruhig, die meisten der Hütten stehen auf dem weißen Sand. Diejenigen, die nicht bis dorthin wandern wollen, können sich für 30 RM mit dem Jeep hinbringen lassen.

ABC erinnert manch einen wegen seines ruhigen Charmes an Tahiti, allerdings sind die Strände nicht sehr reizvoll. **Salang** ist der beliebteste Ort mit der größten Zahl an Strandhüttenvermietern und Tauchveranstaltern sowie dem besten Nachtleben auf der Insel. Zu den Schnorchel- und Tauchplätzen **Monkey Bay** und **Pulau Tulai** ist es von dort nicht mehr weit.

Die meisten Unterkünfte verleihen Schnorchelausrüstungen ab 20 RM. Auch wissen die meisten Vermieter Bescheid über Tauchausflüge und können Veranstalter empfehlen, die PADI-Tauchscheine anbieten.

 ESSEN & AUSGEHEN

Die meisten Hüttenkomplexe bieten eine gute Auswahl an malaiischen Speisen sowie ein paar chinesische und westliche Gerichte an. Gegrillte Meeresfrüchte und Fisch sowie die Satay-Gerichte sind zu empfehlen. Da Malaien überwiegend muslimisch sind, ist Alkohol tagsüber nicht so leicht erhältlich, preiswertes Dosenbier (ab 5 RM) wird aber zur Mittags- und Abendessenszeit verkauft. Jeder Strand hat ein oder zwei Bars. Salang ist der beste Ort zum Feiern und Tanzen.

HIJAU RESTAURANT INTERNATIONAL $$
(Air Batang; Gerichte ab 10 RM) Das Restaurant mit Terrasse liegt an einem Hügel auf der nördlichen Seite des ABC-Strands und serviert eine riesige Auswahl an sehr guten indischen und malaiischen Gerich-

ten. Eine Flasche Wein oder eisgekühltes Bier helfen über die würzige Schärfe des Essens hinweg.

SUNSET CORNER PIZZA $$
(Air Batang; Getränke ab 5 RM, Pizza ab 18 RM) Man sollte sich nicht vom Äußeren dieses Verschlags am Strand täuschen lassen. Billiges Bier und Cocktails werden hier zu einer superleckeren Pizza serviert. Genießen kann man das Ganze auf einem Liegestuhl am Strand unter dem Sternenhimmel. Kurz vor Nazri's Place, am Südende des Strands gelegen.

Malakka

Malakka entdecken

Umgeben von einem sandigen Küstenstrich im Westen und von mit Dschungel bedeckten Hügeln weiter landeinwärts liegt die Stadt Malakka (malayisch: Melaka), die Wiege des modernen Malaysia. Malakka ist eine mittelgroße Stadt, in der man sich leicht zurechtfindet und die kompakt genug ist, um sie zu Fuß oder per Fahrrad-Rikscha zu erkunden. Die meisten der kolonialen Stadtteile Malakkas liegen am östlichen Flussufer rund um den Town Square (auch Dutch Square) und die Christ Church. Der Bukit St. Paul (Hügel des Hl. Paulus) und einstige Standort der portugiesischen Festung A'Famosa erhebt sich über dem Town Square. Weiter nördlich liegt Malakkas Viertel Little India. Die geschäftige Chinatown befindet sich im Westen; in den dortigen Geschäften und Restaurants halten sich die meisten Touristen auf.

Die besten ...
➜ **Attraktionen** Baba-Nonya Heritage Museum (S. 150)
➜ **Restaurants** Nancy's Kitchen (S. 151)
➜ **Cafés** Geographér Cafe (S. 152)

Top-Tipp
In der Touristeninformation (Tourism Melaka) gegenüber vom Stadthuys gibt es Gutscheine, mit denen man bei vielen Attraktionen 20 % Rabatt erhält.

An- & Weiterreise
Bus Einmal abgesehen von einem Mietwagen ist es am einfachsten, einen Langstreckenbus vom Golden Mile Complex aus zu nehmen

---

UNTERWEGS MIT DER KTM

Die Strecke Singapur–Kuala Lumpur (Malaysia) der Malaiischen Bahn **KTM** ermöglicht einige weniger bekannte, aber dennoch interessante Tagesausflüge. Die langsame Fahrt durch die malaiische Landschaft hat etwas Romantisches. Passagiere sehen unterwegs (sofern sie noch nicht vom Ruckeln des Zuges eingelullt wurden) Palmen-, Kautschuk- und andere Plantagen. Neugierige Einheimische winken den vorbeifahrenden Zügen zu, die Landluft riecht frischer und aromatischer als die Luft in der Stadt.

Am besten, man fährt von der **Woodlands Train Checkpoint Station** (6767 5885; 11 Woodlands Crossing; 170, von Queen St. mit Causeway Link) ab. Es bringt nichts, extra mit dem Zug nach Johor Bahru zu fahren, da die Stadt nicht einmal 10 Fahrminuten von Woodlands entfernt liegt. Für einen Tagesausflug empfiehlt es sich, eine günstige Fahrkarte entweder nach Kluang (2 Std., hin & zurück ab 30 $) oder Segamat (3½ Std., hin & zurück ab 45 $) zu kaufen. Die zwei Städte sind etwas größer und liegen auf dem Weg nach Kuala Lumpur. In Kluang sollte man durch die alten Straßen Jln Stesen und Jln Ismail spazieren oder nach Gunung Lambak wandern. In Segamat dreht sich alles ums Essen. Mit einem Kaffee und *kaya*-Toast von Nanyang Kopitiam in der Hand kann man Ausschau nach den bekannten Durianbäumen am Straßenrand halten. Bis nach Kuala Lumpur ist man über fünf Stunden mit dem Zug unterwegs, sodass sich die Hauptstadt nicht für einen Tagesausflug eignet.

Der vornehme **Eastern & Oriental Express** fährt von Woodlands in Singapur Richtung Thailand; siehe S. 196.

Malakka

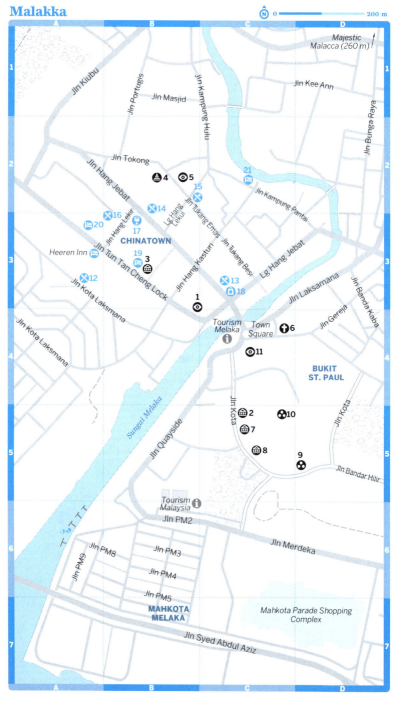

Melaka

⊙ Sehenswertes	(S. 149)
1 8 Heeren St	B3
2 Architekturmuseum	C5
3 Baba-Nonya Heritage Museum	B3
4 Cheng Hoon Teng Temple	B2
5 Chinatown	B2
6 Christ Church	C4
7 Islamic Museum	C5
8 Muzium Rakyat	C5
9 Porta de Santiago (A'Famosa)	D5
10 St Paul's Church	C5
11 Stadthuys	C4

⊙ Essen	(S. 151)
12 Donald & Lily's	A3
13 Hoe Kee Chicken Rice	C3
14 Jonker 88 Heritage	B2
Jonker's Walk Night Market	(siehe 18)
15 Low Yong Mow	B2
16 Nancy's Kitchen	B3

⊙ Ausgehen	(S. 151)
17 Geographér Cafe	B3

⊙ Shoppen	(S. 152)
18 Jonker's Walk Night Market	C3

⊙ Schlafen	(S. 151)
19 Cafe 1511 Guesthouse	B3
20 Hotel Puri	A3
21 River View Guesthouse	C2

(20–33 $; 4 Std.; ⊙ mehrmals tgl.). Die Alternative ist ein Bus nach Larkin von Johor Bahru; vom dortigen Busbahnhof fahren Busse weiter nach Malakka (ab 15 RM).

Gut zu wissen

➜ **Vorwahl** ☏ 60 6
➜ **Lage** 250 km von Singapur entfernt
➜ **Touristeninformation** ☏ 281 4803; www.melak.gov.my; Jln Kota; ⊙ 9–13 & 14–17.30 Uhr) Schräg gegenüber der Christ Church auf der anderen Seite des Platzes. Das nützliche Büro von Tourism Malaysia befindet sich im Menara Taming Sari Tower (☏ 283 6220; ⊙ 9–22 Uhr).

⊙ SEHENSWERTES

HISTORISCHE INNENSTADT — MUSEEN

Die Jln Kota ist die Museumsmeile schlechthin. Einige der besten sind das **Islamische Museum** (Karte S. 148; Jln Kota; Eintritt 1 RM; ⊙ Mi-So 9-17. 30 Uhr) und das kleine, aber lohnende **Architekturmuseum** (Karte S. 148; Jln Kota; Eintritt 2 RM; ⊙ Di-So 9.30 -17 Uhr), in dem es um regionstypische Hausbauweisen geht. Wer nur Zeit für ein Museum hat, der sollte sich das **Muzium Rakyat** (Volksmuseum; Karte S. 148; Jln Kota; Eintritt 2 RM; ⊙ Mi-Mo 9-17.30 Uhr) nicht entgehen lassen. Im 3. Stock befindet sich das leicht gruselige, aber interessante „Schönheitsmuseum". Es gibt Aufschluss über die Verstümmelungsrituale verschiedener Kulturen zu Schönheitszwecken (westliche Schönheitsoperationen fehlen allerdings noch).

ST. PAUL'S CHURCH — HISTORISCHES GEBÄUDE

Nach dem steilen, schweißtreibenden Treppenaufstieg von der Jln Kota aus wird man von einer angenehm luftigen Kirche empfangen. Von einem portugiesischen Kapitän wurde sie ursprünglich 1521 als Kirche „Unsere Liebe Frau vom Berg" erbaut. Heute ist die Paulskirche ein Zeugnis des Katholizismus in Ostasien. Vom Bukit St. Paul genießt man einen herrlich klaren Blick über Malakka. Der Hl. Franz Xaver war hier vorübergehend begraben. Besucher können einen Blick in seine Gruft in der Mitte der Kirche werfen. Eine Marmorstatue des Heiligen schaut wehmütig über seine geliebte Stadt. Die Kirche ist schon seit über 150 Jahren nur noch eine Ruine.

PORTA DE SANTIAGO (A'FAMOSA) — HISTORISCHES GEBÄUDE

Karte S. 148 (Jln Kota) Die Portugiesen legten die Porta de Santiago 1511 als Festung

BUSFAHRTEN ONLINE BUCHEN

Bei den vielen Busgesellschaften, die Fahrkarten in alle möglichen Teile Malaysias verkaufen, kann man schnell durcheinander kommen. **Bus Online Ticket** (www.busonlineticket.com) ist eine gute Website für eine Online-Buchung.

an. Heute ist sie ein Muss für alle Besucher, wenn auch nur als Fotomotiv. Die Niederländer waren gerade dabei, einen Großteil der Festung zu zerstören, als der visionäre Sir Stamford Raffles 1810 hier vorbeikam und den noch heute erhaltenen Teil der Festung rettete. Die Inschrift „VOC" im Torbogen steht für die Niederländische Ostindien-Kompanie; dieser Teil der Festung wurde von den Niederländern nach ihrer Machtübernahme im Jahre 1670 genutzt.

STADTHUYS HISTORISCHES GEBÄUDE

Karte S. 148 (Town Sq.; Eintritt Erw./Kind 5/2 RM; Sa-Do 9-17.30, Fr 9-12.15 & 14.45-17.30 Uhr) Das Stadthuys ist Malakkas unverkennbares Wahrzeichen und ein beliebter Fahrrad-Riksha-Abholpunkt. Das imposante lachsfarbene Rathaus fungierte auch als Gouverneursresidenz und ist wahrscheinlich das älteste niederländische Gebäude in Asien, denn es wurde schon kurz nach der Übernahme Malakkas durch die Holländer 1641 errichtet. Das Gebäude ist eine Nachbildung des alten Stadthuis (Rathaus) des friesischen Orts Hoorn in den Niederlanden. Die schweren Türen und Fenster sind typische Elemente der niederländischen Kolonialarchitektur. Im Gebäude werden Ausstellungen gezeigt.

CHRIST CHURCH KIRCHE

Karte S. 148 (Jln Gereja) Die Kirche wurde aus rosaroten Lateritziegeln gebaut, die aus Zeeland in den Niederlanden stammen. In ihrem Inneren liegen holländische und armenische Grabplatten. Die 15 m langen Deckenbalken wurden jeweils aus einem einzigen Baumstamm gesägt.

CHINATOWN HISTORISCHES VIERTEL

Karte S. 148 In Malakkas lebhaftestem Viertel kann man gut und gerne einige Tage mit dem Erkunden seiner kleinen Gassen verbringen. Jln Tokong, Hang Jebat und Tun Cheng Lock sind die Hauptstraßen Chinatowns. Wer einen verstohlenen Blick in die kleinen Geschäfte wirft, sieht vielleicht einen Maler bei seiner Arbeit, einen alten Mann beim Zusammenlöten von Fahrradteilen oder eine stämmige Frau, die gerade ein Hühnchen für das Restaurant nebenan rupft. Wenn einem nach so viel Laufen die Füße wehtun, kommt die halbstündige Reflexzonenmassage gerade richtig.

BABA-NONYA HERITAGE MUSEUM MUSEUM

Karte S. 148 (48-50 Jln Tun Tan Cheng Lock; Erw./Kind 10/5 RM; Mi-Mo 10-12.30 & 14-16.30 Uhr) Das faszinierende Museum sieht aus wie eine typische Baba-Nonya-Wohnstätte. Die Möbel bestehen aus chinesischem Hartholz, das nach chinesischen, viktorianischen und niederländischen Mustern bearbeitet wurde, und haben Furniere aus Perlmutt. Steinzeug im Nonya-Stil, bunte Keramik aus den chinesischen Provinzen Jiāngxī und Guǎngdōng und eigentlich für Straits-Chinesen hergestellt, machen das Museum noch attraktiver. Den Höhepunkt bilden die Führer, die Geschichten aus alter Zeit mit dem Humor der Peranakan erzählen. Die Führung ist im Eintrittspreis enthalten, sofern es genügend interessierte Besucher gibt.

GRATIS 8 HEEREN STREET HISTORISCHES GEBÄUDE

Karte S. 148 (8 Jln Tun Tan Cheng Lock; Di-Sa 11-16 Uhr) Das niederländische Wohnhaus aus dem 18. Jh. wurde als Modellprojekt vom Heritage Trust of Malaysia, der malaysischen Denkmalstiftung, saniert. Der freundliche Führer erklärt bei einem Rundgang, aus welcher Epoche die verschiedenen Stile des Gebäudes stammen und wie hier in den letzten Jahrhunderten gelebt wurde. Das ausgezeichnete Büchlein *Endangered Trades: A Walking Tour of Malacca's Living Heritage* (5 RM), mit dem man selbst auf Erkundungstour

---

ALLES AUF ROT

Die rosarote Farbe des Stadthuys wird den Briten zugeschrieben, die 1911 einfach das nüchterne holländische Weiß übermalten. Wahrscheinlich störte es sie, dass der rote Laterit, aus dem das Stadthuys errichtet wurde, durch den weißgetönten Putz hindurchschien. Möglicherweise gefiel es ihnen auch nicht, dass die weißen Wände bei tropischen Regengüsse immer mit roter Erde vollgespritzt wurden. Auf jeden Fall strichen die einfallsreichen Briten gleich alles rot an, um sich zukünftige Instandhaltungskosten zu sparen. Die leuchtende Farbe sieht man überall um den Town Square herum und am alten Glockenturm.

UNTERKÜNFTE IN MALAKKA

→ **Cafe 1511 Guest House** (Karte S. 148; 286 0150; www.cafe1511.com; 52 Jln Tun Tan Cheng Lock; EZ/DZ inkl. Frühstück 90/100; 🛜 @) Da es in dem schön restaurierten Peranakan-Haus neben dem Baba-Nonya-Museum nur fünf Zimmer gibt, reserviert man am besten vorher. Zentral gelegen mit gutem Frühstück.

→ **Hotel Puri** (Karte S. 148; 282 5588; www.hotelpuri.com; 118 Jln Tun Tan Cheng Lock; Zi. inkl. Frühstück 120–500 RM; 🛜) Das Hotel Puri sitzt elegant in einem prächtigen alten Peranakan-Herrenhaus. Die Zimmer sind einfach dekoriert, im hübschen Innenhof gibt es kostenloses WLAN.

→ **River View Guesthouse** (Karte S. 148; 012 327 7746; riverviewguesthouse@yahoo.com; 94-96 Jln Kampung Pantai; Zi. 45–60 RM; 🛜 @) Das makellose Gästehaus befindet sich in einem großen, denkmalgeschützten Haus, das an die Uferpromenade grenzt. Die einfachen Zimmer entsprechen dem niedrigen Preis. Die Besitzer sind freundlich und geben einem gerne Tipps und versorgen jeden mit einem Stadtplan und selbst gebackenem Kuchen.

→ **Majestic Malacca** (Karte S. 148; 289 8000; www.majesticmalacca.com; 188 Jln Bunga Raya; Zi ab 335 US$; @ 🛜 ⛨) Das Majestic befindet sich in einem Gebäude im chinesischen Kolonialstil aus den 1920er-Jahren und verfügt über geschmackvoll eingerichtete Zimmer, ein hauseigenes Wellness-Center und ein mondänes Restaurant. Es ist zwar teurer, aber ein echtes Boutiquehotel.

durchs Stadtzentrums gehen kann, ist hier ebenfalls erhältlich.

CHENG HOON TENG TEMPLE
BUDDHISTISCHER TEMPEL

(25 Jln Tokong; 7-19 Uhr) Malaysias ältester traditioneller chinesischer Tempel (1646; auch als Qing Yun Temple oder Green Clouds Temple bekannt) ist nach wie vor ein religiöses Zentrum der buddhistischen Gemeinde Malakkas. Der Tempel ist Kuan Yu, Göttin der Barmherzigkeit, geweiht und wegen seiner Holzschnitzkunst bemerkenswert. 2002 gewann er wegen seiner herausragenden architektonischen Restaurierung einen Preis der Unesco. Gegenüber dem Haupttempel steht ein traditionelles Opernhaus.

ESSEN & AUSGEHEN

Malakka ist gespickt mit Restaurants und Bars. Viele werden einen Großteil des Tagesausflugs wahrscheinlich in Chinatown verbringen, wo man problemlos gute Lokale findet. *Cendol* (ein Nachtisch aus gehobeltem Eis und Gelee mit Kokosmilch und Palmzuckersirup) sollte man unbedingt einmal probieren.

LOW YONG MOW
DIM SUM $

Karte S. 148 (Jln Tokong; Dim Sum 1–8 RM; 5–12 Uhr, dienstags geschl.) Im Low Yong Mow, das für seine riesigen und köstlich gefüllten *pao* (Dampfklöße mit Schweinefleisch) gekannt ist, gibt es das beste Frühstück in Chinatown. Die hohen Räume, die vielen Ventilatoren und der Blick auf die Masjid Kampung Kling versprühen den typischen Chinatown-Charme. Ein riesiges Angebot an Klößen, Klebreisgerichten und anderen mysteriösen Leckereien erschwert die Wahl. Wenn man schon morgens zum Bus muss, kann man ab 7 Uhr mit den gesprächigen zeitunglesenden Einheimischen frühstücken.

NANCY'S KITCHEN
NONYA-KÜCHE $$

Karte S. 148 (15 Jln Hang Lekir; Gerichte ab 10 RM; 11–17.30 Uhr, Di geschl.) Nancy's ist ein Muss für Freunde der Nonya-Küche, das Warten auf Sitzplatz und Essen lohnt sich! Die Hausspezialitäten sind Hühnchen mit den Früchten des Lichtnussbaums und das *ayam buah keluak* (Hühnchen mit einheimischen Nüssen). Am besten, man nimmt sich ein paar *kuih* (Süßigkeiten) oder *bak chang* (gefüllte Reistaschen) mit auf den Weg.

DONALD & LILY'S
NONYA-KÜCHE $

Karte S. 148 (Snacks ab 3 RM; 9.30–16 Uhr, Di geschl.) Schon allein die Suche nach dem

Restaurant ist ein Abenteuer. Von der Jln Hang Kasturi aus nimmt man das kleine Gässchen auf der linken Seite hinter dem Heeren Inn. Hinter der Jln Tun Tan Cheng Lock Nr. 31 führt ein kleiner Treppenaufgang zum versteckten, aber beliebten Donald & Lily's. Die Suche lohnt sich, denn nach Meinung der Einheimischen gibt es hier das beste regionaltypische *laksa* und Nonya-*cendol*. Die Räume verströmen den Charme eines privaten Wohnzimmers, die Bedienung ist superfreundlich.

HOE KEE CHICKEN RICE   CAFÉ $$
Karte S. 148 (4 Jln Hang Jebat; Gerichte 15 RM; 8.30–15 Uhr, am letzten Mi des Monats geschl.) Die regionale Spezialität in Malakkas belebtestem Restaurant ist Hühnchen mit Reisbällchen und Fischköpfe nach *asam*-Art (Fischköpfe in einer würzigen Tamarindensauce). Am besten kommt man zu den Randzeiten oder stellt sich auf längeres Warten ein, besonders am Wochenende. Das Ambiente mit Holzdecken und -stühlen hat einen gewissen Charme und erinnert an chinesische Kaffeehäuser.

JONKER 88 HERITAGE   NACHTISCH $
Karte S. 148 (88 Jln Hang Jebat; Di–Do 11–22, Fr & Sa 11–23, So 11–21 Uhr) Obwohl man *cendol*, Malakkas besten und wohl bekanntesten Nachtisch, an vielen Ständen auf der Jonker Street findet, wird die Köstlichkeit hier besonders gut zubereitet. Angeboten wird das Dessert in vielen Variationen, so z. B. mit Durianfrucht.

GEOGRAPHÉR CAFÉ   BAR
(www.geographer.com.my; 83 Jln Hang Jebat; Mi–So 11–1 Uhr) Die luftige Bar mit Außenbestuhlung und langen Öffnungszeiten in einem Eckgeschäftshaus aus der Vorkriegszeit liegt genau richtig. Mitten im Gewimmel und mit einem Bier in der Hand kann man von hier aus das bunte Treiben der Welt betrachten.

SHOPPEN

Jln Hang Jebat (Jonker's Walk oder „Junk Street" – „Trödelstraße") und Jln Tun Tan Cheng Lock waren einst berühmt für ihre Antiquitäten, heute sind nur noch wenige der Trödelläden übrig geblieben. Die anderen Geschäfte bieten südostasiatische und indische Bekleidung, Taschen, Räucherstäbchen, handgefertigte Fliesen, Glücksbringer, billigen Schmuck und mehr. Mit etwas Glück sieht man in einem der vielen Künstlerateliers einen Maler bei der Arbeit.

JONKER'S WALK
NIGHT MARKET   NACHTMARKT
Karte S. 148 (Jln Hang Jebat; Fr–So 18–23 Uhr) Während Malakkas wöchentlichem Einkaufsspektakel bleiben die Geschäfte auf Jln Hang Jebat lange geöffnet. Andenken- und Essensverkäufer sowie vereinzelte Wahrsager verwandeln die Straße dann in eine echte Fußgängerzone. In den letzten Jahren ist der Nachtmarkt allerdings viel kommerzieller geworden, mittlerweile zieht er eine Menge singapurischer Touristen an. Trotzdem präsentiert sich der Markt zweifelsohne als farbenfrohes Ereignis – ideal für einen Abend zwischen Einkaufen und Essengehen.

Schlafen

Übernachtungen in Singapur sind teuer, Punkt. Rucksacktouristen sind etwas im Vorteil, da die Zimmer in Hostels schon ab 20 $ pro Nacht zu haben sind. Bei vielen Mittelklassehotels wiederum ist die Lage oft wichtiger als die Qualität. Wer jedoch bereit ist, etwas mehr für Luxusunterkünfte auszugeben, wird hier nie wieder weg wollen!

Hostels
Obwohl es in Singapur eine Menge Hostels gibt, bieten die meisten nicht mehr als winzige Zimmer mit Doppelstockbetten. Bei den Einzel- oder Doppelzimmern befindet sich das Bad immer auf dem Gang. Hostels sind am Wochenende oft ausgebucht, besonders die Einzel- bzw. Doppelzimmern, deshalb ist es besser, vorher zu reservieren. In Little India findet man die größte Anzahl günstiger Unterkünfte. Kostenloses WLAN ist in den meisten Hostels vorhanden.

Hotels
Singapur hat eine Vielzahl an guten Hotels, von Spitzenklassehotels wie dem Raffles Hotel und dem Capella in Sentosa bis zu trendigen Boutiquevarianten wie dem Naumi, dem Wanderlust oder dem New Majestic. Die Standards sowie die Preise sind hoch, im Internet findet man jedoch häufig Sonderangebote. Die meisten der Mittelklasse- und Luxushotels gehören zu internationalen Ketten. Die preiswerteren Mittelklassehotels (wie z. B. Hotel 81, Fragrance) bieten schlichte Unterkünfte in ordentlichen Häusern.

Apartments
Für mittel- bis längerfristige Aufenthalte bieten sich in Singapur eine Reihe von Wohnungen mit Hausmeisterservice an. Es ist auch möglich, Zimmer zur Untermiete in Privatwohnungen zu mieten (Angebote finden sich im Kleinanzeigenteil der *Straits Times*). Die Mieten sind hoch, egal wie nah oder weit man vom Stadtzentrum entfernt ist.

Die erste Anlaufstelle ist **Singapore Expats** (www.singaporeexpats.com), wo das komplette Prozedere beschrieben wird. Außerdem gibt's eine Wohnungssuchmaschine. Die Singapur-Abteilung von www.craigslist.org ist eine weitere gute Informationsquelle.

Schwankende Preise
Übernachtungspreise in Singapurs Mittelklasse- und Spitzenklassehotels ändern sich täglich. So VERDREIFACHEN sich die Zimmerpreise beispielsweise während des Formel-1-Nachtrennens!

Spitzenklassehotels fügen außerdem ihrem Zimmerpreis ein „Plus Plus" (++) hinzu. Die zwei Plus stehen für Service und Mehrwertsteuer, die zusammen gepfefferte 17 % der Rechnung ausmachen. Alle hier genannten Preise waren am Tag der Recherche gültig und verstehen sich inklusive der ++-Kosten; aktuelle Preise können davon abweichen.

Unterkünfte im Internet
Außer einer direkten Buchung über die Website des Hotels, die bei den Bewertungen angegeben wird, kann man auch Zimmer über folgende Internetadressen buchen:

Lonely Planet (hotels.lonelyplanet.com)

Stay in Singapore (www.stayinsingapore.com)

Wotif (www.wotif.com)

Tripadvisor (www.tripadvisor.com)

Agoda (www.agoda.com)

Asiarooms (www.asiarooms.com)

Top-Tipps

Capella (S. 166) Wunderschöne Luxuszimmer und -villen in Sentosa.

Raffles Hotel (S. 156) Das legendäre Kolonialhotel ist eine erstklassige und vornehme Adresse.

Wanderlust (S. 160) Brandneues Boutiquehotel im Herzen von Little India.

New Majestic Hotel (S. 159) Bewährtes Boutiquehotel mit einzigartigen, kitschigen Zimmern.

Die Günstigsten

$

InnCrowd (S. 160)

Fernloft (S. 165)

Hive (S. 161)

$$

Gallery Hotel (S. 156)

YMCA International House (S. 157)

Perak Hotel (S. 161)

$$$

Naumi (S. 156)

Fullerton Hotel (S. 156)

Marina Bay Sands Hotel (S. 157)

Zum Verwöhnen

Goodwood Park Hotel (S. 162)

St. Regis (S. 163)

Four Seasons Hotel (S. 162)

Die besten Top-Modernen

Naumi (S. 156)

Fort Canning Hotel (S. 156)

Quincy (S. 163)

Ideal für Kinder

Costa Sands Resort (S. 166)

Marina Bay Sands (S. 157)

Shangri-La's Rasa Sentosa Resort (S. 163)

Die schönste Aussicht

Marina Bay Sands (S. 157)

Fullerton Hotel (S. 156)

Swissôtel the Stamford (S. 156)

GUT ZU WISSEN

Preiskategorien

$$$ über 250 $ pro Nacht

$$ 100–250 $ pro Nacht

$ unter 100 $ pro Nacht

Reservierungen

Während der Hauptsaison (z. B. während des Formel-1-Rennens) am besten so zeitig wie möglich buchen. Sogar durchschnittliche Hostels sind am Wochenende oft ausgebucht.

Trinkgeld

Trinkgeld wird in Hostels nicht erwartet, ansonsten gehört es zum guten Ton, dem Hotelportier und Reinigungspersonal ein Trinkgeld von 1 bis 2 $ zuzustecken.

Ein- & Auschecken

Einchecken kann man normalerweise um 14 Uhr, ausgecheckt haben sollte man bis 11 Uhr. Wenn das Hotel nicht voll ist, lohnt es sich, nett zu fragen, ob diese Zeiten um ein oder zwei Stunden verschoben werden können.

Frühstück

In den Hostels ist ein einfaches Frühstück (Toast mit Aufstrich, Kaffee/Tee) oft im Preis inbegriffen. In Mittelklasse- und Luxushotels hingegen gehört es normalerweise nicht dazu, es sei denn, es handelt sich um ein Sonderangebot. Am besten gleich beim Reservieren danach fragen.

Klimaanlage

Sofern nicht anders angegeben, verfügen alle hier aufgeführten Unterkünfte über eine Klimaanlage.

Wohin zum Übernachten?

Stadtviertel	Pro	Kontra
Colonial District, Marina Bay & die Quays	Im Herzen der Stadt, gute Verkehrsanbindung. Große Auswahl an Unterkünften, die Spanne reicht von den allerbilligsten Hostels bis zu den teuersten Luxushotels.	Die billigeren Unterkünfte sind hier oft von schlechter bis mittelmäßiger Qualität und sehr laut.
Chinatown & der CBD	Nicht weit von den besten Restaurants entfernt. Super Nachtleben, viel Kultur, gute Verkehrsanbindung und eine großartige Auswahl an Übernachtungsmöglichkeiten, viele davon in restaurierten *shophouses*.	Kann sehr touristisch sein. Die Hostelpreise liegen hier höher als in Little India, Singapurs Backpackerzentrum.
Little India & Kampong Glam	Haupttreffpunkt für Backpacker mit der größten Auswahl an preiswerten Unterkünften in der Stadt. Weist auch einige hübsche, gehobene Boutiquehotels auf. Leckeres Essen und gute Verkehrsanbindung.	Ein bisschen zu heruntergekommen. In den Straßen kann es abends sehr laut werden, besonders am Wochenende. Wenige Hotels mit internationalem Standard.
Orchard Road	An der Schwelle zum Shoppingparadies! Ausgezeichnete Auswahl an Qualitätshotels und international renommierten Hotelketten.	Nur wenige Unterkünfte für Rucksacktouristen.
Der Osten von Singapur	Ruhig (ist in Singapur relativ), in der Nähe des etwas kühleren East Coast Park und des Flughafens.	Der MRT fährt nicht bis hierher; die Sehenswürdigkeiten liegen weit verstreut, es gibt kein eigentliches Zentrum.
Sentosa & andere Inseln	Die Hotels auf Sentosa liegen entweder am oder nahe dem Strand und bieten eine Vielzahl an Sportaktivitäten. Ideal für Familien. Etwas ruhiger geht es auf St. John's Island und Pulau Ubin zu.	Sentosa ist in vielem sehr künstlich, es fehlt an Atmosphäre und Charakter. Von Sentosa aus kommt man nur mit Mühe ins Stadtzentrum; von den anderen Inseln aus ist es noch schwieriger.

Colonial District, Marina Bay & die Quays

RAFFLES HOTEL HOTEL $$$
Karte S. 224 (6337 1886; www.raffleshotel.com; 1 Beach Rd.; Suite ab 750 $; @ ⛱ M City Hall) Die vornehme alte Dame des Colonial District hat in den letzten 121 Jahre so manches Lifting über sich ergehen lassen müssen und sieht immer noch so elegant aus wie eh und je. Somerset Maugham und Michael Jackson sind nur einige der berühmten Persönlichkeiten, die ihrem Charme verfallen sind. Und man sieht leicht, warum: Die Zimmer haben alle Klasse. Zur Ausstattung gehören ein geräumiger Salon, Rattanmöbel, Verandas und Deckenventilatoren. Ein Singapore Sling (Cocktail aus Gin und Kirschlikör) in der Long Bar ist ein Muss.

Noch ein Hinweis: Der Dresscode wird hier sehr ernst genommen. Alle Gäste in ärmellosen Oberteilen, Sandalen oder im schmuddeligen Backpackerlook kommen nicht am Turban tragenden Türsteher des Raffles vorbei.

NAUMI BOUTIQUEHOTEL $$$
Karte S. 224 (6403 6000; www.naumihotel.com; 41 Seah St.; Zi. ab 400 $; @ 🛜 ⛱) Das Naumi steht im Schatten des Raffles und ist so sehr von Glas und Stahl geprägt, dass man Angst hat, sich schon beim Hinschauen zu schneiden. Der coole Look wird innen jedoch von viel Seide, Leder und weichen Kissen ausgeglichen. Vom kleinen Infinity-Pool (Pool mit verdeckter Wasserkante) auf der Dachterrasse aus hat man einen atemberaubenden Blick über das Raffles Hotel und das Swissôtel.

FORT CANNING HOTEL BOUTIQUEHOTEL $$$
Karte S. 224 (6559 6770; www.hfcsingapore.com; 11 Canning Walk; Zi. 400–500 $; M Dhoby Ghaut; @ ⛱) Ein umwerfend schön restaurierter Komplex im Kolonialstil oberhalb des Fort Canning Park. Die Zimmer hier sind modern und schick. Allerdings sollte man seinen Mitbewohner (bzw. die Mitbewohnerin) wohl schon etwas besser kennen, wenn man sich für eines der Zimmer mit offenem Bad entscheidet. Die Luxuszimmer am Garten verfügen über eine kleine, aber gemütliche Terrasse, auf der es sich ziemlich gut mit einer Zigarre in der Hand entspannen lässt.

FULLERTON HOTEL HOTEL $$$
Karte S. 226 (6733 8388; www.fullertonhotel.com; 1 Fullerton Sq.; Zi. ab 400 $; M Raffles Place; @ ⛱) Das Fullerton ist nicht nur eines der großartigsten Beispiele für koloniale Architektur in Singapur, es ist auch – vermutlich – das einzige Hotel, das in einem restaurierten Postamt untergebracht ist. Die Denkmalschutz-Richtlinien, die bei der Restaurierung beachtet werden mussten, führten dazu, dass einige der armanibeigen Zimmer zum Innenhof liegen. Wer ein bisschen mehr ausgibt, hat Zutritt zum hoteleigenen Straits Club und ein Zimmer mit Aussicht auf den Fluss oder den Yachthafen – alles sehr beeindruckend. Das modernere Gegenstück zum Fullterton Hotel ist das **Fullerton Bay Hotel** (6333 8388; www.fullertonbayhotel.com; 80 Collyer Quay) an der gleichen Straße; die modernen Zimmer mit Blick auf die Bucht kosten ungefähr das Gleiche.

SWISSÔTEL THE STAMFORD HOTEL $$$
Karte S. 224 (6338 8585; www.swissotelthestamford.com; 2 Stamford Rd.; DZ ab 450 $; @ ⛱) Jeder schwärmt von IM Peis berühmtem Swissôtel, dem höchsten Hotel Südostasiens. Es bietet Singapurs trendigsten Restaurantkomplex und einen großartigen Ausblick. Und die Servicequalität ist genauso hoch wie das Gebäude. Die Zimmerausstattung ist erwartungsgemäß in den typischen Swissôtel-Farben und -mustern gehalten, Creme und Braun dominieren.

RITZ-CARLTON HOTEL $$$
Karte S. 224 (6337 8888; www.ritzcarlton.com; 7 Raffles Avenue; Zi. ab 550 $; @ ⛱) Beim Bau dieser „6-Sterne"-Unterkunft hat man keine Kosten gescheut und sich u. a. von Feng-Shui-Experten beraten lassen. Die Gäste haben die Qual der Wahl zwischen einem romantischen Bad (oh, die schöne Aussicht!) und einer Führung durch die hauseigene Kunstsammlung mit einem Audioguide (Werke von Hockney, Warhol, Stella und Chihuly!).

GALLERY HOTEL HOTEL $$
(6849 8686; www.galleryhotel.com.sg; 1 Nanson Rd.; DZ inkl. Frühstück ab 320 $; @ ⛱; M Clarke Quay) Das Gallery Hotel mit seiner grauen Fassade und den bunten Fensterrahmen ist eines der echten Boutiquehotels von Singapur. Zwar müssen Gäste im 4. Stock von einem Lift in den anderen umsteigen, um zu den Zimmern zu gelangen,

super Onlineangebote sorgen aber dafür, dass immer wieder Luxuszimmer zu Mittelklassepreisen zu haben sind. Die Zimmer sind mit Retromöbeln, Stahlbalken und Badezimmerwänden aus Milchglas ausgestattet. Dazu kommen noch ein Pool auf dem Dach und der praktische kostenlose Internetzugang.

MARINA BAY SANDS — HOTEL $$$

Karte S. 226 (6688 8897; www.marinabaysands.com; 10 Bayfront Avenue; Zi. ab 400 $; @ ✈; M Promenade) Das Sands Hotel liegt in der etwas abgelegenen Gegend Marina Bay (bis zum nächsten Bahnhof sind es 10 Gehminuten) und ist bekannt für seinen fantastischen Dachterrassenpool. Der Infinity-Pool überspannt die drei Gebäude des Hotels – hier wird man wahrscheinlich die meiste Zeit verbringen, da der Rest des Hauses höhlenartig, hektisch, kühl und einfach uninteressant ist. Das Hotel hat immer wieder Onlineangebote.

YMCA INTERNATIONAL HOUSE — HOSTEL, HOTEL $$

Karte S. 224 (6336 6000; www.ymcaih.com.sg; 1 Orchard Rd.; B/DZ/FZ inkl. Frühstück 47/210/250 $; @ ✆ ✈; M Dhoby Ghaut) Super Lage am Anfang der Orchard Road. Die Zimmer haben jetzt LCD-Fernseher, birkenfarbene Wände und Teppiche in der Farbe durchwachsenen Specks. Die großen 4-Bett-Zimmer verfügen über ein eigenes Bad. Weiterhin gibt's ein Restaurant, ein Fitnesscenter, einen Dachterrassenpool, Squash- und Badmintonplätze und ein Billardzimmer. Die Angestellten sind seit dem letzten Besuch deutlich freundlicher geworden. Auch Onlineangebote.

VICTORIA HOTEL — HOTEL $$

Karte S. 224 (6622 0909; www.victoriahotelsingapore.com.sg; 87 Victoria St.; EZ/DZ 140/160 $, Luxuszimmer 210 $; @ ✆; M Bugis) Dank seiner zentralen Lage und den Mittelklassepreisen ist das Victoria bei Geschäftsreisenden und Touristen gleichermaßen beliebt. Die komfortablen Zimmer haben allesamt Fernseher, Schreibtisch und Stuhl. Die Einzelzimmer sind zwar etwas eng, die Luxuszimmer bieten dafür extragroße Betten und Bäder mit Badewannen. Unten im Café gibt's Gratis-WLAN.

HOTEL BENCOOLEN — HOTEL $$

Karte S. 224 (6336 0822; www.hotelbencoolen.com; 47 Bencoolen St.; EZ/DZ inkl. Frühstück 148/178 $; @ ✈; M Dhoby Ghaut) Vielleicht sollte dieses Hotel lieber „Uncoolen" heißen – die grünen und cremefarbenen Zimmer sind nicht gerade stilvoll, aber immerhin frisch renoviert. Die Einzelzimmer sind winzig und bieten ebenso kleine Duschkabinen. In den größeren Doppelzimmern findet man LCD-Fernseher und Bäder mit Wannen. Der Außenpool hat eine ordentliche Größe.

PARK VIEW HOTEL — HOTEL $$

Karte S.224 (6338 8558; www.parkview.com.sg; 81 Beach Rd.; Zi. 140–200 $; @; M Bugis) Obwohl man nicht genau weiß, wo der Park in „Park View" eigentlich steckt, ist das Hotel nicht schlecht und zentral beim Einkaufsviertel Bugis gelegen. Alle Zimmer haben Badewannen, in einigen der billigeren fehlen jedoch Fenster. Mehr als Weiß- und Brauntöne in den Zimmern sollte man hier nicht erwarten, die zentrale Lage macht aber alles wett.

LAST-MINUTE-HOTELZIMMER

Ohne Zimmerreservierung nach Singapur zu fliegen, bedeutet nicht, dass man eine Nacht unter der Brücke verbringen muss. Die sehr effiziente **Singapore Hotel Association** (www.stayinsingapore.com.sg) unterhält Schalter im Flughafen Changi, und zwar einen in jeder Ankunftshalle.

Auf ihrer Liste stehen Dutzende Hotels, mit Zimmerpreise von 37 $ pro Nacht bis zu den astronomischen Preisen des Raffles. Es wird keine Buchungsgebühr verlangt und man wird über eventuelle Sonderangebote informiert. Über die Website des Hotelverbands lassen sich ebenfalls Hotels buchen.

Selbst wer schon bis zur Orchard Road vorgedrungen ist und noch keine Unterkunft hat, muss nicht im Park schlafen. Das **Singapore Visitors Centre@Orchard** (1800 736 2000; Ecke Cairnhill & Orchard Rds.; 9.30–21.30 Uhr) arbeitet mit den Hotels der Gegend zusammen und informiert Besucher über die besten verfügbaren Unterkünfte und Preise.

HISTORISCHE HOTELS

Das Raffles ist nicht das einzige Hotel mit einer illustreren Vergangenheit. Das **Goodwood Park Hotel** (S. 162) wurde 1900 gebaut und sieht aus wie ein Schloss am Rhein. Bis 1914 diente es als Sitz der Teutonia Clubs, des Gesellschaftsclubs der deutschen Gemeinde in Singapur. Zu Beginn des Ersten Weltkriegs wurde es als „Feindbesitz" von der Regierung beschlagnahmt. 1918 versteigerte man das Gebäude und benannte es in Club Goodwood Hall um, ab 1919 wurde es dann wieder als Goodwood Park Hotel geführt. Schnell entwickelte es sich zu einem der besten Hotels in Asien.

Während des Zweiten Weltkriegs hielt sich hier das japanische Oberkommando auf. Einige seiner Mitglieder kehrten bei Kriegsende in die Stadt zurück und erlebten in einem Zelt auf dem Gelände ihren Kriegsverbrecherprozess. 1947 wurden 2,5 Mio. $ in die Sanierung des Hotels gesteckt, sodass es in den frühen 1960er-Jahren wieder in altem Glanz erstrahlte. Weitere Verbesserungen in den 1970er-Jahren brachten es auf seinen heutigen Stand.

Das **Fullerton Hotel** (S. 156) befindet sich im gleichnamigen Fullerton Building mit der auffallenden Säulenfront. Benannt ist es nach Robert Fullerton, dem ersten Gouverneur der Straits-Siedlung. Zur Zeit seiner Eröffnung 1928 war das 4-Mio.-Dollar-Gebäude das größte in Singapur. Das Hauptpostamt, das drei Stockwerke in Anspruch nahm, hatte zu dieser Zeit mit 100 m den wohl längsten Tresen der Welt. Darüber lag der exklusive Singapore Club, in dem Gouverneur Sir Shenton Thomas und General Percival die Abtretung Singapurs an die Japaner besprachen.

1958 wurde ein sich drehender Leuchtturm auf dem Dach angebracht, dessen Lichtschein noch 29 km entfernt zu sehen war. Nach dem Auszug des Postamts 1996 wurde der gesamte Komplex für einige Millionen Dollar renoviert und 2001 unter allgemeinem Beifall als Hotel wiedereröffnet. Im selben Jahre bekam das Haus den angesehenen Urban Redevelopment Authority Architectural Award verliehen, einen renommierten Preis für Stadtarchitektur.

BEACH HOTEL   HOTEL $$
Karte S. 224 (6336 7712; www.beachhotel.com.sg; 95 Beach Rd.; EZ/DZ 130/150 $, Luxuszimmer 170 $; @; M Bugis) Nicht weit vom Park View (ohne Parkblick) liegt das Beach Hotel (ohne Strand). Zimmer, Preise und Annehmlichkeiten sind vergleichbar mit dem Park View. Im Beach zahlt man jedoch ein paar Dollar weniger, wenn man das richtige Angebot findet.

BACKPACKER COZY CORNER GUESTHOUSE   HOSTEL $
Karte S. 224 (6339 6128; www.cozycornerguest.com; 490 North Bridge Rd.; Frühstück 15–20 $, DZ inkl. Frühstück 50–55 $; @; M Bugis) In diesem Hostel kann es etwas eng werden, wenn viel los ist. Die Zimmer sind dunkel und eher ein wenig klein, dafür ist allerdings die Lage ein großes Plus. Nach Möglichkeit nach einem Zimmer fragen, das nicht zur North Bridge Road hinausgeht – es sei denn, man liebt den Verkehrslärm und laute Passanten. Mit dem Internetzugang dauert es in der Regel ein bisschen.

AH CHEW HOTEL   HOSTEL $
Karte S. 224 (6837 0356; 496 North Bridge Rd.; B ab 15 $, Zi. ab 30 $; M Bugis) Diese staubige alte Absteige befindet sich über dem Tong Seng Coffee Shop an der Ausgehmeile Liang Seah Street und verströmt den verblichenen Charme der 70er-Jahre. Hier stehen die vermutlich billigsten und lautesten Betten von ganz Singapur!

SOMERSET BENCOOLEN   APARTMENTS $$$
Karte S. 224 (6730 1811; www.somerset.com; 51 Bencoolen St.; 1-Zi.-Apt. pro Woche ab 2590 $; @; M Dhoby Ghaut) Wenn man in Singapur so richtig auf großem Fuße leben will, dann sollte man es sich hier gönnen. Die komplett möblierten Apartments sind groß und bieten dank der schönen, raumhohen Fenster einen spektakulären Blick. Der Pool auf der Dachterrasse ist ein besonders schöner Pluspunkt, genauso wie die Fußbodenlämpchen, die einem sicher den Weg leuchten, sollte man einmal betrunken nach Hause kommen. Am besten vorher buchen oder den eigenen Namen auf die Warteliste setzen lassen.

Chinatown & der CBD

Seit der Restaurierung der traditionellen *shophouses* (Ladenhäuser) besitzt Chinatown besonders schöne Boutiquehotels zu moderaten bis teuren Preisen. Dazu kommen immer mehr preiswerte und zentral gelegene Hostels in der Gegend.

NEW MAJESTIC HOTEL
BOUTIQUEHOTEL $$$

Karte S. 217 (6347 1927; www.newmajestichotel.com; 31-37 Bukit Pasoh Rd.; Zi. ab 400 $; @ 🛜 ⛱; M Outram Park) Trotz der starken Konkurrenz durch Chinatowns steigende Zahl an Boutiquehotels ist das New Majestic wohl nach wie vor die beste Unterkunft im Viertel. 30 individuelle Zimmer sind mit einem Mix aus Retro- und Designermöbeln eingerichtet. Zu den Highlights zählen die private Gartensuite, die 6 m hohen Dachzimmer mit Hochbetten und das fabelhafte Aquariumzimmer mit einer Badewanne aus Glas als Hingucker. Die Zimmer verfügen außerdem über super-moderne Technik und Kaffeemaschinen. Mit einem Sonderangebot ist ein Zimmer manchmal für unter 300 $ zu haben.

FERNLOFT
HOSTEL $

Karte S. 217 (6323 3221; www.fernloft.com; 2. Stock, 5 Banda St. 02-92; B 22 $, Zi. ab 65 $; @ 🛜; M Chinatown) Der Singapur-Ableger der großartigen Fernloft-Kette wird von der wundervollen Auntie (Tante) Aini betrieben und befindet sich in einem Wohnblock mit Blick auf den Buddha Tooth Relic Temple. Die zwei einzigen Einzelzimmer sind groß und für ein Hostel ganz ordentlich möbliert. Der Schlafsaal verfügt über komfortable Betten mit Holzrahmen - im Gegensatz zur billigen Metallalternative, die man sonst meist in Singapurs Hostels findet. Wie in den anderen Hostels hat allerdings keines der Zimmer Fenster, aber immerhin ist alles sauber und ordentlich. Auf der Eckterrasse mit Blick ins Grüne lässt es sich gut entspannen.

PILLOWS & TOAST
HOSTEL $

Karte S. 217 (6220 4653; www.pillowsntoast.com; 40 Mosque St.; B 26-33 $; @ 🛜; M Chinatown) Im superfreundlichen Hostel in zentraler Lage gibt's nur Schlafsaalbetten. Alle Zimmer sind hell, sauber und haben Doppelstockbetten mit angenehmen Holzrahmen. Die Aufenthaltsbereiche sind zwar klein, aber gut gepflegt.

CLUB
BOUTIQUEHOTEL $$$

Karte S. 217 (6808 2188; www.theclub.com.sg; 28 Ann Siang Rd.; Zi. 400-450 $; M Outram Park; @ 🛜) Dem Trend vieler Boutiquehotels in Singapur entsprechend ist hier alles in Schwarz und Weiß gehalten. Allerdings ist das Club geräumiger und liegt mitten in Chinatowns schickstem Ausgehviertel. Die Zimmer sind mit viel Glas, Spiegeln und natürlichem Licht ausgestattet. Die Vor-Ort-Preise sind extrem hoch – umso besser, dass man mit Sonderangeboten bis zu 40 % Rabatt bekommen kann. Die Bar auf der Dachterrasse – Ying Yang – ist supercool, viele Gäste bevorzugen jedoch den nahe gelegenen Screening Room (S. 66).

BEARY GOOD HOSTEL
HOSTEL $

Karte S. 217 (6222 4955; www.abearygoodhostel.com; 66 Pagoda St.; B 26 $; @ 🛜; M Chinatown) Genau wie im Pillows & Toast gibt's im Beary Good Hostel nur Schlafsaalbetten, was aber niemanden zu stören scheint. Das Hostel ist so beliebt, dass es gleich einen Ableger aufgemacht hat, das Beary Nice Hostel auf der nahe gelegenen Smith Street. Beide sind knallbunt gestrichen, haben eine entspannte Atmosphäre und, ganz ungewöhnlich, getrennte Bäder für Männer und Frauen.

BERJAYA HOTEL SINGAPORE
HOTEL $$$

Karte S. 217 (6227 7678; www.berjayahotel.com; 83 Duxton Rd.; Zi. ab 250 $, Suite 450 $; @ 🛜; Tanjong Pagar) Das Berjaya hat mehr Klasse als seine trendigeren Nachbarhotels, elegant eingerichtete und geräumige Zimmer, einen hervorragenden Service und einen gewissen altertümlichen Charme. Die Internetgebühr von 25 $ am Tag ist allerdings eindeutig ein Minuspunkt! Mit Sonderangeboten bekommt man Standardzimmer für unter 200 $.

SAFF
BOUTIQUEHOTEL $$

Karte S. 217 (6221 8388; www.thesaffhotel.com; 55 Keong Saik Rd.; EZ/DZ ab 230/250 $; @ 🛜; M Outram Park) Drei alte, schön restaurierte *shophouses* wurden zu einem der günstigeren Boutiquehotels in dieser Gegend zusammengefügt. Die Zimmer sind genauso bunt wie die Außenfassade und nach verschiedenen Themen eingerichtet – südostasiatisch, marokkanisch, indisch. Einigen fehlt es allerdings an natürlichem Licht. Mit Rabatt kosten die Zimmer manchmal unter 150 $.

SERVICE WORLD BACKPACKERS HOSTEL HOSTEL $

Karte S. 217 (6226 3886; www.serviceworld.com.sg; 2. Stock, 5 Banda St. 02–82; B ab 20 $, Zi. ab 60 $; @ ; M Chinatown) Falls das Fernloft voll ist, läuft man einfach im 2. Stock weiter bis zur Nr. 82, wo dieses kleine, schlichte familienbetriebene Hostel seine Gäste herzlich empfängt. Besitzer Andrew Yip, der das Hostel zusammen mit seiner Frau leitet, ist Schriftsteller und Fotograf mit einer Leidenschaft für Singapurs traditionelle Kunst und Kultur. Genau wie im Fernloft haben auch diese Zimmer keine Fenster und sind außerdem kleiner und weniger schön eingerichtet. Das macht aber nichts, denn auf der Terrasse ist es genug Platz, um mit Mr Yip einen Plausch zu halten, sodass man eh nicht viel Zeit im Zimmer verbringt.

HOTEL 1929 BOUTIQUEHOTEL $$

Karte S. 217 (6347 1929; www.hotel1929.com; 50 Keong Saik Rd.; EZ/DZ ab 210/250 $; @ ; M Outram Park) Das 1929 hat die gleichen Besitzer wie das nahe gelegene New Majestic und ist genauso schick, spielt aber nicht in derselben Liga wie sein großer Bruder. Die Zimmer sind eng, der begrenzte Platz aber gut genutzt. Retro-Design-Möbel und bunte Mosaiken lockern das Innere auf. Die Dachsuiten verfügen über eigene Terrassen, mit Sonderangeboten kosten einige Zimmer unter 200 $.

SCARLET BOUTIQUEHOTEL $$$

Karte S. 217 (6511 333; www.thescarlethotel.com; 33 Erskine Rd.; Zi. ab 320 $; @ ; M Outram Park) Preist sich selbst als sexy Boutiquehotel an. Die Zimmer im Cottage-Stil – hübsche Holzmöbel, dicke Vorhänge und geschmackvolle Bilder an den Wänden – sind recht gemütlich. Dank der fröhlichen Einrichtung lässt sich das Fehlen von Fenstern verschmerzen. Das WLAN in der Lobby ist nur in einigen Zimmern zu empfangen. Ein Rabatt von 30 % ist normal.

G HOTEL HOTEL $$

Karte S. 217 (6225 6696; www.ghotel.com.sg; 22 Teck Lim Rd.; EZ/DZ ab 100/160 $; @ ; M Outram Park) Die kleinen Zimmer ohne Schnickschnack sind sauber, manche haben nette Fensterläden. Der Service ist freundlich, Internetzugang und WLAN gibt's jedoch nur in der Lobby. Wenn man freundlich lächelt, zahlt man schon mal 20–30 $ weniger für ein Zimmer.

CHINATOWN HOTEL HOTEL $$

Karte S. 217 (6225 5166; www.chinatownhotel.com; 12–16 Teck Lim Rd.; EZ/DZ ab 155/175 $; @ ; M Outram Park) Sehr freundliches, typisch asiatisches Hotel mit viel beigefarbenen Sitzbezügen und hellbraunen Möbeln. Die Zimmer sind einfach und schon seit längerem nicht mehr renoviert worden (Brandflecken auf den Teppichen erinnern an die Zeiten vor der Einführung des Rauchverbots); einige haben nicht einmal Fenster. WLAN kostet extra (Std. 5 $). In den ruhigen Zeiten kann man Einzelzimmer für 100 $ und Doppelzimmer für ca. 130 $ bekommen.

Little India & Kampong Glam

Falls nicht anders angegeben, ist bei allen Preisen in Little India & Kampong Glam das Frühstück im Preis inbegriffen, es besteht allerdings oft nur aus Tee und Toast.

INNCROWD HOSTEL $

Karte S. 220 (6296 9169; www.the-inncrowd.com; 73 Dunlop St.; B/DZ/3BZ 20/48/68 $; @ ; Little India) Das InnCrowd ist bei Backpackern extrem beliebt und liegt im Herzen von Little India. Hinter dem bunten Anstrich arbeiten hilfsbereite Angestellte. Das Hotel bietet alle Annehmlichkeiten, die man von einem ordentlichen Hostel erwartet (Reisetipps, kostenloses Internet, WLAN, DVDs, Wäscherei) und einige, mit denen man nicht unbedingt rechnet (eine Wii-Konsole und Rollertouren!). Unbedingt vorher buchen.

WANDERLUST BOUTIQUEHOTEL $$$

Karte S. 220 (6396 3322; www.wanderlusthotel.com; 2 Dickson Rd.; Zi. 300–650 $; ; M Little India, Bugis) Das wunderbare Wanderlust ist ein echtes Boutiquehotel. Alle Zimmer sind individuell nach ungewöhnlichen Themen eingerichtet – in den „Mono-Zimmern" kommt man sich vor wie in einem Comic, während in einem der skurrileren Zimmer alle raumschiffliebenden (großen und kleinen) Kinder leuchtende Augen bekommen. Der Service sowie die Sonderangebote (normalerweise um die

> **LITTLE INDIAS BESTE HOSTELS**
>
> **Footprints** (Karte S. 220; ☏6295 5134; www.footprintshostel.com.sg; 25A Perak Rd.; B ab 21–28 $; @ 📶; Ⓜ Little India) Gepflegt und mit gemütlichen Aufenthaltsbereichen zum Ausruhen, Essen und der Möglichkeit, den Laptop zu benutzen. Die Gemeinschaftsbäder sind riesig. Es gibt auch Schlafsäle ausschließlich für Frauen.
>
> **Checkers Inn** (Karte S. 220; ☏6392 0693; www.checkersinn.com.sg; 46-50 Campbell Lane; B 30 $; @ 📶; Ⓜ Little India) Hell, geräumig und unkonventionell mit eigenen Frauenschlafsälen.
>
> **28Dunlop** (Karte S. 220; ☏6291 0332; www.singaporebackpacker.com.sg; 28 Dunlop St.; B 28 $; @ 📶; Ⓜ Little India) Saubere Schlafsäle in angenehmer Größe und mit eigenen Badezimmern.

40 %) sind ausgezeichnet. Die Lobby beherbergt eine moderne Bar und ein gehobenes französisches Restaurant.

HIVE   HOSTEL $

(☏6341 5041; www.thehivebackpackers.com; 269A Lavender St., an der Kreuzung mit Serangoon Rd.; B/EZ/DZ/3BZ ab 20/35/50/85 $; @ 📶; Ⓜ Boon Keng) Die freundliche Atmosphäre und die Sauberkeit des Hive machen die etwas unpraktische Lage allemal wett. Die Schlafsäle sind mittelmäßig und ohne natürliches Licht. Die hellen, bunten Doppelzimmer sind preiswert, das kostenlose Frühstück wird in der gemütlichen Lounge serviert. Fünf Gehminuten südlich der MRT-Station Boon Keng.

PERAK HOTEL   HOTEL $$

Karte S. 220 (☏6299 7733; www.peraklodge.net; 12 Perak Rd.; Zi. ab 180 $; Ⓜ Little India; @ 📶) Das schon seit langem beliebte Perak Hotel (ehemals Perak Lodge) liegt in einer ruhigen Seitenstraße im Herzen von Little India und vereint ein koloniales Äußeres mit einem orientalischen Ambiente (Buddha-Statuen, Wohn- und Meditationszimmer). Die Zimmer sind gemütlich und schön eingerichtet, die Angestellten freundlich und hilfsbereit. WLAN ist im Preis eingeschlossen.

ALBERT COURT VILLAGE HOTEL   HOTEL $$

Karte S. 220 (☏6339 3939; www.stayvillage.com; 180 Albert St.; Zi. ab 200 $; @ 📶; Ⓜ Little India) Ein paar Gehminuten südlich von Little India findet man dieses herrliche Hotel im Kolonialstil in einem ehemaligen, jetzt achtstöckigen *shophouse*. Alle Zimmer haben eine gewohnt moderne Ausstattung und entweder einen Ventilator oder eine Klimaanlage. Der Service ist erstklassig und WLAN gibt's im gesamten Hotel (Tag 15 $). Die Zimmerpreise fallen mit Rabatt bis auf 150 $, die besten Angebote gibt's online.

SLEEPY SAM'S   HOSTEL $

Karte S. 220 (☏9277 4988; www.sleepysams.com; 55 Bussorah St.; B/EZ/DZ/3BZ 28/59/89/99 $; @ 📶; Ⓜ Bugis) Nur die unfreundlichen Angestellten enttäuschen im Sleepy Sam's im Herzen Kampong Glams. Trotzdem steht es nach wie vor an der Spitze der besten Hostels in Singapur – dank seiner entspannten Atmosphäre, den Holzbalkendecken, dem hübschen Café voller Bücher und den schön möblierten Zimmern. Da das Haus normalerweise ausgebucht ist, sollte man besser reservieren.

PRINCE OF WALES   HOSTEL $

Karte S. 220 (☏6299 0130; www.pow.com.sg; 101 Dunlop St.; B/DZ 20/60 $; @ 📶; Ⓜ Little India) Pub und Hostel im Australienstil mit Livemusik im Pub unten im Keller, sauberen, bunt gestrichenen Schlafsälen und Einzelzimmern im Obergeschoss. Nicht jedem wird der Lärm gefallen, aber der Aufenthalt ist meist recht vergnüglich. Im beliebten und gut geführten Hostel wird zum Gratis-Frühstück frischer Kaffee und Obst sowie der übliche Toast mit Butter serviert.

HANGOUT@MT.EMILY   BOUTIQUE-HOSTEL $$

Karte S. 220 (☏6438 5588; www.hangouthotels.com; 10A Upper Wilkie Rd.; B/DZ 41/117 $; @ 📶; Ⓜ Little India, Dhoby Ghaut) Die wohl vornehmsten Schlafsäle in Singapur befinden sich etwas abgelegen auf dem Mount Emily im ruhigen hangout@mt.emily. Die gemischten Schlafsäle und die Einzelzimmer sind (genau wie die Bäder) blitzsauber, leuchtend bunt und mit Wandmalereien von Kunststudenten aus der Gegend geschmückt. Es gibt eine hübsche Dachterrasse, ein Café, kostenlosen Internetzugang und gemütliche Sitzecken. Die Preise beziehen sich auf die Website. Es ist ratsam, online zu buchen, da die Preise vor Ort viel höher sind.

IBIS SINGAPORE ON BENCOOLEN HOTEL $$
Karte S. 220 (J6593 2888; www.ibishotel.com; 170 Bencoolen St.; Zi. ab 200 $; @ 🛜; MBugis) Die sauberen Zimmer sind in holzfarbenen und orangen Farbtönen gehalten und bieten LCD-Fernseher, komfortable Betten und einen großartigen Blick über die Stadt. Die Ibis-Gruppe hofft wohl, dass der Aufenthalt der Gäste so lang wird wie der Name ihres Hotels.

ZENOBIA HOTEL HOTEL $
Karte S. 220 (J6296 3882; www.zenobia.com.sg; 40-43 Upper Weld Rd.; B/EZ/DZ/3BZ 25/63/75/95 $; @🛜; MLittle India) Familienbetriebenes Hotel ohne viel Schnickschnack. Die kleinen Zimmer sind sauber und ordentlich und haben jeweils ein eigenes Bad. Das Zenobia ist etwas schicker als sein Nachbar, das Haising Hotel. Kostenloses WLAN ist im Preis inbegriffen.

HAISING HOTEL HOTEL $
Karte S. 220 (J6298 1223; www.haising.com.sg; 37 Jln Besar; EZ/DZ 50/60 $, am Wochenende 60/70 $; @; MBugis) Das von Chinesen geführte Hotel ist freundlich und sauber und eine der günstigsten Übernachtungsmöglichkeiten in Little India. Die Zimmer sind etwas eng und manche haben kein Fenster, aber immerhin eigene Badezimmer, Fernseher und Wasserkocher. Ohne Frühstück.

MAYO INN HOTEL $$
Karte S. 220 (J6295 6631; www.mayoinn.com; 9 Jln Besar; Zi. 110–150 $; @🛜; MLittle India, Bugis) Neues, supersauberes Mittelklassehotel mit recht großen Zimmern mit Ikea-Einrichtung und blitzblanken Badezimmern. Die teureren Zimmer haben ihre eigene kleine Dachterrasse.

HOTEL 81 HOTEL $
Karte S. 220 (J6392 8181; www.hotel81.com.sg; 3 Dickson Rd.; Zi. ab 89 $, am Wochenende 99 $; @🛜; MLittle India, Bugis) Der Singapur-Ableger der beliebten Hotel-81-Kette ist sehr gut gelegen und bietet etwas einförmige, aber schicke und tadellose Zimmer mit großen Bädern zu Preisen der unteren Mittelklasse. Erstaunlicherweise ist das WLAN nur gratis, wenn man online bucht, aber was soll's: Auf diese Weise bekommt man gleichzeitig die besten Preise.

SUPERB HOSTEL HOSTEL $
Karte S. 220 (J8228 9869; superbhub@yahoo.com.sg; 2 Jln Pinang; EZ/DZ 50/70 $; 🛜; MBugis) Das Superb Hostel ist eine seltsame Mischung aus Hostel-Schlafsälen und anonymem Motel. Jedes Stockwerk hat ein Gemeinschaftsbad und einen riesigen Raum, der in lauter kleine „Zimmer" unterteilt ist, jedes mit kleinem Schreibtisch, Klimaanlage und Ventilator. Das Hostel ist gut geführt und liegt schön und ruhig in der Nähe des Zentrums von Kampong Glam. So lässt sich das Fehlen eines gemeinsamen Aufenthaltsraumes ganz gut verschmerzen.

Orchard Road

TOP CHOICE GOODWOOD PARK HOTEL HOTEL $$$
Karte S. 228 (J6737 7411; www.goodwoodparkhotel.com; 22 Scotts Rd.; Zi. ab 385 $; @ 🛜 ≈; MOrchard) Das historische Hotel von 1900 wirkt etwas altmodisch, hat aber viel Klasse – von den zwei schönen Schwimmbecken bis zur Hotelkatze, die die Lobby unsicher macht. Die kunstvollen Schwarzweiß-Fotos von Singapur, die Perserteppiche, geschickt versteckten Fernseher und Minibars verleihen den Zimmern eine freundliche Note. Die WLAN-Gebühr von 30 $ ist jedoch ein Minuspunkt.

LLOYD'S INN HOTEL $
Karte S. 228 (J6737 7309; www.lloydinn.com; 2 Lloyd Rd.; Zi. ab 90 $; 🛜; MSomerset) Der weitläufige Hotelkomplex im Stil eines kalifornischen Motels liegt etwas südlich vom Tumult der Orchard Road auf einer ruhigen Straße mit alten Villen. Die Zimmer sind sauber, ordentlich und ziemlich groß. Einige schauen direkt auf den hübschen Bambusgarten im Innenhof. Drahtloses Internet und Ortsgespräche sind gratis. Unbedingt reservieren, denn das preiswerteste Hotel in der Orchard Road wird schnell voll.

FOUR SEASONS HOTEL HOTEL $$$
Karte S. 228 (J6734 1110; www.fourseasons.com/singapore; 190 Orchard Blvd.; EZ/DZ ab

435/475 $; @🛜♨; [M]Orchard) Das Four Seasons auf einer Allee gleich um die Ecke der Orchard Road verströmt eine Eleganz, mit der nur wenige der Luxushotels in der Gegend mithalten können. Die Zimmer sind stil- und geschmackvoll mit antik anmutenden Möbeln eingerichtet und der Service ist herausragend. Zu den vielen 5-Sterne-Annehmlichkeiten zählen u.a. zwei klimatisierte Tennishallen!

QUINCY
BOUTIQUEHOTEL $$$

Karte S. 228 (☏6738 5888; www.quincy.com.sg; 22 Mount Elizabeth; EZ/DZ ab 295/355 $; @🛜♨; [M]Orchard) Die schicken, supermodernen Zimmer besitzen große Doppelbetten und sind angenehm geräumig. Alles ist hier im Preis inbegriffen – WLAN, die Nutzung des Fitnesscenters, die Glaspoolbenutzung, Happy-Hour-Drinks und drei Mahlzeiten am Tag. (Andererseits: Wer möchte schon im kulinarischen Himmel von Singapur sämtliche Mahlzeiten im Hotel einnehmen?)

ST. REGIS
HOTEL $$$

Karte S. 228 (☏6506 6888; www.stregis.com; 29 Tanglin Rd.; Zi. ab 440 $; @🛜♨; [M]Orchard) Das St. Regis ist eines der neuen 5-Sterne-Hotels auf der Orchard Road und enttäuscht nicht – vom ansprechenden Äußeren über die klassische Inneneinrichtung bis zum einwandfreien Service. Die Zimmer sind riesig, haben kuschelig weiche Teppiche und sind mit geschmackvollen Bildern dekoriert. Jedes genießt außerdem einen 24-Stunden-Butlerservice. Überraschenderweise muss man fürs WLAN zahlen: 20 $ pro Tag dafür, dass man seinen eigenen Laptop benutzen darf!

SHANGRI-LA HOTEL
HOTEL $$$

Karte S. 228 (☏6737 3644; www.shangri-la.com/singapore; 22 Orange Grove Rd.; Zi. ab 360 $; @🛜♨; [M]Orchard) In das riesige, opulente Hotel in einer grünen Seitenstraße am westlichen Ende der Orchard Road gelangt man durch die vornehmste aller vornehmen Lobbys. Ein 6 ha großer tropischer Garten gehört ebenso zur luxuriösen Innenausstattung wie die großen, ganz in Goldbraun gehaltenen Zimmer mit asiatischem Touch. Der Gartenflügel ist etwas altmodisch (man meint fast in einem Resort zu sein), dafür sind die Zimmer in den beiden anderen Flügeln modern und luxuriös – genau so, wie man es von einem Shangri-La erwartet.

SINGAPORE MARRIOTT
HOTEL $$$

Karte S. 228 (☏6735 5800; www.marriott.com/sindt; 320 Orchard Rd.; Zi. ab 400 $; @🛜♨; [M]Orchard) Zwar sind die Zimmer hier kleiner als bei der Konkurrenz, Klasse hat das zentral gelegene Marriott aber dennoch! Der Service ist erstklassig und die Ausstattung wie erwartet (kostenloses WLAN, Fitnesscenter, Pool, Top-Restaurant). Einige Zimmer liegen direkt am Pool und sind größer.

MANDARIN ORCHARD
HOTEL $$$

Karte S. 228 (☏6737 4411; www.meritushotels.com; 333 Orchard Rd.; Zi. ab 360 $; @🛜♨; [M]Somerset) Das Mandarin Orchard ist elegant und ungezwungen zugleich. Die günstigsten Zimmer befinden sich im Südturm, in dem Hauptturm (gekrönt durch die sich drehende „Top of the M"-Bar) gelegenen sind in warmen Farbtönen gehalten und warten mit orientalisch anmutenden Möbeln sowie frischen Orchideen im Bad auf. Die Sonderangebote sind in Ordnung, manchmal kann man sogar ein Zimmer für unter 300 $ bekommen.

HOTEL SUPREME
HOTEL $$

Karte S. 228 (☏6737 8333; www.supremeh.com.sg; 15 Kramat Rd.; Zi. ab 180 $; @🛜♨; [M]Dhoby Ghaut) Eine der wenigen preisgünstigen Alternativen in der Gegend um die Orchard Road bietet Zimmer für um die 150 $. Die Einrichtung ist altmodisch – viel Braun und Beige –, aber die Zimmer sauber und groß genug für den Preis. Am besten versucht man es zunächst im Lloyd's Inn, dort bekommt man mehr fürs Geld.

🏨 Der Osten von Singapur

Der Osten von Singapur, weit weg vom Tumult der Massen, ist etwas für diejenigen, die die Stadt der Löwen aus einem anderen Blickwinkel sehen wollen. Für diesen Teil der Stadt spricht, dass man jeden Tag in der kühlenden Brise des East Coast Park ausklingen lassen kann. Das eigentliche Stadtviertel nimmt einen Großteil der Insel Singapur ein und umfasst das Gebiet östlich der MRT-Station Kallang.

GRAND MERCURE ROXY
HOTEL $$

Karte S. 230 (☏6344 8000; www.mercure.com; 50 East Coast Rd.; EZ/DZ inkl. Frühstück 200/250 $; @♨; 🚌36) Das beliebte Hotel (der Eingang liegt auf der Marine Parade Road) hat eine ausgezeichnete Lage zwischen Katong und dem East Coast Park und liegt nur 9 km vom Flughafen entfernt. Das moderne asiatische Design der Zimmer ist ansprechend, genauso wie viele weitere Annehmlichkeiten. Der kostenlose Flughafenzubringer ist ein weiterer Bonus.

GATEWAY HOTEL BOUTIQUEHOTEL $

Karte S. 230 (6342 0988; www.gatewayhotel.com.sg; 60 Joo Chiat Rd., Katong; Zi. 88–208 $; M Paya Lebar) Das Gateway ist eines der wenigen Boutiquehotels in der Gegend. Das etwas festungsähnliche Gebäude mit schrägem Ziegeldach beherbergt moderne Zimmer mit Rollläden. Allerdings fühlt man sich mit dem Fernseher an der Decke ein bisschen wie im Krankenhaus. Wer unbedingt ein Zimmer mit Fenster will, sollte bedenken, dass die Joo Chiat Road ziemlich laut werden kann.

BETEL BOX HOSTEL $

Karte S. 230 (6247 7340; www.betelbox.com; 200 Joo Chiat Rd.; B 20–23 $, DZ 60 $; @ ; M Paya Lebar) Rund um das etwas enge Hostel unweit vom East Coast Park liegen einige der besten Lokale in Joo Chiat. Der gemütliche Aufenthaltsraum im Betel Box ist klimatisiert und bietet kostenloses WLAN, billiges Bier, Fernseher, DVDs, Videospiele, Computer und sogar einen Billardtisch (was dazu führt, dass einige Gäste viel länger als geplant im Hostel bleiben). Schön sind auch die Dutzende Reiseführer und die Büchertauschecke. Ein Café im Erdgeschoss ist in Planung. Betel Box bietet zusätzlich fantastische Fahrradtouren und Führungen rund ums Essen an.

LION CITY HOTEL HOTEL $$

Karte S. 230 (6744 8111; www.lioncityhotel.com.sg; 15 Tanjong Katong Rd.; Zi. ab 200 $; M Paya Lebar) Das Lion City ist eines der besseren Mittelklassehotels in Joo Chiat. Zudem ist es ein Lichtblick in einer Gegend, in der viele Hotels nur noch als Stundenhotels fungieren. Die Zimmer, wenn auch nicht chic, sind sauber und gut eingerichtet – alle Bäder haben Badewannen. Zwei Blocks südlich der MRT und 20 Minuten vom Flughafen entfernt ist das Lion City von guten Einkehrmöglichkeiten umgeben und eine gute Basis für die Erkundung Ost- und Zentralsingapurs. Bei Onlinebuchungen bekommt man manchmal einen Rabatt von 30 %.

CHANGI VILLAGE HOTEL HOTEL $$

(6379 7111; www.changivillage.com.sg; 1 Netheravon Rd.; Zi. 180–200 $; @) Das ehemalige Le Meridian Changi könnte den Preis für das „abgelegenste Hotel Singapurs" gewinnen. Das Hotel liegt inmitten eines wunderschönen Gartens und bietet, besonders nachts, von seiner Dachterrasse mit Pool einen spektakulären Blick Richtung Malaysia und Pulau Ubin. Der Golfclub Changi, ein Segelclub, der Flughafen und das ruhige Changi Village liegen in der Nähe. Das Hotel hat einen kostenlosen Flughafenzubringer. Um zum Hotel zu gelangen, nimmt man den Bus Nr. 2 von der MRT-Station Tanah Merah.

GOLDKIST BEACH RESORT CHALET $$

Karte S. 230 (6448 4747; www.goldkist.sg; 1110 East Coast Parkway; Chalets 228–288 $;) Die Singapurer nutzen diesen beliebten Ort, der direkt am Strand des East Coast Park liegt, für ihre kleinen Fluchten am Wochenende. Eine reizvolle und (außer an Wochenenden) ruhige Alternative zur üblichen Unterkunft in der City, besonders für Reisende mit Kindern. Die Chalets sind gemütlich und sauber und es gibt eine Reihe von Freizeitangeboten: von Schwimmen über Radfahren bis Angeln; zudem sind die beliebten East-Coast-Restaurants und -Kneipen ganz in der Nähe. Der einzige Nachteil ist die Verkehrsanbindung in die City. Preisnachlässe bei Onlinebuchungen.

GÜNSTIGES ZIMMER GEFÄLLIG?

Wem es nichts ausmacht, mitten in Singapur untergebracht zu sein, der kann sich für durchschnittlich 35 $ pro Nacht für Kurzaufenthalte in Wohnungen des Housing Development Board (HDB) einmieten. Angebote findet man bei **Gumtree Singapore** (http://singapore.gumtree.sg). Mit diesen Zimmern (manchmal sogar mit eigenem Bad) lässt sich viel Geld sparen, oft zahlt man weniger als für eine Nacht im Hostel. Wenn es dann noch in der Nähe einer MRT-Station liegt, hat man gleich viel Geld gespart, das man besser fürs Einkaufen, das nötige Bier oder andere hübsche Sachen ausgeben kann.

ZU VIEL ZEIT IM FLUGHAFEN?

Für einen Kurzaufenthalt in Singapur oder bei langen Wartezeiten zwischen zwei Flügen empfiehlt sich das **Ambassador Transit Hotel** (www.airport-hotel.com.sg; EZ/DZ 68/76 $; Terminal 1 ☎6542 5538; ✈; Terminal 2 ☎6542 8122; Terminal 3 ☎6507 9788). Die Preise gelten für die ersten sechs Stunden, jede weitere Stunde kostet 15 $. Die Zimmer haben keine Fenster und die extragünstigen Einzelzimmer (41 $) teilen sich ein Gemeinschaftsbad. Der Ableger am Terminal 1 hat eine Sauna, ein Fitnesscenter und ein Freibecken.

Die einzige schickere Option am Flughafen Changi ist das **Crowne Plaza Hotel** (☎6823 5300; www.cpchangiairport.com; Zi. ab 250 $; @ ✈) am Terminal 3. Das Design – klare Linien, Teppiche mit geometrischen Mustern, (zu) viel Holzvertäfelung – lässt erkennen, dass es sich eher um ein Hotel für Geschäftsreisende handelt.

COSTA SANDS RESORT (DOWNTOWN EAST)   RESORT $$

(☎6582 3322; www.costasands.com.sg; 1 Pasir Ris Close; Zi. 90–200 $; ✈ ⌂; ⓂPasir Ris) Das familienfreundliche Resort liegt am Ende der östlichen MRT-Linie. Die Familiensuiten sind recht vornehm, sie verfügen jeweils über einen Großbildfernseher, einen Wohnbereich und ein separates Bad. Auf der Website kann man sich über die preiswerteren, aber dafür auch etwas abgelegeneren Hütten im nahen Pasir Ris Park informieren.

LE PERANAKAN HOTEL   BOUTIQUEHOTEL $$

Karte S. 230 (☎6665 5511; www.leperanakan.com.sg; 400 East Coast Rd.; Zi. 160–250 $; ⌂; 🚌10, 12, 14, 32) „Le" Peranakan hat überhaupt nichts Französisches an sich, aber na ja, es ist eben ein Boutiquehotel … Die Zimmer sind etwas klein, wirken allerdings durch die von den Peranakan inspirierten Motive auf Teppichen, Gardinen und Möbeln recht freundlich. Ein bisschen abgelegen ist das Hotel ja schon von den wichtigsten Ecken Katongs, aber immerhin gibt es hier eine Bushaltestelle direkt vor der Tür.

FERNLOFT   HOSTEL $

Karte S. 230 (☎6444 9066; www.fernloft.com; 693 East Coast Rd.; B 20–25 $, DZ 65 $; @ ⌂; 🚌36) Höhere Decken in den Zimmern wären zwar ganz schön, aber die hauseigene balinesische Bar lässt einen die durchschnittlichen, wenn auch sauberen Zimmer schnell vergessen. Gäste bekommen einen gratis Willkommensdrink und 30 % Rabatt auf Speisen und Getränke an der Bar. Die coole Bar, WLAN, der Flughafentransfer und das kostenlose Frühstück sind weitere echte Vorteile.

FRAGRANCE HOTEL   HOTEL $$

Karte S. 230 (☎6344 9888; www.fragrancehotel.com; 219 Joo Chiat Rd., Katong; EZ/DZ 154/188 $; ⓂPaya Lebar) Das Fragrance Hotel hat eine Nische auf dem Stundenhotelmarkt gefunden, inzwischen gibt es 20 (!) Niederlassungen, von denen sich viele in Gaylang befinden und so kitschige Namen wie „Pearl" oder „Crystal" tragen. Die Hotels sind ansprechend, sauber und einen Versuch wert, besonders wenn es ein Sonderangebot gibt (mit etwas Glück kostet ein Zimmer nur 83 $).

HOTEL 81 JOO CHIAT   HOTEL $$

Karte S. 230 (☎6348 8181; www.hotel81.com.sg; 305 Joo Chiat Rd., Katong; Zi. 120–150 $; ⓂPaya Lebar) Unter den Hotels der florierenden Ketten, die in Zentralsingapur wie Pilze aus dem Boden schießen, zählt dies noch zu den schönsten. Allerdings sind die Zimmer in allen Filialen nach dem Baukastenprinzip errichtet worden. Das hinter einer Reihe von restaurierten Peranakan-*shophouses* gelegene Hotel 81 bietet auch speziell ausgestattete behindertengerechte Zimmer an. Näheres zu 24 anderen Filialen auf der Website. Zimmerpreise bei Onlinebuchung zwischen 79 und 119 $.

🛏 Sentosa & andere Inseln

Neben den unten aufgeführten Unterkünften bietet der grelle Resorts-World-Komplex (www.rwsentosa.com) auf Sentosa gleich sechs komplette Hotels. Nur für den Fall, dass die anderen unten genannten einmal ausgebucht sind …

CAPELLA
HOTEL $$$

Karte S. 236 (☎6591 5000; www.capellasingapore.com; 1 The Knolls; Zi. ab 700 $; @🛜🏊) Das beste Hotel auf Sentosa, wenn nicht sogar in Singapur, hat viel Klasse und unglaublich luxuriöse Zimmer. Seine Lage hoch oben über der Stadt hat etwas Magisches. Die Lobby und das chinesische Restaurant befinden sich in einem sehr schön renovierten, weiß getünchten Kolonialbau aus den 1880er-Jahren. Die Zimmer, weitere Restaurants, Bar, Fitnesscenter, Apartments und der dreistöckige Pool liegen inmitten üppiger Gartenanlagen. Wie erwartet ist der Service ausgezeichnet.

COSTA SANDS RESORT
HOTEL $

Karte S. 236 (☎6275 1034; www.costasands.com.sg; 30 Imbiah Walk; Hütten Haupt-/Nebensaison 119/79 $, Zi. Haupt-/Nebensaison 259/199 $; @🛜🏊) Das Costa Sands ist Santosas einzige Option für Leute mit kleinerer Reisekasse. Es bietet ordentliche (jedoch durchschnittliche) Mittelklassezimmer im Hauptgebäude (in Poolnähe) sowie 15 hübsche, einfache Hütten. Die Hotelzimmer haben alle gewohnten Annehmlichkeiten wie WLAN und eigenes Bad. Die Hütten sind klimatisiert, aber deutlich einfacher ausgestattet: kein fließend Wasser (es gibt einen separaten Gemeinschaftsduschraum), kein Fernseher und kein Internetzugang. Die Hütten besitzen lediglich Doppelstockbetten und bieten vier Personen Platz – ein Schnäppchen, wenn man als Gruppe anreist. Reservierungen sind empfohlen, da die Hütten sehr beliebt sind. Freitag und Samstag sowie die Feiertage und Schulferien gelten im Costa Sands als „Hauptsaison".

SHANGRI-LA'S RASA SENTOSA RESORT
RESORT $$$

Karte S. 236 (☎6275 0100; www.shangri-la.com; 101 Siloso Rd.; Zi. ab 400 $; @🛜🏊) Singapurs einziges Strandresort ist ideal für Familien. Die Zimmer sind sehr chic – hell und extrem komfortabel – und der Service ist erstklassig. Der riesige, kinderfreundliche Pool mit Wasserrutschen führt hinunter zum Siloso Beach. Beim Essen hat man die Wahl zwischen chinesischer, italienischer und marokkanischer Küche.

CELESTIAL RESORT
RESORT $$

Karte S. 239 (☎6542 6681; www.celestialresort.com; Jln Endul Senin; wochentags Zi. 118–268 $, Wochenende 138–288 $; @) Die sauberen, ordentlichen und hübschen Zimmer des Resorts auf Pulau Ubin erreicht man über ein paar von Palmen umgebene Bretterstege. Der nahe gelegene See hat einen künstlichen Strand und lädt zum Schwimmen, Angeln, Kajak fahren und Sonnenbaden ein. Außerdem gibt es ein Strandrestaurant und eine Strandbar.

MAMAM BEACH
CAMPING $

Karte S. 239 An den Stränden Noordin Beach und Maman Beach auf Pulau Ubin kann umsonst gezeltet werden. Keiner der beiden Plätze ist besonders idyllisch (der Grenzzaun sticht kurz vor der Küste aus dem Wasser), aber im direkten Vergleich ist Maman Beach dennoch der schönere Ort. Hier gibt es wenigstens Toiletten und Waschräume, wenn auch keine Duschen. Man sollte sich bei der Polizei (rechts neben der Bootsanlegestelle) melden, wenn man auf Ubin campen möchte.

ST. JOHN'S HOLIDAY BUNGALOW
CHALET $

(St John's Island; Bungalow Di–Fr 53,50 $, Sa & So 107 $) In dem 3-Zimmer-Bungalow auf St. John's Island haben locker sechs Personen Platz (1 DZ, 4 Einzelbetten). Die einfach ausgestattete Küche besitzt Kochutensilien für alle, die sich selbst verpflegen wollen. Reservieren kann man nur persönlich im **Sentosa Information Centre** (◷9–20 Uhr) im 3. Stock des VivoCity (S. 124); oft ist der Bungalow schon lange im Voraus ausgebucht. Die Preise verdoppeln sich während der Schulferien.

Singapur verstehen

SINGAPUR AKTUELL 168
Mit welchen politischen, wirtschaftlichen und sozialen Fragen werden die Bewohner Singapurs konfrontiert?

GESCHICHTE 170
Singapurs glanzvoller Aufstieg vom sumpfigen Nest zum britischen Außenposten und schließlich zur Wirtschaftsmacht.

ESSEN 178
Wenn man ist, was man isst, dann gilt das besonders für den Singapurer. Bei welchen Gerichten läuft den Einheimischen das Wasser im Munde zusammen?

PERANAKAN-KULTUR 186
Diese reiche und einzigartige Kultur Singapurs erlebt derzeit eine Renaissance.

SINGAPURS SPRACHEN 190
Malaysisch, Tamil, Mandarin, Englisch ... oder Singlish? Aiyah!

Singapur aktuell

Bei einer BIP-Wachstumsrate von 14,5 % (2010; weltweit Nr. 3) und Geldreserven von über 100 Mrd. US-Dollar braucht sich Singapur offenbar keine Sorgen zu machen. Oder etwa doch? Die schnell ansteigenden Lebenshaltungskosten sowie soziale Probleme in Hinblick auf Einwanderung, Bevölkerung und Glücksspiel sind nur einige der Punkte, mit denen sich das heutige Singapur herumschlagen muss.

Die besten Filme

12 Storeys (Eric Khoo, 1997) Eine düstere Komödie über das Leben mehrerer Menschen, die im selben Sozialwohnungsblock wohnen.
881 (Royston Tan, 2007) Bunte und kitschige Musicalkomödie über die *getai*-Ambitionen zweier Freundinnen (*getai* ist ein typisch singapurischer Gesang, eine altmodische Kunstform).
I Not Stupid (Jack Neo, 2002) Chinesischsprachige Komödie, die den Druck des singapurischen Bildungssystems beschreibt.

Die besten Bücher

Singapore Story (Lee Kuan Yew, 1999) Wer die offizielle Geschichte des Wunders von Singapur hören will, sollte auf die Originalstimme hören – die Stimme des Mannes, der sich das ganze Ding ausgedacht hat.
Singapore: A Biography (Mark Ravinder Frost & Yu-Mei Balamsingchow, 2010) Abgesehen von dem etwas farblosen Titel ist dies eine gut geschriebene und reich bebilderte Geschichte Singapurs auf 450 spannenden Seiten.
Little Ironies: Short Stories of Singapore (Catherine Lim, 1978) Die Doyenne der Literatur Singapurs veröffentlichte zahlreiche Kurzgeschichten und Romane, von denen einer auch verfilmt wurde. Dies ist ihr erster Band mit Kurzgeschichten.

Singapurs Sorgen

Nach ihrer eigenen Einschätzung jammern Singapurer ganz gerne, was in manchen Fällen sogar angebracht ist. Die Wohnungspreise steigen rapide an: Im Juni 2011 kostete eine von städtischen Wohnungsunternehmen errichtete Wohnung 880 000 $. Dazu kommt der Preisanstieg im öffentlichen Verkehr, was zusammengenommen eine solide Basis für Stammtisch- respektive Coffeeshop-Geschimpfe liefert. Auch die Überbevölkerung stellt ein Problem dar: Singapurs Bevölkerung hat sich von 2,4 Mio. (1980) auf 5,1 Mio. (2010) mehr als verdoppelt. An jeder Ecke wird gebaut. Singapur ist eine Stadt, an der ständig herumgeflickt wird. Die Kolonialhäuser entlang des Padang werden restauriert und zur National Art Gallery umgebaut, die MRT-Ringbahn soll bis 2012 fertiggestellt werden, gefolgt von drei weiteren Linien in den Jahren 2013 bis 2020. Natürlich kann man sich darüber freuen ... wenn der Bau dann tatsächlich fertig ist.

Überall neue Wohnanlagen. Neue botanische Gärten in der Bucht. Biomedizinische Forschungszentren. LucasArts lässt sich nieder. Moment, vor sechs Monaten stand hier doch noch gar nichts, wo kommt jetzt das Haus auf einmal her? Und wo ist die Lieblingskneipe plötzlich hin? Letzte Woche war sie doch noch da! Willkommen in Singapur.

Gewählt, um zu herrschen?

Obwohl die regierende People's Action Party (PAP) die erwartete Mehrheit in einem erdrutschartigen Sieg errang und im Parlament 82 von 84 Sitzen belegte, verlor sie 2006 8,69 % ihrer Stimmen. Über ein Drittel der Wahlberechtigten stimmte gegen den Amtsinhaber. Der Ton für die nächste Wahl klang bereits an.

Bei der Wahl im Jahre 2011 spiegelte die politische Landschaft in der Tat den Wunsch nach Veränderung wider. Bei dieser Wahl gab es den höchsten Anteil an zu vergebenden Sitzen (94,3 %) seit Singapurs Unabhängigkeit im Jahre 1965. Die lokalen Medien, die bis dahin im Ruf standen, eher Sprecher der Regierung zu sein, schienen ausgeglichener über PAP und Oppositionsparteien zu berichten. Soziale Netzwerke, die im Wahlkampf bisher verboten waren, spielten eine wichtige Rolle bei der Nachrichtenverbreitung. Sogar der Premierminister Lee Hsien Loong nahm (zum ersten Mal) an einem Online-Chat teil. Das Interesse an Oppositionskundgebungen ging über jedes bekannte Maß hinaus.

Die Wahlergebnisse waren aufschlussreich. Die PAP verlor weitere 6,46 % der Wählerstimmen, wobei sie 60,14 % der Stimmen und 81 von 87 Sitzen erhielt. Den größten Zuwachs konnte die Worker's Party (WP) verzeichnen, deren politische Agenda sich auf Alltagssorgen der Singapurer konzentriert (Gehälter, Lebenshaltungskosten und Gesundheitswesen, öffentlicher Verkehr, Wohnungskosten, unverhältnismäßig hohe Ministergehälter).

Nach der Wahl wurde der PAP offenbar bewusst, dass sich ihre Position von „unerschütterlich" zu „Oh, wir sollten vielleicht mal was unternehmen" verändert hatte. Eine Neubewertung der Ministergehälter wurde umgehend zur Diskussion gestellt; Senior Minister Goh Chok Tong und Minister Mentor Lee Kuan Yew reichten beide ihren Rücktritt ein.

Geld durch Glücksspiel

Trotz anfänglicher Gegenstimmen hat sich die Entscheidung der Singapurer Regierung, den Bau der zwei Casinos – Marina Bay Sands und Resorts World – zu genehmigen, rentiert, zumindest auf dem Papier. Weniger als ein Jahr nach der Eröffnung haben beide Casinos Rekordgewinne von deutlich mehr als 1 Mrd. $ angekündigt. Aufgrund des finanziellen Erfolges stuften Branchenexperten die Casinos von Singapur nach Macau als die zweitprofitabelsten ein, noch vor Las Vegas. Und das alles innerhalb eines Jahres.

Doch obwohl schätzungsweise 35 000 Jobs entstanden, hat die Geschichte auch eine Kehrseite. Laut H2 Gambling Capital schnellten die durchschnittlichen Verluste durch Glücksspiele pro erwachsenem Einwohner im vergangenen Jahr um 53 % von 924 $ auf 1413 $ nach oben und sollen bis Ende 2011 auf geschätzte 1849 $ steigen. Credit Counselling Singapore berichtete, dass immer mehr Spieler Unterstützung benötigen. Die Regierungsentscheidung, zur Abschreckung der Einheimischen 100 $ Casino-Eintrittsgebühren zu erheben, ist möglicherweise nicht so wirkungsvoll wie ursprünglich beabsichtigt. Noch ist die Entwicklung nicht genau abzusehen, doch die schädlichen Einflüsse der Casinos auf die Gesellschaft Singapurs wiegen unter Umständen schwerer als die wirtschaftlichen Vorteile.

Gäbe es nur 100 Singapurer

wären 74 Chinesen
14 Malaien
9 Inder
3 Sonstige (Europäer, Amerikaner, etc.)

Internet-Zugang
(% der Bevölkerung)

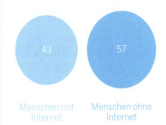

43 Menschen mit Internet

57 Menschen ohne Internet

Bevölkerung pro km²

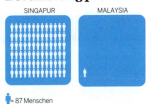

= 87 Menschen

Geschichte

Als winziger Fleck auf der Landkarte hatte Singapur meist einen wohlklingenden Namen, war aber faktisch ohne Bedeutung. Das änderte sich erst, nachdem Lee Kuan Yew den Stadtstaat in die Unabhängigkeit führte. In relativ kurzer Zeit entstand ein stabiles, sicheres und wohlhabendes Land – dank einer visionären Stadtplanung, Hafenanbindung, produzierendem Gewerbe und Exportwirtschaft.

DAS VORKOLONIALE SINGAPUR

Fast jedes Museum in Singapur beschäftigt sich mit der Geschichte der Stadt nach der Kolonialisierung, was einfach daran liegt, dass über die Zeit davor nur wenige gesicherte Fakten bekannt sind. So wie die Reiche im Norden und Süden im Laufe der Jahrhunderte kamen und gingen, war auch die Insel gelegentlich von größerer und dann wieder von geringerer Bedeutung. Archäologische Ausgrabungen belegen, dass auf der Insel in der Vergangenheit beträchtliche Siedlungen existierten, doch verlässliches historisches Material gibt es kaum, da schriftliche Aufzeichnungen fehlen.

Einer malaiischen Legende zufolge besuchte vor langer Zeit ein Prinz aus Sumatra die Insel Temasek, wo er ein seltsames Tier erblickte, das er für einen Löwen hielt. Dieses gute Omen veranlasste den Prinzen, an dieser Stelle eine Stadt zu gründen, die er Singapura (Löwenstadt) nannte.

So wie die Reiche im Norden und Süden im Laufe der Jahrhunderte kamen und gingen, war auch die Insel gelegentlich von größerer und dann wieder von geringerer Bedeutung.

Mindestens seit dem 5. Jh. verkehrten chinesische Handelsschiffe auf ihrem Heimweg nach China in den Gewässern des heutigen Singapur. In den Aufzeichnungen chinesischer Seeleute wird bereits im 3. Jh. eine Insel namens Pu Luo Chung erwähnt, bei der es sich durchaus um das heutige Singapur handeln könnte. Anderen Quellen zufolge befand sich bereits im 2. Jh. eine Siedlung auf der Insel.

Das buddhistische Seefahrerreich Srivijaya mit der Hauptstadt Palembang auf Sumatra herrschte zwischen dem 7. und 10. Jh. über die Straße von Malakka.

ZEITACHSE

300	13. Jh.	um 1390
Chinesische Seeleute verzeichnen die Insel auf Karten und nennen sie Pu Luo Chung, vermutlich abgeleitet vom malaiischen Namen Pulau Ujong („Insel am Ende").	Ein Prinz der Srivijayan-Dynastie aus Sumatra gründet eine Siedlung auf der Insel und nennt sie Singapura („Löwenstadt"). Die Siedlung wird später in Temasek („Stadt am Meer") umbenannt.	Nach seiner Absetzung flieht der Srivijayan-Prinz Parameswara von Sumatra nach Temasek. Später gründet er das Sultanat Malakka, für welches das Temasek als wichtiger Handelsposten dient.

Angriffe rivalisierender Königreiche und das Aufkommen des Islam besiegelten den allmählichen Niedergang Srivijayas. Die Vormachtstellung in der Region übernahm nun das Sultanat von Malakka.

1511 eroberten die Portugiesen Malakka und legten damit den Grundstock für weitere koloniale Landnahmen. Die ebenso ambitionierten Holländer gründeten Batavia (das heutige Jakarta), um die Position Malakkas zu schwächen, das sie ihren europäischen Konkurrenten 1641 schließlich entrissen. Gegen Ende des 18. Jhs. machten sich die Briten auf die Suche nach einem geeigneten Hafen an der Straße von Malakka, um die Handelswege zwischen China, der malaiischen Welt und den eigenen Stützpunkten in Indien zu sichern. Als die Franzosen 1795 die Niederlande annektierten, nutzten die Briten die Gelegenheit, um die holländischen Besitzungen in Südostasien, inklusive Malakka, an sich zu reißen.

Nach dem Ende der Napoleonischen Kriege willigten die Briten 1818 ein, die Besitzungen wieder an die Holländer zurückzugeben. So mancher Untertan der Krone war über das Scheitern der britischen Expansionspläne in Südostasien bitter enttäuscht. Einer von ihnen war Stamford Raffles, der Vizegouverneur von Java.

DIE ZEIT UNTER RAFFLES

Für jemanden, der nur kurze Zeit auf der Insel verbrachte, hatte Sir Stamford Raffles erheblichen Anteil an der Entwicklung Singapurs. Sein Name begegnet einem in der Stadt überall – Raffles Place im Central Business District, Stamford Road, Raffles Hotel, das Raffles City Shopping Centre, die angesehene Raffles Institution (wo Lee Kuan Yew zur Schule gegangen ist) –, doch sein Einfluss reicht weit darüber hinaus, bloßer Namensgeber für ein paar öffentliche Plätze und Gebäude zu sein.

Die Straßen der Innenstadt ebenso wie die Grenzen der ethnischen Viertel verlaufen auch heute noch weitgehend so, wie Raffles sie angelegt hatte. Auch das Design der klassischen Shophouses – einfache Ziegelbauten mit durchgehender, überdachter Veranda und einem lichtdurchfluteten, luftigen Innenhof – wird ihm zugeschrieben. Vor allem aber hat die Stadt Raffles' Vision eines britisch kontrollierten Handelszentrums in der Region ihren Status als einer der bedeutendsten Häfen der Welt zu verdanken.

Als Raffles Anfang 1819 in Singapur eintraf, war das Johor-Reich geteilt. Nachdem der alte Sultan 1812 gestorben war, hatte sein jüngerer Sohn die Abwesenheit des eigentlichen Thronfolgers Hussein genutzt, um selbst die Nachfolge seines Vaters anzutreten. Die Holländer hatten

1613
Portugiesen greifen die auf der Insel gelegene Stadt an und brennen sie nieder. Solange die Portugiesen Malakka beherrschen, fristet Singapura ein Schattendasein.

1819
Auf der Suche nach einem Hafen, um die britischen Interessen in der Straße von Malakka zu wahren, landet Sir Stamford Raffles auf Singapur und erkennt sofort die Vorzüge der Insel.

Sir Stamford Raffles an der Raffles Landing (Karte S. 226)

ein Abkommen mit dem jungen Sultan, Raffles aber sagte Hussein seine Unterstützung zu, erklärte ihn zum Sultan und überredete ihn dazu, sich in Singapur niederzulassen.

Der Sultan, so Raffles' Plan, sollte keine eigentliche Macht ausüben, wohl aber die britischen Ansprüche auf die Insel legitimieren. Raffles unterzeichnete außerdem ein Abkommen mit dem hoch angesehenen *temenggong* (oberster Richter) von Johor und brachte ihn in einem Anwesen am Singapore River unter. Im Gegenzug für überschaubare jährliche Zahlungen an Sultan Hussein und den *temenggong* verschaffte sich Raffles so die Erlaubnis, Singapur als Handelsposten zu nutzen. 1824 schließlich kaufte er dem Sultan die Insel ab und Singapur ging in den Besitz der britischen East India Company über.

Zusammen mit Penang und Malakka bildete Singapur ein mächtiges Dreigestirn von Handelsstützpunkten, den sogenannten Straits Settlements, die von der East India Company in Kalkutta kontrolliert, aber von Singapur aus verwaltet wurden.

Raffles hatte die brillante Idee, ein dünn besiedeltes, malariaverseuchtes Sumpfgebiet in ein brummendes Wirtschaftszentrum zu verwandeln, indem er geschäftstüchtige Glücksritter anlockte und sie hemmungslos Handel treiben ließ. Es dauerte viele Jahrzehnte, bis in die aufstrebende Stadt so etwas wie eine soziale Ordnung einkehrte, doch der unternehmerische Geist und der unbedingte Wille zum Erfolg, der die Raffles-Ära prägte, sind noch heute in Singapur spürbar.

KOLONISIERUNG & BESATZUNG

Singapur unter britischer Herrschaft

Die ersten beiden Besuche Raffles' in Singapur im Jahr 1819 waren kurz. Als seinen Handlungsbevollmächtigten und Verwalter setzte er Oberst William Farquhar ein, den früheren Residenten (Vertreter der britischen Krone) in Malakka. Als Raffles drei Jahre später zurückkehrte, boomte die Stadt, in der indes chaotische Zustände herrschten.

Raffles entwarf daraufhin den Stadtplan, der noch heute Bestand hat. Er ließ einen Hügel abtragen, um ein neues Geschäftsviertel anzulegen (den heutigen Raffles Place) und ließ rund um eine andere Erhebung namens Forbidden Hill (heute Fort Canning Hill) Regierungsgebäude errichten.

Seine Neuordnung folgte außerdem der kolonialen Praxis, die Bevölkerung fein säuberlich nach ethnischen Gesichtspunkten aufzuteilen. So entstanden mehrere Zonen: Den Europäern wurde Land im Nordosten des Regierungsviertels (im heutigen Colonial District) zu-

---

WILLIAM FARQUHAR

Oberst William Farquhar war ein leidenschaftlicher Naturliebhaber. Er beauftragte einheimische chinesische Künstler, wirklichkeitsgetreue Bilder ihrer Flora und Fauna zu malen – insgesamt 477 Stück!

1823
Raffles unterzeichnet ein Abkommen mit dem Sultan und Temenggong von Johor, womit die Briten die Kontrolle über einen Großteil der Insel erhalten.

1824
Mit dem Britisch-Niederländischen Vertrag stecken die beiden Kolonialmächte ihre jeweiligen Einflussgebiete in der Region ab. Die britische Herrschaft über Singapur wird besiegelt.

1826
Penang, Malakka und Singapur bilden die Straits Settlements. Um den niederländischen Zöllen zu entgehen, siedeln sich viele Kaufleute lieber im Freihafen Singapur an.

1867
Soziale Probleme und die Unzufriedenheit mit der mangelhaften Verwaltung in Singapur veranlassen die Briten, die Straits Settlements zur eigenständigen Kronkolonie zu erklären.

gewiesen, viele von ihnen zogen aber schon bald in die beschaulicheren westlichen Vorstädte um. Die Chinesen, darunter Hokkien, Hakka, Kantonesen, Teochew und Straits, konzentrierten sich vor allem an der Mündung und im Südwesten des Singapore River, wo jedoch auch viele Inder lebten (daher der große Hindutempel an der South Bridge Road). Hinduistische Inder ließen sich größtenteils in Kampong Kapor und an der Serangoon Road nieder, Gujarati und andere muslimische Kaufleute in der Gegend rund um die Arab Street, tamilische Muslime betrieben ihre Geschäfte rund um die Market Street. Die malaiische Bevölkerung lebte in erster Linie in den sumpfigen Randgebieten im Norden der Stadt.

In groben Zügen existieren diese Zonen noch heute, natürlich sind die Grenzen aber nicht mehr ganz so klar umrissen.

Zwar hatten die Briten in der Kolonie das Sagen, sie waren aber auch auf die Kooperation ihrer Untertanen angewiesen, insbesondere die der Chinesen, für die die Briten ebensolche Bewunderung empfanden wie andere europäische Mächte, denen in ihren Territorien chinesische Gemeinden unterstanden.

Der ansonsten für seine Schroffheit berüchtigte Generalgouverneur von Niederländisch-Ostindien, Jan Pieterszoon Coen, beschrieb die chinesischen Bewohner von Batavia (Jakarta) als „kluge, höfliche und fleißige Menschen". Besonders die Singapurer Chinesen beeindruckten die Reiseautorin Isabella Bird, die 1879 auf die Insel kam und über das „unaufhörliche Brummen der Geschäftigkeit" in der Stadt sowie das „unwiderstehliche, überwältigende und erstaunliche chinesische Element" berichtete.

Trotz ihres Reichtums war die Kolonie ein liederlicher Ort, an dem das Verbrechen blühte, unsägliche hygienische Zustände herrschten und wo es von Opiumsüchtigen, von Ratten, Moskitos und Tigern wimmelte. Der Großteil der Bevölkerung fristete ein hartes Dasein; wie hart es war, wird heutigen Besuchern wohl am anschaulichsten im Chinatown Heritage Centre vermittelt.

Raffles strebte danach, mit den verschiedenen *kongsi* zusammenzuarbeiten. *Kongsi* sind Clans – eine Art Mischung aus Geheimbund, Triade und rituell-religiöser Bruderschaft –, in denen sich Chinesen in der Diaspora organisierten, um sich gegenseitig, insbesondere auch wirtschaftlich, zu unterstützen. (Viele von ihnen hatten ihren Sitz in der Club Street; ein paar von ihnen sind immer noch dort und halten bis heute der fortschreitenden Gentrifizierung des Viertels stand.) Das Netzwerk der *kongsi* war im 19. Jh. von zunehmender Bedeutung für den wirtschaftlichen Erfolg Singapurs, denn die Nachfrage nach Produkten wie Pfeffer, Zinn und Gummi, die von Chinesen gewonnen

Gedenkstätten aus dem Zweiten Weltkrieg

Fort Siloso (Sentosa Island)

Images of Singapore (Sentosa Island)

Reflections at Bukit Chandu (Südwesten von Singapur)

Labrador Nature Reserve (Südwesten von Singapur)

Memories at Old Ford Factory (Zentrum von Singapur)

Kranji War Memorial (Westen von Singapur)

Was die Tonnage der Schiffe betrifft, ist der Hafen von Singapur nach wie vor der wichtigste auf der Welt; die umgeschlagene Fracht ist allerdings inzwischen in Shanghai größer.

1877	1939	1942	1942–1945
Die Briten errichten ein Protektorat in den Straits Settlements, um den von chinesischen Geheimgesellschaften organisierten ausbeuterischen Handel mit Arbeitskräften zu bekämpfen.	Fertigstellung des großen britischen Marinestützpunkts auf der Insel. Singapur verfügt nun über das größte Trockendock der Welt, schwere Verteidigungsanlagen und Treibstoffvorräte.	Die Japaner überrennen das auf eine Invasion aus dem Norden nur unzureichend vorbereitete Singapur. Die Alliierten ergeben sich am 15. Feburar.	Singapur wird von den Japanern in Syonan umbenannt. Chinesen werden misshandelt und ermordet, alliierte Gefangene in Changi inhaftiert oder zur Zwangsarbeit verpflichtet.

und von der malaiischen Halbinsel über Singapur ausgeführt wurden, stieg gewaltig.

Allerdings profitierte Singapur von der Wirtschaftskraft der *kongsi* vor allem dank der Einnahmen eines Produkts der East India Company, das aus Indien kam und für den chinesischen Markt bestimmt war – Opium.

Farquhar hatte Singapurs erste Opiumfarm für den heimischen Markt gegründet und bereits in den 1830er-Jahren machten die Steuern und Verkaufserlöse aus dem Opiumhandel fast die Hälfte der Einnahmen der Stadt aus. An diesem Zustand änderte sich bis weit ins 20. Jh. nichts. Doch das Britische Empire brachte nicht nur Opiumabhängige hervor; es förderte auch die teils westlich orientierten Ansichten der in den Straits geborenen Chinesen.

Im 19. Jh. wurde es Frauen nur selten erlaubt, China zu verlassen. Also heirateten Chinesen, die sich in den Straits Settlements niederließen, oftmals einheimische Frauen. Dadurch entstand schließlich eine neue Mischkultur, die in Singapur heute als Peranakan (s. S. 186) bekannt ist.

Dem Wohlstand Singapurs konnten auch rapide sinkende Gummipreise in den 1920er-Jahren nichts anhaben. Die Stadt, in der man praktisch über Nacht zum Millionär werden konnte, lockte scharenweise Immigranten aus aller Herren Länder an. In den 1930er- und frühen 1940er-Jahren dominierte die Politik die intellektuelle Szene der Stadt. Die Inder beobachteten das Geschehen in der alten Heimat und suchten nach Anzeichen für das Ende der Kolonialherrschaft, während die Chinesen aus sicherer Distanz mit großem Interesse den Machtkampf zwischen der Kuomintang (Nationalpartei) und Maos Kommunisten in ihrer alten Heimat verfolgten. Japans Einmarsch in China in den Jahren 1931 und 1937 stieß in Singapur verständlicherweise auf allgemeine Ablehnung.

Die Briten fingen gerade an, nervös zu werden, als der Krieg Singapur erreichte.

> Die Briten rechneten eigentlich mit einem japanischen Angriff aus dem Süden, also vom Meer her. Stattdessen überfielen die Japanaer Singapur aus dem nördlich gelegenen Malaysia; die Soldaten kamen zu Fuß und per Fahrrad.

Singapur unter den Japanern

Als General Yamashita Tomoyuki am 15. Februar 1942 mit seinen Truppen einmarschierte, begann damit das dunkelste Kapitel in der Geschichte Singapurs. Für die Briten, die in den 1920er-Jahren einen Marinestützpunkt nahe der Stadt errichtet hatten, bedeutete die Kapitulation eine Demütigung. Für manche Historiker markiert der Fall Singapurs den Punkt, an dem der Mythos der britischen Unbezwingbarkeit zu bröckeln und der Niedergang des Empires begann. Die Auswirkungen der japanischen Besatzung auf das kollektive politische

1945–1959 Die Briten erlangen die Kontrolle über Singapur zurück. Die Straits Settlements werden 1946 aufgelöst, Singapur wird bis 1955 von gesetzgebenden Räten regiert.

1959 Angeführt vom Cambridge-Absolventen Lee Kuan Yew erzielt die People's Action Party bei den ersten allgemeinen Wahlen einen Erdrutschsieg und widmet sich zunächst der Wirtschaftspolitik.

Parliament House (Karte S. 226)

DER GROSSE RAFFLES

Der Kultur- und Naturforscher, Kolonisator von Singapur und Gründer des Londoner Zoos, Sir Stamford Raffles, starb 1826 in seinem Haus in Hendon im Norden Londons – einen Tag vor seinem 45. Geburtstag. Wahrscheinlich erlag er einem Gehirntumor. Da er sich mit der East India Company überworfen hatte, wurde sein Tod in der Londoner Gesellschaft weitgehend ignoriert. Erst acht Jahre später wurde ihm zu Ehren in Westminster Abbey eine Marmorstatue errichtet, die von Freunden und Verwandten in Auftrag gegeben worden war.

Die Bronzestatue von Raffles in Singapur, die am 29. Juni 1887 auf dem Padang enthüllt wurde, steht heute vor der Victoria Theatre and Concert Hall. Eine weiße Nachbildung aus Stein am Empress Place markiert angeblich die Stelle, an der Raffles erstmals einen Fuß auf die Insel setzte.

Raffles war ein außergewöhnlicher Mann und in mancherlei Hinsicht kein typischer Kolonialherr. Zwar teilte er das Selbstverständnis des British Empire als heilsbringender Macht, doch machte er sich dafür stark, Singapur zu einem Freihafen zu machen, und er lehnte die Sklaverei ab. Raffles setzte sich außerdem mit der Mentalität und Kultur der Menschen in der Region auseinander und sprach fließend Malaiisch.

Seine Herkunft aus bescheidenen Verhältnissen formte seinen Charakter. Im Alter von 14 Jahren begann er, für die East India Company zu arbeiten. 1805 zählte er zu einer Abordnung, die nach Südostasien gesandt wurde, um die britischen Interessen in Penang zu wahren. Innerhalb von sechs Jahren und nach zahlreichen Beförderungen stieg Raffles zum Gouverneur von Java auf und erwarb sich durch seinen leidenschaftlichen Führungsstil nachhaltigen Respekt. Von dort aus reiste er nach Sumatra, wo er Gouverneur des an der Südküste der Insel gelegenen Bengkulu wurde.

Sein Leben war aber von tragischen Schicksalsschlägen geprägt. Während seines Aufenthalts in Südostasien fielen vier seiner fünf Kinder Krankheiten zum Opfer, seine umfangreiche Sammlung naturhistorischer Zeugnisse ging bei einem Schiffsbrand verloren und sein Vermögen bei einer Bankenpleite. Die East India Company verweigerte ihm eine Rente und sein Gemeindepfarrer, der mit seiner Ablehnung der Sklaverei nicht einverstanden war, einen Grabstein.

Angesichts seiner Verdienste als Staatsmann gerät oft in Vergessenheit, dass Raffles außerdem ein brillanter Naturforscher war. Er unternahm umfangreiche Studien zur Flora und Fauna der Region, und wenngleich ein Großteil seiner Arbeit verlorengegangen ist, wird sie von der National University of Singapore, die das Raffles Museum of Biodiversity Research unterhält, nach wie vor gewürdigt.

---

und soziale Gedächtnis der Stadt sind nicht zu unterschätzen und zum Teil wohl für das bis heute stark ausgeprägte Sicherheitsdenken in Singapur verantwortlich.

1963	1964	1965	1971
Auf Betreiben von Lee Kuan Yew schließt sich Singapur mit Sabah und Sarawak zusammen, um gemeinsam mit Malaya den Staat Malaysia zu bilden.	Bei Unruhen zwischen Malaien und Chinesen kommen 36 Menschen ums Leben, mehr als 500 werden verletzt. Die Beziehungen zur malaysischen Regierungspartei verschlechtern sich.	Singapur wird vom malaysischen Parlament in Kuala Lumpur einstimmig aus der Föderation ausgeschlossen. Lee Kuan Yew weint, als er die Nachricht verkündet. Singapur ist autonom.	Die britischen Streitkräfte ziehen sich zurück. Die PAP nutzt die Gunst der Stunde, um nach einem Wahlsieg den Einfluss der Gewerkschaften zu beschränken. Das lockt Investoren an.

Die Japaner führten ein strenges Regime. Yamashita ließ die Kriegsgefangenen auf dem Padang zusammentreiben, von wo aus sie in Internierungslager kamen. Viele von ihnen endeten im berüchtigten Lager Changi, andere wurden nach Siam (dem heutigen Thailand) gebracht, um an der schrecklichen „Todeseisenbahn" zu arbeiten.

Die Japaner starteten außerdem die Operation Sook Ching, um den chinesischen Widerstand auszuschalten. Die chinesischen Bewohner Singapurs wurden aus ihren Häusern gejagt und „geprüft", woraufhin sie entweder einen „Stempel" erhielten (eine Markierung auf der Stirn) und entlassen oder aber fortgebracht wurden, um eingesperrt oder exekutiert zu werden (ein Mahnmal am Changi Beach erinnert an das Massaker). Über die Zahl der Todesopfer gibt es unterschiedliche Angaben. Einige Quellen nennen 6000 Tote, andere gehen von mehr als 45 000 aus.

Die Japaner benannten die Insel in „Syonan" (Licht des Südens) um und tauschten sämtliche Schilder gegen japanische aus. Außerdem stellten sie die Uhren auf Tokio-Zeit um und führten eine eigene Währung ein (die von den Einheimischen abfällig als „Bananengeld" bezeichnet wurde).

Der Krieg endete mit Japans Kapitulation am 14. August 1945, woraufhin Singapur wieder unter die Kontrolle des British Empire fiel. Zwar wurden die britischen Truppen freudig empfangen, doch die japanische Besatzung hatte das Vertrauen in die frühere Schutzmacht erschüttert. Neue politische Kräfte waren bereits am Werk und der Weg in die Unabhängigkeit war bereitet.

> Im National Museum of Singapore erfährt man eine Menge über das Alltagsleben der ersten Einwanderer.

DIE LEE-DYNASTIE

Falls man überhaupt einem einzigen Menschen für die heutige Position Singapurs danken darf, dann ist das gewiss Lee Kuan Yew.

Lee wurde 1923 als Straits-Chinese in dritter Generation geboren und erhielt den Namen Harry Lee. Seine Eltern erzogen ihn, wie er selbst eingestand, „zum Ebenbild eines Engländers". Seine Ausbildung erhielt er an der Raffles-Elitehochschule und in Cambridge; daher fiel ihm der Umgang mit den Kolonialherren leicht, aber auch der Umgang mit der Opposition, als Singapur in den 1960er-Jahren unabhängig wurde.

Dabei waren die ersten Jahre keineswegs einfach. 1964 kam es zu ethnisch motivierten Unruhen, und 1965 wurde Singapur aus der Föderation Malaya ausgeschlossen. Daher setzte Lee auf steuerliche Anreize und ein strenges Arbeitsrecht, um ausländisches Kapital ins Land zu locken. Diese Maßnahmen und beträchtliche Investitionen in

> Eine berühmte TV-Szene aus dem Jahr 1965 zeigt Lee Kuan Yew, der angesichts der Loslösung Singapurs von Malaysia in Tränen ausbricht. Das Ereignis (die Trennung, nicht die Tränen) gilt als Geburtsstunde des heutigen Singapur.

1975	1981	1987	1989
Singapur ist der nach Rotterdam und New York verkehrsreichste Hafen und das drittgrößte Raffineriezentrum der Welt. Zudem werden hier Bohrinseln gefertigt und riesige Mengen Erdöl gelagert.	Der Changi Airport wird eröffnet und ersetzt den Flughafen Paya Lebar. Im ersten Jahr verzeichnet Changi Airport 8 Mio. Passagiere, 2010 sind es schon 42 Mio.	Die Züge des Mass Rapid Transit (MRT) nehmen ihren Dienst auf. Das Netz wächst bis auf den heutigen Tag kontinuierlich.	Lee Kuan Yew tritt als Premierminister zurück und übergibt die Amtsgeschäfte an Goh Chok Tong. Lee wird Senior Minister und hat weiterhin die Aufsicht über die Regierungspolitik.

ein Bildungssystem, das auf der englischen Sprache basierte und dem Arbeitsmarkt qualifizierte Fachkräfte lieferte, begünstigten eine rasante Industrialisierung.

Unter Lees strenger Führung begann die People's Action Party (PAP) außerdem, jegliche ernstzunehmende politische Opposition auszuschalten. Kritische Berichterstattung in den Medien wurde untersagt und die Stadt in eine disziplinierte, funktionale Gesellschaft nach konfuzianischem Vorbild umgeformt, in der die Erhaltung der bestehenden hierarchischen Strukturen und der sozialen Ordnung über allem steht. Die überschaubare Größe der Insel erleichterte es, das Experiment durchzuziehen und all die berühmt-berüchtigten Bestimmungen und Verbote durchzusetzen, für die Singapur bekannt ist – untersagt ist alles Mögliche, vom Ausspucken über Kaugummikauen bis zum Wegwerfen von Abfall.

Lee schaffte es, die vermeintlich anarchischen Tendenzen der Singapurer Bevölkerung im Zaum zu halten. Die Versuche, sämtliche Facetten der Gesellschaft zu steuern, wurden dabei immer abenteuerlicher. So gab es z. B. eine Art staatliche (inzwischen wieder eingestellte) Heiratsvermittlungsagentur, um geeignete Paare zusammenzubringen.

Das rasche Wirtschaftswachstum füllte die Kassen der PAP und ermöglichte es, in die Infrastruktur, die Verteidigung, das Gesundheitssystem, die Rentenversicherung und den Wohnungsbau zu investieren. So erreichte Singapur einen Grad an Wohlstand und Sicherheit, für den es bis heute von zahlreichen Ländern in der Region beneidet wird.

Der Erfolg der PAP beruht insbesondere auf den Fortschritten im Wohnungsbau und der Stadterneuerung. Inzwischen gibt es in Singapur mehr Wohnungseigentümer als sonst irgendwo auf der Welt.

Zwar legte Lee 1990 sein Amt als Premierminister nach 31 Jahren nieder und überließ dem gutmütigeren, aber nicht weniger entschlossenen Goh Chok Tong Platz, doch Lee hat noch immer erheblichen Einfluss auf die Regierungspolitik.

„Ich würde selbst noch von meinem Sterbebett aufstehen, wenn ich das Gefühl hätte, es läuft etwas falsch", erklärte Lee 1988.

Majulah Singapura' (Vorwärts, Singapore), die Nationalhymne des Landes, hat Zubir Said 1958 komponiert. Die Textfassung liegt nur in Malaiisch vor, obwohl Englisch heute ebenfalls als Amtssprache gilt.

JÜNGSTE VERGANGENHEIT

Lee Kuan Yews Sohn Lee Hsien Loong war unter Goh Chok Tong Stellvertretender Premierminister und Verteidigungsminister; 2004 zog er dann unangefochten als Amtsinhaber in den Regierungssitz ein. Goh zog sich auf den Posten des „Senior Minister" zurück, ein Amt, das er von Lee sen. erbte, der seinerseits ins neu geschaffene Amt des „Minister Mentor" wechselte. Beide Ehrenstellen wurden 2011 vakant.

2004	2008	2010	2011
Goh Chok Tong tritt als Premierminister zurück, sein Nachfolger wird Lee Kuan Yews Sohn, Lee Hsien Loong. Nachdem Glücksspiel lange verboten war, plant man nun zwei Casinos.	In Singapur findet erstmals ein Formel-1-Rennen statt – das erste nächtliche Rennen überhaupt.	In Singapur werden die 1. Olympischen Jugend-Sommerspiele ausgetragen. Zwei Casinos werden eröffnet; der Gewinn des ersten Jahres liegt vermutlich bei über 1 Mrd. $.	Die Wahlen markieren möglicherweise eine politische Wende, denn die Regierungspartei PAP verzeichnet mit nur 60 % das schlechteste Ergebnis ihrer Geschichte.

Essen

Die Behauptung, die Singapurer lebten, um zu essen (statt zu essen, um zu leben), kann noch als Untertreibung gelten. Wer ein Gespräch in einem Hawker Center belauscht, wird unweigerlich feststellen, dass es sich um die nächste Mahlzeit dreht ... selbst wenn die momentane Mahlzeit erst halb verspeist ist. Bekennende Food-Gurus ergehen sich in lyrischen Ergüssen über ihre Suche nach dem besten Gericht und bloggen sich quer durch ihre kulinarischen Abenteuer. Um das wahre Wesen Singapurs zu begreifen, muss man sich unbedingt einen (Essens-)Überblick verschaffen.

WIE ALLES ANFING ...

Singapur ist ein Einwanderungsland. Jede ethnische (Unter-)Gruppe brachte ihre eigene Küche mit, die verschiedenen Kochtraditionen blieben meist unverfälscht erhalten. Doch es haben sich neue Variationen und Eigentümlichkeiten eingeschlichen, wie es oft der Fall ist, wenn Kulturen verpflanzt werden. So wie die Menschen in Singapur typische Eigenheiten ausgebildet haben, je länger der Abschied von ihren Herkunftsländern zurücklag, so hat sich auch der Charakter der Gerichte wie Fischkopfcurry, Chilikrabben und *yu sheng* (Salat aus rohem Fisch, der am chinesischen Neujahr gegessen wird) aus traditionellen Lieblingsspeisen weiterentwickelt. Singapurer leben, um zu essen – und wenn man schon mal da ist, kann man doch gleich mitessen.

In Singapur gilt: Was auf dem Teller ist, ist wichtiger als die Qualität des Porzellans (oder Plastiks), aus dem es gemacht wurde. Der eleganteste Geschäftsmann setzt sich genauso gern auf einen billigen Plastikstuhl und mampft für 3 $ von einem Plastikteller *char kway teow* (ein Hokkien-Gericht aus Bandnudeln, Muscheln und Eiern, gebraten in Chili- und Schwarze-Bohnen-Sauce), wie er 80-$-Krebse in einem klimatisierten Restaurant verspeist. Die Kombination aus Unkompliziertheit, unendlicher Vielfalt, hohen Hygienestandards und weit verbreitetem Englisch ergibt eines der herrlichsten Schlaraffenländer Südostasiens.

Unbedingt lesen

Makansutra Singapore (KF Seetoh)

The End of Char Kway Teow and Other Hawker Mysteries (Leslie Tay)

Bite: The 8 Days Eat Out Guide

Singapore Tatler: Best Restaurants Guide

SPEZIALITÄTEN

Chinesisch

Für den Genuss der chinesischen Küche ist es am besten, in einer möglichst großen Gruppe zu essen, denn die Gerichte werden traditionell untereinander geteilt. Ein chinesisches Essen sollte ausgewogen sein. Ein kühlendes Yin-Gericht (Gemüse, Obst, Suppen) sollte mit einem wärmenden Yang-Gericht kombiniert werden, dazu gehören stärkehaltige Speisen oder Fleisch.

Die bekannteste Variante chinesischer Küche ist die kantonesische, obwohl die meisten Chinesen in Singapur nicht kantonesischer Abstammung sind. Kantonesisches Essen wird meistens im Wok gebraten, mit einem Spritzer Öl, damit es frisch und zugleich knusprig schmeckt. Typisch sind *won ton* (Teigtaschen, gefüllt mit würzigem Schweinehack) und *mee* (Nudeln). Am teuren Ende des Spektrums stehen Haifischflossen- und Vogelnestsuppen.

Zu den berühmtesten kantonesischen Spezialitäten gehören Dim Sum (auch bekannt als *yum cha*) kleine Snacks, die zum Mittagessen oder Sonntagsbrunch in großen lauten Restaurants gegessen werden. Die Gerichte werden auf Wagen durch das Restaurant geschoben und die Gäste nehmen sich, was sie mögen. Unbedingt probieren sollte man *xiao long bao* (Schweinefleischteigtaschen in glühend heißer Sauce).

Das ohne Frage beliebteste Hainan-Gericht ist Geflügelreis: gedämpftes Huhn, in Hühnerbrühe gekochter Reis, serviert mit einer klaren Suppe und Gurkenscheiben. Das ist praktisch das National- und Leibgericht Singapurs. Gegessen mit Dips (Ingwer-Chili- oder Sojasauce), ist es leicht, aber dennoch überraschend sättigend. Ein weiteres populäres Hainan-Gericht ist *steamboat* (Feuertopf), ein auf dem Tisch stehender Metalltopf, gefüllt mit kochender Brühe, in den Fleischstücke, Meeresfrüchte oder Gemüse getaucht werden, bis sie gar sind.

Viele von Singapurs Chinesen sind Hokkien aus Südchina, ein Volk mit berüchtigt rauer Zunge, dessen kräftige Nudelgerichte wie *char kway teow*, *bak chor mee* (Nudeln mit Schweinefleisch, Fleischklopsen und gebratenem Muschelfleisch) und *hokkien mee* (gelbe Hokkien-Nudeln mit Garnelen) als Fastfood-Hits gelten.

Aus der Gegend um Shàntóu in China kommt die Teochew-Küche. Dieser Kochstil ist bekannt für seine Feinheit und seine natürlichen Geschmacksnoten (obwohl viele Kritiker behaupten, er sei fade). Meeresfrüchte sind die Spezialität, wobei *maw* (die Schwimmblase eines Fisches) beunruhigend oft auftaucht. Das Teochew-Leibgericht ist Reisbrei, serviert mit Fisch, Schwein oder Frosch (Letzterer ist vor allem in

„DIE DIE MUST TRY": HAWKER CENTER & FOOD COURTS

„Die die must try" – der Slogan von Singapurs Food-Guru K. F. Seetoh wurde zum Synonym für die obsessive Beschäftigung mit Essen. Überall wird ernsthaft darüber diskutiert, wo es denn nun die „Die die must try"-Version der örtlichen kulinarischen Hawker-Highlights gibt. Deshalb hier einige der besten Hawker und Food Center:

➡ **Tekka Centre** (S. 75) Das kräftig schlagende Herz von Little India mit Dutzenden von indischen und muslimischen Ständen, umgeben vom Lärm und den Gerüchen des Marktes.

➡ **Golden Mile Complex** (S. 77) Bei Thai-Arbeitern beliebt, weshalb man hier *tom yum* (scharf-saure Suppe) und *som tam* (Salat aus grüner Papaya) probieren kann, die so lecker wie im Land des Lächelns schmecken.

➡ **Gluttons Bay** (S. 46) Die Top-Spezialitäten der Singapurer Hawker-Gerichte, ausgewählt vom Food-Guru K. F. Seetoh höchstpersönlich.

➡ **Maxwell Road Hawker Centre** (S. 62) Wie in den alten Zeiten mittendrin in Chinatown: laut und chaotisch.

➡ **Smith Street Hawker Center** Nachts fahren keine Autos durch die Smith Street in Chinatown. Die Straße steht stattdessen voller Tische, an denen Gäste Meeresfrüchte genießen und Bier trinken.

➡ **East Coast Lagoon Food Village** (S. 100) Hier kann man sich am Strand die Meeresbrise um die Nase wehen lassen und dabei Satay und Meeresfrüchte verschlingen.

➡ **Lau Pa Sat** (S. 62) Das seit 1822 bestehende Zentrum wurde grundlegend modernisiert, zieht die Massen (einschließlich ganzer Busladungen) aber immer noch magisch an.

➡ **Food Republic** (S. 84) Eines der neuen, schicken Food Center mit einer tollen Aussicht auf die darunter liegende Orchard Road.

Geylang begehrt). In den meisten *kopitiam* (Coffeeshops) gibt es einen Imbissstand mit *tzechar* (warmen Gerichten), an dem allerlei Speisen aus verschiedenen Regionen Chinas angeboten werden.

Indisch

Grundlegend lässt sich die indische Küche in zwei Kategorien aufteilen: südlich und nördlich. Südindisches Essen dominiert in Singapur, da die meisten singapurischen Inder und ebenso die Wanderarbeiter aus dem Süden des Subkontinents stammen. Nordindische Restaurants verbreiten sich jedoch mehr und mehr mit dem Zustrom von Geschäftsleuten und Touristen aus Nordindien nach Singapur.

Südindisches Essen ist üblicherweise scharf, vegetarische Gerichte überwiegen. Typisch südindisch ist ein *thali* (Reisgericht), es wird oft auf einem großen Bananenblatt serviert. Darauf platziert ist ein großer Berg Reis, ergänzt durch verschiedene Gemüsecurrys, *rasam* (eine scharf-saure Suppe) und ein Dessert. Südindisches Essen wird traditionell mit der rechten Hand gegessen, Besteck ist unüblich, Löffel sind jedoch immer erhältlich.

Das bei den einheimischen Chinesen beliebteste indische Gericht ist *roti prata* – ein in Öl gebratenes Fladenbrot, das mit einer Currysauce serviert wird. Die sogenannten Prata-Restaurants führen gewöhnlich Dutzende von Variationen, sowohl süße als auch herzhafte. Probieren sollte man *roti telur* (Prata mit Ei) oder *roti tissue* (ein hauchdünnes Fladenbrot, aufgerollt und mit Margarine und Zucker bestrichen).

Ein weiteres südindisches Gericht sind *masala dosa*, gerollte dünne Pfannkuchen. Mit würzigem Gemüse gefüllt und mit Chutneys und etwas *rasam* als Beilage ergeben sie ein preiswertes leichtes Essen. Der entsprechende Snack in indisch-muslimischen Halal-Restaurants heißt *murtabak,* er wird aus hauchdünnem Teig, gefüllt mit Ei und Lammhack, hergestellt und in Öl leicht angebraten.

Ein anderes populäres Halal-Gericht ist *biryani*, das sich von der nordindischen Variante unterscheidet. Wer *chicken biryani* bestellt, bekommt einen Berg safrangelben Reis, ein Stück frittiertes Huhn, eine Schüssel Currysauce und einen kleinen Hügel Salat (oft mit einem Spritzer süßer Chilisauce obendrauf).

Die nordindische Küche schmeckt Westlern vertrauter. Sie kennt gehaltvollere, aber etwas weniger scharfe Gerichte, zu denen es *naan*-Brote (blätterteigartiges Brot aus dem Lehmofen) oder *chapatis* (in der Grillpfanne gebratene Vollweizenbrote) gibt. Empfehlenswert: Tandoori Chicken oder Butter Chicken.

Malaiisch & Indonesisch

Die Küchen Malaysias und Indonesiens sind einander recht ähnlich. Satéspieße *(satay)* mit Huhn, Lamm oder Rind, in scharfe Erdnusssauce getunkt, gibt es überall. Weitere typische Gerichte sind *tahu goreng* (gebratener Tofu und Bohnenkeimlinge in Erdnusssauce, *ikan bilis* (gebratene ganze Anchovis), *ikan assam* (gebratener Fisch in saurem Tamarindencurry) und *sambal udang* (Garnelen mit scharfem Curry).

Sowohl *ayam goreng* (gebratenes Huhn) als auch *rendang* sind beliebte Hauptgerichte. *Nasi goreng* (gebratener Reis) ist weit verbreitet und in der chinesischen oder indischen Küche ebenso zu finden wie in der malaiischen, wobei jeder Stil seine charakteristische Würzung hat. *Nasi lemak* ist Kokosreis, oft serviert mit *ikan bilis,* Erdnüssen und einem Currygericht.

Indonesisches Essen aus Sumatra tendiert stärker zu Currys und Chili. *Nasi padang* aus der Minangkabau-Region in Westsumatra um-

---

K. F. Seetoh ist Singapurs Star-Gourmet. Er gibt *Makansutra* heraus, die Bibel aller Hawker-Food-Liebhaber, und eröffnete das beliebte Hawker Street Centre Gluttons Bay.

TOP TEN: VEGETARISCHE KÖSTLICHKEITEN *SHALU ASNANI*

➡ **Rojak** Ein pikanter Obstsalat aus Gurke, Ananas, Mango, gebratenem Tofu und weiteren Zutaten, mit einem delikaten Dressing aus Tamarinde, Garnelenpaste (die Vegetarier auch weglassen können), Zucker, Chili, Limettensaft und einer ordentlichen Portion gehackter Erdnüsse obendrauf. Diese Mischung schmeckt toll und unheimlich erfrischend.

➡ **Roti prata** Ein leichter und luftiger Pfannkuchen aus Blätterteig, der zum Knusprigbacken in der Pfanne gekonnt gewendet und herumgewirbelt wird. Diese indische Spezialität wird typischerweise zu Curry gereicht, aber es gibt auch exotische Varianten mit Käse, Pilzen und sogar Banane und Schokolade! Passt hervorragend zu einer Tasse *teh tarik* (heißem, geschäumtem Milchtee).

➡ **Popiah** Frische Frühlingsrollen aus dünnen Teigtaschen, gefüllt mit chinesischer Rübe, Jicama, Sojasprossen, geraspelten Karotten und je nach Koch weiteren Zutaten. Die Füllung wird meist gedämpft und die Popiah wird mit einer pikant-süßen Bohnensauce und auf Wunsch mit Chilipaste serviert.

➡ **Mee goreng/Nasi goreng** Gebratene Nudeln oder gebratener Reis, den chinesische Immigranten nach Singapur brachten. Malaien und Inder haben das Gericht nach eigenem Gusto abgewandelt. Herausgekommen sind dabei gelbe Nudeln oder gekochter Reis, die mit Knoblauch, Zwiebeln, Chili, Gemüse, Tomaten, Eiern und manchmal Tofu sowie verschiedenen Saucen im Wok unter Rühren gebraten werden. Meist mit aufgeschnittener und mit Ketchup garnierter Gurke als Beilage!

➡ **Nasi padang** Stammt aus Indonesien und besteht aus einer Portion gedämpftem Reis mit einer Auswahl verschiedener Fleisch- oder Gemüsegerichte. Sehr lecker sind *sayur lodeh* (vegetarisches Kokoscurry), *sambal tofu-tempeh* (pikanter Tofu und fermentierte Bohnen) sowie *achar* (eingelegte Karotten und Gurken). Dieses Gericht wird an Lebensmittelständen in ganz Singapur verkauft. Wer's authentisch haben will, sollte es in Geylang probieren.

➡ **Gado-gado** Noch ein außergewöhnlicher Salat, dieses Mal aus Indonesien. Typisch dafür sind verschiedene Gemüsesorten, gebratener Tofu, Tempeh, Gurke, gedämpfte Reisküchlein, Sojasprossen und manchmal hart gekochte Eier, angemacht mit einer pikanten Erdnusssauce und garniert mit knusprigen Tapioca-Crackern.

➡ **Ice kachang** Wörtlich so viel wie „geeiste Bohnen". Zuunterst eine Schicht rote Bohnen, dann Gelee, Mais und *attap chee* (Palmsamen). Gekrönt mit einem Berg aus geraspeltem Eis, über das verschiedenfarbiger Sirup und gesüßte Kondensmilch gegossen werden.

➡ **Dosai** Dünne, knusprige und pikante Reismehl-Crêpe aus Südindien, kombiniert mit *dhal* (Linsencurry), vegetarischem Curry und Kokos-Chutney. Manchmal auch gefüllt mit Kartoffeln, Gemüse und Gewürzen.

➡ **Goreng pisang** Beliebter Snack aus sehr heißen, frittierten Bananenscheiben. Die besten *Goreng-pisang*-Verkäufer verwenden die kleinen, süßen *Pisang-raja*-Bananen. Heutzutage werden in Restaurants auch schickere Varianten aufgetischt – mit Vanilleeis oder Schokosauce bzw. mit Puderzucker oder Zimt bestäubt.

➡ **Karottenkuchen** Das verwirrendste aller Gerichte in Singapur! Karottenkuchen enthält keine Karotten, sondern eine Mischung aus Rettich, Reismehl und Wasser, die in Kuchenform gedämpft und anschließend gewürfelt und mit Eiern, eingelegtem Rettich, Knoblauch und Frühlingszwiebeln kurz gebraten wird. Im Allgemeinen hat man die Wahl zwischen „schwarz" (mit süßer Sojasauce) und „weiß" (pur). Für den Extra-Kick noch mit Chili würzen.

Diese Liste, bei der einem das Wasser im Munde zusammenläuft, hat Shalu Asnani erstellt. Sie ist die Besitzerin des Little Green Cafe (www.littlegreencafe.com.sg) und kocht vegetarisch. Außerdem bietet sie regelmäßig vegetarische Kochkurse in Singapur an.

fasst eine große Anzahl an scharfen Currys und weiteren kleineren Gerichten, die mit Reis serviert werden. Man sucht sich aus, was man haben möchte, und bekommt es auf einen Teller geschaufelt. *Mee rebus* (Nudeln in einer dicken Sojasauce) ist ein javanesisches Gericht, das auch in vielen Food-Centern erhältlich ist.

Desserts

Wer ein Smartphone hat, kann für Restaurant-Empfehlungen und Kritiken die Apps Hungrygowhere und Foursquare downloaden.

Die knallbunten Minivulkane, die oft in den Food Centern zu sehen sind, heißen *kacang.* Die Komposition besteht aus einem Berg aus geschabtem Eis, Sirup, Kondensmilch, Obst, Hülsenfrüchten und Wackelpudding. Ganz ähnlich ist *cendol,* es besteht aber aus Kokosmilch mit Rohrzuckersirup und Streifen von grünem Wackelpudding und obendrauf kommt eine Schicht aus geschabtem Eis. Beides schmeckt ganz großartig oder jedenfalls besser als es aussieht. Einen Versuch wert sind auch *ah balling,* Klebreiskugeln, gefüllt mit einer süßen Paste aus Erdnüssen, schwarzem Sesam oder roten Bohnen, serviert in einer Suppe mit Ingwergeschmack.

In Little India gibt es indische Süßspeisen zu entdecken: *Burfi, ladoo, gulab jamun, gelabi, jangiri, kesari* und *halwa,* um nur einige zu nennen, werden oftmals unter Verwendung von Kondensmilch, Sesam und verschiedenen Sirupsorten hergestellt.

Nonya-(bzw. Peranakan)Nachspeisen sind z. B. die *kueh* (bunte Reiskuchen, mit Kokos und Palmzucker aromatisiert) und süß-klebrige Leckereien wie die Miniananasküchlein, die überall in kleinen Plastikwannen mit roten Deckeln verkauft werden. Ein Muss ist die fantastische *kueh lapis,* eine aufwendig hergestellte Torte, deren Rezept irrsinnig viele Eier vorsieht.

Eine bemerkenswerte singapurische Seltsamkeit ist das bei Jung und Alt sehr beliebte Eiscremesandwich, das mobile Eisverkäufer anbieten. Es besteht aus einer dicken Scheibe Eiscreme, in eine Scheibe Brot eingeklappt. Manchmal gibt es statt Brot auch die traditionelleren Waffelscheiben. Entlang der Orchard Road und am Nordufer des Boat Quay stehen zahlreiche Verkäufer.

VEGETARIER & VEGANER

Zeitschriften wie *8 Days, IS* und *Time Out* enthalten brandaktuelle Berichte über die besten (und manchmal auch schlechtesten) Restaurants der Stadt.

Da in Singapur die Religionen Buddhismus und Hinduismus vorherrschen, ist es nicht so schwer, ein Restaurant, einen Stand oder ein Café mit vegetarischem Angebot zu finden. Besonders in Little India bekommt man reichlich vegetarisches Essen, aber auch Food Courts und Hawker Center haben immer einen vegetarischen Stand oder bieten vegetarische Varianten an.

Auf eines sollte man aber achten: Ob ein Gericht vegetarisch ist, legen Chinesen und Malaien häufig etwas anders aus, als man es von zu Hause her gewöhnt ist. Vor Ort fanden sich während der Recherchen für dieses Buch durchaus auch „Gemüsesuppen", die sowohl Huhn als auch Garnelen enthielten. („Da ist Gemüse drin, also ist es eine Gemüsesuppe", lautet dabei wahrscheinlich die Überlegung.) Die Bestellung sollte darum sehr spezifisch sein, also nicht einfach „vegetarisch" sagen, sondern betonen, dass weder Fleisch noch Meeresfrüchte drin sein dürfen und besser noch einmal nachfragen, ob diese Bitte auch tatsächlich verstanden wurde.

Für Veganer kann das Leben ein bisschen schwieriger sein. Da Milchprodukte hier aber recht selten sind, müssen Veganer zumeist lediglich darauf achten, dass bei der Zubereitung ihrer Bestellung keine Eier verwendet werden.

HAWKER CENTER, *KOPITIAM* ODER FOOD COURT?

Neben den üblichen Restaurants und Cafés im westlichen Stil weist Singapur verschiedene Lokale auf, die typisch für diese Region sind: Hawker Center, *kopitiam*, Food Court, Food Center, Canteen … allen gemeinsam ist der offene Essbereich, um den herum bis zu hundert Stände angeordnet sind – manchmal auch nur eine Hand voll. Die feinen Unterschiede zwischen diesen lukullischen Lokalitäten bleiben für Fremde oft ein Geheimnis, doch die Singapurer beharren auf den bedeutsamen Abstufungen.

Der Begriff *hawker* bezeichnete ursprünglich Straßenhändler, die ihre Waren auf mobilen Ständen transportierten und dort ihre Kocher anwarfen, wo gerade Kundschaft wartete. Ein derartiges Wanderverhalten war im modernen Singapur natürlich unannehmbar, weshalb inzwischen sämtliche Straßenhändler in den Hawker-Centern zusammengepfercht sind.

Hawker Center sind eigenständige Bauten im Freien (oder zumindest an den Seiten offen) mit Standreihen voller Essensangeboten. Es gibt meist eine breite Auswahl an verschiedenen ortstypischen Gerichten; oft geht es etwas laut zu. Das Essen ist jedoch immer lecker. Denn wer schlechtes Essen anbietet, kann seinen Stand bald zumachen. Einige Hawker Center liegen neben den dazugehörigen Lebensmittelmärkten, weshalb die Einheimischen das entsprechende Center dann einfach als *market* bezeichnen, was etwas verwirrend sein kann.

Food Courts nennt man den ausgewiesenen Essbereich, z. B. in klimatisierten Einkaufszentren. Angeboten werden Gerichte verschiedenster Herkunft, deren Preis etwas höher liegt. In letzter Zeit entstanden auch einige mondänere *courts:* Dort ist das Essen etwas ausgefallener und kostet noch einen Tick mehr.

Coffeeshops, auch *kopitiam* (*tiam* ist das Hokkien-Wort für „Laden") genannt, sind eine weitere Institution in Singapur. Gemeint sind damit Cafés mit offener Front und meist einigen Ständen im Inneren. Eine „Auntie" oder ein „Uncle" nehmen die Getränkebestellung auf, sobald man sich sein Essen geholt hat.

> Über die Frage nach einem Lokal mit leckerem Essen kommt man in Singapur leicht mit Leuten ins Gespräch – und bekommt vielleicht einen guten Tipp!

ETIKETTE IM HAWKER CENTER

Leute, die schon einmal in Singapur waren, erzählen oft, dass die Hawker Center zu den denkwürdigsten Erlebnissen ihrer Reise gehören. Food Courts in einem Einkaufszentrum sind kein Problem, aber wer zum ersten Mal eines der älteren Hawker Center betritt, fühlt sich womöglich etwas eingeschüchtert. Deshalb lohnt es sich, noch einmal im Hawker-Knigge zu blättern, bevor man sich ins Gewühl stürzt.

Gleich nach der Ankunft sollte man einen Sitzplatz belegen, besonders, wenn viel los ist. Das macht man entweder, indem sich einer aus der Gruppe demonstrativ an den Tisch setzt, oder man reserviert à la Singapur und legt dazu ein Päckchen Taschentücher auf den Stuhl (in den Medien wurde diese Methode als etwas unziemlich verurteilt – aber funktionieren tut sie). Die Tischnummer ist für den Standbesitzer wichtig, damit er weiß, wo er das Essen abliefern soll. Keine Sorge, falls alle Tische belegt sind; es ist ganz normal, sich zu einem völlig Fremden dazuzusetzen.

Sodann kann man losspazieren und sich auf die Suche begeben. Auf Tafeln stehen die Spezialitäten der einzelnen Stände, wobei man eine beliebige Anzahl von Gerichten von den unterschiedlichsten Ständen kaufen kann. An manchen Ständen hängt der Hinweis „Self-Service", was bedeutet, dass man das Essen mit eigenen Händen zum Tisch tragen muss, sich jedoch nicht eigenhändig bedienen kann. Ansonsten bringt der Verkäufer das Essen (was ohne zuvor reservierten Tisch natürlich nicht klappt).

Fast immer wird gleich bei der Bestellung bezahlt, doch einige Hawker kassieren erst, wenn sie das Essen servieren.

In den meisten älteren Hawker-Centern und *kopitiam* (Coffeeshops) kommt jemand für die Getränkebestellung an den Tisch. Gezahlt wird bei Lieferung. In den modernen Food Courts der Einkaufszentren werden Getränke an den Getränkeständen bestellt.

In manchen Hawker-Centern arbeiten Schlepper, die sich auf jeden Gast stürzen, ihn zum Tisch geleiten und ihm die Speisekarte in die Hand drücken. Es besteht keine Verpflichtung, bei ihnen zu bestellen. Zudem ist es den Standbesitzern verboten, Schlepper zu beschäftigen, was man besonders lästigen Exemplaren gut unter die Nase reiben kann.

In Singapurs Kulturpotpourri gibt es nicht wirklich strenge Tischmanieren und Essensregeln. Jede Ethnie folgt ihrem eigenen Esscode für ihre jeweiligen Gerichte, ignoriert aber oft die Codes anderer Kulturen. So essen Chinesen *roti prata* (gebratenes indisches Fladenbrot) mit Löffel und Gabel, Inder essen chinesisches Essen mit dem Löffel und Malaien rücken einer Pizza mit Messer und Gabel zu Leibe ... Anders gesagt: Verbindliche Regeln existieren nicht.

Peranakan-Kultur

Was ist ein „Peranakan"? Dieses Wort ist außerhalb der früheren Straits-Siedlungen unbekannt. In Singapur werden Nachkommen von Immigranten, die einheimische Frauen meist malaiischer Herkunft geheiratet haben, als Peranakan bezeichnet. Dieses Jahrhunderte währende Kulturbad und die Verschmelzung von fremden und einheimischen Bräuchen ergab eine faszinierende Mischkultur, die jüngst wieder neuen Auftrieb erhalten hat.

URSPRÜNGE

Die ältesten Aufzeichnungen berichten von einer Heirat zwischen Hang Liu, einer Prinzessin der Ming-Dynastie, und Mansur Shah, dem Sultan von Malakka, um das Jahr 1446. Größere Einwanderungswellen im 17. und 18. Jh. bilden den Grundstein der Peranakan-Kultur.

Im Allgemeinen werden die Peranakan in drei große Gruppen aufgeteilt: Die Chitty Melaka und Jawi Peranakan stammen von frühen Einwanderern aus Indien ab, während die Straits Chinese Peranakan chinesischer Herkunft sind. Alle drei Gruppen legen sehr viel Wert auf ihre Wurzeln und die dazugehörigen Traditionen.

In Singapur stellen die Straits-Chinesen die größte Gruppe, was auch die Bevölkerungsverteilung widerspiegelt. Die Bezeichnung „Straits-Chinese" bezieht sich auf die früheren Kolonialsiedlungen der Straits Settlements von Singapur, Penang und Malakka. Der Schwerpunkt wird im Folgenden auf den Straits-Chinesen liegen, da sie im öffentlichen Leben den stärksten kulturellen Einfluss ausüben, sei es im Fernsehen, durch ihre Küche oder aufgrund der zahllosen Touristenattraktionen.

DIE PERANAKAN-KULTUR HEUTE

Heute überschneiden sich die chinesische und die Peranakan-Kultur, sodass beide manchmal schwer voneinander zu unterscheiden sind. Die Peranakan-Männer (Babas) und -Frauen (Nonya) sprachen früher hauptsächlich ein Patois aus Bahasa Malay, Hokkien-Dialekten und Englisch, was sich aber durch den Umbau des singapurischen Erziehungssystems inzwischen verändert hat. Heute verwenden die Peranakan vorwiegend Englisch und Mandarin. Vom Aussehen her sind Peranakan von Han-Chinesen-Nachkommen nicht zu unterscheiden, doch traditionelle Familien hängen immer noch an ihren Bräuchen und sind stolz auf ihr Erbe (manche behaupten, dass sie fast schon hochmütig seien).

2008 strahlte der örtliche chinesische TV-Sender *The Little Nonya* aus und erreichte damit eine Rekordzahl an Zuschauern. Die TV-Serie beleuchtet das Leben einer Peranakan-Familie über eine Zeitspanne von 70 Jahren und wurde mit authentischen Kostümen an Originalschauplätzen aufgenommen, darunter das Baba House in Singapur und das berühmte Blue Mansion in Malaysia. Zufällig eröffnete im selben Jahr das Peranakan Museum in Singapur, was das Interesse an Herkunft, Essen und Traditionen der Peranakan neu belebte. Als besonders inter-

---

Unbedingt lesen

A Peranakan Legacy: The Heritage of the Straits Chinese (Peter Wee)

Kebaya Tales: Of Matriachs, Maidens, Mistresses and Matchmakers (Lee Su Kim)

A Baba Wedding (Cheo Kim Ban)

The Straits Chinese House: Domestic Life & Traditions (Peter Lee & Jennifer Chen)

essant für ausländische Beswucher gelten in der Regel das Essen und die Hochzeitszeremonien.

HOCHZEITEN

Eine traditionelle Peranakan-Hochzeit stellt jede andere Hochzeit in den Schatten. Die zwölf Tage dauernde Feier scheint sich ewig hinzuziehen! Die Hochzeiten sind stark von chinesischen Traditionen der Provinz Fujian geprägt, ergänzt durch einige malaiische Bräuche. Heutzutage werden diese aufwendigen Festivitäten immer seltener, obwohl sie gerade ein Comeback erleben, wenn auch in der nur noch einen Tag dauernden Kurzfassung.

Sobald die Ehe erst einmal angebahnt war und ein *sinseh pokwa* (Astrologe) ein günstiges Heiratsdatum ausgewählt hatte, wurde die Verlobung traditionell mit Geschenken besiegelt. Kunstvoll arrangierter Schmuck und andere Kostbarkeiten wurden in *bakul sia* (lackierten Bambuskorbdosen) zu den Brauteltern gebracht. Dazu kamen noch *kuih ih* (Klebreisbällchen in Sirup), Schweinshaxen, Hochzeitskleider und zwei Paar rote Kerzen.

Über die Haustür wurden rote Fahnen und Laternen gehängt. Das Brautgemach stand im Mittelpunkt der Hochzeit und wurde mit Stickereien und perlenverzierten Stoffen geschmückt, die für Fruchtbarkeit und Glück stehen.

Vor der Hochzeit führten die Familien eine ganze Reihe von Ritualen durch, manche davon recht eigenartig: So durfte ein kleiner Junge sich dreimal über das Bett rollen, damit das Paar bessere Chancen auf einen männlichen Erstgeborenen hatte. Schwangere oder menstruierende Frauen mussten draußen bleiben. Auf dem Bett wurde *bunga rempai* (ein Blumen-Potpourri) verstreut, um die bösen Geister abzuwehren.

Am ersten Tag trug der Bräutigam eine Gelehrtenrobe aus der Qing-Dynastie, die Braut einen ähnlich bestickten Mantel mit einer Kopfbe-

> Berühmte Singapurer mit Peranakan-Ahnen: Lee Kuan Yew, Dick Lee (Sänger, Komponist) und Goh Keng Swee (erster Premierminister Singapurs).

> Eine *kebaya* (lange Bluse, oft bestickt) und *kasot manek* (perlenbestickte Pantoffeln) eignen sich perfekt als Peranakan-Mitbringsel.

DIE SCHÖNSTEN PERANAKAN-SEHENSWÜRDIGKEITEN UND -ERLEBNISSE

➡ **Peranakan Museum** Der Ausgangspunkt, um die Peranakan-Kultur kennenzulernen.

➡ **Baba House** Dieses Museum zum Fühlen und Anfassen bietet einen wunderbaren Einblick in einen traditionellen Peranakan-Haushalt.

➡ **Katong Antique House** Peter Wee, ein Peranakan der 4. Generation, ist der Besitzer dieses Hauses und Museums.

➡ **Emerald Hill und Joo Chiat** Diese zwei Peranakan-Stadtviertel weisen viele für diese Kultur typische architektonische Sehenswürdigkeiten auf.

➡ **Guan Hoe Soon** Das in Joo Chiat gelegene Restaurant ist das älteste Peranakan-Lokal in Singapur. Lee Kuan Yew kommt gerne hierher.

➡ **Kim Choo Kueh Chang and Rumah Bebe** Zwei Peranakan-Läden in Joo Chiat: Zu kaufen gibt es u. a. Nonya-*kuih* (Süßigkeiten). Im erstgenannten Laden wird gezeigt, wie *bak chang* (Reisknödel) eingewickelt werden, der zweite verkauft *kebaya* (eng anliegende, bestickte Oberteile). Man kann auch lernen, wie man *kasot manek* (mit Perlen verzierte Pantoffeln) herstellt. Beide Geschäfte sind in wunderbar restaurierten *shophouses* untergebracht.

➡ **The Little Nonya** Ein erfolgreiches chinesisches TV-Drama aus dem Jahre 2008, das 70 Jahre im Leben einer Peranakan-Familie zeigt. Zu kaufen in DVD-Läden in Einkaufszentren und in einigen Buchhandlungen.

EIN PERANAKAN GILT ALS EINHEIMISCHER *PETER WEE*

Die Peranakan-Kultur existiert nicht nur in Singapur: In den Küstengebieten Indonesiens und Malaysias gibt es weitere Spielarten. Manchmal scheint die Peranakan-Kultur der traditionellen chinesischen Kultur stark zu ähneln, was nicht weiter verwunderlich ist, da sie zu 80 % von der chinesischen Kultur geprägt wurde. Die feinen Unterschiede liegen jedoch in unseren Bräuchen, in der Art, wie wir sprechen, und natürlich in unseren kulinarischen Traditionen. Viele dieser Unterschiede erklären sich aus dem zeitlichen Abstand sowie aus den anderen Kulturen, die Peranakan beeinflusst haben (die ursprüngliche Bevölkerung der Straits und die Kolonialmächte, besonders die Briten).

In Singapurs jüngerer Generation erwacht zunehmend ein kulturelles Bewusstsein. An ein Ereignis erinnere ich mich besonders gut: Ein junges Paar, das gerade seine Hochzeit plante, kam in mein Geschäft. Die zukünftige Braut war auf der Suche nach einer *kebaya*, einer wunderschönen handbestickten Bluse, die traditionell von Peranakan-Frauen getragen wird. Da mir dies eigenartig vorkam, nahm ich an, dass die Eltern die Kleidungswahl getroffen hatten. Doch ich war überrascht, als ich hörte, dass die Eltern sogar dagegen waren. Sie wünschten sich eine modernere Hochzeit. Das junge Paar dagegen hatte beschlossen, sich für die Hochzeit im Stil der Ahnen zu kleiden.

Die meisten Peranakan sind Christen, was auf den Einfluss der ersten Missionare in dieser Gegend – Franzosen, Holländer, Portugiesen und schließlich Engländer – zurückzuführen ist. Doch die Peranakan-Kultur überschreitet Religionsgrenzen. Unter den Peranakan gibt es Muslime ebenso wie Buddhisten. Wie wir sprechen, ist einzigartig: Es ist nicht wirklich eine eigene Sprache, sondern eher eine Art Patois, eine Mischung aus Hokkien, Malaiisch und Englisch, mit einer Spur Holländisch und sogar einer Prise Portugiesisch. Wirklich einzigartig in Malakka, Penang und Singapur.

Das Viertel Joo Chiat verdankt seinen Namen einer berühmten Peranakan-Familie. Die Hauptstraße wurde nach Chew Joo Chiat benannt, einem Philanthropen des späten 19. Jhs. Viele der ursprünglich ansässigen Familien sind aus unterschiedlichsten Gründen weggezogen, manche kehren inzwischen wieder zurück. Das Viertel weckt nostalgische Gefühle. Wir versuchen Joo Chiat neues Leben einzuhauchen, sodass das Viertel seine einstige Bedeutung wiedererlangt.

Wer Singapur besucht, sollte sich die Zeit nehmen, sich diese Gegend mit ihrer wirklich einzigartigen Architektur anzusehen, besonders die *shophouses* im Artdéco-Stil in der Koon Seng und der Tembeling Road. Und natürlich ist man in Joo Chiat auch am richtigen Ort, um die Peranakan-Küche zu probieren. Wenn ich mit Freunden zum Essen gehe, lasse ich sie *mee siam* (dünne, weiße Nudeln in einer süßsauren Sauce, die mit Tamarinde hergestellt wird), *laksa* und unsere traditionellen Peranakan-Knödel probieren. Eine weitere Peranakan-Spezialität ist *buah keluak*, eine cremige, beinahe kakaoartige Nuss aus Indonesien.

Es gibt indische Peranakan, chinesische Peranakan, Hokkien-Peranakan, ja sogar eurasische Peranakan. Mein Ururgroßvater kam aus Malakka, doch seine Ahnen stammten aus Xiamen (in China). Ich selbst bin ein in Singapur geborener Peranakan. Ein Peranakan gilt als Einheimischer.

Peter Wee ist der Besitzer und Kurator des Katong Antique House in Joo Chiat, Zentrum von Singapurs kultureller Peranakan-Renaissance. Sein Laden, den man nur nach Voranmeldung besichtigen kann, bietet eine einmalige Sammlung aus Textilien, Porzellan, Möbeln und Gewürzen und fungiert zugleich als eine Art „lebendiges Museum" der einheimischen Kultur.

deckung sowie aufwendigen Schmuck. Für das Paar wurden Rituale und eine Teezeremonie durchgeführt. Am zweiten Tag nahm das Paar seine erste gemeinsame Mahlzeit ein, wobei sie sich gegenseitig mit zwölf verschiedenen Leckereien verwöhnten, die die zwölf Tage dauernde Zeremonie sowie die Sorge, die sie füreinander tragen würden, symbolisierten. Am dritten Tag bot das Paar als Zeichen seines Respekts den Eltern und Schwiegereltern Tee an.

An den folgenden Tagen kamen von früh bis spät Freunde und jüngere Verwandte zu Besuch und es wurde reichlich gegessen (ganze Spanferkel waren besonders beliebt), bevor dann die *dua belah hari* (Zeremonie des Zwölften Tages) durchgeführt wurde, bei der die Ehe besiegelt und der Vollzug durch das diskrete Vorzeigen des Blutflecks auf dem Jungfräulichkeits-Taschentuch bestätigt wurde, was Aufgabe der Brauteltern und der Mutter des Bräutigams war.

Heutzutage werden Peranakan-Hochzeiten meist auf einen Tag komprimiert, an dem die Trachten getragen und die Rituale und Zeremonien durchgeführt werden – und natürlich die Festgelage nicht zu kurz kommen. Glücklicherweise ist das Jungfräulichkeits-Taschentuch in die Geschichtsbücher verbannt worden.

Die Bordstewardessen von Singapore Airlines tragen eine moderne, von Pierre Balmain entworfene Variante der traditionellen Nonya kebaya.

ESSEN

Als Nachfahren früh eingewanderter Chinesen, die malaiische Frauen geheiratet hatten, entwickelten die Straits Chinese Peranakan eine einzigartige Küche, die chinesische Zutaten mit malaiischen Saucen und Gewürzen mixt. Gewürzt wird meist mit Schalotten, Chili, *belacan* (fermentierte malaiische Garnelenpaste), Erdnüssen, eingelegten Sojabohnen und Galgant (einer ingwerartigen Wurzel). Die Sauce zu den Hauptzutaten wird mit dicker Kokosmilch zubereitet.

In den vergangenen zehn Jahren lebte das Interesse an der Peranakan-Küche, die einst überwiegend zu Hause in der Familie tradiert wurde, wieder auf. Inzwischen existieren zahlreiche hervorragende Peranakan-Restaurants.

Zu den typischen Gerichten gehören *otak-otak* (eine köstliche, wurstartige Verbindung aus Fisch, Kokosmilch, Chilipaste, Galgant und Kräutern, in ein Bananenblatt eingewickelt und gegrillt) und *ayam buah keluak* (Hühnchen, das mit aus Indonesien importierten Nüssen geschmort wird, sodass sich eine kräftige Sauce bildet – die schwarze, pastenartige Nussfüllung, die man in kleinen Häppchen zu jedem Bissen isst, besitzt einen ungewöhnlichen, erdigen Geschmack).

Unbedingt ausprobieren sollte man die unverwechselbare Peranakan-Laksa (Nudeln in einer würzigen Kokossauce mit gebratenem Tofu und Sojasprossen).

Singapurs Sprachen

Die vier offiziellen Sprachen Singapurs sind Malaiisch, Tamil, Mandarin und Englisch. Malaiisch ist Nationalsprache, die eingeführt wurde, als Singapur noch ein Teil Malaysias war. Gebräuchlich ist sie aber heute nur noch innerhalb der malaiischen Gemeinde.

Chinesische Dialekte werden noch überall gesprochen, besonders unter den älteren Chinesen; am häufigsten trifft man Hokkien, Teochew, Kantonesisch, Hainanesisch und Hakka an. Die seit langem von der Regierung ausgerufene Kampagne zur Förderung des Mandarin, der wichtigsten nicht dialektalen chinesischen Sprache, war sehr erfolgreich, sodass eine wachsende Anzahl von singapurischen Chinesen jetzt zu Hause Mandarin spricht.

Im Jahr 2000 startete die Regierung die Kampagne speak good English, *um das Niveau der englischen Sprache in Singapur anzuheben.*

Englisch verbreitet sich mehr und mehr. Nach der Unabhängigkeit führte die Regierung zunächst eine zweisprachige Bildungspolitik ein, die darauf abzielte, die Dialekte zu fördern und den Gebrauch des Englischen zurückzudrängen. Die chinesischen Schulabsolventen fanden jedoch, dass dies ihre Aussicht auf höhere Bildung verringerte und die Jobchancen verschlechterte. Englisch war die Sprache der Geschäftswelt und verband die verschiedenen ethnischen Gruppen, sodass die Regierung diesem Umstand Rechnung tragen musste. Englisch wurde 1987 zur Unterrichtssprache. Im Jahr 2000 startete die Regierung die Kampagne *speak good English*, um das Niveau der englischen Sprache in Singapur anzuheben.

Alle Kinder werden zusätzlich in ihrer Muttersprache unterrichtet. Auf diese Weise verlieren die Angehörigen der verschiedenen ethnischen Gruppen nicht die Verbindung zu ihren ursprünglichen Traditionen. Die Bevölkerung Singapurs ist deshalb weitgehend zweisprachig.

SINGLISH

Wer sich längere Zeit in Singapur aufhält, wird sicher eines schönen Tages mit offenem Mund sein Gegenüber anstarren, während einem die Frage „Was um alles in der Welt will der von mir?" durch den Kopf geht. Ein typischer Satz könnte in etwa so klingen: „*Eh*, this Sunday you going *cheong* (party) *anot ?* No *ah?* Why like that? Don't be so boring *leh!*" Präpositionen und Pronomen fallen weg, die Satzordnung ist verändert, die Sätze sind verkürzt und die Betonung und Melodie sind, nun ja, gewöhnungsbedürftig. Das eigentlich englische, doch einzigartige Patois der Singapurer enthält Lehnwörter aus dem Hokkien-Dialekt, dem Tamilischen und dem Malaiischen.

Es gibt keine bestimmte Singlish-Grammatik, aber doch einige Charakteristika. So wird die erste Silbe einer Phrase immer betont und gedehnt, sodass aus dem standardsprachlichen „*government*" ein „gawwe-*men*" wird. Wörter, die auf Konsonanten enden, werden oft zusammengezogen, Vokale oft verzerrt. Ein chinesischsprachiger Taxifahrer versteht vielleicht nicht unmittelbar, wenn der Gast zur Perak Road will, da er diese Straße nur als „Pera Roh" kennt.

Die Zeitformen der Verben gibt es quasi nicht. Vergangenheit, Gegenwart und Zukunft werden indes durch Zeitindikatoren angezeigt: „I go tomorrow" oder „I go yesterday".

Die Partikel „lah" wird an Sätze oft zur Betonung angehängt, z. B. in „No good lah". Bitten oder Fragen werden oft mit einem Anhängsel gekennzeichnet, da direktes Fragen als unhöflich gilt. Mit dem Ergebnis, dass eigentlich höflich formulierte Fragen für den Abendländer eher unhöflich klingen. So wird „Would you like a beer?" (Möchten Sie ein Bier?) zu „You wan beer or not?" (Sie wollen Bier, oder nicht?).

Oft hört man auch, wie ältere Singapurer mit *Uncle* oder *Auntie* angeredet werden. Dabei handelt es sich weder um Verwandte noch um Unhöflichkeit, sondern vielmehr um ein Zeichen von Respekt.

Weitere Informationen im Coxford Singlish Dictionary auf der satirischen Website Talking Cock (www.talkingcock.com).

Reden wie die Einheimischen

a bit the	sehr; wie in *Wah! Your car a bit the slow one*
ah beng	gibt es in jedem Land: Jungs mit stacheligem Gelhaar, schrillen Klamotten, dem neuesten Handy und einem gepflegten Gossensprachenrepertoire
ah lian	die weibliche Variante des *ah beng*: mit reichlich Schaumfestiger aufgeplüschte Haare, grelle Kleidung, mit einer Zunge, für die man einen Waffenschein braucht; auch bekannt als *ah huay*
aiyah!	„Oje!"'
alamak!	Ausruf des Unglaubens oder der Frustration, wie in „oh, mein Gott!"
ang moh	beliebter Ausdruck für Westler (Weiße), mit abfälligem Unterton; im Hokkien-Dialekt wörtlich „rothaariger Affe"
ayam	malaiisches Wort für Huhn; Synonym für unterlegen, schwach
blur	zurückgeblieben oder unwissend; ein beliebter Ausdruck ist *blur like sotong*
buaya	Frauenheld, malaiisches Wort für Krokodil
can?	„Ist das in Ordnung?"
can!	„Ja, das ist in Ordnung!"
char bor	Frau, Schätzchen, Süße
cheena	abfällige Bezeichnung für altmodisch gekleidete oder konservativ denkende Chinesen
confirm	Eigenschaften einer Sache oder Person besonders hervorheben, etwa in: *He confirm blur one* (Er ist nicht besonders klug)
go stun	rückwärts fahren, wie in *Go stun the car* (abgeleitet von dem Ausdruck aus der Seemannssprache *go astern*: nach Achtern gehen)
heng	Glück (Hokkien-Dialekt)
hiao	eitel, vergeblich
inggrish	Englisch

kambing	dummer Mensch, wörtlich „Ziege" (Malaiisch)
kaypoh	Wichtigtuer
kena	malaiisches Wort, das in etwa dem englischen Wort „got" entspricht und etwas beschreibt, das bereits geschehen ist, wie in *He kena arrested for drunk driving*
kena ketok	abgezockt
kiasee	ängstlich, wörtlich „in Todesangst"; ein Feigling
kiasu	wörtlich „vor lauter Angst, etwas zu verlieren"; selbstsüchtig, aufdringlich, immer auf Schnäppchenjagd
kopitiam	Coffeeshop
lah	häufig ans Ende eines Satzes angehängt; lässt sich etwa mit OK übersetzen, dient aber nur der Betonung und besitzt keine wirkliche Bedeutung
lai dat	„so wie"; zur Betonung, wie in *I so boring lai dat* (Mir ist so langweilig.)
looksee	Sieh mal!
makan	eine Mahlzeit; essen
malu	verlegen
minah	Freundin
or not?	allgemeines Fragesuffix, wie in *Can or not?* (Kannst du oder kannst du nicht?)
see first	Warte erst einmal ab, was passiert.
shack	müde; oft in der Wendung *I damn shack sial*
shiok	gut, großartig, lecker
sotong	malaiisch für „Tintenfisch", als Adjektiv so viel wie „ungeschickt" oder ganz allgemein „nicht ganz anwesend"
steady lah	gut gemacht, hervorragend; Ausdruck des Lobes
wah!	allgemeiner Ausruf der Überraschung oder der Gefahr
ya ya	überheblich, wie in *He always ya ya;* oder auch: *He damn ya ya papaya*

Praktische Informationen

VERKEHRSMITTEL & -WEGE 194

ANREISE 194
Bus 194
Flugzeug 194
Übers Meer 195
Zug 196

UNTERWEGS VOR ORT 196
Mass Rapid Transit (MRT) 196
Bus 197
Taxi 198
Fahrrad 198
Boot 198
Rikscha 199
Auto & Motorrad 199

ALLGEMEINE INFORMATIONEN 200
Ermäßigungen 200
Feiertage 200
Geld 200
Gesundheit 200
Internetzugang 201
Medizinische Versorgung 201
Notfall 201
Öffnungszeiten 201
Post 202
Rechtsfragen 202
Reisen mit Behinderung 202
Schwule & Lesben 202
Steuern & Erstattungen 202
Strom 202
Telefon 203
Touristeninformation 203
Visa 203
Zeit 203
Zoll 203

WAS STEHT AUF DER SPEISEKARTE? 204

Verkehrsmittel & -wege

ANREISE

Singapur ist ein wichtiges Drehkreuz, an dem sich sowohl regionale als auch internationale Flüge kreuzen. Auch Billig-Airlines operieren von Singapur aus. Wer viel unterwegs ist, wird sicher auf seinem Weg einmal über Singapur fliegen – die Stadt eignet sich hervorragend für einen Zwischenstopp. Von hier aus fahren Züge und viele komfortable, von privaten Anbietern betriebene Busse nach Malaysia und Thailand. Flüge, Ausflüge und Bahntickets können online über die Seite lonelyplanet.com/bookings gebucht werden.

Bus

Malaysia

Informationen darüber, wie man in die Hafenstadt Johor Bahru (JB) gelangt, finden sich auf S. 141.

Wer über Johor Bahru hinausfahren will, der nimmt am besten einen der Direktbusse ab Singapur; von hier aus gibt es mehr Möglichkeiten als von Johor Bahru.

Unzählige private Busgesellschaften bieten komfortable Reisen zu vielen malaysischen Städten an, u. a. fahren sie nach Melaka und Kuala Lumpur. Die Busse starten an verschiedenen Punkten in Singapur. Wem das zu kompliziert ist, der sollte zum **Golden Mile Complex** (außerhalb von Karte S. 220; Beach Rd.) fahren; dort verkaufen eine ganze Reihe von Busgesellschaften ihre Buskarten. Man kann aber auch online unter www.busonlineticket.com eine Fahrt buchen.

Die aktuellen Preise und Modalitäten findet man auf den Websites der folgenden Gesellschaften:

Aeroline (6358 8800; www.aeroline.com.sg; 1 Maritime Square, 02-52 Harbourfront Centre) Die Busse fahren nach Kuala Lumpur und Penang; Abfahrt am Hafen.

First Coach (6822 2111; www.firstcoach.com.my; 238 Thompson Rd., 02-33 Novena Square; MNovena) Täglich fahren Busse nach Kuala Lumpur; Abfahrt am Novena Square.

Grassland Express (6293 1166; www.grassland.com.sg; 5001 Beach Rd., 01-26 Golden Mile Complex) Täglich fahren Busse nach Kuala Lumpur, Penang, Melakka, Perak und zu vielen weiteren Zielen.

Transnasional Bus Service (Karte S. 220; 6294 7035; www.transnasional.com.my; Lavender Street Bus Terminal, Ecke Lavender St. & Kallang Bahru) Täglich fahren zu vielen Zielen in Malaysia; alle Busse fahren am Busbahnhof Lavender Street ab.

Transtar Travel (6299 9009; www.transtar.travel; 5001 Beach Rd., 01-15 Golden Mile Complex) Luxuriöse Busse nach Kuala Lumpur, Genting, Ipoh und Penang.

Thailand

Der wichtigste Busbahnhof für Busse nach und von Thailand ist der **Golden Mile Complex** (außerhalb von Karte S. 220; Beach Rd.). Zu den zahlreichen Anbietern für Busfahrten und Ausflüge nach Thailand zählen **Grassland Express** (6293 1166; www.grassland.com.sg), dessen Busse nach Hat Yai fahren, sowie **Phya Travel** (6294 5415; www.phyatravel.com) und **Kwang Chow Travel** (6293 8977). Beide Gesellschaften bieten Fahrten nach Hat Yai und darüber hinaus an. Die meisten Busse fahren gegen 18 Uhr los und sind nachts unterwegs.

Flugzeug

Singapur ist ein wichtiger Flugverkehrsknotenpunkt in Südostasien, mit Direktflügen gelangt man auf alle Kontinente. Wer frühzeitig bucht oder auf eine der preiswerten Airlines setzt, kann echte Schnäppchen machen.

Für Flüge in die Region sind die folgenden Billig-Airlines interessant, die alle von Singapur aus operieren. Die Preise ändern sich ständig, die aktuellen entnimmt man den Websites.

Air Asia (6307 76883; www.airasia.com)

Berjaya-Air (6227 3688;

www.berjaya-air.com) Fliegt täglich nach Tioman und zu den Redang-Inseln in Malaysia.
Cebu Pacific (Agenturen 6735 7155, 6737 9231, 6220 5966; www.cebupacificair.com)
Jetstar (800 6161 977; www.jetstar.com)
Tiger Airways (6808 4437; www.tigerairways.com

Flughäfen

Die meisten Flugzeuge landen an einem der drei Hauptterminals oder dem Budget-Terminal des **Changi Airport** (www.changiairport.com.sg).

Der Flughafen Changi Airport wird regelmäßig zum besten Flugplatz weltweit gewählt: Er ist riesig, arbeitet optimal und ist wirklich unglaublich gut organisiert. Um nur einige der vielen Annehmlichkeiten zu nennen: WLAN, kostenlose Telefone für Ortsgespräche, Wechselschalter, medizinische Versorgung, Gepäckaufbewahrung, Hotels, Duschen, Fitnessräume, ein Schwimmbecken und natürlich viele Läden.

Informationen zu den Fahrmöglichkeiten in die Stadt siehe Kasten unten.

Übers Meer

Es gibt mehrere Fährterminals, von denen aus Schiffe nach Malaysia und Indonesien aufbrechen. Informationen über Fähren zu den südlichen indonesischen Inseln finden sich auf S. 133.

Die Hauptfährterminals sind:

Changi Point Ferry Terminal (Karte S. 238; 6546 8518; 2, 29, 59, 109) Der Terminal liegt 200 m nördlich vom Busbahnhof.

Harbourfront Ferry Terminal (Karte S. 234; www.singaporecruise.com; 6513 2200; HarbourFront)

Tanah Merah Ferry Terminal (Karte S. 238; www.singaporecruise.com; 6513 2200; Tanah Merah, dann 35)

Indonesien

Fähren verkehren auf direktem Weg zwischen Singapur und den Inseln Pulau Batam und Pulau Bintan im Riau-Archipel. Die Fähren sind modern, schnell und mit Klimaanlage ausgerüstet.

Die wichtigsten Reedereien:

BatamFast (6270 0311; www.batamfast.com) Die Fähren fahren nach Batam Centre, Sekupang und zur Waterfront City; Abfahrt: Harbourfront Ferry Terminal. Fähren nach

---

VOM FLUGHAFEN INS ZENTRUM

Bus

Die öffentliche Buslinie 36 fährt von den Terminals 1, 2 und 3 zur Orchard Road und in den Colonial District (1,80 $, 1 Std.). Die Busse fahren etwa alle 15 Minuten ab, der erste morgens um 6.09 Uhr, der letzte kurz nach Mitternacht.

Schneller und bequemer sind die Flughafen-Shuttlebusse (Erw./Kind 9/6 $, 20–40 Min.); sie fahren vor allen Hauptankunftshallen ab und setzen die Fahrgäste direkt vor ihren Hotels ab (Ausnahme: die Hotels in Sentosa und in Changi Village). Die Shuttlebusse fahren von den Terminals 1 und 2 und dem Budget-Terminal (18.15–24 Uhr alle 15 Min., sonst alle 30 Min.) und von Terminal 3 (6–10 und 18–2 Uhr alle 15 Min., zu allen anderen Zeiten alle 30 Min.). Fahrkartenschalter befinden sich in den Ankunftshallen.

Zug

Der Mass Rapid Transit (MRT) ist die günstigste Möglichkeit, um in die Stadt zu fahren. Der Bahnhof befindet sich unter den Terminals 2 und 3, das Ticket bis zur Orchard Road kostet für Erw./Kind 3/1,60 $ (plus 1 $ Pfand), die Fahrzeit beträgt etwa 45 Minuten. In Tanah Merah muss man umsteigen (aber nur in den Zug an der anderen Bahnsteigseite). Der erste Zug fährt morgens um 5.30 Uhr, der letzte um 23.18 Uhr.

Taxi

Die Taxis in Changi fahren schnell und arbeiten effizient. Selbst am Budget-Terminal muss man selten länger warten. Die Fahrpreisgestaltung ist kompliziert, für die Fahrt ins Zentrum muss man 18–35 $ kalkulieren, der Preis hängt von der Tageszeit ab. Am teuersten ist die Zeit zwischen 17 Uhr und 6 Uhr früh, dann werden diverse Aufschläge verlangt. Eine Limousine ist 24 Stunden am Tag verfügbar und kostet einheitlich 45 $ zu jedem Punkt auf der Insel. Informationen bekommt man im Erdgeschoss am Verkehrsschalter des Flughafens.

Nongsapura legen am Tanah Merah Ferry Terminal ab.
Berlian Ferries (6546 8830) Fähren nach Pulau Batam legen am Harbourfront Ferry Terminal ab.

Bintan Resort Ferries (6542 4369; www.brf.com.sg) Fähren nach Bandar Bintan Telani legen am Tanah Merah Ferry Terminal ab.

Indo Falcon (6275 7393; www.indofalcon.com.sg) Fähren nach Pulau Batam und Tanjung Pinang in Bintan starten vom Harbourfront Ferry Terminal.

Penguin Ferries (6271 4866; www.penguin.com.sg) Fähren nach Batam Centre, Sekupang und Tanjung Balai legen am Harbourfront Ferry Terminal ab. Fähren nach Tanjung Pinang starten am Tanah Merah Ferry Terminal.

Zug

Malaysia & Thailand
Singapur ist der südliche Endbahnhof des malaysischen Bahnnetzes; der Bahnhof heißt **Keretapi Tanah Malayu** (KTM; www.ktmb.com.my). In Malaysia gibt es zwei Hauptstrecken; die eine führt von Singapur nach Kuala Lumpur, Butterworth, Alor Setar und weiter nach Hat Yai in Thailand, ein Arm zweigt in Gemas ab und führt durch das Zentrum des Landes nach Tumpat in der Nähe von Kota Bharu an der Ostküste.

Der allmählich verfallende Jugendstilbahnhof in Singapur wurde 2011 wegen einer Privatisierung geschlossen. Die KTM-Züge starten nun am **Woodlands Train Checkpoint** (11 Woodlands Crossing; 170, Causeway Link von der Queen St.).

Drei Expresszüge fahren täglich von Singapur Richtung Kuala Lumpur (1. Klasse/2. Klasse/3. Klasse 68/34/19 $), Fahrtbeginn ist etwa um 8, 13 und 22.30 Uhr. Die Fahrzeit liegt zwischen 7 und 9 Stunden. Auf der Homepage findet man auch die Anschlusszüge und -fahrzeiten. Fahrkarten kann man am Bahnhof oder über die KTM-Website (www.ktmb.com.my) bekommen.

Der luxuriöse **Eastern & Oriental Express** (6395 0678; www.orient-express.com) verkehrt zwischen Singapur und Bangkok und fährt weiter nach Chiang Mai und Nong Khai (für die Fahrt nach Laos interessant). Der prächtige antike Zug braucht für die 1943 km lange Reise nach Bangkok 42 Stunden. Also nichts wie in den Leinenanzug schlüpfen, einen Gin Tonic schlürfen und angesichts der verlangten Fahrpreise tief durchatmen: Für ein Zweibettabteil zahlt man 3500 $ pro Person, am teuersten ist die Präsidentensuite für 7200 $.

UNTERWEGS VOR ORT

Singapur hat Unsummen in den öffentlichen Nahverkehr gesteckt und ist unbestritten die am leichtesten zu bereisende Stadt Asiens. Die Verwaltung hat das städtische Bahnsystem Mass Rapid Transit (MRT) aufgebaut, erweitert es auch weiterhin und unterhält außerdem noch ein recht ausgedehntes Busnetz.

Der *TransitLink Guide* (2,50 $ an den MRT-Fahrkartenschaltern) wurde zur Zeit der Recherche gerade aktualisiert. Im Buch sind alle Bus- und MRT-Strecken aufgeführt, Karten zeigen die Umgebung aller MRT-Stationen. Die Website www.sbstransit.com.sg bietet Informationen zu den Buslinien (inklusive interaktivem Busführer), auch die aktuellen Busankunftszeiten lassen sich darüber abfragen (IRIS-Service). Zuginformationen findet man auf www.smrt.com.sg. Auf der Seite www.publictransport.sg sind die verschiedenen Verkehrssysteme zusammengeführt.

Aufs iPhone lässt sich die App „SBS Transit Iris" für Busstrecken und aktuelle Fahrzeiten herunterladen.

Mass Rapid Transit (MRT)

Das effiziente MRT-U-Bahnsystem bietet die einfachste, schnellste und bequemste Art der Fortbewegung innerhalb der Stadt. Die Züge fahren von 5.30 Uhr bis Mitternacht, in den Stoßzeiten alle 3 Minuten, in den weniger stark frequentierten Zeiten alle 6 Minuten.

DER EZ-LINK UM DIE STADT

Wer länger als eine Woche in Singapur bleibt, der zahlt seine Fahrkarten im öffentlichen Nahverkehr am einfachsten mit der EZ-Link Card. Mit dieser Karte spart man bis zu 30 % der Fahrtkosten; man bekommt sie an MRT-Haltestellen. Die Karte hält man bei Fahrtantritt und beim Aussteigen einfach über entsprechende Sensoren. Karten kosten 15–10 $ für die eigentlichen Fahrten und 5 $ Gebühr. Die Karten können an Automaten in den Bahnhöfen aufgeladen werden. Die Fahrtkosten reduzieren sich gegenüber einer Barzahlung um 20 %.

Mit der EZ-Link Card fährt man auch auf anderen Verkehrsmitteln günstiger: Wer nach der MRT-Fahrt in den Bus umsteigt, zahlt für die Weiterfahrt nur noch ein paar Cent.

KLIMAWANDEL & REISEN

Der Klimawandel stellt eine ernste Bedrohung für unsere Ökosysteme dar. Zu diesem Problem tragen Flugreisen immer stärker bei. Lonely Planet sieht im Reisen grundsätzlich einen Gewinn, ist sich aber der Tatsache bewusst, dass jeder seinen Teil dazu beitragen muss, um die globale Erwärmung zu verringern.

Fliegen & Klimawandel

Fast jede Art der motorisierten Fortbewegung erzeugt CO_2 (die Hauptursache für die globale Erwärmung), doch Flugzeuge sind mit Abstand die schlimmsten Klimakiller – nicht nur wegen der großen Entfernungen und der entsprechend großen CO_2-Mengen, sondern auch weil sie diese Treibhausgase direkt in hohen Schichten der Atmosphäre freisetzen. Die Zahlen sind erschreckend: Zwei Personen, die von Europa in die USA und wieder zurück fliegen, erhöhen den Treibhauseffekt in demselben Maße wie ein durchschnittlicher Haushalt in einem ganzen Jahr.

Emissionsausgleich

Die englische Website www.climatecare.org und die deutsche Internetseite www.atmosfair.de bieten sogenannte CO_2-Rechner. Damit kann jeder ermitteln, wie viel Treibhausgase seine Reise produziert. Das Programm errechnet den zum Ausgleich erforderlichen Betrag, mit dem der Reisende nachhaltige Projekte zur Reduzierung der globalen Erwärmung unterstützen kann, beispielsweise Projekte in Indien, Honduras, Kasachstan und Uganda.

Lonely Planet unterstützt gemeinsam mit Rough Guides und anderen Partnern aus der Reisebranche das CO_2-Ausgleichs-Programm von climatecare.org. Alle Reisen von Mitarbeitern und Autoren von Lonely Planet werden ausgeglichen.

Weitere Informationen gibt's auf www.lonelyplanet.com.

Die diesem Buch beigelegte Karte enthält einen Netzplan.

Im Stadtzentrum fahren die MRT-Züge unterirdisch, kommen aber dann in den Vororten ans Tageslicht. Insgesamt gibt es vier Linien: North–South, North–East und East–West sowie die Circle Line. 2020 sollen weitere Linien eröffnet werden. Ein MRT-Plan und ein Reiseplaner findet man auf www.smrt.com.sg.

Tarife & Fahrkarten

Eine einfache Fahrt kostet zwischen 1 und 2,10 $ (plus 1 $ Pfand). Wer häufiger mit den MRT-Zügen unterwegs ist, für den ist es etwas nervig, ständig Fahrkarten zu kaufen und hinterher das Pfand wieder einlösen zu müssen. Für Vielfahrer empfiehlt sich deshalb die EZ-Link Card (s. Kasten S. 196). Die Alternative ist der **Singapore Tourist Pass** (www.thesingaporetouristpass.com), mit dem man einen Tag lang uneingeschränkt mit Bahn und Bus fahren darf (8 $ plus 10 $ Pfand).

Bus

Singapurs Busnetz ist weitläufig, die Busse sind sauber und fahren regelmäßig und verlässlich in jede Ecke der Insel. Es gibt zwei Busgesellschaften: **SBS Transit** (✆1800 287 2727; www.sbstransit.com.sg) und **SMRT** (www.smrtbuses.com.sg); beide bieten vergleichbare Leistungen. Informationen über Netzpläne findet man auf den Websites.

Busfahrkarten kosten zwischen 1 und 2 $ (mit der EZ-Link Card sind sie günstiger). Beim Besteigen des Busses muss man passendes Geld in den entsprechenden Kasten werfen; Wechselgeld wird nicht herausgegeben. Wer mit der EZ-Link Card oder dem Tourist Pass unterwegs ist, muss ihn über das Kartenlesegerät ziehen – einmal beim Ein-, das andere Mal beim Aussteigen.

Auch der Bahnbetreiber **SMRT** (www.smrtbuses.com.sg) unterhält eigene Busse. Die sieben spätnachts fahrenden Nachtbusse sind von 23.30 bis 4.30 zwischen der Stadt und den verschiedenen Vororten unterwegs. Die genauen Routen findet man auf der Homepage.

Touristenbusse

Singapore Airlines betreibt den Touristenbus **SIA Hop-On** (✆9457 2896; www.siahopon.com), der alle 30 Minuten entlang der touristischen Hauptrouten unterwegs ist. Der erste Bus startet am Raffles Boulevard um 9 Uhr, der letzte Bus fährt um 19.35 Uhr ab und kommt um 20.35 Uhr zurück. Die Tickets kosten für Erw./Kind 12/6 $ (Boardingpass von Singapore Airlines oder Silk

Air vorzeigen). Die Tickets kauft man beim Fahrer.

Zwischen der Orchard Road und Sentosa Island ist der Sentosa Hop-On Bus unterwegs. Der erste Bus fährt am Marriott Hotel um 9 Uhr Richtung Sentosa los, der letzte startet um 20 Uhr. Der Bus ist für Fahrgäste mit einem SIA-Hop-On-Ticket kostenlos, alle anderen Fahrgäste zahlen einfach/hin & zurück 8/5 $. Fahrpläne und Haltestellen findet man auf der Homepage.

City Hippo (6228 6877; www.ducktours.com.sg) bietet ein etwas verwirrendes Angebot an Touren zu den Hauptsehenswürdigkeiten der Stadt an. Ein 2-Tage-Ticket inklusive einer Bootsfahrt kostet pro Erw./Kind 33/17 $. Bei den Touren gibt es Live-Kommentare zu den Sehenswürdigkeiten und ein offenes Deck.

Taxi

Das arme alte Singapur hat unendliche Probleme mit seinem Taxisystem. Trotz eines immer wiederkehrenden Kreislaufs aus Diskussionen, Reformen, Beschwerden und Rechtfertigungen ist es nach wie vor zu bestimmten Zeiten (Hauptverkehrszeiten, nachts und wenn es regnet) schwer, ein Taxi zu bekommen. Auch das Tarifsystem ist extrem kompliziert, aber immerhin sind inzwischen alle Fahrzeuge mit Taxameter ausgestattet, sodass wenigstens die Diskussion um den Preis entfällt. Die Grundgebühr liegt zwischen 2,80 und 3,20 $, für jede weitere Einheit von 385 m werden 0,20 $ (1,2 km 0,60 $) verlangt. Bei Zahlung mit Kreditkarte wird ein Aufschlag von 10 % fällig.

Taxis können jederzeit an der Straße herbeigerufen werden, anhalten dürfen sie im Stadtzentrum nur an den ausgewiesenen Taxiständen halten.

Wer ein Taxi rufen muss, kann sich an folgende Gesellschaften wenden:
Comfort and CityCab (6552 1111)
Premier Taxis (6363 6888)
SMRT Taxis (6555 8888)
Für Taxifahrten werden diverse Aufschläge berechnet:
➡ 50 % Aufschlag zwischen 24 und 6 Uhr früh.
➡ 35 % Aufschlag auf den angezeigten Tarif zahlt man während der Rushhour zwischen 7 und 9 bzw. 17 und 20 Uhr.
➡ 3,50 $ werden bei einer telefonischen Buchung auf den Fahrpreis aufgeschlagen, bei Vorabreservierungen verlangen die Taxigesellschaften 5,20 $. 3 $ zusätzlich zahlt man Montag bis Samstag zwischen 17 und 24 Uhr für alle Fahrten vom CBD. Zusatzgebühren werden aber auch umgekehrt fällig, wenn man in dieser Zeit mit dem Taxi in den CBD fahren will (s. S. 199).
➡ 5 $ Aufpreis werden für Fahrten von Freitag bis Sonntag zwischen 17 und 24 Uhr verlangt; 3 $ für alle Fahrten vom Flughafen in die Stadt. Konfus? Kein Wunder. Am besten den angezeigten Fahrpreis zahlen und um eine Quittung bitten, um die Aufschläge überprüfen zu können.

Fahrrad

Singapurs Straßen sind nichts für ängstliche Gemüter. Die Straßen sind nicht nur höllisch heiß, sondern auch bevölkert von schnellen, aggressiven Fahrern, die in der Regel wenig Verständnis für die Bedürfnisse von Radfahrern aufbringen. Zum Glück gibt es ein großes Netzwerk von Parks und verbindenden Grünanlagen sowie großartige Mountainbikestrecken im Bukit Timah Nature Reserve, in Tampines und auf Pulau Ubin.

Zum Fahrradfahren prima geeignet sind unter anderem auch East Coast Park, Sentosa, Pasir Ris Park und die neue Verbindungsstrecke zwischen Mt. Faber Park, Telok Blangah Hill Park und Kent Ridge Park.

Wer ein eigenes Fahrrad dabei hat, sollte wissen, dass die Mitnahme in öffentlichen Verkehrsmitteln nur dann erlaubt ist, wenn es sich um ein Klapprad handelt. Zu folgenden Zeiten dürfen Klappfahrräder transportiert werden: Mo–Fr 9.30–16 und ab 20 Uhr; Sa, So und an Feiertagen ganztägig. Ein wichtiger Hinweis: Es ist immer nur EIN Rad pro Bus gestattet!

Leihräder

Leihräder vermietet am Robertson Quay **Vanguard Designs** (6835 7228; www.vanguard-designs.com; 7 Rodyk St.; Tag 50 $; Mo, Mi–Fr 13–19.30 Uhr, Sa & So 10–20 Uhr). Zusammen mit den Rädern bekommt man eine Radkarte.

Räder können auch an verschiedenen Plätzen entlang des East Coast Parkway, auf Sentosa Island und Pulau Ubin ausgeliehen werden; die Preise beginnen bei 2 $ auf Pulau Ubin, anderswo zahlt man 5 $ und mehr.

Boot

Wer Lust hat, kann mit einem *bumboat* (motorisiertes Sampan) auf dem Singapore River fahren; das Boot hält zwischen Merlion und Boat Quay, Clarke Quay und Robertson Quay an mehreren Punkten; siehe dazu S. 52.

Die Boote zu den Inseln rings um Singapur legen am Marina South Pier ab (s. S. 133). Regelmäßig fahren Fähren vom Changi Point Ferry Terminal nach Pulau Ubin (2 $) und nach Pengerang in Malaysia. Zu den Anlegestellen fährt Buslinie 2 ab Tanah Merah MRT.

Rikscha

Rikschas kamen kurz nach dem Zweiten Weltkrieg in Mode, als es praktisch keinen motorisierten Verkehr gab und die Rikschafahrer ein hinreichendes Einkommen erzielen konnten. Von den Heerscharen damals sind heute nur noch etwa 250 Rikschfahrer übriggeblieben, die meisten sind auf den Touristenrouten unterwegs. Die Fahrer haben sich zusammengeschlossen und ein Wartesystem erarbeitet, das von **Trishaw Uncle** (Karte S. 220; 9012 1233; Queen St. zwischen Fu Lu Shou Complex & Albert Centre Market; Fahrten ab 39 $) gemanagt wird. Neben den organisierten Rikschafahrern gibt es auch noch einige unabhängige Fahrer vor dem Raffles Hotel (Karte S. 224) und außerhalb des Chinatown Complex (Karte S. 217). Immer vor Fahrtantritt den Preis aushandeln; für eine 30-minütige Fahrt werden rund 40 $ verlangt, aber ein wenig Spielraum dürfte meist einkalkuliert sein.

Auto & Motorrad

Singapurer fahren auf der linken Straßenseite. Es besteht Gurtpflicht und die gilt sowohl auf den Vordersitzen als auch auf der Rückbank. Das *Mighty Minds Singapore Street Directory* (12,90 $) ist von unschätzbarem Wert.

Autofahren

Wer in Singapur Auto fahren will, muss seinen gültigen Führerschein und eine im Heimatland behördlich genehmigte internationale Fahrerlaubnis mitbringen. Die Straßen sind tadellos, allerdings ist das kein Grund, sich in Sicherheit zu wiegen – nirgendwo kommt der berüchtigte singapurische Charakterzug *kiasu* (Hokkien für „Angst, zu verlieren") deutlicher zum Ausdruck als auf den Straßen. Aggressives Fahren ist verbreitet, Raserei und Drängeln typisch, Blinken selten und wildes Wechseln der Fahrspur allgegenwärtig.

Um es kurz zu machen: Für Besucher ist das Autofahren in Singapur nicht ratsam. Wer trotzdem unbedingt möchte, sollte sich eine extrem defensive Fahrweise aneignen und seine Aggressionen unter Kontrolle haben!

Motorräder stehen im Ansehen ganz unten. Im besten Fall achten Autofahrer überhaupt nicht auf die Sicherheit von Motorradfahrern. Wenn es also unbedingt sein muss: Höchste Wachsamkeit ist angesagt!

Mietwagen

Wer einen Wagen nur für die Stadt benötigt, sollte einen kleineren Autoverleih wählen. Deren Gebühren sind oft niedriger als die der großen weltweit operierenden Leihfirmen. Wer nach Malaysia möchte, ist mit einem Verleih in Johor Bahru besser bedient, wo die Gebühren deutlich niedriger sind (außerdem soll die malaysische Polizei singapurische Kennzeichen auf dem Kieker haben).

Bei etwa 60 $ pro Tag geht's los. Manchmal sind Sonderpreise möglich, vor allem bei längeren Mietfristen. Autovermietungen gibt es in Singapur am Changi Airport und in der Stadt. Hier ein paar der größeren Firmen:

Avis (6737 1668; www.avis.com.sg; 392 Havelock Rd., 01-07 Waterfront Plaza)

Express Car (6842 4992; www.expresscar.com.sg; 1 Sims Lane)

Hawk (6469 4468; www.hawkrentacar.com.sg; 32A Hillview Terrace)

Hertz Rent-a-Car (6734 4646; www.hertz.com; Singapore Changi Airport Terminal 2 & 3)

Sperrzonen & Parkplätze

An Werktagen von 7.30 bis 19 Uhr sowie am Samstag von 10.15 bis 2 Uhr ist der Bereich, der den CBD, Chinatown and Orchard Road umfasst, nur begrenzt zugänglich. Autos dürfen zwar hinein, müssen aber eine Mautgebühr bezahlen. Fahrzeuge werden von oben durch Sensoren erfasst. Die Autos müssen über ein spezielles Einbauteil verfügen, in das die Fahrer eine Geldkarte einstecken (gibt's an Tankstellen und in 7-Eleven-Läden). Die Maut wird dann von der Karte abgebucht. Dasselbe System ist auch auf eingien Schnellstraßen in Gebrauch. Für Mietwagen gelten die gleichen Regeln.

Parkplätze im Stadtzentrum sind teuer, aber recht gut zu finden – fast jede größere Mall hat ein Parkhaus. Parkplätze und Parkbuchten an der Straße sind normalerweise in öffentlicher Hand – dafür gibt es Parkscheinheftchen mit Coupons, die im Fenster angebracht werden müssen. Erhältlich sind sie in Postfilialen und Gemischtwarenläden.

Allgemeine Informationen

Ermäßigungen

Wer mit Singapore Airlines oder Silk Air anreist, bekommt bei Vorlage der Boardingkarte Ermäßigungen in Läden, Restaurants und Sehenswürdigkeiten. Siehe dazu die Informationen auf der Homepage der Fluggesellschaft: www.singaporeair.com/boardingpass.

Feiertage

Nachfolgend werden die staatlichen Feiertage aufgeführt. Bei all den Feiertagen, die nicht auf den westlichen Kalender bezogen sind, werden zumindest die Monate genannt, in die der Feiertag in der Regel fällt. Der einzige Feiertag, der sich spürbar auf das Leben in der Stadt auswirkt, ist das chinesische Neujahrsfest: Dann haben fast alle Läden der Stadt für zwei Tage geschlossen.

Neujahr 1. Januar

Chinesisches Neujahrsfest 3 Tage im Januar oder Februar

Karfreitag März oder April

Tag der Arbeit 1. Mai

Vesakh-Tag (buddhistischer Feiertag) Mai

Nationalfeiertag 9. August

Hari Raya Puasa (islamischer Feiertag) Oktober/November

Deepavali (hinduistischer Feiertag) Oktober

Weihnachten 25. Dezember

Hari Raya Haji (islamischer Feiertag) Dezember/Januar

Geld

Die Landeswährung ist der Singapur-Dollar, vor Ort auch „Singdollar" genannt; er besteht aus 100 Cent. Es gibt Münzen im Wert von 5 ¢, 10 ¢, 20 ¢, 50 ¢ und 1 $ sowie Scheine im Wert von 2 $, 5 $, 10 $, 50 $, 100 $, 500 $ und 1000 $. Der Singapur-Dollar ist sehr stabil und eine frei konvertierbare Währung.

Geldautomaten

Geldautomaten mit dem Cirrus-System findet man in allen Einkaufs-Malls.

Geldwechsel

Geld wechseln Banken, ihren Dienst nehmen aber nur die wenigsten in Anspruch, da die Kurse bei den überall in der Stadt ansässigen Geldwechslern deutlich besser sind. Die kleinen Buden findet man in so gut wie jedem Einkaufszentrum (aber nicht unbedingt in den moderneren Malls). Ab einer Umtauschsumme von 500 $ und mehr kann man ein bisschen feilschen.

Kreditkarten

Mit Kreditkarten kann in Singapur so gut wie alles bezahlt werden, lediglich kleine Straßenhändler und Imbissstände verlangen eine Barzahlung. Kleinere Läden schlagen bei Zahlung mit Kreditkarte häufig eine Bearbeitungsgebühr von 2–3 % auf den Einkaufspreis.

Gesundheit

Hygiene wird in Singapur streng überwacht und Wasser aus dem Kran ist trinkbar, doch kommt Hepatitis A gelegentlich vor. Schutzimpfungen brauchen nur diejenigen, die sich in einer Gelbfieberzone aufgehalten haben. Singapur ist kein Malariagebiet, aber Denguefieber tritt häufiger auf.

Hitzepickel

Ein juckender Ausschlag, hervorgerufen durch starkes Schwitzen bei gleichzeitig verstopften Schweißdrüsen. Meist trifft es Personen, die gerade in einem heißen Klima angekommen sind. Kühl halten, oft baden, die Haut trocknen und mildes Talkum oder Puder gegen Hitzepickel verwenden. Oder in klimatisierte Räume flüchten.

Denguefieber

Singapur hat in den letzten Jahren einen kräftigen Anstieg der Fallzahlen bei dieser von Mücken übertragenen Tropenkrankheit erlebt. Gegen die Krankheit kann man sich nicht durch eine Impfung schützen; die das Fieber übertragenden Mücken stechen sowohl tagsüber als auch nachts. Einzig eine sehr gute Vorsorge (Mückenschutzmittel, Kleidung) kann eine Übertragung verhindern. Zu den typischen Symptomen der Tropenkrankheit zählen hohes Fieber sowie starke Kopf- und Gliederschmerzen. Einige Personen bekommen auch Ausschläge und Durchfall. Es gibt gegen die Krankheit keine speziellen Medikamente – Ruhe und Paracetamol lindern immerhin die Schmerzen. Auf keinen Fall Aspirin nehmen! Wer einen Verdacht hat, sollte einen Arzt aufsuchen.

Internetzugang

Jedes Spitzenhotel bietet einen Internetzugang und hilft beim Verbindungsaufbau, wenn man den eigenen Laptop nutzen will. Die Hostels bieten freien Internezugang und WLAN.

SingTel (www.singtel.com.sg), **StarHub** (www.starhub.com) und **M1** (www.m1.com) sind lokale Anbieter von Breitband-Internet über USB-Funksticks. Entweder bringt man seinen eigenen Stick mit oder man kauft einen vor Ort. Wer seinen eigenen Stick besitzt, kann sich eine Prepaid-SIM-Karte besorgen. (Allerdings ist es sicherlich sinnvoll, die Einsatzmöglichkeit des eigenen Sticks in Singapur schon vor der Reise beim zuständigen heimischen Provider zu klären.)

Internetcafés kommen und gehen, relativ viele findet man rund um Chinatown und in Little India.

Medizinische Versorgung

Singapurs medizinische Einrichtungen sind Spitzenklasse und sogar vergleichsweise günstig. Unbedingt notwendig ist eine Reisekrankenversicherung; beim Vertragsabschluss sollte man abklären, welche Behandlungen in der Police enthalten sind. Die örtlichen praktischen Ärzte geben auch Medikamente aus, sodass man sich den Gang in die Apotheke sparen kann.

Kliniken

Hotels und Hostels kennen die Adressen der nächstgelegen praktischen Ärzte.

Raffles Medical Clinic (6311 1111; www.raffleshospital.com; 585 North Bridge Rd.; 24 Std.; M Bugis) Vom Raffles Hospital zu Fuß erreichbar.

Singapore General Hospital Accident & Emergency Department (6321 4311; 24 Std.; M Outram Park) Liegt in Block 1 der großen Anlage.

> **WIRELESS@SG: KOSTENLOSER WLAN-ZUGANG**
>
> Singapur hat ein ständig wachsendes Netzwerk aus rund 1000 WLAN-Hotspots – fast alle Cafés und Pubs bieten diesen Service. Die Wireless@SG-Hotspots werden bis zum 30. März 2013 kostenlos sein. Eine Liste aller Hotspots findet man im Internet auf der Seite www.infocom123.sg; dort dem Link Wireless@SG folgen. Für die Zugangsdaten braucht man allerdings eine lokale Handynummer. SIM-Karten mit einer entsprechenden Nummer sind in vielen Geschäften und in den Handyläden erhältlich; oft muss man beim Kauf seinen Pass vorzeigen.

Ambulanzen

Die folgenden Ambulanzen sind rund um die Uhr geöffnet:

Gleneagles Hospital (6735 5000; 6A Napier Rd.)

Mount Elizabeth Hospital (6735 5000; 3 Mt. Elizabeth Rd.)

Raffles Hospital (6311 1111; 585 North Bridge Rd.)

Singapore General Hospital (6321 4311; Level 2, Block 1, Outram Rd.)

Notfall

Wichtige Notrufnummern:

Krankenwagen (995)
Feuerwehr (995)
Polizei (999)

Öffnungszeiten

Öffnungszeiten werden im Buch nur dann genannt, wenn sie von den nachfolgenden Zeiten abweichen.

Banken Mo–Fr 9.30–16.30 Uhr; einige Filialen schließen auch erst um 18 Uhr; Sa 9.30–11.30 Uhr.

Behörden und Postämter Mo–Fr zwischen 8 und 9.30 Uhr und bis 16/18 Uhr; Sa zwischen 8 und 9.30 Uhr und bis 11.30/13 Uhr.

Läden 10–18 Uhr; größere Geschäfte und Kaufhäuser haben bis 21.30 oder 22 Uhr geöffnet. Einige kleinere Läden in Chinatown und in der Arab Street haben sonntags geschlossen. Sonntags ist auch in Little India viel los.

Restaurants Spitzenrestaurants öffnen über Mittag zwischen 12 und 14 Uhr und für das abendliche Dinner zwischen 18 und 22 Uhr. Einfache Restaurants und Essensstände haben den ganzen Tag geöffnet.

Post

Die Post arbeitet in Singapur sehr effizient. Unter der Telefonnummer ☎1605 kann man sich das nächstgelegene Postamt nennen lassen, man findet die Adressen aber auch unter www.singpost.com.sg.

Postlagernde Briefe werden an das **Singapore Post Centre** (Karte S. 230; ☎6741 8857; 10 Eunos Rd.; MPaya Lebar) geschickt. Es ist wie auch das Postamt an der **Killiney Road** (Karte S. 228; ☎6734 7899; 1 Killiney Rd.; MSomerset) sonntags geöffnet. Ein weiteres Postamt befindet sich in der **Orchard Road** (Karte S. 228; B2-62 ION Orchard, 2 Orchard Turn; MOrchard). Auch am Terminal 2 des Flughafens Changi Airport gibt es zwei Postämter.

Rechtsfragen

Singapurs Ruf in Sachen strenger Gesetze ist nicht unverdient – auch für Ausländer gibt es keine Sonderbehandlung. Trotz der erstaunlich niedrigen Polizeipräsenz auf den Straßen sind die Gesetzeshüter ziemlich schnell da, wenn etwas passiert. Die Polizei hat große Macht und es wäre unklug, nicht auf etwaige Bitten oder Forderungen einzugehen.

Im Falle der Verhaftung hat jeder Anrecht auf einen Rechtsbeistand und Kontakt mit der zuständigen Botschaft.

An eine Einfuhr oder Ausfuhr von Drogen sollte niemand auch nur im Traum denken. Im günstigsten Fall droht eine lange Haft, im schlimmsten Fall die Todesstrafe.

Reisen mit Behinderung

Lange Zeit war Singapur nicht im Entferntesten auf Rollstuhlfahrer eingestellt, aber seit einigen Jahren lässt die Regierung inselweit Rampen, Lifts und andere Einrichtungen installieren. Die Bürgersteige in der Stadt sind fast alle tadellos, Metrostationen verfügen durchweg über Lifts und es gibt sogar einige rollstuhlfreundliche Busse und Taxis.

Die **Disabled Persons Association of Singapore** (www.dpa.org.sg) informiert im Detail über die Zugänglichkeit einzelner Gebäude in der Stadt.

Schwule & Lesben

Sex zwischen Männern ist in Singapur illegal und bringt eigentlich mindestens zehn Jahre Gefängnis. Tatsächlich wird aber wahrscheinlich niemand strafrechtlich verfolgt. Das Verbot drückt nichts weiter aus als die Überzeugung der Regierung, das Land sei noch nicht bereit für eine offene Toleranz gegenüber „alternativen Lebensformen".

Trotzdem gibt es zahlreiche Schwulen- und Lesbenbars. Ein guter Start bei der Infosuche im Netz sind die Webseiten **Utopia** (www.utopia-asia.com) oder **Fridae** (www.fridae.com). Beide haben ein exzellentes Angebot zu Veranstaltungsorten und Veranstaltungen in ganz Asien.

Singapurer sind recht konservativ, was öffentlich dargestellte Zuneigung angeht. Allerdings sieht man gelegentlich lesbische Pärchen, die ihre Vertrautheit offen zeigen. Ein schwules Pärchen würde im gleichen Fall definitiv negative Reaktionen hervorrufen.

PRAKTISCH & KONKRET

→ Zu den englischsprachigen Zeitungen gehören die großformatige *Straits Times* (inkl. *Sunday Times*), die *Business Times* und die nachmittags erscheinende Boulevardzeitung *New Paper*.

→ Pornografische Publikationen sind streng verboten, aber eine überarbeitete lokale Ausgabe des *Cosmopolitan* und Männermagazine wie *FHM* und *Maxim* sind erlaubt.

→ Singapur verwendet das metrische System für Maße und Gewichte.

Steuern & Erstattungen

Besucher haben unter bestimmten Bedingungen ein Recht auf Erstattung der 7 % Mehrwertsteuer auf Einkäufe (s. S. 35).

Strom

230V/50Hz

Telefon

Ländervorwahl (⌕+65)
Auskunft (⌕100)
Fluginformation (⌕1800 542 4422) Sprachgesteuerte Benutzerführung.

STB Touristline (⌕1800 736 2000)

Innerhalb Singapurs gibt es keine Ortsvorwahlnummern, alle Telefonnummern sind achtstellig, einzige Ausnahme sind die kostenfreien Nummern (⌕1800).

Von öffentlichen Telefonen können Orts- und Auslandsgespräche geführt werden; die meisten Apparate funktionieren mit einer Telefonkarte.

In Singapur gibt es auch Kreditkartentelefone; dabei wird zunächst die Kreditkarte durch einen Schlitz gezogen.

Telefonate von Singapur nach Malaysia gelten als STD-Gespräche (Ferngespräche). Zuerst ⌕020 wählen, gefolgt von der Ortsvorwahl der gewünschten Stadt in Malaysia (minus der Null am Anfang) und der Nummer des Gesprächspartners. Ein Anruf bei der ⌕346 7890 in Kuala Lumpur (Ortsvorwahl ⌕03) würde so gewählt: ⌕020-3-346 7890. Unter ⌕109 gibt es eine Auskunft zu malaysischen Ortsvorwahlen.

Mobiltelefone

In Singapur beginnen alle Handynummern mit einer ⌕9 oder 8.

Die lokalen SIM-Karten kosten rund 18 $ (inkl. Guthaben) und werden von Postämtern, Lebensmittelläden und den Läden der örtlichen Telefongesellschaften verkauft. Das Gesetz schreibt vor, dass beim Kauf der Pass vorgezeigt werden muss. Die wichtigsten Telefongesellschaften sind:
SingTel (www.singtel.com.sg)
StarHub (www.starhub.com)
M1 (www.m1.com)

Telefonkarten

Telefonkarten sind beliebt bei Singapurs Arbeitsmigranten – Hausmädchen und Bauarbeiter, die die Stadt in Gang halten –, also gibt es viele zu kaufen. Es gibt einen kleinen Stand für Telefonkarten vor dem Centrepoint-Einkaufszentrum an der Orchard Road und viele Händler in Little India. Vor dem Kauf die Länder checken, für die die Karten gelten.

Touristeninformation

Vor der Reise lohnt ein Blick auf die informative Website des **Singapore Tourism Board** (www.visitsingapore.com).

In Singapur gibt es diverse Touristenzentren mit umfassendem Service; dazu gehört unter anderem die Buchung geführter Touren und der Kartenverkauf für Veranstaltungen. Außerdem gibt es Infoterminals.

Singapore Visitors@ Orchard Information Centre (Karte S. 228; ⌕1800 736 2000; Ecke Orchard & Cairnhill Rds.; ◷9.30–22.30 Uhr; ⓂSomerset)

Singapore Visitors@ ION Orchard (Karte S. 228; Level 1 ION Orchard, 2 Orchard Turn; ◷10–22 Uhr; ⓂOrchard)

InnCrowd (Karte S. 220; ⌕6296 4280; 73 Dunlop St.; ◷10–22 Uhr; ⓂLittle India) Die sehr hilfsbereiten Mitarbeiter des Hostels helfen auch jenen, die nicht im Haus übernachten.

Visa

Deutsche, Österreicher und Schweizer brauchen für einen Aufenthalt von maximal 90 Tagen kein Visum. Wer länger bleiben will, muss sich an die **Immigration & Checkpoints Authority** (⌕6391 6100; www.ica.gov.✉◱; 10 Kallang Rd; ⓂLavender) wenden.

Zeit

Mitteleuropäische Zeit (MEZ) plus sieben Stunden. Um 5 Uhr morgens in Frankfurt, Wien und Zürich ist es also in Singapur bereits 12 Uhr mittags. Während der europäischen Sommerzeit beträgt der Zeitunterschied nur plus sechs Stunden, denn in Singapur werden die Uhren nicht umgestellt.

Zoll

Die Einfuhr von Tabak ist verboten, es sei denn, man zahlt den Zoll. Wer seinen Tabak nicht deklariert, muss mit einem saftigen Bußgeld rechnen.

Erlaubt ist die zollfreie Einfuhr von 1 l Wein, Bier oder Spirituosen, wenn man aus dem Ausland einreist (Ausnahme: Malaysia).

Generell verboten sind die folgenden Waren: Kaugummi, Feuerwerk, obszönes oder staatsgefährdendes Material, Zigarettenanzünder in Gewehrform, gefährdete Tier- und Pflanzenarten bzw. Waren, die aus ihnen hergestellt wurden, Raubkopien jeglicher Art (Tonträger und Papier).

Was steht auf der Speisekarte?

Chinesisch

ah balling – klebrige Reisbällchen mit einer süßen Paste aus Erdnuss, schwarzem Sesam oder Kidneybohnen; normalerweise in einer Suppe mit Erdnuss- oder Ingwergeschmack serviert

bak chang – Reisklößchen, gefüllt mit herzhaftem oder süßem Fleisch, in Blätter gewickelt

bak chor mee – Nudeln mit Schweinefleisch, Fleischbällchen und gebratenen Muscheln

bak choy – ein chinesischer Kohl, der dem Sellerie ähnelt – mit langem weißem Stiel und dunkelgrünen Blättern

bak kutteh – Suppe aus Schweinerippchen mit Spuren von Knoblauch und fünf chinesischen Gewürzen

char kway teow – Hokkien-Gericht aus breiten Nudeln, Venusmuscheln und Eiern in einer Sauce aus Chili und schwarzen Bohnen

char siew – süßes gebratenes Schweinefilet

cheng ting – eine Nachspeise: Schale mit Zuckersirup und Kräutermarmelade, Gerste und Datteln

choi sum – ein beliebtes chinesisches Gemüse, gedünstet und mit Austernsauce angerichtet

congee – Chinesischer Brei

Hainanese chicken rice – ein Hühnchengericht mit Frühlingszwiebeln und Ingwer-Dressing; dazu gehören eine Suppe, Reis und Chilisauce; eine Spezialität

hoisin sauce – dickflüssige Würzsauce aus Sojabohnen, Kidneybohnen, Zucker, Essig, Salz, Knoblauch, Sesam, Chili und diversen Gewürzen; würzig-süß bis streng im Geschmack

kang kong – Wasserspinat, eine Spinartsorte mit kräftigem Stiel

kway chap – Schweineinnereien, in Sojasauce gekocht und mit flachen Reisnudeln serviert

kway teow – breite Reisnudeln

lor mee – einheimisches Nudelgericht mit dünn geschnittenem Fleisch, Eiern und einem Schuss Essig in dunkelbrauner Sauce

mee pok – flache Nudeln aus Eiern und Weizenmehl

spring roll – Frühlingsrolle; Gemüse, Erdnüsse, Eier und Bohnensprossen werden in einen dünnen Teig gewickelt und gebraten

won ton – Teigtasche, gefüllt mit gewürztem Schweinehackfleisch

won ton mee – Suppe mit kleingeschnittenem Hähnchen- oder gechmortem Rindfleisch

yu char kueh – frittierter Teig; wird zusammen mit Reis-Congee, einem Reisbrei, gegessen

yu tiao – frittiertes Gebäck; wird zum Frühstück oder als Dessert gereicht

yusheng – Salat aus rohem Fisch, geraspeltem Gemüse, kandierter Melone oder Limette, eingelegtem Ingwer, Sesamkörnern, Quallen und Erdnuss, alles mit einem süßen Dressing; wird zum chinesischen Neujahrsfest verzehrt

Indisch

achar – eingelegtes Gemüse

fish-head curry – der Kopf vom Read Snapper in einer Currysauce; ein berühmtes Gericht der indisch-singapurischen Küche

gulab jamun – gebratene Milchbällchen in zuckrigem Sirup

idli – gedünsteter Reiskuchen mit dünnen Chutneys

keema – würziges Hackfleisch

kofta – Hackfleisch- oder Gemüseböllchen

korma – milder Curry mit Joghurtsauce

lassi – Getränk auf Joghurtbasis, süß oder gesalzen

mulligatawny – würzige Rindfleischsuppe

pakora – frittiertes Gemüse

paratha – Fladenbrot mit Butterschmalz, auf einer Kochplatte gebacken; auch *roti prata* genannt

pilau – in Butterschmalz gebratener und mit Nüssen vermischter Reis, der anschließend gekocht wird

raita – Beilage aus Gurken, Joghurt und Minze, um den Gaumen zu beruhigen

rasam – scharf gewürzte Suppe

roti john – gebratenes *roti* mit Chili

saag – würzige Beilage aus gehacktem Spinat

sambar – feurige Mischung aus Gemüse, Linsen und Schälerbsen

samosa – gebratenes dreieckiges Gebäckstück, gefüllt mit gut gewürztem Gemüse oder Fleisch

soup tulang – fleischbedeckte Knochen in gut gewürzter, blutroter Tomatensauce

tikka – kleine Stückchen Fleisch oder Fisch ohne Knochen, vor dem Backen in Joghurt eingelegt

vadai – scharfe gebratene Linsenplätzchen, mit einer pikanten Linsensauce oder Joghurt gereicht

Malaysisch & Indonesisch

ais kacang – *cendol* vergleichbar, aber mit ungesüßter Kondensmilch anstelle von Kokosmilch; manchmal auch *ice kacang* geschrieben

attap – die süße, geleeartige Frucht der Mangrovenpalme

belacan – fermentierte Garnelenpaste, als Gewürz verwendet

belacan kang kong – grünes Gemüse, in Garnelenpaste gebraten

cendol – ein singapurisches Dessert: eine Waffel mit zerstoßenem Eis, gefüllt mit Kidneybohnen, *attap* und Gelee, alles mit buntem Sirup, Sirup aus braunem Zucker und Kokosmilch übergossen

gado gado – eine kalte Platte mit Bohnensprossen, Kartoffeln, Langbohnen, *tempeh*, Bohnenquark, Reiskuchen und Krabbencrackern, mit einer würzigen Erdnusssauce

itek manis – Ente, in Ingwer und Schwarzer-Bohnen-Sauce gekocht

itek tim – ein Suppen-Klassiker aus gekochter Ente, Tomaten, grüner Paprika, gesalzenem Gemüse und eingelegten sauren Pflaumen

kari ayam – Hähnchen mit Curry

kaya – Toast mit einem Brotaufstrich aus Kokosnuss und Ei

kecap – Sojasauce („ketchup" ausgesprochen; daher stammt auch die Bezeichnung)

kepala ikan – Fischkopf, normalerweise in Curry oder gegrillt

kueh mueh – malaysische Kuchen

lontong – Reiskuchen in scharf gewürzter Kokosmilchsauce und geraspelter Kokosnuss, manchmal auch mit Bohnenquark und Ei

mee siam – dünne weiße Nudeln in einer süß-sauren Sauce mit Tamarinden (Sauerdatteln)

mee soto – Nudelsuppe mit Hühnerfleischstücken

nasi biryani – gewürzter Safranreis, garniert mit Cashewkernen, Mandeln und Rosinen

nasi minyak – gewürzter Reis

pulut kuning – klebriger Safranreis

o-chien – Austernomelett

rojak – Salat aus Gurken, Ananas, Yambohnen, Sternfrucht, Mangos und Guaven; als Dressing Garnelenpaste, Chili, Palmzucker und frischer Limettensaft

sambal – Sauce aus gebratenem Chili, Zwiebeln und Garnelenpaste

soto ayam – scharfe Hühnersuppe mit Gemüse und Kartoffeln

tempeh – frittierte eingelegte Sojabohnen

Peranakan-Küche

ayam buah keluak – Hähnchen in einer gehaltvollen, würzigen Sauce, serviert mit *buah keluak* (einer ungewöhnlich schmeckenden schwarzen, teigartigen Nuss)

carrot cake – omelettartiges Gericht aus Rettich, Ei, Knoblauch und Chili; auch bekannt als *chye tow kway*

kueh pie ti – frittierte „Gefäße" aus einem einfachen Mehl-und-Wasser-Teig, gefüllt mit Garnelen, Chilisauce und gedünsteten Rüben

otak – würzige Fischpaste, in Bananenblättern gekocht; ein klassischer Imbiss der Peranakan-Küche, auch bekannt als *otak-otak*

papaya titek – ein Curry-Eintopf

popiah – eine Art Frühlingsrolle, aber nicht gebraten

satay bee hoon – Nudeln in Erdnusssauce

shui kueh – gedünstete Rettichkuchen mit einer Auflage aus gebratenem Rettich

Hinter den Kulissen

WIR FREUEN UNS ÜBER EIN FEEDBACK
Post von Travellern zu bekommen ist für uns ungemein hilfreich – Kritik und Anregungen halten uns auf dem Laufenden und helfen, unsere Bücher zu verbessern. Unser reiseerfahrenes Team liest alle Zuschriften genau durch, um zu erfahren, was an unseren Reiseführern gut und was schlecht ist. Wir können solche Post zwar nicht individuell beantworten, aber jedes Feedback wird garantiert schnurstracks an die jeweiligen Autoren weitergeleitet, noch rechtzeitig vor der nächsten Nachauflage.

Wer uns schreiben will, erreicht uns über www.lonelyplanet.de/kontakt.

Hinweis: Da wir Beiträge möglicherweise in Lonely-Planet-Produkten (Reiseführer, Websites, digitale Medien) veröffentlichen, ggf. auch in gekürzter Form, bitten wir um Mitteilung, falls ein Kommentar nicht veröffentlicht oder ein Name nicht genannt werden soll.

Wer Näheres über unsere Strategie bei der Datenschutzpolitik wissen will, erfährt das unter www.lonelyplanet.com/privacy.

DANK VON LONELY PLANET
Vielen Dank an alle Traveller, die mit der letzten Ausgabe unterwegs waren und uns nützliche Hinweise, gute Ratschläge und interessante Begebenheiten übermittelt haben:

Bazga Ali, Samuel Bilbie, Elaine Bleiberg, Nikki Buran, Ashley Cooper, Matt Evans, Sabrina Giambartolomei, Eva Hofmann, Frank Khoo, Etienne Le Jeune, Bronya Monro-Stevens, Nathan Pan, Haus Patterson, Karen Ramsay, Stephan Schaller, Bertram Schneider, Ann Shield, Bob Simon, Vicky Smith, Juri Strante, Chris Tandy, Lim Teng Aun, Jörg Tredup, Mark Worsnop

DANK DER AUTOREN
Shawn Low
Wie immer danke ich den verantwortlichen Redakteuren, die für diese Ausgabe zuständig waren: Ilaria, weil sie mich für den geeigneten Autor hielt, und Stephanie für ihr ausführliches Briefing. Danke auch an das gesamte Team von Lonely Planet, das mit diesem Buch befasst war: Redaktionsleitung, Kartografen, Redakteure, Layouter etc. Ich kenne ja das Leben hinter den Kulissen und weiß, wie hart alle dort arbeiten. Große Anerkennung und Dank auch an meinen Mitautor Daniel. Die gemeinsame Zeit hat viel Spaß gemacht. Bei allen anderen, die ich hier vielleicht noch vergessen habe, entschuldige ich mich schon im Voraus. Ich spendiere jedem ein Bier, sollten sich unsere Wege noch einmal kreuzen! Für mich wird dieses Buch auf immer mit bittersüßen Erinnerungen verbunden sein ...

Daniel McCrohan
Ein großes Dankeschön an meine Freunde in Singapur – Char-Maine Tan, Mick Lee, Adi Thayi, Sean Collins und Ma Huaqing – für ihre Mithilfe und die großartigen Tipps. Ein besonderer Dank geht an Kenny Png für seine fachkundigen Hinweise zur Musik, an Shalu Asnani fürs Insiderwissen aus der Gastronomieszene und an Michelle Tan, meine großartige Reisegefährtin. Mit einem Glas Tiger-Bier stoße ich auf meinen Kollegen und Freund Shawn Low an – cheers! Besonders danke ich Taotao, Dudu und Yoyo und meiner Familie in Europa – für all die Geduld.

QUELLENNACHWEIS
Die Daten in der Klimatabelle stammen von Peel MC, Finlayson BL & McMahon TA (2007), Aktualisierte Weltkarte der Köppen-Geiger-Klimaklassifikation, Hydrology and Earth System Sciences, 11, 1633-44.

Abbildung auf dem Umschlag: Merlion-Brunnen im Merlion Park, Ausili Tommaso/4Corners.

Viele der Bilder in diesem Reiseführer können bei Lonely Planet Images: www.lonelyplanetimages.com auch lizenziert werden.

ÜBER DIESES BUCH

Dies ist die 2. deutsche Auflage von *Singapur*, basierend auf der mittlerweile 9. englischen Auflage. Vorbereitet und geschrieben wurde diese Auflage von Shawn Low und Daniel McCrohan. Die 8. englische Auflage stammte von Mat Oakley und Joshua Samuel Brown, die 7. Auflage von Mat Oakley. Der Band wurde vom Lonely Planet Büro in Melbourne in Auftrat gegeben und betreut von:

Verantwortliche Redakteure
Stefanie di Trocchio, Ilaria Walker und Kalya Ryan

Redaktionsleitung
Holly Alexander, Jessica Crouch
Leitung der Kartografie
Alex Leung
Layout-Leitung
Virginia Moreno
Redaktion
Bruce Evans
Lektoratsleitung
Susan Paterson, Angela Tinson
Kartografie David Connolly, Adrian Persoglia
Layout Jane Hart
Redaktionsassistenz
Rebecca Chau
Assistenz der Kartografie
Katalin Dadi-Racz

Umschlaggestaltung
Naomi Parker
Bildredaktion
Aude Vauconsant
Besonderer Dank gilt
Janine Eberle, Ryan Evans, Liz Heynes, Laura Jane, David Kemp, Piers Pickard, Trent Paton, Averil Robertson, Lachlan Ross, Michael Ruff, Julie Sheridan, Laura Stansfeld, John Taufa, Gerard Walker, Clifton Wilkinson, Jessica Rose, Paul Iacono

Register

Siehe auch die separaten Register für:
- ♂ **AKTIVITÄTEN S. 211**
- 🍷 **AUSGEHEN & NACHTLEBEN S. 211**
- 🍴 **ESSEN S. 212**
- 🔒 **SHOPPEN S. 213**
- ☆ **UNTERHALTUNG S. 213**
- 🛏 **UNTERKUNFT S. 213**

8 Heeren Street (Malaysia) 150
8Q SAM 43

A
Affen 106, 107
  Füttern 105
Aktivitäten 20–23; *siehe auch* Teilregister
Alltagsleben 41, 58, 70, 82, 92, 105
Amitabha Buddhist Centre 93
An- & Weiterreise 194
Antiquitätenläden 55, 66, 90
Arab Street 72; *siehe auch* Kampong Glam
Architekturmuseum (Malaysia) 149
Armenische Kirche 43
Asian Civilisations Museum 45
Ausgehen & Nachtleben 29–31; *siehe auch* einzelne Stadtviertel & Teilregister
  Bars 29–30, 30
  Musikveranstaltungen 65
  Öffnungszeiten 30
  Tiger Brewery 122
Auto 199

B
Baba *siehe* Peranakan-Kultur
Baba House **9**, 59
Baba-Nonya Heritage Museum (Malaysia) 150
Bands 65
Bangunan Sultan Ibrahim (Johor Bahru) 143
Banyan Tree Temple (Pulau Ubin) 139
Becak-Fahrten (Pulau Ubin) 139
Bevölkerung 168
Boat Quay 49
Bollywood 122
Boote/Fähren 198
Botanischer Garten **10**, 39
  An- & Weiterreise 111
  Essen 114
  Highlights 110
Bowlingbahn 103
Bubble Tea 25
Bücher 168–169, 178, 186
Bugis *siehe* Little India, Kampong Glam
  Unterhaltung 79
Bukit Timah Nature Reserve **11**, 106
Burmesisch-Buddhistischer Tempel Sasanaramsi 109
Bus 197
Butterfly Park & Insect Kingdom (Sentosa Island) 128

C
Casino (Sentosa Island) 128
Cathay Gallery 83
CBD (Central Business District) 38, **57**, 57–68
  An- & Weiterreise 58
  Ausgehen & Nachtleben 58, 64
  Essen 58, 60
  Highlights 9, 57
  Sehenswertes 59–60
  Shoppen 66
  Unterhaltung 65
Cetiya Bodhi Sasana (Pulau Bintan) 137
Changi
  Ausgehen & Nachtleben 101
  Highlights 91
Changi Prison Museum & Chapel 95
Chek Jawa Wetlands (Pulau Ubin) 131
Cheng Hoon Teng Temple (Malaysia) 151
Cheng Huang Temple 109
Chiesa del Gesù 42
Children Little Museum 72
Chilikrabben 101
Chinatown **57, 61**, 57–68, 38
  An- & Weiterreise 58
  Ausgehen & Nachtleben 58, 64
  Essen 58
  Highlights 9, 57
  Sehenswertes 59–60
  Stadtspaziergang 61
  Shoppen 66
  Unterhaltung 65
Chinatown Heritage Centre 59
Chinatown (Malaysia) 150
Chinatown (Pulau Ubin) 139
Chinese Garden 123
Chinese Heritage Museum (Johor Bahru) 143
Chinesische Küche 178
Chinesische Oper 65
Chinesisches Neujahr 20
Chingay Festival 20
Christ Church (Malaysia) 150
Church of the Holy Family 94
Clarke Quay 49
Clubbing 19, 30
Coffeeshops 25, 26
Colonial District 38, **40, 44**, 40–56
  Ausgehen & Nachtleben 41, 49
  Essen 41, 46
  Highlights 12, 40–41, 42
  Sehenswertes 42
  Stadtspaziergang 44
  Unterhaltung 53

Unterkunft 156

D
Dempsey Hill 39, **110**
  An- & Weiterreise 111
  Essen 113
  Highlights 10, 110
D'Kranji Farm Resort 122
Durianfrucht 86
Durian-Kultur 86
Duxton Hill 13

E
East Coast Park 94
East Coast Park 39
  Ausgehen & Nachtleben 100
  Highlights 91
Einkaufsviertel 72, 73
Eislaufhalle 53
Emerald Hill Road 83, 87
Essen 26–28, 178–185; *siehe auch* einzelne Stadtviertel, Hawker Center & Teilregister
  Chilikrabbe 101
  Chinesisch 28
  Fusion-Küche 28
  Geführte Touren 52
  Indisch 28
  Indonesisch 28
  Japanisch 28
  Malaiisch 28
  Öffnungszeiten 27
  Peranakan 28, 189
  Preise 27, 28
  Sprache 204–205
  Westlich 28
EZ-LINK Card 196

F
Farquhar, Colonel William 172–174
Feiertage 202
Feste & Events 20–23
Festung (Pulau Ubin) 139

Film 32, 33
FireFlies Health Farm 122
Fliegen 194
Flusskreuzfahrten **12**, 52
Food Courts *siehe* Hawker Center
Food Republic 84
Formel 1 20
Fort Canning Park 42
Fort Siloso (Sentosa Island) 127
Fußreflexzonenmassage 25, 83

G
Galerien 18
GardenAsia 122
Gärten 123; *siehe auch* Parks & Gärten
Geführte Touren 52
Geld 14, 27, 153, 201, 33, 202
German Girl Shrine (Pulau Ubin) 132
Geschichte 170–177
   Zweiter Weltkrieg 108, 119, 121, 123, 127, 174
Getränke 25
Geylang 39
   Sehenswertes 93
Geylang Serai Wet Market 94
Glücksspiel 169
Golden Mile Complex 77
Grabmäler & Paläste (Pulau Ubin) 139

H
Haji Lane 73
Hajjah Fatimah Mosque 73
Handy 14
Happy Hour 25
Hawker Center **6**, 18, 26, 28, 82, 28; *siehe auch* Coffeeshops
   Chinatown 62
   Chinatown Complex 62
   East Coast Lagoon Food Village 100
   Etikette 183
   Food Republic 84
   Gluttons Bay 46
   Golden Mile Complex 77
   Lau Pa Sat 62
   Maxwell Road Hawker Centre 62
   Öffnungszeiten 27
   Takashimaya Food Village 84
   Tekka Centre 75

Hawker Food 7
Haw Par Villa 119
Hay Dairies 122
Henderson Waves 120
Highlights
   Singapore Zoo 7
Historische Hotels 158
Historische Innenstadt (Malaysia) 149
Holland Road & Bukit Timah **110**
Holland Village 39
   Ausgehen & Nachtleben 114
   Essen 112
   Highlights 10, 110
   Shoppen 116
   Sehenswertes 113
Hong San See Temple 45
HortPark 120
Hua Song Museum 119

I
Ikkan Art International 67
Images of Singapore (Sentosa Island) 128
IMAX-Kino 121
Indian Heritage Centre 13, 71
Indische Küche 70, 180
Indische Kultur 71
Indonesische Küche 180
Infos im internet 14
   Essen 27
Inseln 19
Internetzugang 202
ION Sky 88
Islamisches Museum (Malaysia) 149
Istana 83

J
Japanische Besatzung 174
Joggen 111
Johor Bahru 141, **141**
   Shoppen 144
Johor Old Chinese Temple (Johor Bahru) 142
Joo Chiat 39; *siehe auch* Katong
Jurong Bird Park 121
Jurong Frog Farm 122

K
Kaffee 30
Kajak 107
Kampong Glam 39, **69**
   An- & Weiterreise 70

   Ausgehen 78
   Essen 70
   Highlights 69
   Unterhaltung 78
Kampongs 109
   Pulau Ubin 131
Kasinos 169
Katong 39
   Ausgehen & Nachtleben 100
Katong Antique House 93
Kinder, Reisen mit 24
   Aktivitäten 105, 107, 120 121, 127
Kinos 33
Klima 15
Klimawandel 197
Kolonialisierung 172
Kopi *siehe* Kaffee
Kopitiam *siehe* Coffeeshops
Kosten 197
Kranji Countryside Association 122
KTM (Zug) 147
Kuan Im Thong Hood Cho Temple 73
Kuan Im Tng Temple 94
Kulturzentren 13
Kunst
   Museen 43
   Shoppen 55, 66
Kunstgalerien 67
Kusu 39; *siehe auch* Südliche Inseln

L
Labrador Nature Reserve 121
Labrador Secret Tunnels 121
Lau Pa Sat 62
Lazarus *siehe* Südliche Inseln
Lee Hsien Loong 177
Lee Kong Chian Art Museum 119
Lee Kuan Yew 176
Leong San See Tempel 71
Lian Shan Shuang Lin Monastery 109
Little India **8**, 39, **69, 74**
   An- & Weiterreise 70
   Ausgehen 77
   Essen 70
   Highlights 8, 69
   Sehenswertes 71
   Shoppen 79
   Stadtspaziergang 74

   Unterhaltung 78
Lorong Buangkok 109
Loyang Tua Pek Kong Temple 96

M
MacRitchie Reservoir 107
Malabar Muslim Jama-Ath Mosque 72
Malaiische Küche 180
Malakka (Malaysia) 147, **148**
   Essen & Ausgehen 151
   Shoppen 152
   Unterkunft 151
Malay Heritage Centre 72
Marina Barrage 46
Marina Bay 13, 40–56, 38
   Ausgehen & Nachtleben 41, 49
   Essen 41, 46
   Highlights 12, 40–41, 42
   Sehenswertes 42
   Stadtspaziergang 44
   Unterhaltung 53
   Unterkunft 156
Marina Bay Sands 169
Marine Cove Recreation Centre 94
Maritime Xperiential Museum (Sentosa Island) 128
Masjid Raya Sultan Riao (Pulau Ubin) 138
Mass Rapid Transit (MRT) 196
Max Koi Farm 122
Maxwell Road Hawker Centre 62
Medizinische Versorgung 202
Mehrwertsteuer 35
Melaka *siehe* Malakka
Memories at Old Ford Factory 108
Merlion 45
MINT Museum of Toys 45
Mobiltelefon 14
Moscheen 19
Motorrad 199
Mountainbike fahren 106
Mount Faber 119
MRT (Mass Rapid Transit) 196
MRT-Stationen 115
Museen 18
Museen der National University of Singapore 119
Museum of Contemporary

Arts (MOCA) 112
Musik 65
Muzium Rakyat (Malaysia) 149

N

Nachtleben *siehe* Ausgehen & Nachtleben
Nachtsafari 24, 108
Nachtzoo 24, 108
National Museum of Singapore 24, 45
National University of Singapore – Museen 119
Ngee Ann Foot Reflexology 83
Ng Eng Teng Gallery 120
Night Safari 24, 108
Nonya *siehe* Peranakan-Kultur
Nonya-Essen 189
Nonya-Küche 60
Norden von Singapur 39, **104**
  Highlights 7, 11, 104, 107, 108
  Sehenswertes 107
Notarzt 201
Notfall 201
NUS Museums 119

O

Öffnungszeiten 27, 30, 35
Omni-Theatre 121
Orchard Road **11**, 24
Orchard Road 10, **81**, 81–90, 89
  An- & Weiterreise 82
  Ausgehen & Nachtleben 85
  Essen 82, 83
  Sehenswertes 83
  Shoppen 88
Osten von Singapur 39, 91–103, **91**; *siehe auch* Geylang, Katong, East Coast Park, Changi, Pasir Ris
  An- & Weiterreise 92
  Ausgehen & Nachtleben 100
  Essen 96
  Highlights 91–92
  Sehenswertes 93

Sehenswertes S. 000
Karten **S. 000**
Abbildungen **S. 000**

Shoppen 102
Unterhaltung 101

P

Painted Buildings (Malaysia) 150
Palawan Beach (Sentosa Island) 130
Parks & Gärten 13, 19, 112, 120
Pasir Ris 100
  Ausgehen & Nachtleben 101
  Shoppen 102
  Unterhaltung 101
Pasir Ris Park 39, 96
Penyengat (Pulau Ubin) 138
People's Action Party (PAP) 168, 177
Peranakan-Hochzeit 187
Peranakan-Kultur 43, 186, 59
Peranakan Terrace Houses 93
Pferderennen 122
Pinang (Pulau Bintan) 137
  An- & Weiterreise 138
  Essen 140
  Unterkunft 140
Png, Kenny 65
Politik 168
Porta de Santiago (Malaysia) 149
Post 202
Preise 14, 27, 30, 153, 201, 33
Pu Ji Si Buddhist Research Centre 93
Pulau Bintan 137
Pulau Tioman 144, **145**
  Essen & Ausgehen 146
  Unterkunft 146
Pulau Ubin **8**, 24, 39, 131
  Aktivitäten 132
  An- & Weiterreise 131
  Ausgehen 132
  Essen 132, 140
  Highlights 126
Pulau Ubin Village 132

Q

Quays 38, 49, 40–56; *siehe auch* Boat Quay, Clarke Quay, Robertson Quay
  Ausgehen & Nachtleben 41, 49
  Essen 41, 46
  Highlights 12, 40–41, 42
  Sehenswertes 42

Shoppen 55
Stadtspaziergang 44
Unterhaltung 53
Unterkunft 156

R

Radfahren 198; *siehe auch* Mountainbike fahren
  Pulau Ubin 132
  Verleih (Sentosa Island) 130
Raffles Hotel 42
Raffles Hotel Museum 43
Raffles Museum of Biodiversity Research 120
Raffles, Sir Stamford 171, 175
Rechtsfragen 202
Redot Fine Art Gallery 67
Reflections at Bukit Chandu 119
Regierung 168
Reiseplanung
  Alltagsleben 25, 41
  Basiswissen 14
  Feste & Events 20–23
  Infos im Internet 14
  Kinder 24
  Reisebudget 14, 27, 30, 201, 28, 33
  Reisezeiten 15, 20–23
Resorts World 169
Resorts World (Sentosa Island) 128
Restaurant-Blogs 27
Restaurantführer 27
Rikscha 199
Robertson Quay 49
Royal Abu Bakar Museum (Johor Bahru) 142

S

Safari 108
Sakaya Muni Buddha Gaya Temple 71
Schildkrötenheiligtum (Kusu Island) 134
Schlafen *siehe* Unterkunft
Sehenswertes *siehe auch* Einträge in blauer Schrift
MRT-Stationen 115
Seilbahn 119, 130
Senggarang (Pulau Ubin) 139
Seng Wong Beo Temple 60
Sentosa 39

Sentosa Island **12**, 24, 127–131
  Aktivitäten 130
  An- & Weiterreise 127
  Ausgehen & Nachtleben 129
  Eintritt 128
  Essen 128
  Highlights 126–127
  Unterhaltung 129
Shoppen 34–35; *siehe auch* einzelne Stadtviertel & Teilregister
  Öffnungszeiten 35
Siloso Beach (Sentosa Island) 130
Singapore Art Museum 24, 43
Singapore Botanic Gardens 112
  Highlights 112
Singapore Flyer 43
Singapore Food Festival 20
Singapore Science Centre 24, 121
Singapore Tyler Print Institute 45
Singapore Zoo 7
Singapore Chinese Opera Museum 78
Singapur City Gallery 59
Singapur Turf Club 122
Singlish 190
Skate Park 89
Snow City 123
Southern Islands *siehe* Südliche Inseln
South & Southeast Asian Gallery 120
Spas 33
Sport 32
Sprachen 14, 190
Sri Krishnan Temple 73
Sri Mariamman Temple 59
Sri Muneeswaran Hindu Temple 112
Sri Raja Mariamman Devasthanam (Johor Bahru) 143
Sri Senpaga Vinayagar Temple 93
Sri Srinivasa Perumal Temple 71
Sri Vadapathira Kaliamman Temple 71
Sri-Veeramakaliamman-Tempel 71
Städtebau/Stadtplanung 168
Stadthuys (Malaysia) 150
Stadtplanung 71

Stadtspaziergänge
  Chinatown 61
  Geführte Touren 52
  Little India 74
  Rundgänge 44
  St. Andrew's Cathedral 43
Steuern 203
St. James Power Station 123
St. John's 39; siehe auch Südliche Inseln
St. Paul's Church (Malaysia) 149
Strände
  Sentosa Island 130
  Südliche Inseln 134
Strom 201
Südliche Inseln 133
  An- & Weiterreise 133
  Highlights 126
  Kusu Island 134
  Lazarus Island 134
  St. John's Island 134
Südwesten von Singapur 117–125, **117**
  An- & Weiterreise 118
  Ausgehen & Nachtleben 123
  Essen 118
  Highlights 117
  Sehenswertes 119
  Shoppen 124
Sultan Abu Bakar Mosque (Johor Bahru) 142
Sultan Mosque 72
Sultan Sulaiman Badral Alamsyah (Pulau Bintan) 138
Sungei Buloh Wetland Reserve 121
Sun Yat Sen Nanyang Memorial Hall 109

T
Takashimaya Food Village 84
Tanjong Beach (Sentosa Island) 130
Tanjong Pagar Distripark 67
Tan Yeok Nee House 83
Tanz 54
Taxis 198
Tekka Centre 75
Telefonanbieter 203
Telefonieren 14
Telefonkarten 203
Telok Blangah Hill Park 120
Tempel 19
Thai-Küche 77

Theater 32, 33
Thermalbad
  Sentosa Island 131
Thian Hock Keng Temple 59
Tickets
  Events 33
Tiger Brewery 122
Touren 24
Touristeninformation 14, 203
Treetop Walk 107

U
U-Bahn (MRT) 196
Universal Studios (Sentosa Island) 127
Unterhaltung 32–33
Unterkunft 15, 153–166; siehe auch einzelne Stadtviertel & Teilregister
  Chinatown & CBD 159
  Historische Hotels 158
  Hostels mit Schlafsälen 161
  Little India & Kampong Glam 160
  Orchard Road 162
  Osten von Singapur 163
  Sentosa & die Inseln 165
Unterwasserwelt (Sentosa Island) 127
Unterwegs vor Ort 195, 196

V
Valentine Willie Fine Art 67
Vegetarier & Veganer 182
Vihara Bhatra Sasana (Pulau Bintan) 137
Vihara Dharma Sasana (Pulau Ubin) 139
Visa 14, 203
  Malaysia 142
Vogelbeobachtung 121

W
Währung 14
Wak Hai Cheng Bio Temple 60
Wandern 33, 106, 107
  Sentosa Island 130
  Sungei Buloh Wetland Reserve 121
Warane 121
Wei Tuo Fa Gong Temple (Pulau Ubin) 132
Wellness 33, 78

Westen von Singapur 39, 117–125, **117**
  An- & Weiterreise 118
  Essen 118, 124
  Highlights 117
  Sehenswertes 121
Wetter 15

Z
Zahntempel 59
Zeit 14, 203
Zentrum von Singapur 104–109
  Highlights 11, 104, 107, 108
Zoll 200
Zoo von Singapur **7**, 107
Zug 196

🏃 AKTIVITÄTEN
Fallschirmspringen (Sentosa Island) 130
Flying Trapeze (Sentosa Island) 131
Gogreen Segway Eco Adventure (Sentosa Island) 130
iFly (Sentosa Island) 130
Ketam Mountain Bike Park (Pulau Ubin) 132
Luge & Skyride (Sentosa Island) 130
MegaZip (Sentosa Island) 130
Naturwanderung (Sentosa Island) 130
Radfahren, Tretboote & Kajaks (Sentosa Island) 130
Schwimmen & Kajak fahren (Pulau Ubin) 132
Schwimmen (Sentosa Island) 130
Sentosa Golf Club (Sentosa Island) 131
Spa Botanica (Sentosa Island) 131
Strände (Pulau Tioman) 145
Surfen (Sentosa Island) 130
Wandern (Pulau Tioman) 146
Wave House (Sentosa Island) 130

🍸 AUSGEHEN & NACHTLEBEN
1 Altitude 50

A, B
Alley Bar 87
Archipelago Brewery 51
Attica 53
Baden 114
Bambooze 101
Bar & Billiard Room 50
Beaujolais 64
BluJaz Café 78
Boiler Room 123
Brewerkz 50
Brussels Sprouts Belgian Beer & Mussels 50
Butter Factory 52

C, D
Cafe del Mar (Sentosa Island) 129
California Jam 101
Cider Pit 100
Coastes (Sentosa Island) 129
Countryside Cafe 77
Crazy Elephant 53
Curious Teepee 87
Cuscaden Patio 87
Dessert Bar 115
Dragonfly 123
Dubliners 86

E, F
eM by the River 51
Emerald Hill Road 87
Fatboy's the Burger Bar 100

G, H
Gazebo Bar 50
Geographér Café (Malaysia) 152
Harry's 51
Home Club 52
Hood 64

I, K
Ice Cold Beer 87
Kerbau Rd. Beer Garden 78
KPO 86
Ku Dé Tah 50

L, M, N
Lantern 51
Le Carillon de L'Angelus 65
Level 33 50
Long Bar 50
Loof 50

Molly Malone's 51
Mono 123
Movida 123
New Asia Bar 51
No 5 87

O, P, Q

Over Easy 51
Paulaner Brauhaus 51
Penny Black 51
Phuture 50
Pigeon Hole 64
Plain 65
Powerhouse 123
Prince of Wales 77
PS Café 115
Que Pasa 87

R, S, T

Raffles Hotel 50
Red Dot Brewhouse 116
Roost Juice Bar (Johor Bahru) 144
Screening Room 64
Singapore Chinese Orchestra 66
Soho Coffee 53
St. James Power Station 123
Street Bar 123
Sunset Bay Garden Beach Bar 100
Tab 88
Tanjong Beach Club (Sentosa Island) 129
Tantric Bar 64
Tea Chapter 64
Timbre@Substation 53
Tippling Club 115
Top of the M 88
Toucan Irish Pub 64
Toy Factory Theatre Ensemble 66
TWG Tea 87

V, W, Y, Z

Velvet Underground 50
Wala Wala Cafe Bar 114
Wave House (Sentosa Island) 129
Wonderful Food & Beverage 64
Yixing Xuan Teahouse 64

Zirca Mega Club 53
Zouk 49
Zouk Wine Bar 50
Zsofi Tapas Bar 78

ESSEN

A

Ah-Rahman Royal Prata 75
Ananda Bhavan 75
Andhra Curry 75
Annalakshmi (Johor Bahru) 144
Annalakshmi Janatha 62
Artichoke 48
Asmi Restaurant (Norris Rd. Chapati) 75
Asmi Restaurant 76
Au Jardin 114

B

Barracks Café 114
Bismillah Biryani 73
Black Opal 124
Blue Ginger 60
Bombay Woodlands Restaurant 85
Brotzeit 48

C

Café Le Caire 76
Canteen 85
Casa Verde 114
Central Mall 48
Changi Village Hawker Centre 100
Chatterbox (Top of the M) 85
Chef Chan's Restaurant 48
Chilli Padi 98
Chinatown Coffee Shop (Sentosa Island) 129
Chinatown Complex 62
Chin Mee Chin Confectionery 97
Ci Yan Organic Vegetarian Health Food 60
Cliff (Sentosa Island) 129
Cocotte 76
Crystal Jade La Mian Xiao Long Bao 85
Cumi Bali 60
Cut 46

D

Daily Scoop 113
Da Paolo Pizza Bar 113

DB Bistro Moderne 46
Dim Joy 60
Din Tai Fung 48
Din Tai Fung 84
Donald & Lily's (Malaysia) 151
Durian Culture 86

E

East Coast Seafood Centre 100
Emerald Lodge 124
Empire Café 48
Empress Jade 124
Eng Lock Koo 124
Eng Seng Coffeeshop 98
Equinox 48

F

Food for Thought 46
Food Republic 84
French Stall 75
Freshness Burger 48

G

Gandhi Restaurant 73
Garibaldi 47
Golden Mile Complex 77
Golden Mile Food Centre 77
Gordon Grill 85
Guan Hoe Soon 98
Gunther's 47

H

Hai Tien Lo 48
Halia 114
Handburger 47
Hiap Joo Bakery & Biscuit Factory (Johor Bahru) 144
Hijau Restaurant (Pulau Tioman) 146
Hoe Kee Chicken Rice (Malaysia) 152
Holland Village Food Centre 113

I

Iggy's 84
It Roo Cafe (Johor Bahru) 144

J

Jaggi's 75
Jai Thai 47, 98
Jewel Box 124
Jia Wei 99

Jones The Grocer 113
Jonker 88 Heritage (Malakka, Malaysia) 152

K

Katong Laksa 98
Katong Shopping Centre 99
Kedai Kopi Dan Makanan Kin Wah (Johor Bahru) 143
Killiney Kopitiam 47
Killiney Kopitiam 83
Kilo 46
Kim Joo Guan 63
Komala Vilas 76
Kopitiam 48

L

Lan Zhou La Mian 62
Lau Pa Sat 62
Lor 9 Beef Kway Teow 97
Low Yong Mow (Malaysia) 151
Loysel's Toy 46
L'Angelus 62
L'Atelier de Joël Robuchon (Sentosa Island) 129
L'Entrecote 62

M

Maeda 98
Marina Bay Sands 46
Marine Parade Food Centre 99
Marketplace 48
Mautama Ramen 48
Maxwell Road Hawker Centre 62
Megumi 99
Moonstone 124
Mustard 75

N

Nachtmarkt (Johor Bahru) 143
Nancy's Kitchen (Malaysia) 151
Nan Hwa Chong Fish-Head Steamboat Corner 76
Nanyang Old Coffee 62
Naïve 98
Nong Khai 77
No Signboard Seafood 48, 96

O

Ocean Corner (Pulau Ubin) 140
Oriole Cafe & Bar 85
Osteria Mozza 46

P

Penyengat (Pulau Ubin) 140
Pinang 140
Porn's 99
Purvis Street Food Outlets 47

R

Raffles City 47
Ramen Santouka 48
Restoran Huamui (Johor Bahru) 143
Roland Restaurant 99

S

Salt Grill 84
Samundar (Sentosa Island) 129
Samy's Curry Restaurant 113
Sankranti 73
Sapphire 124
Saveur 97
Seah Street Food Outlets 47
Senggarang (Pulau Ubin) 140
Seremban Beef Noodles 99
Siglap Neighbourhood 99
Sin Huat Eating House 96
Skinny Pizza 47
Sky Dining 124
Sky on 57 46
Smith Street Hawker Centre 179
Spizza 63
Spring Ju Chun Yuan 63
Sunset Corner (Pulau Tioman) 147
Sun With Moon 85

T

Takashimaya Food Village 84
Tekka Centre 75
Tepak Sireh 76
Tian Tian 62
Tian Tian Chicken Rice 99
Tong Heng 63
Tonny Restaurant 98
Tung Lok Signatures 48

Turkish Cuisine 99
Two Fat Men 99

U

Usman 76

W

Wah Lok 48
Waku Ghin 46
Waraku 48
Wasabi Tei 84
Watami 48
Wild Rocket 75

Y

Ya Kun Kaya Toast 60
Yanti Nasi Padang 63
Yee Cheong Yuen Noodle Restaurant 113
Yet Con 47
YY Kafei Dian 47

Z

Zam Zam 77

🛍 SHOPPEN

Antiques of the Orient 88
Apple Shop 88
Artfolio 55
Asiatique 116
Blog Shop 80
Bugis Junction 80
Bugis Street Market 80
Celebration of Arts 79
Dempsey Hill 116
Downtown East 103
Elliot's Antiques 55
Eu Yan Sang Medical Hall 66
Exotic Tattoo 90
Far East Plaza 89
Forum 90
Heeren 90
Hilton Shopping Gallery 89
Holland Road Shopping Centre 116
Indian Classical Music Centre 79
ION Orchard 88
Isan Gallery 103
Isetan 89
Johor Bahru City Square (Johor Bahru) 144
Jonker's Walk Night Market (Malaysia) 152
Kim Choo Kueh Chang 103

Kinokuniya 88
Leica Store 55
Little Shophouse 80
Midpoint Orchard 89
Mustafa Centre 79
Nali 79
Ngee Ann City 88
One Price Store 90
Orchard Central 89
Paragon 89
Parkway Parade 103
Pasardina Fine Living 116
People's Park Complex 66
Plaza Singapura 89
Raffles City 55
Raffles Hotel Arcade 55
Robinsons 55
Rumah Bebe 103
Scape 89
Select Books 88
Shang Antiques 116
Sim Lim Square 79
Sim Lim Tower 80
Somerset 88
Straits Records 80
Sungei Road Thieves Market 79
Takashimaya 88
Tampines Mall 103
Tanglin Mall 89
Tanglin Shopping Centre 88
Tekka Centre 79
Tong Mern Sern Antiques 66
Topshop 55
Utterly Art 66
Wheelock Place 89
Wisma Atria 89
Yong Gallery 66
Yue Hwa Chinese Products 67

⭐ UNTERHALTUNG

Action Theatre 53
Artscience Museum 53
Bian Cafe 78
Chinese Theatre Circle 65
Cineblast, 4D Magix & Desperadoes (Sentosa Island) 130
Escape Theme Park 102
Esplanade – Theatres on the Bay 53
Marina Bay Sands 53
MICA Building 53
Nrityalaya Aesthetics Society 79

Pasir Ris Sports & Recreation Centre 102
Sanctum 78
Singapore Dance Theatre 54
Singapore Repertory Theatre 54
SKI360° 101
Songs of the Sea (Sentosa Island) 129
St. Gregory Javana Spa 78
Theatreworks 54
Wild Rice 78
Wild Wild Wet 102
Willowstream Spa 54

🛏 UNTERKUNFT

28Dunlop 161

A, B

Ah Chew Hotel 158
Albert Court Village Hotel 161
Ambassador Transit Hotel 165
Backpacker Cozy Corner Guesthouse 158
Beach Hotel 158
Beary Good Hostel 159
Berjaya Hotel Singapore 159
Berjaya Tioman Beach Resort (Pulau Tioman) 146
Betel Box 164
Bushman's (Pulau Tioman) 146

C, D

Cafe 1511 Guest House (Malaysia) 151
Capella (Sentosa Island) 166
Celestial Resort (Pulau Ubin) 166
Changi Village Hotel 164
Checkers Inn 161
Chinatown Hotel 160
Club 159
Costa Sands Resort (Downtown East) 165
Costa Sands Resort (Sentosa Island) 166
Crowne Plaza Hotel 165

E, F

Ella's Place (Pulau Tioman) 146
Fernloft 159, 165

G, H

Footprints 161
Fort Canning Hotel 156
Four Seasons Hotel 162
Fragrance Hotel 165
Fullerton Hotel 156

Gallery Hotel 156
Gateway Hotel 164
G Hotel 160
Goldkist Beach Resort 164
Goodwood Park Hotel 162
Grand Mercure Roxy 163
Haising Hotel 162
hangout@mt.emily 161
Hive 161
Hotel 1929 160
Hotel 81 162
Hotel 81 Joo Chiat 165
Hotel Bencoolen 157
Hotel Melia (Pinang) 140
Hotel Puri (Malaysia) 151
Hotel Supreme 163
Hotel Tanjung Pinang Jaya (Pinang) 140

I, K

Ibis Singapore on Bencoolen 162
InnCrowd 160
Japamala Resort (Pulau Tioman) 146

L, M, N

Le Peranakan Hotel 165
Lesmina Hotel (Pinang) 140
Lion City Hotel 164
Lloyd's Inn 162
Majestic Malacca (Malaysia) 151
Mamam Beach (Pulau Ubin) 166
Mandarin Orchard 163
Marina Bay Sands 157
Mayo Inn 162
Naumi 156
Nazri's Place (Pulau Tioman) 146

O, P, Q

Park View Hotel 157
Perak Hotel 161
Pillows & Toast 159
Prince of Wales 161
Quincy 163

R, S, T

Raffles Hotel 156
Ritz-Carlton 156
River View Guesthouse (Malakka, Malaysia) 151
Saff 159
Scarlet 160
Service World Backpackers Hostel 160
Shangri-La Hotel 163
Shangri-La's Rasa Sentosa Resort 166
Singapore Marriott 163
Sleepy Sam's 161
Somerset Bencoolen 158
St. John's Holiday Bungalow (St. John's) 166
St. Regis 163
Superb Hostel 162
Swissôtel the Stamford 156

V, W, Y, Z

Victoria Hotel 157
Wanderlust 160
YMCA International House 157
Zenobia Hotel 162

Sehenswertes S. 000
Karten **S. 000**
Abbildungen **S. 000**

City-Plan

Kartenlegende

Sehenswertes
- Strand
- buddhistisch
- Burg
- christlich
- hinduistisch
- islamisch
- jüdisch
- Denkmal
- Museum/Galerie
- Ruine
- Weingut/Winzerei
- Zoo
- Andere Sehensw.

Essen
- Essen

Ausgehen & Nachtleben
- Bar/Lokal
- Cafe

Kunst & Kultur
- Kunst & Kultur

Shoppen
- Shoppen

Schlafen
- Schlafen
- Camping

Sport & Aktivitäten
- Tauchen/Schnorcheln
- Kanu/Kajak
- Ski fahren
- Surfen
- Schwimmbad/Pool
- Wandern
- Windsurfen
- sonstiger Sport & Aktivitäten

Praktisches
- Post
- Touristeninformation

Transport
- Flughafen
- Grenzübergang
- Bus
- Standseilbahn/Seilbahn
- Fahrradweg
- Fähre
- Metro
- Parkplatz
- S-Bahn
- Taxi
- Zug/Bahn
- Straßenbahn
- Tube Station
- U-Bahn
- Sonstiger Transport

Verkehrswege
- Mautstraße
- Autobahn
- Hauptstraße
- Nebenstraße
- Landstraße
- Verbindungsstraße
- unbefestigte Straße
- Plaza/Fußgängerzone
- Treppen
- Tunnel
- Fußgängerübergang
- Spaziergang
- Spaziergang mit Abstecher
- Pfad

Grenzen
- Internationale
- Staat/Provinz
- umstrittene
- Region/Vorort
- Gewässer
- Klippen
- Mauer

Landschaft
- Hütte
- Leuchtturm
- Aussichtspunkt
- Berg/Vulkan
- Oase
- Park
- Pass
- Picknick
- Wasserfall

Gewässer
- Fluss/Bach
- nicht permanen. Fluss
- Sumpf
- Riff
- Kanal
- Wasser
- Trocken-/Salz-/periodischer See
- Gletscher

Gebietsform
- Strand/Wüste
- Friedhof (christlich)
- Friedhof (anderer)
- Park/Wald
- Sportanlage
- Sehensw. (Gebäude)
- Highlight (Gebäude)

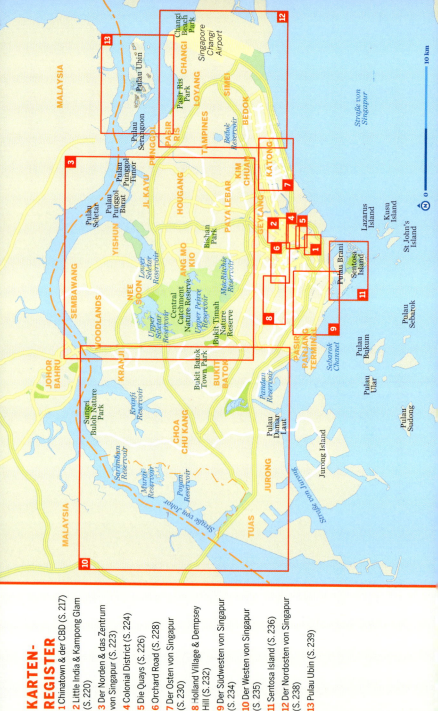

KARTEN-REGISTER

1 Chinatown & der CBD (S. 217)
2 Little India & Kampong Glam (S. 220)
3 Der Norden & das Zentrum von Singapur (S. 223)
4 Colonial District (S. 224)
5 Die Quays (S. 226)
6 Orchard Road (S. 228)
7 Der Osten von Singapur (S. 230)
8 Holland Village & Dempsey Hill (S. 232)
9 Der Südwesten von Singapur (S. 234)
10 Der Westen von Singapur (S. 235)
11 Sentosa Island (S. 236)
12 Der Nordosten von Singapur (S. 238)
13 Pulau Ubin (S. 239)

CHINATOWN & CBD *Karte auf S. 218*

⦿ Sehenswertes (S. 59)
1. Buddha Tooth Relic Temple D3
2. Chinatown Heritage Centre D2
3. Seng Wong Beo Temple D6
4. Singapore City Gallery D4
5. Sri Mariamman Temple D2
6. Thian Hock Keng Temple..........................E3
7. Wak Hai Cheng Bio Temple F1

⊗ Essen (S. 60)
8. Annalakshmi Janatha...............................E3
9. Blue Ginger C5
10. Chinatown Complex C2
11. Ci Yan Organic Vegetarian Health Food..D3
12. Cumi Bali C5
13. Dim Joy..B4
14. Kim Joo Guan...D2
15. Lan Zhou La Mian D3
16. L'Angelus D3
17. Lau Pa Sat G3
18. L'Entrecote C5
19. Maxwell Road Hawker Centre D3
20. Nanyang Old Coffee D3
21. Spizza..E2
22. Spring Ju Chun Yuan................................ F2
23. Tong Heng D3
24. Ya Kun Kaya Toast & Coffee....................E2
25. Yanti Nasi Padang B4

⦿ Ausgehen & Nachtleben (S. 64)
26. Beaujolais..D3
27. Hood B3
28. Le Carillon de L'Angelus D3
29. Pigeon Hole C5
30. Plain...B5
31. Screening Room.......................................D3
    Tantric Bar......................................(siehe 13)
32. Tea Chapter C4
33. Toucan Irish Pub C4
34. Wonderful Food & Beverage D3
35. Yixing Xuan Teahouse C4

⦿ Unterhaltung (S. 66)
36. Chinese Theatre Circle D3
    Screening Room.............................(siehe 31)
37. Singapore Chinese Orchestra.................. F6
38. Toy Factory Theatre Ensemble................C2

⦿ Shoppen (S. 66)
39. Eu Yan Sang Medical Hall D3
40. People's Park Complex............................C1
41. Tong Mern Sern Antiques B5
42. Utterly Art D2
43. Yong Gallery D2
44. Yue Hwa Chinese Products C1

⦿ Schlafen (S. 159)
45. Beary Good Hostel C2
46. Berjaya Hotel Singapore C4
47. Chinatown Hotel...................................... B3
48. Club D3
49. Fernloft C3
50. G Hotel B4
51. Hotel 1929... B3
52. New Majestic Hotel A4
53. Pillows & Toast D2
54. Saff..B3
55. Scarlett D3
56. Service World Backpackers Hostel C3

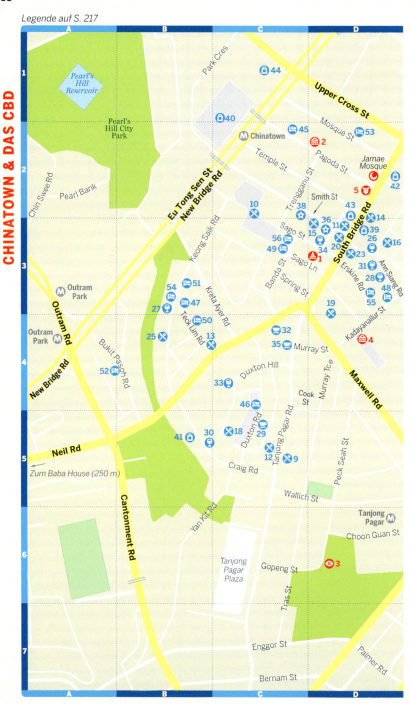

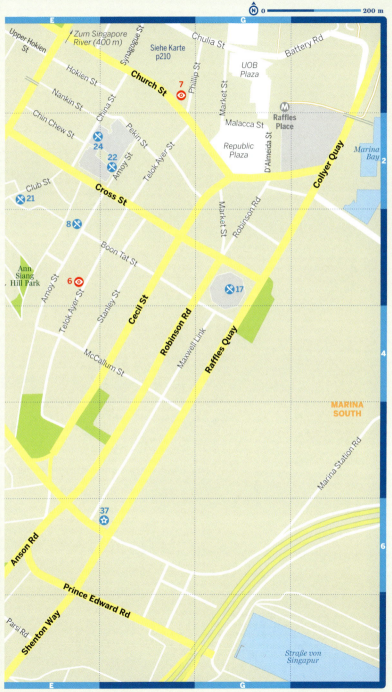

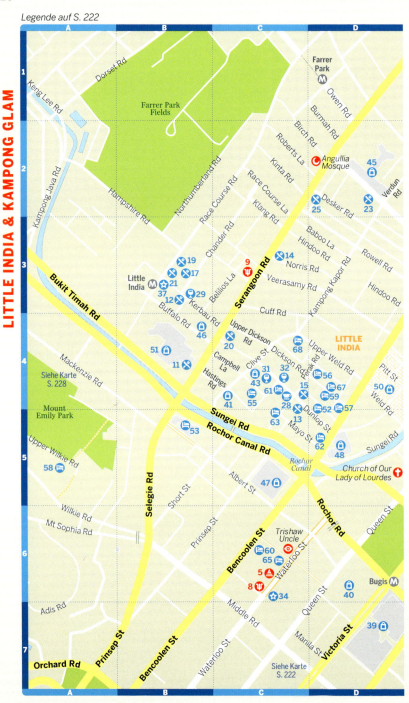

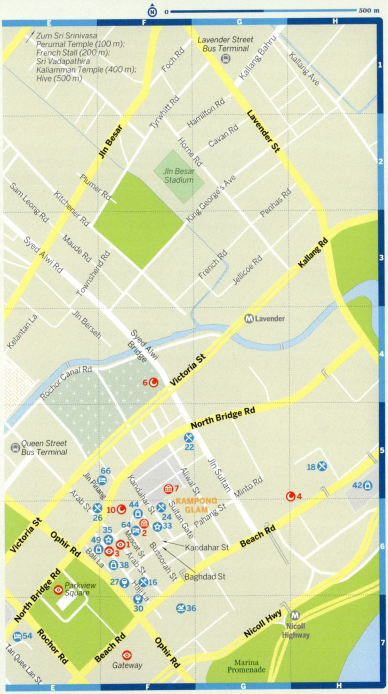

LITTLE INDIA & KAMPONG GLAM *Karte auf S. 220*

◉ Sehenswertes (S. 71)
1 Arab Street..F6
2 Children Little Museum............................F6
3 Haji Lane..F6
4 Hajjah Fatimah Mosque H5
5 Kuan Im Thong Hood Cho Temple...........C6
6 Malabar Muslim Jama-Ath
  Mosque...F4
7 Malay Heritage Centre F5
8 Sri Krishnan Temple.................................C6
9 Sri Veeramakaliamman Temple...............C3
10 Sultan Mosque..F6

✴ Essen (S. 73)
Ah-Rahman Royal Prata ....(siehe 51)
11 Ananda Bhavan B4
12 Andhra Curry B3
13 Asmi Restaurant......................................C4
14 Asmi Restaurant (Norris Road
   Chapati)..C3
15 Bismillah Biryani......................................C4
16 Café Le Caire F6
Cocotte..(siehe 67)
17 Gandhi Restaurant...................................B3
18 Golden Mile Food Centre H5
19 Jaggi's..B3
20 Komala Vilas C4
21 Mustard..B3
22 Nan Hwa Chong Fish-Head
   Steamboat Corner..................................F5
23 Sankranti..D2
24 Tepak Sireh F6
25 Usman D2
Wild Rocket..................................(siehe 58)
26 Zam Zam E6

◉ Ausgehen & Nachtleben (S. 77)
27 BluJaz Café..F6
28 Countryside Café.....................................C4
29 Kerbau Rd Beer Garden B3
30 Piedra Negra F7
31 Prince of Wales C4
32 Zsofi Tapas Bar..C4

✴ ◉ Unterhaltung (S. 78)
33 Bian Cafe F6
34 Nrityalaya Aesthetics Society C6
35 Sanctum F6
36 St Gregory Javana Spa............................F7
37 Wild Rice B3

🔒 Shoppen (S. 79)
38 Blog Shop F6
39 Bugis Junction...D7
40 Bugis St Market.......................................D6
41 Celebration of Arts...................................C4
42 Golden Mile Complex..............................H5
43 Indian Classical Music Centre.................C4
44 Little Shophouse F6
45 Mustafa Centre D2
46 Nali..B4
47 Sim Lim Square.......................................C5
48 Sim Lim Tower D5
49 Straits Records E6
50 Sungei Rd Thieves Market D4
51 Tekka Centre B4

🛏 Schlafen (S. 160)
52 28Dunlop...D4
53 Albert Court Village Hotel.......................B5
54 Backpacker Cozy Corner E7
55 Checkers Inn..C4
56 Footprints..D4
57 Haising Hotel...D4
58 hangout@mt.emily...................................A5
59 Hotel 81...D4
60 Ibis Singapore on Bencoolen C6
61 InnCrowd...C4
62 Mayo Inn D5
63 Perak Hotel..C5
Prince of Wales............................(siehe 31)
64 Sleepy Sam's F6
65 South-East Asia Hotel.............................C6
66 Superb Hostel F5
67 Wanderlust..D4
68 Zenobia Hotel C4

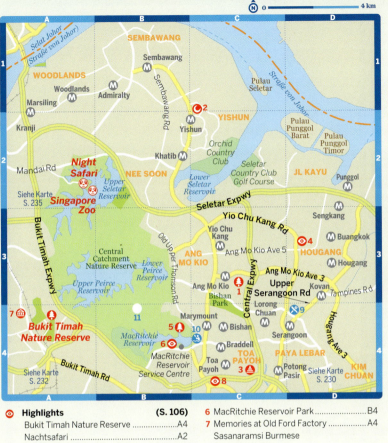

DER NORDEN & DAS ZENTRUM

◎	**Highlights**	**(S. 106)**
	Bukit Timah Nature Reserve	A4
	Nachtsafari	A2
	Singapore Zoo	A2

◎	**Sehenswertes**	**(S. 107)**
1	Ang Mo Kio Town Garden East	C3
	Cheng Huang Temple	(siehe 3)
2	Darul Makmur Mosque	C1
3	Lian Shan Shuang Lin Monastery	C4
4	Lorong Buangkok	D3
5	MacRitchie Reservoir	B4
6	MacRitchie Reservoir Park	B4
7	Memories at Old Ford Factory	A4
	Sasanaramsi Burmese Buddhist Temple	(siehe 8)
8	Sun Yat Sen Nanyang Memorial Hall	C4

⊗	**Essen**	**(S. 83)**
9	Durian Culture	D4

	Sport & Aktivitäten	**(S. 107)**
10	Paddle Lodge	C4
11	Treetop Walk	B4

COLONIAL DISTRICT

COLONIAL DISTRICT Karte auf S. 224

⊙ Highlights (S. 42)
Fort Canning Park A2

⊙ Sehenswertes (S. 42)
1 8Q SAM D2
2 Armenian Church C3
3 Battle Box B2
4 MINT Museum of Toys E2
5 National Museum of
   Singapore C2
6 Peranakan Museum C3
   Raffles Hotel .... (siehe 41)
   Raffles Hotel Museum .... (siehe 32)
7 Singapore Art Museum D1
8 St Andrew's Cathedral D3

⊗ Essen (S. 46)
9 Artichoke D1
10 Chef Chan's Restaurant C2
11 Empire Café E2
12 Equinox D3
13 Food for Thought D2
14 Hai Tien Lo F3
15 Kopitiam C1

16 Purvis St Food Outlets E2
   Raffles City .... (siehe 31)
17 Seah St Food Outlets E2
18 Wah Lok D2

⊙ Ausgehen & Nachtleben (S. 49)
   Long Bar .... (siehe 32)
19 Loof D2
   New Asia Bar .... (siehe 12)
20 Paulaner Brauhaus F3
   Raffles Hotel .... (siehe 41)
21 Soho Coffee C3
22 Timbre@Substation C2

⊙ Unterhaltung (S. 53)
23 Action Theatre D1
24 Singapore Dance Theatre B2
   Theatreworks .... (siehe 24)

⊙ Shoppen (S. 55)
25 CityLink Mall E3
26 FunanDigitaLife Mall D3
   Granny's Day Out .... (siehe 29)
27 Marina Square F4

28 Millenia Walk G3
29 Peninsula Plaza C3
30 Peninsula Shopping Centre D3
31 Raffles City D3
32 Raffles Hotel Arcade E2
33 Suntec City F3

🛏 Schlafen (S. 156)
34 Ah Chew Hotel E1
35 Backpacker Cozy Corner
   Guesthouse E1
36 Beach Hotel F1
37 Fort Canning Hotel B3
38 Hotel Bencoolen C1
39 Naumi E2
40 Park View Hotel F1
41 Raffles Hotel E2
42 Ritz-Carlton G4
   Somerset Bencoolen .... (siehe 38)
43 Swissôtel the Stamford E3
44 Victoria Hotel D1
45 YMCA International House B1

DIE QUAYS

226

DIE QUAYS

DIE QUAYS *Karte auf S. 226*

⊙ Sehenswertes (S. 42)
1 Asian Civilisations Museum D3
2 Boat Quay D4
3 Clarke Quay A2
4 Merlion E3
5 New Supreme Court D1
6 Old Parliament House D2
7 Padang D2
8 Parliament House C2
9 Supreme Court D2
10 Victoria Theatre & Concert
    Hall D2
Marina Bay Sands .... (siehe 32)

🍴 Essen (S. 46)
11 Central Mall B2
DB Bistro Moderne .... (siehe 32)
12 Gluttons Bay F2
Marina Bay Sands .... (siehe 32)

🍷 Ausgehen & Nachtleben (S. 49)
13 1 Altitude D4
14 Archipelago Brewery C3
15 Attica A2
16 Brewerkz A2
17 Butter Factory E3
18 Crazy Elephant B1
19 Harry's C3
20 Home Club C2
Ku Dé Tah .... (siehe 32)
21 Lantern E4
22 Molly Malone's C3
23 Over Easy E3
Penny Black .... (siehe 19)
24 Zirca Mega Club A1

🎭 Unterhaltung (S. 53)
25 Esplanade – Theatres on the
    Bay F2
26 G-Max Reverse Bungy B1
27 GX5 .... B1
Marina Bay Sands .... (siehe 32)
28 MICA Building C1
Ultimate Drive .... (siehe 32)

🛍 Shoppen (S. 55)
Marina Bay Sands .... (siehe 32)
29 Marina Square G1
30 Royal Selangor A2

🛏 Schlafen (S. 156)
31 Fullerton Hotel E3
32 Marina Bay Sands G4

ORCHARD ROAD

◎ Sehenswertes	(S. 83)
1 Cathay Gallery	H3
2 Emerald Hill Road	F3
3 Istana	G2
Ngee Ann Foot Reflexology	(siehe 33)
4 Tan Yeok Nee House	G4

✕ Essen	(S. 83)
5 Bombay Woodlands Restaurant	C2
6 Canteen	D2
7 Chatterbox (Top of the M)	E3
8 Crystal Jade La Mian Xiao Long Bao	E3
9 Din Tai Fung	E3
10 Food Republic	E3
Gordon Grill	(siehe 46)
11 Iggy's	D2
12 Killiney Kopitiam	F4
Oriole Bistro & Bar	(siehe 26)
Salt Grill	(siehe 32)
13 Sun With Moon	D2
14 Takashimaya Food Village	E3
15 Wasabi Tei	E2

◉ Ausgehen & Nachtleben	(S. 85)
16 Alley Bar	F3
17 Curious Teepee	E3
18 Cuscaden Patio	C2
19 Dubliners	G4
20 Ice Cold Beer	F3
21 KPO	G3
22 No 5	F3
23 Que Pasa	F3
24 Tab	C2
Top of the M	(siehe 7)
TWG Tea	(siehe 32)

ORCHARD ROAD

	Unterhaltung	(S. 83)
	Cathay	(siehe 1)
25	Cathay Cineleisure Orchard	E3

	Shoppen	(S. 88)
26	313 Somerset	F3
	Antiques of the Orient	(siehe 42)
27	Exotic Tattoo	E2
28	Far East Plaza	E2
29	Forum	C2
30	Heeren	F3
31	Hilton Shopping Gallery	D2
32	ION Orchard	D2
33	Midpoint Orchard	F3
34	Ngee Ann City	E3
35	One Price Store	F3
36	Orchard Central	F3
37	Paragon	E2
38	Plaza Singapura	H3
39	Scape	E3
	Select Books	(siehe 42)
40	Shaw House	D2
41	Tanglin Mall	B2
42	Tanglin Shopping Centre	C2
43	Wheelock Place	D2
44	Wisma Atria	E3

	Schlafen	(S. 162)
45	Four Seasons Hotel	C2
46	Goodwood Park Hotel	E1
47	Hotel Supreme	G3
48	Lloyd's Inn	F4
49	Mandarin Orchard	E3
50	Quincy	E1
51	Shangri-La Hotel	C1
52	Singapore Marriott	D2
53	St Regis	C2

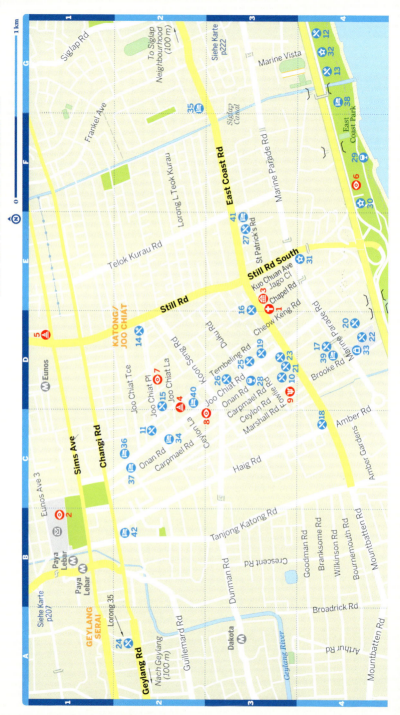

DER OSTEN VON SINGAPUR

Straße von Singapur

East Coast Park

Meyer Rd

Katong Park

Sehenswertes (S. 93)

1. Church of the Holy Family E3
2. Geylang Serai Wet Market B1
3. Katong Antique House E3
4. Kuan Im Tng Temple D2
5. Mangala Vihara D1
6. Marine Cove Recreation Centre ... G4
7. Peranakan Terrace Houses (Joo Chiat Pl) D2
8. Peranakan Terrace Houses (Koon Seng Rd) C3
9. Sri Senpaga Vinayagar Temple ... D3

Essen (S. 96)

10. 328 Katong Laksa D3
11. 328 Katong Laksa .... (siehe 3)
12. Chilli Padi C2
13. Chin Mee Chin Confectionery .. (siehe 1)
14. East Coast Lagoon Food Village G4
15. East Coast Seafood Centre G4
16. Eng Seng Coffeeshop D2
17. Guan Hoe Soon D2
18. Jai Thai E3
19. Jia Wei D4
20. Katong Shopping Centre C4
21. Marine Parade Food Centre ... D3
22. Naive D3
23. Roland Restaurant D4
24. Saveur D3
25. Sin Huat Eating House A2
26. Tian Tian Chicken Rice D3
27. Tonny Restaurant D3
28. Two Fat Men E3

Ausgehen & Nachtleben (S. 100)

28. Cider Pit D3
29. Fatboy's the Burger Bar ..... (siehe 19)
30. Sunset Bay Garden Beach Bar F4

Unterhaltung (S. 101)

30. Bicycle & Roller Blade Rental F4
31. Necessary Stage E4
32. SKI360° G4

Shoppen (S. 102)

Kim Choo Kueh Chang ...... (siehe 21)
33. Parkway Parade D4
Rumah Bebe .... (siehe 21)

Schlafen (S. 163)

34. Betel Box C2
35. Fernloft G2
36. Fragrance Hotel C2
37. Gateway Hotel C2
38. Goldkist Beach Resort G4
39. Grand Mercure Roxy D4
40. Hotel 81 Joo Chiat D2
41. Le Peranakan Hotel E3
42. Lion City Hotel B2

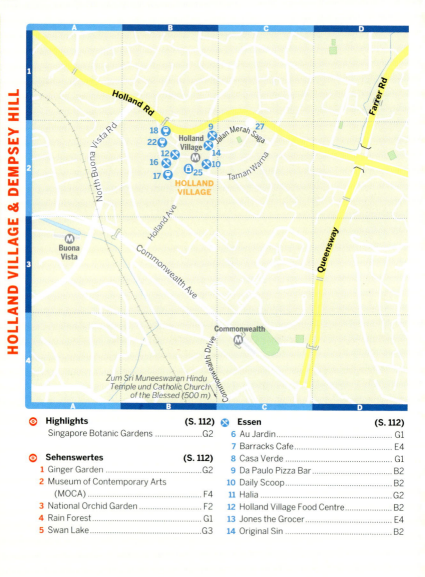

⊙	**Highlights**	(S. 112)
	Singapore Botanic Gardens	G2

⊙	**Sehenswertes**	(S. 112)
1	Ginger Garden	G2
2	Museum of Contemporary Arts (MOCA)	F4
3	National Orchid Garden	F2
4	Rain Forest	G1
5	Swan Lake	G3

⊗	**Essen**	(S. 112)
6	Au Jardin	G1
7	Barracks Cafe	E4
8	Casa Verde	G1
9	Da Paulo Pizza Bar	B2
10	Daily Scoop	B2
11	Halia	G2
12	Holland Village Food Centre	B2
13	Jones the Grocer	E4
14	Original Sin	B2

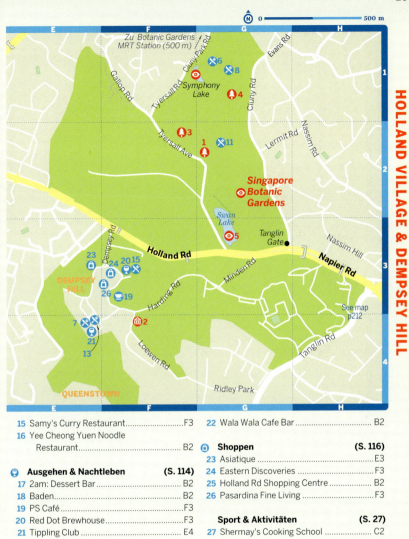

| 15 Samy's Curry Restaurant | F3 |
| 16 Yee Cheong Yuen Noodle Restaurant | B2 |

Ausgehen & Nachtleben (S. 114)

17 2am: Dessert Bar	B2
18 Baden	B2
19 PS Café	F3
20 Red Dot Brewhouse	F3
21 Tippling Club	E4
22 Wala Wala Cafe Bar	B2

Shoppen (S. 116)

23 Asiatique	E3
24 Eastern Discoveries	F3
25 Holland Rd Shopping Centre	B2
26 Pasardina Fine Living	F3

Sport & Aktivitäten (S. 27)

| 27 Shermay's Cooking School | C2 |

DER SÜDWESTEN VON SINGAPUR

⦿ Sehenswertes (S. 119)
1 HarbourFront Cable Car Station......E4
2 Haw Par Villa......A2
3 Hort Park......B2
 Hua Song Museum......(siehe 2)
4 Kent Ridge Park......A1
5 Labrador Nature Reserve......C4
6 Mt Faber......E3
7 Mt Faber Cable Car Station......E3
8 Reflections at Bukit Chandu......B2
9 Telok Blangah Hill Park......D2

⊗ Essen (S. 124)
10 Emerald Lodge......D3
11 Eng Lock Koo......B2
12 Jewel Box......E3

⚽ Unterhaltung (S. 124)
13 St James Power Station......E4

🛍 Shoppen (S. 124)
14 VivoCity......E4

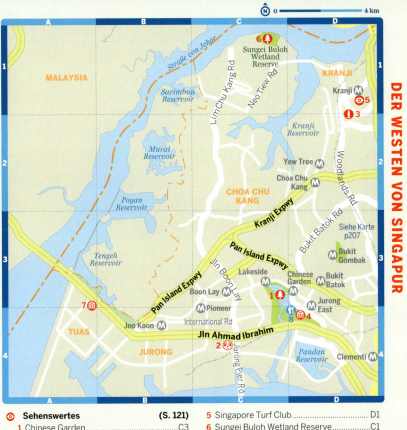

⦿	**Sehenswertes**	**(S. 121)**
1	Chinese Garden	C3
2	Jurong Bird Park	C4
3	Kranji War Memorial	D2
	Omni-Theatre	(siehe 4)
4	Singapore Science Centre	D4
5	Singapore Turf Club	D1
6	Sungei Buloh Wetland Reserve	C1
7	Tiger Brewery	A3

	Sport & Aktivitäten	**(S. 122)**
8	Snow City	D4

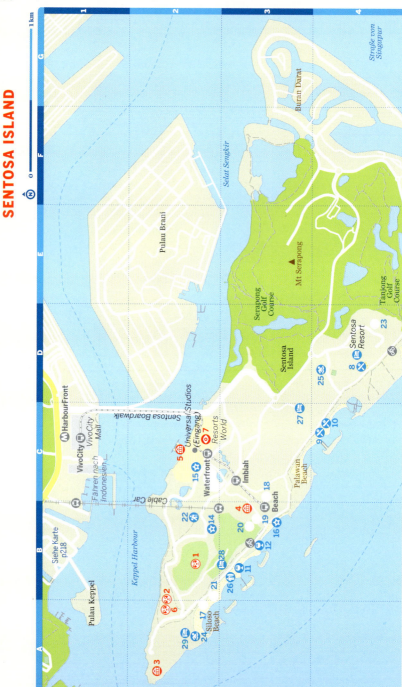

SENTOSA ISLAND

Sehenswertes (S. 127)
1 Butterfly Park & Insect Kingdom ... B2
2 Dolphin Lagoon ... B2
3 Fort Siloso ... A2
4 Images of Singapore ... B3
5 Maritime Xperiential Museum ... C2
6 Underwater World ... A2
7 Universal Studios ... C2
10 Samundar ... C4

Ausgehen & Nachtleben (S. 129)
11 Cafe del Mar ... B3
12 Coastes ... B3
13 Tanjong Beach Club ... D5

Unterhaltung (S. 129)
14 Cineblast, 4D Magix & Desperadoes ... B2
15 Resorts World Casino ... C2
16 Songs of the Sea ... B3

Sport & Aktivitäten (S. 130)
17 Flying Trapeze ... A2
18 Gogreen Segway Eco Adventure ... C3
19 iFly ... B3
20 Luge & Skyride ... B3
21 MegaZip ... B2
22 Nature Walk ... B2
23 Sentosa Golf Club ... D4
24 Shangri-La Swimming Pool ... A2
25 Spa Botanica ... D4
26 Wave House ... B3

Essen (S. 128)
Chinatown Coffee Shop ... (siehe 28)
8 Cliff ... D4
9 Koufu Foodcourt ... C4
L'Atelier de Joël Robuchon ... (siehe 15)

Schlafen (S. 165)
27 Capella ... C3
28 Costa Sands Resort ... B3
29 Shangri-La's Rasa Sentosa Resort ... A2

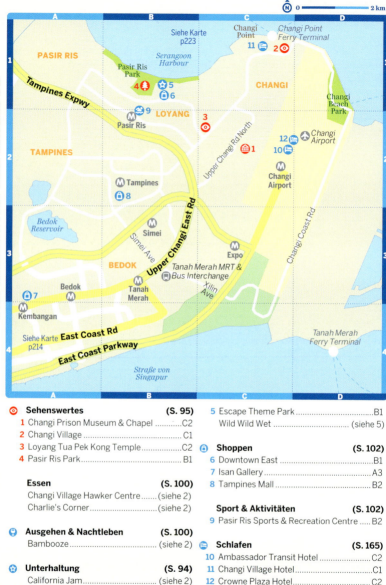

⊙ Sehenswertes (S. 95)
1 Changi Prison Museum & Chapel C2
2 Changi Village C1
3 Loyang Tua Pek Kong Temple C2
4 Pasir Ris Park B1

Essen (S. 100)
Changi Village Hawker Centre .... (siehe 2)
Charlie's Corner .... (siehe 2)

Ausgehen & Nachtleben (S. 100)
Bambooze .... (siehe 2)

Unterhaltung (S. 94)
California Jam .... (siehe 2)

5 Escape Theme Park B1
Wild Wild Wet .... (siehe 5)

Shoppen (S. 102)
6 Downtown East B1
7 Isan Gallery A3
8 Tampines Mall B2

Sport & Aktivitäten (S. 102)
9 Pasir Ris Sports & Recreation Centre B2

Schlafen (S. 165)
10 Ambassador Transit Hotel C2
11 Changi Village Hotel C1
12 Crowne Plaza Hotel C2

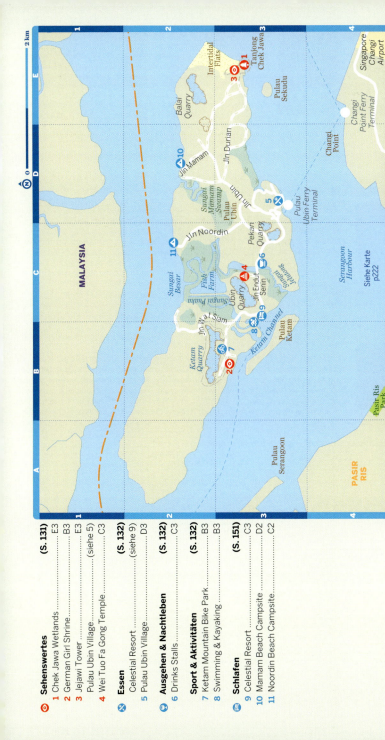

PULAU UBIN

Sehenswertes (S. 131)
1 Chek Jawa Wetlands E3
2 German Girl Shrine B3
3 Jejawi Tower E3
Pulau Ubin Village ..... (siehe 5)
4 Wei Tuo Fa Gong Temple C3

Essen (S. 132)
Celestial Resort ..... (siehe 9)
5 Pulau Ubin Village D3

Ausgehen & Nachtleben (S. 132)
6 Drinks Stalls C3

Sport & Aktivitäten (S. 132)
7 Ketam Mountain Bike Park B3
8 Swimming & Kayaking B3

Schlafen (S. 151)
9 Celestial Resort C3
10 Mamam Beach Campsite D2
11 Noordin Beach Campsite C2

Die Lonely Planet Story

Ein uraltes Auto, ein paar Dollar in den Hosentaschen und Abenteuerlust, mehr brauchten Tony und Maureen Wheeler nicht, als sie 1972 zu der Reise ihres Lebens aufbrachen. Diese führte sie quer durch Europa und Asien bis nach Australien. Nach mehreren Monaten kehrten sie zurück – pleite, aber glücklich –, setzten sich an ihren Küchentisch und verfassten ihren ersten Reiseführer *Across Asia on the Cheap*. Binnen einer Woche verkauften sie 1500 Bücher und Lonely Planet war geboren.

Seit 2011 ist BBC Worldwide der alleinige Inhaber von Lonely Planet. Der Verlag unterhält Büros in Melbourne (Australien), London und Oakland (USA) mit über 600 Mitarbeitern und Autoren. Sie alle teilen Tonys Überzeugung, dass ein guter Reiseführer drei Dinge tun sollte: informieren, bilden und unterhalten.

Unsere Autoren

Shawn Low
Hauptautor; Colonial District, Marina Bay & die Quays; der Osten von Singapur Shawn ist in der feucht-heißen Atmosphäre von Singapur aufgewachsen, wo man verrückt ist nach Essen; später zog es ihn ins weniger feuchte und heiße und weniger gastronomisch interessierte Melbourne in Australien. Die letzten fünf Jahre hat er dort für Lonely Planet gearbeitet: als Redakteur, verantwortlicher Redakteur, Autor und TV-Moderator. Chilikrabben mit reichlich Tiger-Bier zu verdrücken kann hart sein, wenn der Dienst das verlangt – aber irgendjemand muss diesen Job ja schließlich erledigen. So hat er sich denn tapfer ins Unvermeidliche gefügt. Und wer weiß, vielleicht kehrt er des Essens wegen ja sogar eines Tages dorthin zurück ... Auf Twitter findet man ihn unter Twitter@shawnlow. Shawn hat für diesen Band auch Teile der Einleitung und die Praktischen Informationen geschrieben.

Mehr über Shawn bei: lonelyplanet.com/members/shawn_low

Daniel McCrohan
Chinatown & der CBD; Little India & Kampong Glam; Orchard Road, Holland Village, Dempsey Hill & Botanischer Garten; der Norden & das Zentrum von Singapur; der Westen & Südwesten von Singapur; Sentosa & andere Inseln Sechs Wochen im Himmelreich von *roti prata* – so beschrieb Daniel später seine Recherchen unter den köstlichen Currys von Little India. Anschließend fuhr er kreuz und quer durch Singapur, um den dortigen Küchen weitere Geheimnisse zu entlocken. 1994 war Daniel zum ersten Mal in Singapur, und er kehrt immer wieder gern dorthin zurück. Momentan ist er wieder daheim in Peking, wo er versucht, wieder abzunehmen. Man findet ihn auch bei Twitter oder unter danielmccrohan.com.

Mehr über Daniel bei: lonelyplanet.com/members/danielmccrohan

---

Lonely Planet Publications,
Locked Bag 1, Footscray,
Melbourne, Victoria 3011,
Australia

> Obwohl die Autoren und Lonely Planet alle Anstrengungen bei der Recherche und bei der Produktion dieses Reiseführers unternommen haben, können wir keine Garantie für die Richtigkeit und Vollständigkeit dieses Inhalts geben. Deswegen können wir auch keine Haftung für eventuell entstandenen Schaden übernehmen.

Verlag der deutschen Ausgabe:
MAIRDUMONT, Marco-Polo-Str. 1, 73760 Ostfildern, www.mairdumont.com, lonelyplanet@mairdumont.com
Chefredakteurin deutsche Ausgabe: Birgit Borowski
Übersetzung: Beatrix Gehlhoff, Marion Gieseke, Waltraud Horbas, Christel Klink, Raphaela Moczynski, Dr. Thomas Pago, Christiane Radünz, Manuela Schomann, Karin Weidlich, Teresa Zuhl; Inga Westerteicher, Andreas Zevgitis
Redaktion und technischer Support: CLP Carlo Lauer & Partner, Aschheim

Singapur
2. deutsche Auflage Oktober 2012, übersetzt von *Singapore 9th edition*, Februar 2012 Lonely Planet Publications Pty
Deutsche Ausgabe © Lonely Planet Publications Pty, Oktober 2012
Fotos © wie angegeben
Printed in China
Titelfoto: Merlion-Brunnen im Merlion Park, Ausili Tommaso/4Corners.
Die meisten Fotos in diesem Reiseführer können bei Lonely Planet Images, www.lonelyplanetimages.com, auch lizenziert werden

Alle Rechte vorbehalten. Das Werk einschließlich all seiner Teile ist urheberrechtlich geschützt und darf weder kopiert, vervielfältigt, nachgeahmt oder in anderen Medien gespeichert werden, noch darf es in irgendeiner Form oder mit irgendwelchen Mitteln – elektronisch, mechanisch oder in irgendeiner anderen Weise – weiterverarbeitet werden. Es ist nicht gestattet, auch nur Teile dieser Publikation zu verkaufen oder zu vermitteln, ohne schriftliche Genehmigung des Herausgebers.

Lonely Planet und das Lonely Planet Logo sind eingetragene Marken von Lonely Planet und sind im US-Patentamt sowie in Markenbüros in anderen Ländern registriert.

Lonely Planet gestattet den Gebrauch seines Namens oder seines Logos durch kommerzielle Unternehmen wie Einzelhändler, Restaurants oder Hotels nicht. Bitte informieren Sie uns im Fall von Missbrauch: www.lonelyplanet.com/lp